Herman Pleij *Der Traum vom Schlaraffenland*

Mittelalterliche Phantasien vom vollkommenen Leben

Aus dem Niederländischen von Rainer Kersten

S. Fischer

Die Übersetzung wurde unterstützt von Nederlands Literair Produktie- en Vertalingenfonds-Stiftung für die Produktion und Übersetzung niederländischer Literatur.

Die niederländische Originalausgabe erschien 1997 unter dem Titel
›Dromen van Cocagne. Middeleeuwsc fantasieën over het volmaakte leven‹
im Verlag Prometheus, Amsterdam
© Herman Pleij 1997
Für die deutsche Ausgabe:
© S. Fischer Verlag GmbH, Frankfurt am Main 2000
Druck und Bindung: Friedrich Pustet, Regensburg
Printed in Germany
3-10-061705-3

Inhalt

Vorbemerkung des Übersetzers

Der Traum vom süßen Leben hat viele Namen: Bezeichnet das Mittellateinische sein Land der Faulenzer und Vielfräße als *Cucania*, spricht das Italienische vom *paese de cuccagna*, das Spanische von der *tierra de Jauja*, so begegnet uns dieser Traumort im Mittelfranzösischen als *Coquaigne*, im Englischen als *Cokaygne* und im Deutschen schließlich – neben anderen Bezeichnungen – spätestens seit Hans Sachs als *Schlaraffenland*. In den drei niederländischen Texten des fünfzehnten und sechzehnten Jahrhunderts, die diesem Buch zugrunde liegen, heißt das herrliche Traumland *Cocagne* bzw. – im jüngsten der drei Texte – *Luilekkerland*. Um den Unterschied des *Cocagne*-Konzeptes von den schon mehr neuzeitlich-kindlichen Vorstellungen, die sich mit *Luilekkerland* verbinden, nicht zu verwischen, wurde die Bezeichnung *Cocagne* in der deutschen Übersetzung beibehalten. Anders jedoch der Begriff *Luilekkerland*: Dieser steht – im Gegensatz zu *Cocagne* – dem deutschen *Schlaraffenland* in Motiven und Assoziationen so nahe, dass er in der Übersetzung (außer dort, wo es Verwirrung hervorgerufen hätte) mit der deutschen Bezeichnung wiedergegeben wurde, umso mehr, da der betreffende Text über das *Luilekkerland* eine direkte Bearbeitung von Hans Sachs' Schwank *Vom Schlaweraffenland* aus dem Jahre 1530 darstellt. Letztlich jedoch beruhen sowohl Cocagne als auch Luilekkerland auf ein und demselben schlaraffischen Traum: dem des süßen Nichtstuns und des unbegrenzten Überflusses.

I Das verspielte Glück:
Ein Anfang

1 Das verlorene Paradies

Von Cocagne hat am Ende des Mittelalters jeder schon einmal gehört: Es ist ein Land, irgendwo weit weg, wo ideale Lebensumstände herrschen – ideal jedenfalls nach Auffassung des Spätmittelalters und vielleicht nicht einmal nach Meinung aller damals Lebenden. Arbeit ist dort verboten, und die Nahrung bietet sich den Menschen in Form von Weinflüssen, wandelndem Grillfisch und gebratenen Gänsen von selbst dar: Man braucht nur die Hand auszustrecken oder den Mund aufzusperren. Selbst wohnen kann man in Fleisch, Fisch, Wild, Geflügel oder Gebäck, denn Cocagne kennt eine wahre Nahrungs- und Nascharchitektur. Das Klima ist stabil (es ist immer Frühling), und auch sonst genießt man eine Menge segensreicher Nebeneffekte: gemeinschaftlichen Besitz, viele Festtage, Frieden und Eintracht, freien Sex mit immer willigen Partnern, einen Jungbrunnen, schöne Kleidung für alle und Geldverdienen im Schlaf.

Niemand im Mittelalter glaubt, dass ein solches Land wirklich existiert – doch die Geschichten darüber zirkulieren jahrhundertelang durch ganz Europa. Offensichtlich ist es von lebenswichtiger Bedeutung, von einem Land träumen zu können, in dem die Mühen des irdischen Lebens ein für alle Mal verbannt sind und mit den wildesten Phantasien vom Gegenteil spielend (über)kompensiert werden. Außerdem bieten die Erzählungen von Cocagne unterhaltsame, ebenso absurde wie groteske Kontraste zu der geradezu panisch erlebten Angst vor einer elenden Existenz auf Erden. Auf diese Weise verbinden jene Vorstellungen den Ernst des täglichen Überlebenskampfs mit dem Humor der Übertreibung. Und so entstehen immer

Erste Seite des ältesten Cocagne-Textes (L) auf Mittelniederländisch (nach 1458); London, British Library, ms. Add. 10286, fol. 135 recto.

neue humoristisch verkehrte Welten, die gleichzeitig als moralische Lehranstalt und Schule der Selbsterkenntnis dienen können.

All diese Geschichten jedoch variieren nach Zeit, Ort und Milieu. Zudem hat der Forscher immer wieder mit Quellenproblemen zu kämpfen, denn der Cocagne-Stoff entspringt einer ausgesprochenen Erzählkultur. Wohl Zehntausende mündlich weitergegebener Cocagne-Texte sind auf diese Weise während des Mittelalters entstanden, ad hoc bearbeitet und mit neuen Einfällen versehen, während andere Motive und Details absichtlich weggelassen oder einfach vergessen wurden. Ab und zu wurde eine solche spontane Version schriftlich fixiert, wahrscheinlich um den Traum (und seine Lehren?) nicht zu vergessen und bei der nächsten Gelegenheit wieder zur Hand zu haben. Im Mittelalter existierten also nicht einer, sondern *zahllose* Cocagne-Texte, doch nur ein Bruchteil von ihnen wurde in den verschiedenen Volkssprachen aufgezeichnet.

Phantastische Welten verraten uns viel über die Vorstellungen ihrer Schöpfer. Unsere heutigen Traumwelten liegen in den Reisebüros, raffiniert maßgeschneidert für eine Kundschaft auf der Suche nach idealem Klima, Naturwundern, Kultur und verbotenem Sex. Dabei weisen unsere Träume auch über längere Zeiträume hinweg sowohl große gemeinsame Nenner als auch substantielle Unterschiede auf: Die modernen Paradiese werden nicht mehr unter Anpreisung massenhaften Essens oder exotischer Gaumenfreuden an den Mann gebracht. »Essen zum Festpreis – so viel Sie wollen« ist kaum mehr als das schwache Echo eines zum Restaurant an der Ecke heruntergekommenen Cocagne, das auf einen Kundenkreis abzielt, der sich den kleinbürgerlichen Traum von viel Ware für wenig Geld auf die Fahnen geschrieben hat. In den modernen westlichen Gesellschaften stellt die Nahrungsversorgung kein zentrales Problem mehr dar, sodass unsere Cocagnes auch nicht mehr in – nach unserem Geschmack – Ekel erregenden Fressphantasien kulminieren. Das gilt heutzutage selbst für die unteren Bevölkerungsschichten. Nach mittelalterlicher Auffassung jedoch entspräche das heutige Westeuropa einer weit gehenden Verwirklichung aller »Träume von Cocagne«: Wir bekommen *Fastfood* zu jeder Tages- und Nachtzeit, wir besitzen – zumindest in geschlossenen Räumen – eine perfekte Klimaregulierung, es gibt freien Sex, Einkommen ohne Arbeit und eine plastische Chirurgie, die unsere Jugend verlängert.

Das heutige Schlaraffenland als Kindertraum von haushoch aufgestapelten Süßigkeiten und pfannkuchengedeckten Häusern ist nur noch ein schwacher Abglanz des wilden Cocagne von ehedem – farblos geworden und zum unschuldigen Kindervergnügen degradiert. Dies trübt unseren Blick für die zentrale Rolle, die dieses Traumland jahrhundertelang in den Überlebensstrategien von Bauern, Bürgern und bis zu einem gewissen Grade auch Aristokratie und Geistlichkeit spielte: Die Cocagne-Phantasien kompensieren auf groteske Weise die zentralen Obsessionen des mittelalterlichen Menschen, ob hoch, ob niedrig, Laie oder Geistlicher, Mann oder Frau. Doch gleichzeitig knüpfen sie auch an Vorstellungen von anderen verheißungsvollen Welten an, die mehr Anspruch auf Realität erheben konnten oder denen man auf jeden Fall mehr Glauben schenkte.

So etwa lässt Cocagne uns unwillkürlich an eine frivole und lebenslustige Version des irdischen Paradieses denken, das nach Ansicht vieler immer noch irgendwo auf Erden zu finden sein musste und wo die Quelle des ewigen Lebens, die herrlichsten Speisen und ein unverwüstlicher Frühling den Gläubigen erwarteten. Und erzählten nicht auch Reiseberichte von Atlantis, den Inseln der Seligen, Eldorado und einer Vielzahl ähnlicher Traumorte, die man sehr wohl besuchen konnte? Und gab es dann nicht auch noch das himmlische Paradies? Auch das stellte den rein gewaschenen Seelen nach dem Jüngsten Gericht schließlich ewige Freuden in Aussicht – und für die Ungeduldigen gab es ja noch das Tausendjährige Reich, von dem die Bibel als Belohnung auf Erden sprach, die vielen zufolge »schon bald« Wirklichkeit werden würde.

All diese mittelalterlichen Traumorte und phantastischen Welten weisen starke Ähnlichkeiten untereinander auf. Einige werden (etwa in Form von Lustgärten, Vergnügungsparks und Entdeckungsreisen) sogar so weit realisiert, dass man besser von weltlichen Paradiesen spricht: Die Welt lässt sich immer leichter bereisen – und vor allem umsegeln –, zu Hause werden Garten Eden und Jenseits nachgeahmt und (quasi als Vorgeschmack) schon mal erlebbar gemacht. Cocagne, wie irreal es auch immer sein mag, spielt ein derart provozierendes Spiel mit den bekannten Zutaten dieser Traumwelten, dass die Notwendigkeit zu träumen davon eher angeheizt als relativiert wird.

Populär ist dieses Spiel vor allem bei der breiten Masse: Offensichtlich spiegelt der Cocagne-Mythos besonders die alltäglichen Sorgen von Bauern und Kleinbürgern, obwohl auch für höher Gestellte noch genug Identifikationsmöglichkeiten übrig bleiben. Doch scheint die Oberschicht Cocagne weit weniger nötig zu haben, da sie ihren Träumen mit großem Erfindungsreichtum selbst Gestalt zu geben weiß. Nach 1600 wird aus Cocagne das multimediale Schlaraffenland, das nun auch in Form von Bilderbögen und fliegenden Blättern als Kolportageware von Hausierern, als Bauernvergnügen und Anstandslehrbuch für Jugendliche fungiert, um zu guter Letzt seine Bestimmung als Kindermärchen für moderne Naschkatzen zu finden.

Zunächst jedoch ist Cocagne eine sehr handfeste Phantasie zur Bewältigung des alltäglichen Elends. Warum müssen wir so leiden? Die Kirche bietet hierauf nur wenig befriedigende und beruhigende Antworten, und diese hinzunehmen erfordert eine Langmut, die nur wenigen gegeben ist. Die Mehrheit jedoch quält sich weiter mit ihren Fragen nach den Ursachen des Bösen und der empörenden Unvollkommenheit des Menschen, inklusive der eigenen.

Jeder weiß natürlich, dass alles mit dem Sündenfall Adams und Evas begonnen hat. Doch warum lässt sich ihr Fehltritt nicht wieder gutmachen? Dann würden die Pforten des Paradieses wieder geöffnet. Die zeitgenössischen Darstellungen der Vertreibung aus dem Garten Eden verraten eher Ungeduld als Ergebung. Die Vielzahl an Texten, Gemälden, Miniaturen, Bilderbögen, Theaterstücken, Prozessionen, Wandteppichen, Keramiken, Juwelenkästchen, Kämmen und was nicht sonst noch alles, die diesen schmerzlichen Beginn des menschlichen Leidens in Erinnerung rufen, ist erdrückend und scheint eher Unverständnis zu bezeugen als demütige Hinnahme. Und bestimmt steht hinter alldem die unaufhörliche Suche nach einer Erklärung.

Kaum eine Prozession, kaum ein Umgang in den Niederlanden des fünfzehnten Jahrhunderts, die nicht auch die Vertreibung von Adam und Eva aus dem Paradies thematisierten. Diese berühmten religiösen Umzüge in den Städten Flanderns und Brabants zogen jedes Jahr Tausende von Zuschauern an, nicht nur aus der Stadt selbst, auch von weiter her. Darunter befanden sich hohe Würdenträger bis hin zum Landesfürsten, die dann selbst wieder von den Honoratioren gefeiert wurden: Schließlich fungierten die Umzüge auch als Instrument, die Bande zwischen Magistrat und Landesobrigkeit zu festigen und zu vertiefen.

In Löwen wurde der Umgang auf Drängen des Stadtrats seit 1401 sogar jedes Jahr mit der Vertreibung aus dem Paradies eröffnet: Schließlich war mit jenem Ereignis der Begriff »Zeit« – und damit »Geschichte« – in die Welt gekommen, sodass die anderen Wagen folgerichtig erst danach zu kommen hatten. Zusammen mit dem Zimmermann Gorde den Draijer erhielt der Bildhauer Rombaut van Hingene den Auftrag, einen Wagen zu bauen, zu gestalten und zu »inszenieren«. Letzteres bedeutete, dass sie eine Reihe von Schauspielern – Adam, Eva, den Engel, vielleicht auch eine Schlange – während der Prozession in regelmäßigen Abständen auftreten lassen mussten. Das Schauspiel schien einen überwältigenden Auftakt des Umzugs zu garantieren, denn im Jahre 1462 wurde der Wagen mitsamt irdischem Paradies von Grund auf renoviert. Das Ergebnis erntete größte Bewunderung, diesmal die Herzog Philipps des Guten und eines ganzen Trosses vornehmer Edelleute und Äbte.

Die Instandhaltungsarbeiten wurden fortgesetzt, denn im Jahre 1502 erhielten Adam und Eva »neue Kostüme«, und im Jahre 1531 bekam der Schneider André de Coster den Auftrag, zwei Westen und zwei Paar Strümpfe zu liefern. – War das erste Menschenpaar auf dem Wagen demnach bekleidet? Angesichts der fortschreitenden, frühneuzeitlichen Kultivierungsoffensive* ist das nicht undenkbar, da Nacktheit nun zunehmend als ungehörig und etwas zu Unterdrückendes betrachtet wurde. Oder waren die Kleider dazu bestimmt, in zeitgenössischem Dekor den Genesis-Text zu illustrieren, wonach Adam und Eva nach dem Sündenfall versuchten, ihre Nacktheit zu verbergen?

---

* der von Pleij benutzte Begriff »beschavingsoffensief« steht in vielem Elias' Begriff vom »Prozess der Zivilisation« nahe, bezieht sich jedoch mehr auf die konkreten – auch literarischen – Erziehungs- und Disziplinierungsmaßnahmen, die seit dem Spätmittelalter vor allem in städtischen Milieus ergriffen wurden, um die neuen, »zivilisierten« Verhaltensformen tatsächlich durchzusetzen. [Anm. d.Ü.]

Hugo van der Goes, *Der Sündenfall*; 2. Hälfte d. 15. Jahrh.; Wien, Kunsthistorisches Museum.

Wir besitzen eine Abbildung des Wagens aus dem Jahre 1594. Der dazugehörige Reim betont die Freuden des Paradieses, die Adam nun gegen nimmer endende Arbeit und Gefahr eintauschen muss:

Adam – widerstrebend – wird verjagt
Aus dem lust'gen Paradeis voll Wonnen,
Weil er nach Gotts Gebot nicht hat gefragt,
Drum hat nun ihm die Zeit der Plag' begonnen,
Der ehdem sich im Frieden froh durft sonnen.*

Die Abbildung des Wagens zeigt einen mit Flammenschwert bewaffneten Engel, der Adam und Eva aus dem Garten Eden treibt; beide – noch nackt – bedecken ihr Geschlecht mit den Händen. – Vielleicht legten die Schauspieler ihre Kleidung nur zu den Aufführungen ab? Doch es ist auch möglich, dass sich die nackte Wirklichkeit nur noch in der künstlerischen Darstellung zeigen durfte, während sie im wirklichen Leben immer weniger toleriert wurde.

Auf Zeitgenossen muss dieses alljährliche Schauspiel vom Anfang des menschlichen Elends jedenfalls ergreifend gewirkt haben: Damals haben wir alles verspielt, und nichts deutet darauf hin, dass die Strafe für diesen so kleinen Fehltritt jemals aufgehoben und das irdische Paradies wieder geöffnet wird. Dem Menschen bleibt nur die Hoffnung auf ein unsicheres Jenseits, das ihm vom Teufel immer wieder entrissen zu werden droht. Und selbst diese Hoffnung erlischt, wenn man glaubt, was im Laufe des fünfzehnten Jahrhunderts immer mehr Menschen behaupten: Als Strafe für das seit 1378 andauernde Schisma der Kirche – mit einem Papst in Rom und einem in Avignon – sei das himmlische Paradies für alle Seelen geschlossen. Selbst das irdische Paradies als Wartezimmer für brave Verstorbene nehme niemanden mehr auf, sodass die Seelen verdammt seien, bis zum Jüngsten Tag verzweifelt herumzuirren.

---

* Adam, als den wederspannighen, wordt verjaeght / Uijt dat lustich Paradijs, vol soeticheden, / Omdat hy naer Godts gebot niet en heeft gevraeght. / Dus moet hij zijnen tijt in arbeijt besteden, / Die tevoren wandelde in grooter vreden.

Auf dem Löwener Eröffnungswagen erscheint das somit vollkommen unzugängliche Paradies als Lusthof mit fein gearbeitetem Zaun und prächtig ornamentiertem Tor, einem Springbrunnen, einem mit Früchten übersäten Baum und einer immer noch kichernden Schlange, die sich um den Stamm windet. Ein unerträglicher Anblick. Ein Kutscher schlägt die Pferde, die den schweren Wagen voranziehen müssen.

Breit ausgemalt wird diese Szene auch in der *Eerste Bliscap van Maria* (Die Erste Freude Marias), einem von sieben Mysterienspielen, die seit 1447 alternierend alle sieben Jahre zum Abschluss des so genannten »Großen Umgangs« auf dem Großen Markt in Brüssel aufgeführt wurden. In der Vorgeschichte bedecken Adam und Eva ihre Scham mit einem Blatt, als Gott sie zur Verantwortung ruft. Das Bewusstsein ihrer Nacktheit macht deutlich, dass sie Gottes Gebot übertreten haben. Darauf folgt die Verdammung. Eva wird ihre Kinder hinfort unter Schmerzen gebären und auf immer ihrem Manne untertan sein, und Adam wird zum Nahrungserwerb die Erde bearbeiten müssen, denn von selbst wird sie in Zukunft nur noch Dornen und Disteln hervorbringen. Diese Arbeit wird mühsam sein und im Schweiße seines Angesichts bis zu seinem Tode andauern. Danach wird er sich wieder in den Staub verwandeln, aus dem er geschaffen wurde. Nach der Verurteilung gebietet Gott seinem Engel, die Kleider zu bringen, die jener für das gefallene Paar hat nähen müssen. Gemeinsam kleiden sie Adam und Eva ein, wonach Gott das Paar definitiv aus dem Paradies verbannt. Auf »ewelic« fügt er in aller Deutlichkeit hinzu, was die Zuschauer auf dem Brüsseler Marktplatz im Innersten getroffen haben muss. – Nun wissen wir, wozu man die für den Umgang von 1502 erneuerten Kleider benötigte: Sie sollen Adam und Eva nicht von Anfang an, sondern erst in dem Moment bedecken, in dem sie in die ebenso raue wie vergängliche Welt jenseits von Eden verstoßen werden. Vor das Tor stellt der Allmächtige einen Engel mit einem Schwert, damit kein »natürlicher Mensch« je wieder hineingelangen kann, und seitdem ist das Paradies ein für alle Mal verschlossen.

Draußen beklagen Adam und Eva ihr grausames Los. Durch eine unvorstellbare Dummheit haben sie, wie sie nun einsehen, das höchste

Sündenfall und Vertreibung aus dem Paradies; Miniatur aus Flavius Josephus'
Antiquités Judaïques, 15. Jahrh.; Paris, Bibl. de l'Arsenal, ms. 5082.

Glück verspielt. Adam schlägt vor, Gott um Gnade zu bitten. Doch
Eva behält das Heft in der Hand, obwohl das schon bei dem Apfel in
einer Katastrophe geendet hatte und sie sich ihrem Mann nun
eigentlich unterordnen müsste:

Geliebter Mann, nimm hier den Spaten,
Mit ihm musst du dein Werk beginnen.
Mit bittrer Arbeit und mit Schmach
So müssen wir unser Brot gewinnen.*

Adam schließt mit der Klage, dass man im Paradies niemals habe zu
arbeiten brauchen, da die Früchte des Feldes dort auf Gottes Gebot
von selbst wuchsen. So war es, »eer hi ons dus daerbuten sloet« (eh
Er uns dann von dort vertrieb).

Vor allem im Spätmittelalter werden solche Szenen zu Tausenden
aufgeführt, dargestellt und betrachtet. Versucht man das überlieferte
Material zu sichten, bekommen sie unvermeidlich etwas Quengliges
und Larmoyantes. Heute scheint selbst gläubigen Menschen die Erbsünde jeder existentiellen Bedeutung für ihr persönliches Leben zu
entbehren; der Sündenfall wird höchstens noch allegorisch aufgefasst, und seine Darstellungen geben weniger Anlass zur Besinnung
als zu ästhetischer und kulturhistorischer Betrachtung. Im späten
Mittelalter dagegen ist eine solche Aufführung ein Aufschrei, ja geradezu eine Anklage, die stets aufs Neue zu leidenschaftlichen Ge-
fühlsausbrüchen führt, die von Rührung, vielleicht auch Selbstmit-
leid bis zu – ganz gewiss – Empörung über den Satan, das Weib und
die schwache Natur des Menschen reichen. All dies liefert ständig
neuen Nährboden für das Streben nach Kompensationen und Wie-
dergewinnung des Garten Eden.

Dem breiten Publikum ging die Botschaft solcher spektakulären
Darbietungen unmittelbar unter die Haut, vor allem angesichts der
Mühen und Plagen, die man selbst beim Erwerb des täglichen Brotes
erdulden musste. Und damit waren damals fast alle erheblich mehr
beschäftigt als heute. Und herrschte nicht dennoch ständige Unsicherheit über die regelmäßige Zufuhr der Grundbedürfnisse? Die dadurch verursachten Spannungen verlangten jedenfalls nach immer
wieder neuen, sowohl praktischen als auch spirituellen Lösungen.

---

* Gheminde man, hout, nemt dees spade, / Daermede soe moetti wercs beginn-
nen. / Met bitteren arbeide ende met smade / So moeten wi onsen nootdorst
winnen.

2 Konturen eines Buches

E iner der beliebtesten Fluchtwege aus dem irdischen Elend führt direkt nach Cocagne. Dieses bietet zunächst einmal direkte Linderung der primären Nöte. Das Paradies mag zwar geschlossen sein, Cocagne jedoch steht allen Menschen offen, und keiner der bekannten Cocagne-Texte lässt einen Zweifel daran, dass jede Arbeit und Plackerei aus diesem Land verbannt sind, in den mittelniederländischen Texten sogar auf Gottes Gebot. Das Essen kommt den Hungrigen von selbst in unvorstellbaren Mengen entgegengelaufen. Schöne Kleider, Strümpfe und Schuhe liegen für jeden bereit. – Ein Seitenhieb auf die armseligen Fetzen, die Gott in oben genanntem Mysterienspiel den Engel für das gefallene Menschenpaar nähen ließ?

Doch liefert Cocagne tatsächlich eine so klare Antwort auf die alltäglichen Sorgen? Auf jeden Fall bietet dieses Traumland erheblich mehr, als das ursprüngliche Paradies laut Genesis je zu bieten hatte und – als zeitlose Einrichtung – noch immer bereithielt. Nun zeigen die zahllosen Paradiesbeschreibungen des Mittelalters schon von sich aus die Neigung, das im Grunde recht kahle Paradies der Bibel etwas mehr auszuschmücken, und zwar im Sinne eines den zeitgenössischen Nöten eher entgegenkommenden Cocagne. Auf diese Weise gewinnt der Garten Eden mehr und mehr die Züge eines Lustgartens und Vergnügungsparks mit fröhlichen Banketten, schöner Musik und lustigem Tanz, sodass die Vorstellungen von Paradies und Cocagne in diesen Punkten fast unmerklich ineinander übergehen.

Vertreibung aus dem Paradies; Miniatur aus einem Gebetbuch von 1482; München, Bayr. Staatsbibliothek; aus: Delumeau.

Die vielleicht wollüstigste Paradiesvorstellung stammt von Christoph Kolumbus. Im Laufe seiner Reisen interessiert er sich zunehmend für die genaue Lage des irdischen Paradieses. Auf seiner dritten Fahrt (1498–1500) identifiziert er schließlich den Orinoko-Fluss als einen der vier Paradiesströme, und in einem Brief von 1498 aus Hispaniola (dem heutigen Haiti) schreibt er, dass nach seinen Erkenntnissen die Erde nicht so sehr rund als vielmehr birnenförmig sei – wie eine Frauenbrust. Vielleicht beginnen die langen Aufenthalte auf See den strengen und gottesfürchtigen Mann doch langsam zu verwirren. Die Brustwarze von Mutter Erde jedenfalls sei seiner Ansicht nach das neu entdeckte Land, in dessen Zentrum das irdische Paradies liegen müsse.

Alle mittelalterlichen Entdeckungsreisenden suchen das Paradies, oder besser gesagt: dessen unmittelbare Umgebung, die dank dieser Nähe weitgehend von allen göttlichen Segnungen mit profitiere. Auch dort herrsche ein ideales Klima und fielen die Früchte von den sich unter ihrer Last biegenden Bäumen, während das heilkräftige Wasser der vier Paradiesströme Gewürze und Edelsteine anschwemme. Fest überzeugt, dass eine solch paradiesische Gegend wirklich existiere und betreten werden könne, berichten die Reisenden in einem fort – gewissermaßen auf Befehl – von solchen Landschaften, die sie nach dem Muster ihrer Vorstellungen vom Garten Eden und dessen unmittelbarer Umgebung ausstaffieren, und die Herausgeber ihrer Texte, vom Kopisten bis zum Setzer, trugen dann gern noch ein wenig dicker auf.

Solche Entdeckungsreisen auf den Spuren des verlorenen Paradieses ließen sich auch auf die Vergangenheit projizieren: Irgendwann ganz am Anfang musste es ein ideales Zeitalter gegeben haben, in dem der Mensch noch nicht von Zügellosigkeit und Zwietracht verdorben war. Doch nicht nur das Christentum kennt eine solche Urzeit von Harmonie und Überfluss. Vielmehr ist die Idee eines goldenen Zeitalters, der *aurea aetas*, schon seit dem klassischen Altertum bekannt, und ihrer bedienen sich ausgiebig die spätmittelalterlichen Humanisten, die ihren eigenen Kulturen ein ideales Germania oder Batavia beilegen wollen, das sie mit braven Bauern und Waldbewohnern bevölkern. Diese genießen ohne Plagen und vor allem frohgemut die reichen Gaben von Mutter Natur. Nach diesen Beschreibungen war damals im Grunde die ganze Erde ein einziges Paradies, mit lediglich lokal gefärbten Filialen, die in der Volksüberlieferung auch die Gestalt eines Cocagne oder Schlaraffenlands annehmen konnten.

Doch auch schon vor den Humanisten hatten mittelalterliche Gelehrte die Zeit zwischen Sündenfall und Sintflut als Epoche eines positiven Primitivismus charakterisiert, in der die Folgen der Erbsünde noch kaum bemerkbar gewesen seien. Unter Laien und Studenten wurden solche Ansichten besonders von dem Antwerpener Magistratsschreiber und Sittenlehrer Jan van Boendale (ca. 1279–1351) verbreitet. In seinem breit angelegten Lehrbuch mit dem bezeichnenden Titel *Der leken spieghel* (der »Laienspiegel«, um 1330)* stellt er die Menschen jener Zwischenzeit als Vegetarier dar. Inspiriert von dem frühchristlichen Philosophen Boethius berichtet er, dass sie auch keinen Wein tranken und ohne Decken oder Kissen im hohen Gras unter den Bäumen schliefen. Sie ernährten sich ausschließlich von Gemüse und Milchprodukten und trugen ungefärbte Kleidung. (Schließlich hatte Gott die Wolle der Schafe auch nicht in aktuellen Modefarben entworfen.) Stichworte sind hier immer wieder Unschuld und Reinheit, die als geistiger Schild gegen alle Zivilisationserscheinungen hochgehalten werden, die so oft den Stempel des Satans tragen.

Das himmlische Paradies, das wir betreten dürfen, wenn wir im Buch des Lebens verzeichnet sind, erhält im Mittelalter die Gestalt des Neuen Jerusalem, das dem Volk Israel im Alten Testament verheißen wurde. Noch einflussreicher war das Modell des Himmlischen Jerusalem aus der Offenbarung des Johannes, in der die Stadt als Belohnung der Gerechten vom Himmel herabschwebt. Es scheint eine wahre Wunderstadt zu sein, erbaut aus den größten Kostbarkeiten an Gold und Edelsteinen. Das *Sterfboeck* (Sterbebuch), eine weit verbreitete Lebenslehre, beschreibt sie in seiner gedruckten Fassung von 1491 ausführlich. Ziel des Buches ist es, die Gläubigen jenes Verhal-

* Hier wie in den vergleichbaren Fürsten-»Spiegeln« zu verstehen als »Anleitung« oder Frühform der Enzyklopädie. [Anm. d.Ü.]

Das Neue Jerusalem schwebt vom Himmel herab; Vision des Johannes auf Patmos; Seitenflügel von Hans Memlings *Die mystische Ehe der heiligen Katharina*; Brügge, Sint-Jans-hospitaal.

ten zu lehren, das ihnen nach dem Tod von selbst die gewünschte Abteilung des Jenseits beschert. Und wieder ist ein tröstlicher Fluchtweg aus dem irdischen Jammertal eröffnet, diesmal versehen mit einer weit höheren Beglaubigung, als Cocagne je bieten konnte: Nacht und Finsternis existieren nicht mehr, die Dunkelheit ist durch Gottes Licht auf immer vertrieben. Hunger und Durst sind unbekannt, genauso wie Hitze und Kälte, Überschwemmungen oder Brände, Regen und Wind, Blitz und Donner, Hagel, Schnee und Sturm. Wie sehr das Himmlische Jerusalem als ein Ort des Trostes und der Wiedergutmachung für das irdische Leiden gesehen wurde, zeigt schon die Negationsformel, mit der das *Sterfboek* dessen Attraktionen beschreibt: Krankheit, Tod und Gebrechen kommen nicht vor, und es gibt weder Missgebildete, Taube, Stumme noch Krüppel. Nirgends sind Unkraut oder unreine Tiere wie Würmer und Kröten zu entdecken, es wachsen die herrlichsten Blumen und Kräuter, wobei die Früchte immer reif sind und alles ewig blüht. Jeder ist und bleibt dreiunddreißig Jahre, das irdische Lebensalter Jesu Christi. Engel machen bezaubernde Musik. Alle sind ausgelassen und immer froher Stimmung.

Auch hier scheint der Traum von Cocagne auf die Vorstellung vom himmlischen Paradies abgefärbt zu haben: Wird in Cocagne nicht ebenso zur Musik von Trompeten und Schalmeien getanzt und gesungen? Diese Osmose wird durch die Beschreibungen auserwählter Besucher des Himmels, der Hölle und des Fegefeuers noch verstärkt, die ihre Aufsehen erregenden Erlebnisse in religiösen Visionen gemacht haben. Einige Berichte sind so spektakulär, dass sie den Hunger des Publikums nach schneller und vollständiger Vergeltung für alles erlittene Elend nur noch mehr entfachen. Gefährlich wird es, wenn dabei Gedanken an einen Heilsstaat auf Erden aufkommen, vor allem, wenn sie zu Versuchen führen, diesen im Hier und Jetzt zu realisieren. Die Cocagne-Texte sehen jedoch nicht danach aus, dass sie einen solchen Umsturz anstrebten: Trotz aller motivischer Verbindungen zu realeren Vorstellungen einer besseren Welt behält Cocagne seinen eindeutig fiktiven Charakter.

Ebenfalls in der Offenbarung des Johannes wird noch ein anderer Heilsstaat angekündigt: Schon vor dem Jüngsten Gericht nämlich werde Jesus Christus mit den auferstandenen Heiligen und Märtyrern ein Tausendjähriges Reich des Glücks und Überflusses auf Erden errichten. Nach mittelalterlicher Auffassung kann dieser wunderbare Tag nicht mehr lange auf sich warten lassen. Und obwohl Augustinus schon im fünften Jahrhundert kategorisch den kirchlichen Standpunkt verkündet hat, dass es sich bei der Vision des Johannes um eine allegorische Darstellung der kämpfenden Kirche handle, führt diese Prophezeiung die Armen und Bedürftigen dazu, nicht nur an die baldige Herankunft eines solchen Reiches zu glauben, sondern bei dessen Verwirklichung auch handfest anpacken zu wollen. Vor allem im Rheinland und den Niederlanden* operieren am Ende des Mittelalters locker organisierte »Brüder und Schwestern des Freien Geistes«, die ihre Ketzereien vom vollkommenen, der Sünde enthobenen Leben gern an der Prophezeiung des Tausendjährigen Reiches aufhängen.

Bei näherer Betrachtung der ihnen vorgeworfenen Verstöße gegen die kirchliche Orthodoxie entsteht überraschenderweise das Bild eines komplett eingerichteten, realisierten Cocagne, doch diesmal nicht an einen entlegenen Winkel der Erde verbannt, sondern direkt unterm Kirchturm Antwerpens und an den Ufern des Rheins praktiziert. Sehr weit gehen damit die Brüsseler Adamiten unter Leitung des Priesters Willem van Hildernissem. Schon ihr Name gibt an, dass sie die Wiederherstellung des irdischen Paradieses anstreben und praktizieren. Sie glauben sich hierzu in der Lage, da sie einen Grad der Vollkommenheit erreicht hätten, der sie über alle Sünde erhaben mache. Außerdem versuchen sie, mit den örtlichen Beginen Paradies-Sex zu betreiben, wie er in Augustinus' *Gottesstaat* (*De Civitate Dei*) beschrieben wird: Adam verfügt über vollkommene Körperbeherrschung und ist in der Lage, sein Glied ohne das geringste Lustgefühl zu erheben, während Eva in ebenso paradiesischer Unschuld ewig ihre Jungfräulichkeit bewahrt.

---

* »Niederlande« als Übersetzung des Begriffs »Lage Landen« bezeichnet nicht nur die heutigen Niederlande, sondern den gesamten Bereich der Küstenländer zwischen Ems und Somme und somit auch große Teile Belgiens und sogar Nordfrankreichs. [Anm. d. Ü.]

Vielleicht das Bemerkenswerteste an diesen viel genannten Ketze-reien ist jedoch, dass die Brüsseler so gnädig davonkommen. Nach einem langen Prozess im Jahre 1411 bleibt es bei Warnungen und einer einzigen Verbannung. Hatte etwa auch die Obrigkeit Verständ-nis für diese vielleicht nur spielerische Verwirklichung des cocagni-schen Traums? Oder waren einfach nur zu viele Priester und staat-liche Würdenträger in den weit reichenden Sexskandal verwickelt?

Auf jeden Fall erzählen seit dem elften Jahrhundert Chroniken und Prozessberichte in ganz Europa von solchen sexgierigen Nudis-ten, die häufig nicht nur als Adamiten, sondern vielsagenderweise auch als »Luziferaner« bezeichnet wurden.

Aus dem Deutschland des dreizehnten Jahrhunderts wird von Männern und Frauen aus allen Ständen berichtet, die sich um Mit-ternacht in einer Höhle versammeln, die sie ihren Tempel nennen. Ein gewisser Walter liest die Messe und hält eine Predigt. Danach bricht im Dunkeln ein Bacchanal mit Gesang, Tanz und sexuellen Ausschweifungen aus. Dem Aufzeichner des Berichts, dem Kärnter Abt Johannes von Viktring (gest. um 1346), zufolge, behaupten die TeilnehmerInnen der Orgie, sich auf diese Weise dem Zustand Adams und Evas im Paradies zu nähern. Walter nennt sich selbst Christus und präsentiert eine wunderschöne Jungfrau, die als Maria herhalten muss. Gleichzeitig verkündet er, dass angesichts des nun-mehr gewiesenen Weges zur irdischen Freude jedes Leiden überflüs-sig sei. Und das Fasten könne man gleich ganz vergessen.

Berichte über ähnliche Versuche, das Paradies wiederherzustellen, gibt es ebenfalls in Holland, wobei auch Willem van Egmond sich al-lerdings auf deutsche Chroniken stützen muss – wie gewöhnlich weiß man auch hier vieles nur vom Hörensagen: Wieder geht es um einen leichtsinnigen Christus, eine ebensolche Maria und unterir-dische Ausschweifungen voll nackter Erotik; der Autor spricht von »Bräuchen nach Art der Schweine«. Einige der Sektenmitglieder be-zeichneten ihren Vergnügungsort sogar rundheraus als ihr »Para-dies«.

Auch manches Kloster versuchte das Paradies wieder zum Leben zu erwecken, doch ohne dass man die Mönche darum der Ketzerei verdächtigt hätte. Vor allem die Zisterzienser, inspiriert vom ansteckenden Elan des Bernhard von Clairvaux, kombinierten asketische Ideale mit der Überzeugung, als wahre Bauleute Gottes dessen Schöpfung vollenden und vervollkommnen zu müssen. Dies führte dazu, dass sie ihre Klöster vorzugsweise an unwirtlichen Orten anlegten und der unkultivierten Schöpfung Gärten und Ländereien förmlich abtrotzten. Die Felsen, Dornen und Sümpfe, zu denen Gott Adam verurteilt hatte, wurden in blühendes Ackerland verwandelt, und dem Menschen gefährliche Tiere und Schädlinge mussten nützlichen Haustieren weichen.

So rekonstruierte man ein Paradies voll verschwenderischer Fruchtbarkeit, in dem Adam die Herrschaft über die Tiere errungen hat. Noch im sechzehnten Jahrhundert seufzte die Antwerpener Rederijkerin Anna Bijns, dass jedes Kloster eigentlich einem irdischen Paradies gleichen müsse, das jeden Gedanken an den Sündenfall verbannt; Weisheit solle regieren, und Obstgärten für reiche Nahrung sorgen. So solle es sein, doch in der in jeder Strophe wiederholten Mottozeile ihres Refreins* musste sie feststellen, wie sehr die zeitgenössische Wirklichkeit hinter diesem Ideal zurückbleibt: »'T waer goet waer 't zoe, maer ic sorghe neen 't« (Es wäre gut, wenn es so wär', doch ich fürcht, so ist es nicht.).

Eine andere Möglichkeit, das himmlische Paradies schon auf Erden zu erleben, bestand darin, intensiv darüber zu meditieren. So ist es gewiss kein Zufall, dass die für ein breites Laienpublikum und niederen Klerus gedachten Religionslehren der Devotio Moderna Übungen enthalten, sich ein möglichst ergreifendes und bezauberndes Jenseits vorzustellen. Für den Anfang könne man etwa an eine Stadt aus Gold und kostbaren Edelsteinen mit Toren aus reinen Perlen denken. Durch solche Übungen im spirituellen Genießen hielt man gleichzeitig das irdische Böse von sich fern.

So leicht jedoch ließ sich der Teufel auch wieder nicht austricksen. Zu seinen unbestrittenen Spezialitäten gehörte schließlich die Täuschung, indem er die Sinneswahrnehmungen von innen her durch-

---

* Refrein: Lyrische, mehrstrophige Form der Rederijker (niederländische Meistersinger) für unterschiedlichste Inhalte, wobei jede Strophe mit derselben Schlußzeile endet. [Anm. d.Ü.]

einander brachte. So verstand er es, einem zauberhafte überirdische Lustgärten vorzugaukeln, die das arglose Individuum nicht nur zu sehen, sondern auch zu hören, fühlen, riechen und selbst zu schmecken glaubte. Darum galt bei genannten Andachtsübungen auch als wichtigste Regel, ständig Gott im Zentrum des himmlischen Paradieses thronen zu sehen, denn die Gestalt des Schöpfers könne der Satan nicht nachäffen. Entsprechend richteten die Übungen sich denn auch vor allem auf solche theozentrischen Jenseitsvisionen.

Doch es ging auch anders. Schon seit dem zehnten Jahrhundert sorgten Klostergemeinschaften und Stiftskirchen während der Umkehrungsfeste – besonders am 28. Dezember, dem Tag der unschuldigen Kinder – für wahre Ess- und Trinkparadiese, die mehrere Tage andauern konnten. Jenes Narrenfest der Kirche, geprägt von einer alternativen Ordnung, die die normale Hierarchie auf den Kopf stellte, fungierte nicht nur als Ventil, sondern demonstrierte zugleich das unhaltbare Chaos, das aus unbeschränkter Völlerei sichtlich hervorging. Auf jeden Fall wurde einige Tage lang gefeiert, umgeben von einem Überfluss, der in scharfem Kontrast zu dem nüchternen und kargen Leben stand, das die Klosterordnung den Mönchen während des übrigen Jahres abnötigte.

Eine andere Variante dieser klerikalen Kunst-Paradiese war das *caritas*-Trinken (und -Essen). Anlass zu diesen Gelagen im Zeichen der Nächstenliebe boten die kirchlichen Festtage, bestimmte Sonntage, der Geburtstag des Abtes oder auch der Tod eines Mitbruders. Mit diesem Brauch eng verwandt ist das im Mittelalter weit verbreitete Minne-Trinken: Unter Anrufung des jeweiligen Heiligen brachte man dem Genannten einen Heilstrunk dar, was durchaus in einer fröhlichen Zecherei enden konnte.

Es braucht nicht zu verwundern, dass auch in höfischen und adligen Kreisen standesgemäße Formen gefunden wurden, das Paradies schon im Hier und Jetzt zu erleben. Mit ihnen ließ sich zugleich der gewünschte Glanz entfalten, der sich immer auch in Überfluss ausdrückte. Den stellte man vor allem mit reich dekorierten und vielfältigen Speisen zur Schau, die während der ebenso langen wie spektakulären Bankette mehr noch als Augenweide denn zur Sättigung des

Üppige Tafelfreuden in einem Kloster; Handschrift des *Graduale* von Johannes van Deventer, um 1500; Cuijk, Kloster der Kreuzherren, hs. M I 001, fol. 153 verso; Foto: »Stichting Document & Boek«

Magens aufgetragen wurden. Hier begegnen wir ganz konkret vielen kulinarischen Phantasien Cocagnes: Die Tische biegen sich unter der Last ganzer Gebäude von Pasteten, Torten und kunstvoll garniertem Wild und Geflügel. Dazwischen tummelt sich gar bewegliches Essen: Ausgeklügelte Automaten steuern wandelnde, kämpfende und sogar singende Leckerbissen und wecken die Illusion sich zum Verzehr darbietender Spanferkel, Karpfen und Kapaune.

Der Hof jedoch entwirft ausschließlich aristokratisierte Cocagnes. Im eigenen Kreise will man mit diesem Reichtum an handfestem Lebenselixier dem Tode trotzen und gleichzeitig den Bauern und Bürgern, die all den bombastischen Überfluss bestaunen dürfen, ihren Platz zeigen. Vor allem der burgundische Hof versteht die unterschiedlichen Funktionen des Tafelspektakels perfekt zu nutzen, nicht zuletzt dadurch, dass er mit Hilfe bier- und weinspeiender Fontänen wieder eine Brücke zum gaffenden Volk schlägt. Diese Getränkespeier in Form von Frauenbrüsten und männlichen Geschlechtsteilen dürfen bei keiner öffentlichen Huldigung* und keinem höfischen Fest fehlen.

Und dann gibt es noch die sittsam nach dem Modell des verschlossenen Gartens aus dem Hohen Lied entworfenen Privat- und ebenfalls davon inspirierten Kräutergärten der Klöster sowie die Lustgärten der Liebe, geschaffen nach den literarischen Konventionen des *locus amoenus* (lieblicher Ort), der himmlische und irdische Liebe miteinander verbindet – mitunter auch ganz konkret: Es fällt nämlich auf, dass liebliche Orte und paradiesische Haine im Milieu des Stadtadels, der Patrizier und wohl situierten Bürger häufig unmittelbar erotische Assoziationen hervorrufen, während umgekehrt Verliebtheit und sexuelle Erregung schnell zu der Annahme führen, sich nun ganz bestimmt in einem Traumland zu befinden.

Der Prosaroman *Peter van Provencen*, um 1517 für ein solches Publikum gedruckt, ist hierfür ein gutes Beispiel: Die schöne Magelone schläft im Wald, den Kopf in den Schoß des Titelhelden gebettet. Peter kann seine Augen nicht von ihr lassen und wähnt sich im Garten Eden. Er löst seine Spannung, indem er einen Refrein deklamiert, der nach bewährtem literarischen Rezept die Schönheit der Geliebten von Kopf bis Fuß Revue passieren lässt, voll verzweifelter Ausrufe über so viel Liebreiz. Letztlich jedoch erregt ihn das nur noch mehr, denn sein Verlangen beginnt sich nun auf ihre Brüste zu konzentrieren. Hierdurch glaubt er sich endgültig im irdischen Paradies, was ihn dazu bringt (man denke an die Brüsseler Ketzer), trotz seiner Erregung die jungfräuliche Unschuld Magelones zu preisen:

---

* »Blijde Inkomst«, Charta mit verbrieften Rechten der Landstände, die seit dem 14. Jahrhundert jeder Herzog von Brabant beim Regierungsantritt beschwören musste. [Anm. d.Ü.]

Als er eine Weile so gesessen hatte, erblickte er ihre jung-
fräulichen Brüste, weiß wie der Schnee, die ihn so entzückten,
dass er sich gar im irdischen Paradies wähnte und hoffte, diese
Wonnen möchten nimmer enden.

Kurz darauf scheint er allerdings auch zum praktischen Genuss
übergehen zu wollen, denn er »betastete und betrachtete ihre lieben
Brüstchen« – doch dann kommt etwas dazwischen. Wenn für Peter,
Magelone, den Autor und das Publikum hieraus jedoch eines deutlich wird, dann ist es die Erkenntnis, dass paradiesische Orte Erotik
hervorrufen. Doch warum gibt es in Cocagne dann so wenig Liebe?
    Lustgärten findet man vor allem in der Nähe von Burgen und rei-
chen Bürgerhäusern. Humanisten entwerfen Gärten als Allegorie
und Kommentar zur Schöpfung, um diese besser zu begreifen – was
jedoch keinesfalls bedeutet, dass die Gärten darum weniger zu Rast
und Liebesspiel einladen würden. Gleichzeitig entstehen noch irdischere Paradiese in Form von Tiergärten und Vergnügungsparks.
Auch hierin erweisen sich die Burgunder als Meister. Sie zeigen damit, dass man der Natur auch nach dem Sündenfall nicht immer nur
zu misstrauen braucht: Die Schöpfung ist mehr als ein bloßer Tummelplatz des Satans, wo schwache menschliche Seelen zwischen un-
widerstehlichen Verführungen Spießruten laufen; sie dient auch der
Befriedigung menschlicher Bedürfnisse, ganz wie es am Anfang beabsichtigt war. Selbst in seinem verderbten Zustand muss dem Menschen noch die Fähigkeit innewohnen, die unvorstellbaren Reichtümer von Gottes Schöpfung zu bewundern: Tiergärten zeigen
exotische Tierarten in paradiesischer Umgebung – nicht nur inmitten verschwenderischer Pflanzen- und Blumenpracht, sondern auch
in friedlicher Symbiose. Deren Besichtigung nun wird zum fröhlichen Zeitvertreib, unbesorgt und vor allem ungestört von den Nöten des täglichen Lebens.
    Die Vergnügungsparks des Adels zeigen einen Schöpfungsdrang,
der dem Gottes immerhin nahe kommt. Man entwirft täuschend
echte Naturkulissen, in denen der Mensch, der in der wirklichen Welt
so wenig zu bewegen vermag, nach freiem Gutdünken schaltet und
waltet. So entstehen Cocagnes für die Elite, wie etwa im Schlosspark

des nordfranzösischen Hesdin: Goldene Bäume werden von einem genialen Luftröhrensystem bewegt, Vögel aus Gold zwitschern auf Kommando. Den staunenden Besuchern kann jedes gewünschte Wetter vorgezaubert werden, sei es nun Hagel, Regen, Schnee oder Sonnenschein. Plötzlich steht man in einem Saal, der mit einem azurblauen Gewölbe und glitzernden Sternen das Weltall nachbildet, und im nächsten Moment versetzt eine mechanische Puppe dem arg-

Höfischer Minnegarten; Miniatur aus dem *Roman de la Rose,* illustriert von einem flämischen Meister um 1500; London, Brit. Libr., ms. Harley 4425, fol. 12 verso.

losen Besucher eine Ohrfeige. Auf die Damen lauern kalte Duschen von unten, und auch die anderen Gäste haben überraschende Späße mit Ruß und Federn zu gewärtigen. Der im Jahre 1299 errichtete Park wurde ständig erweitert und perfektioniert, bis das kaiserliche Heer Karls V. dies alles bei einem Angriff auf die Stadt im Jahre 1553 verwüstete. Seither musste man sich vor allem mit den stilisierten arkadischen Landschaften der Literatur zufrieden geben.

An den adligen Vergnügungen der *jardins de plaisance,* der Tiergärten und Vergnügungsparks, konnte das Gros der Bevölkerung jedoch – wenn überhaupt – nur auf Entfernung teilnehmen: Ab und zu bekam man wohl selbst etwas zu sehen, doch das meiste wusste man nur vom Hörensagen.

Doch konnte Cocagne auch demokratischere und greifbarere Formen annehmen, und zwar durch den Kauf von Verjüngungsmitteln. Irgendwie musste ewiges Leben auf Erden noch immer möglich sein. Zwar war der Tod durch die List des Satans nun einmal in die Welt gekommen, doch das Urbild irdischen Lebens blieb nach wie vor die von keinem Sterben bedrohte Unvergänglichkeit: Das heilkräftige Wasser des Paradieses, das in vier Strömen die Welt umspülte, kurierte im Grunde jeden Verfall und damit auch den des Lebens selbst.

Daher behauptete man, dass strömendes Wasser – das letztlich ja immer (wenn auch auf Umwegen) aus dem Paradies stammte – jedes, selbst tödliche Leiden zu heilen vermöge, und je näher man dem Paradies komme, desto stärker werde dessen Wirkung. Ständig meldeten Reiseberichte die Entdeckung neuer Jungbrunnen, die die Falten glätten und einem die Haut eines zum Beispiel Dreiunddreißigjährigen zurückgeben sollten.

Doch schöpften Mediziner und Alchimisten auch auf andere Weise aus der Natur, um dem Teufel ein Schnippchen zu schlagen. Vor allem die Suche nach dem Lebenselixier *quinta essentia* war ein ständiges Thema der Überlebens- und Verjüngungswissenschaft, auch wenn die erste gelungene Rezeptur noch gefunden werden muss. Einige betrachteten diese Machenschaften denn auch eher als teuflische Schwarzkunst. In *De Buskenblaser* (Der Büchsenbläser), einem Schwank aus dem vierzehnten Jahrhundert, wird dieses Streben nach Jugend verspottet, wobei ein diabolischer Quacksalber zugleich demonstriert, wie verführbar der gefallene Mensch doch ist: Um seiner ebenso jungen wie anspruchsvollen Frau zu gefallen, lässt sich ein alter Bauer für viel Geld eine kleine Dose mit einem vermeintlichen Verjüngungsmittel andrehen. Nachdem er vorschriftsgemäß hineingeblasen hat, entpuppt sich das Mittel jedoch als gewöhnlicher Ruß, und ihm bleibt nichts als ein schwarzes Gesicht und die blauen Flecken, die seine junge Gattin ihm kurz darauf mit ansteckendem Vergnügen verpasst.

Cocagne auf Erden. Fast jeder Aspekt dieses im Grunde von keinem für wahr gehaltenen Traumlands findet irgendeine praktische Entsprechung im täglichen Leben. Oder anders gesagt: Man gewinnt den Eindruck, dass vom Mittelalter bis zur frühen Neuzeit alle Milieus irgendwie mit Cocagne experimentiert haben. Daneben erscheint das Land ständig in sowohl freiwilligen als auch unfreiwilligen Visionen, die übrigens ein sehr weltliches Pendant in den Sinnestäuschungen finden, wie sie beim Gebrauch von Halluzinogenen auftreten.

Über bewussten Drogenkonsum im Mittelalter ist wenig bekannt, doch in Notzeiten kam es durchaus häufig vor, dass Menschen sich von Gräsern und Samen ernähren mussten. Zur üblichen Surrogatnahrung gehörten auch Hanf und Mohn, die vor allem in Südeuropa ganze Felder bedeckten. Der systematische Mangel an bestimmten Nährstoffen begünstigte die Sinnestäuschungen zusätzlich. Ein ständiger Enzymmangel etwa schwächte das Unterscheidungsvermögen, wodurch der Mensch zu phantasieren begann und sich von selbst angenehmere Lebensumstände erträumte. Die Einnahme von Hanfsamen als Ersatznahrung verstärkte diesen physiologischen Prozess. So könnte Cocagne täglich aufs Neue in den Köpfen hungriger Geister entstanden sein, die sich für die schmerzlichen Entbehrungen des Körpers Kompensationen zusammenphantasierten. Spielten solche Drogen-Visionen möglicherweise auch bei der Entstehung der beiden Reimtexte eine Rolle, die dieser Studie zugrunde liegen?

Die Flucht ins Paradies, ins goldene Zeitalter, nach Cocagne oder Schlaraffenland existiert in jedem Zeitalter und jeder Kultur. Immer geben die Traumwelten dabei auch Auskunft über die spezifischen

Sehnsüchte und Ideale ihrer Schöpfer. Dies führt bis heute zu bisweilen bizarren Auswüchsen: Unter palästinensischen Selbstmordattentätern und ihren Familien in Israel herrscht neueren Zeitungsmeldungen zufolge der feurige Glaube, dass die Täter ohne Umwege direkt ins Paradies gelangten. »Dort isst mein Vater jetzt Bananen und Äpfel«, sagt ein fünfjähriger Junge über seinen bei einem solchen Anschlag ums Leben gekommenen Vater. Auch kritisieren weniger fanatische Moslems immer wieder, dass die jungen Männer zu ungeduldig seien und sich auch darum aufopfern, weil sie nicht länger auf die versprochenen erotischen Genüsse des himmlischen Lustgartens warten wollen.

All diese Traum- und Vergnügungsorte besitzen viele Gemeinsamkeiten, besonders auf dem Gebiet von Nahrung und Nichtstun. Die Phantasien hierüber scheinen Jahrtausende und selbst Kontinente zu überspannen. Dies ist bemerkenswert, zumal die Vorstellungen sich in der Regel nicht einfach durch Beeinflussung oder direkte Übernahme erklären lassen, vor allem, wenn man dabei ausschließlich an schriftliche Textüberlieferung denkt.

So kannte bereits das griechische Altertum neben seinem goldenen Zeitalter und den Glückseligen Inseln ein eigenes Cocagne, und zwar auf der Bühne: Aus den erhaltenen Fragmenten geht hervor, dass es sich hierbei um Theaterstücke handelte. Das dort beschriebene Land besitzt Flüsse von wohlschmeckenden Getränken und allerlei Vögel, die einem auf Verlangen fertig gebraten in den geöffneten Mund fliegen. Solche Motive korrespondieren direkt mit dem mittelalterlichen Material und sind bis in unsere Zeit bekannt geblieben. Weitererzählt? Abgeschrieben? Immer wieder spontan entstanden, als eine Zwangsvorstellung, die bei Hunger und Plackerei von selbst aufkommt? Oder von allem etwas?

Solche Fragen werden im vorliegenden Buch immer wieder gestellt werden, auch bei der Behandlung von Teilmotiven. So existieren beispielsweise starke Parallelen zwischen Cocagne und den keltischen Paradiesen, die über die frühmittelalterliche Seefahrerliteratur (deren Ausläufern wir etwa im mittelniederländischen *Brandaan* begegnen) in ganz Europa bekannt waren. Stärker noch sind die Ähnlichkeiten mit dem Moslemparadies, das seit den Kreuzzügen als

Inspirationsquelle für Beschreibungen des Jenseits sowie von Lie-
bes- und Kräutergärten nicht mehr wegzudenken ist. Der weltliche
Charakter dieses Paradieses erinnert stark an Cocagne: Luxuriöse
Nahrung und Früchte im Überfluss, Unmengen an Edelsteinen und
endloser sexueller Genuss mit schönen Jungfrauen. Stellen westliche
Cocagne- und Paradiesvorstellungen vielleicht bloße, den europäischen Nöten und Bedürfnissen angepasste Adaptionen dieses Mo-
dells dar?

All diese Träume vom vollkommenen Leben verleihen dem Mittelalter etwas ausgesprochen Unruhiges, um nicht zu sagen Aggres-
sives. Der mittelalterliche Mensch scheint das Warten aufs Jenseits
mehr und mehr satt zu haben. Hatte Apostel Markus zufolge Jesus
nicht selbst gesagt, dass das Ende nahe sei: »Wahrlich, ich sage euch:
Dies Geschlecht wird nicht vergehen, bis dass dies alles geschehe«?
Dabei war es – die Prediger werden nicht müde, dies zu betonen – angesichts der eigenen Sündigkeit alles andere als sicher, dass man das
himmlische Jenseits je erreichte. Auch die Erfindung des Fegefeuers
als Ort der Läuterung konnte nur halb befriedigen und bedeutete auf
jeden Fall neues Warten auf die ewigen Freuden, diesmal sogar unter
unablässiger, qualvoller Folter.

Ein solches Klima lässt die Erfindung eigener Paradiese blühen und
gedeihen. Sie müssen nur jedem zugänglich oder einfach vorzustellen sein und alles bieten, was man im täglichen Leben entbehrte –
oder zu entbehren fürchtete?

3 Cocagne als Name

An Versuchen, den Namen Cocagne zu erklären, hat es in der Vergangenheit nicht gefehlt – was bereits zeigt, dass bisher keine befriedigende Antwort gefunden wurde, wie diese französisch anmutende Landesbezeichnung wirklich entstanden ist. Dennoch lassen sich aus dem Durcheinander an Erklärungen auch positive Schlüsse ziehen, denn viele der vorgeschlagenen Lösungen haben zweifellos eine Rolle gespielt, sobald Zeitgenossen den Namen Cocagne hörten. Das Wort liefert nämlich in fast allen europäischen Sprachen reiche Assoziationsmöglichkeiten zu den Attraktionen und Lehren, die Cocagne zu bieten hatte. Vielleicht erklärt sich hieraus das große Exportpotential des Begriffs, nicht nur in romanischen Sprachen wie Französisch, Spanisch und Italienisch, sondern auch in germanischen wie Niederländisch und Englisch.

Trotzdem muss der Name Cocagne als Bezeichnung für ein Traumland voll endloser Fressorgien und Faulenzerei irgendwo zum ersten Mal gefallen sein. Wie so häufig im Mittelalter gehen die Schreibweisen dieses (Scherz-)Toponyms in den verschiedenen, ja, selbst innerhalb der gleichen Sprachen stark auseinander, da keinerlei Schreibnorm – nicht einmal für Ortsnamen – existierte. Außerdem sind Namen der mündlichen Erzähltradition besonders anfällig für Varianten; und wie bekannt, hat Cocagne lange Zeit in diesem Milieu zirkuliert.

Umso mehr fällt daher die konsequente Schreibweise der mittelniederländischen Handschrift L auf: Sowohl in der Überschrift als auch in Zeilen 13 und 58 lautet die Schreibweise hier jedes Mal *cockaengen.* Offensichtlich ist der Begriff für den Kopisten relativ feststehend und selbstverständlich. Ist dies zugleich der Grund, warum er am Schluss eine Explikation der Botschaft (wie in Handschrift B) unterlässt? Dass er (oder sie?) mit Namen auch ganz anders umgehen kann, zeigt sich an der verballhornten Schreibweise *Beliren* für »Bouillon« in einem anderen Text derselben Handschrift (einem Reiseführer für Pilger ins Heilige Land): Dabei handelt es sich hier um Gottfried von Bouillon, den berühmten, in Jerusalem begrabenen Kreuzfahrer, einen der vornehmsten Ritter in der Ehrengalerie mittelalterlicher Helden.

Der Name »Cocagne« jedoch bereitet dem Kopisten von L also offensichtlich kein Problem. Dem Zusammensteller der Brüsseler Handschrift (B) bereitet die Bezeichnung da schon mehr Kopfzerbrechen: In Zeile 11 schreibt er *cockanyngen,* eine ungebräuchliche Form, auch im internationalen Kontext. Offenbar findet er es nötig, das seltsame Wort »Cocagne« in eine ihm annehmbarer erscheinende Form mit dem gebräuchlichen Suffix *-ingen* zu verwandeln. Dies ist ihm so wichtig, dass er sogar auf einen nahe liegenden Reim verzichtet: Der Reimpartner in Zeile 12 wäre *hyspanien,* leicht zu bedienen mit »cockaenien«. Eine andere Möglichkeit bestünde darin, (wie in L) die Parallelform »spaengen« zu benutzen und dann »cockaengen« zu schreiben. Doch offensichtlich siegt der Wunsch nach einer für ihn erkennbaren Namensform, und so kommt der Kopist zu seiner Phantasiebildung *cockanyngen.* Hier wie in anderen Fällen (wir kommen darauf zurück) nimmt der Paarreim als orales Strukturierungsprinzip in seiner literarischen Werteskala einen niedrigen Rang ein.

Ein anderer Hinweis, dass dem Kopisten von B der Name wenig sagt, ist dessen auffällige Vermeidung an Stellen, wo man ihn eigentlich erwarten würde und wo Handschrift L ihn sehr wohl aufweist: Er jedoch bevorzugt, entsprechend der Ausrichtung der Gesamthandschrift auf ein studentisches Umfeld, einen lateinischen Titel. Doch dabei benutzt er nicht das in der lateinischen Satire übliche *cucania* oder *cucaniensis,* sondern flüchtet sich in die Umschreibung einer »narratio de terra suaviter viventium«, einer »Geschichte vom Lande der Jünger des süßen Lebens«. Auch in Zeile 66 vermeidet er den Namen, wo die Parallelzeile 58 in L diesen ganz selbstverständlich benutzt: »Och, dat lant is soe goit« (Ach, das Land ist so gut) gegenüber »Och, dat lant van Cockaengen is so [goet]«.

Das Wort Cocagne spricht den Kopisten von B wenig an. Zu seiner Zeit – um circa 1500 – scheint es in den Niederlanden schon langsam dem aus dem Osten vordringenden *Schlaraffenland* Platz zu machen. In der Venloer Gegend – wenn wir davon ausgehen, dass die Handschrift dort entstand – muss sich dies bereits früh bemerkbar gemacht haben. Dennoch wählt er kein mit dem deutschen Begriff verwandtes Äquivalent und weigert sich ebenso, den neuen Terminus einfach zu übernehmen. Erst im Jahre 1546 findet der Bearbeiter von Hans Sachs' Text in Version G hierfür mit seinem *Luyeleckerlant* als Bildung aus »lui« [faul] und »lekker« [lecker, im älteren Niederländisch jedoch auch: auf Leckeres versessen, gierig] eine passende Übersetzung.

Bis auf die drei Nennungen in L und die eine in B ist das Wort, soweit sich überblicken lässt, im Mittelniederländischen nirgends schriftlich überliefert. Dies bestätigt den typisch mündlichen Charakter des Stoffes im Allgemeinen und die isolierte Stellung, die unsere beiden Texte als zufällige Niederschriften innerhalb des im Wesen mündlichen Cocagne-Materials einnehmen. Doch auch im Bereich der Schriftliteratur haben unsere Versionen nur wenig Einfluss ausgeübt. In der Volksüberlieferung dagegen bleibt der Name noch lange lebendig. Bis in die frühe Neuzeit hinein – vereinzelt noch bis in die Moderne – kommt in den Niederlanden in typisch volkstümlichen Erzählungen und Darstellungen der Name *Kokanje* (oder *Kokinje*) vor. *Luilekkerland* dagegen ist als Begriff von Anfang an ein Kind der geschriebenen Literatur. Durch den Buchdruck gelangte diese Bezeichnung in eine (Vor-)Lesetradition, wodurch sie in den Niederlanden bis in unsere Zeit erhalten blieb und noch immer neue Verwendungen findet, vom einfachen Restaurantnamen bis hin zur verächtlichen Qualifizierung eines angeblich jede Initiative tötenden modernen Sozialstaats.

Das mittelniederländische *cockaengen* lässt sich in erster Linie als eine Umformung des französischen Ortsnamens *Cocagne* erklären. Dieser findet sich wiederholt in einigen handschriftlich überlieferten

Fabliaux des späten dreizehnten und frühen vierzehnten Jahrhunderts. Als Bezeichnung für ein Traumland muss der Name jedoch bereits früher benutzt worden sein. In einem Ritterroman des frühen dreizehnten Jahrhunderts, dem *Aymeri de Narbonne*, kommt nämlich die Redensart »cuidier avoir cocaigne trovee« vor, was so viel bedeutet wie »glauben, das große Los gezogen zu haben« oder: die vollkommene Erfüllung aller Wünsche. Diese Fortsetzung des *Chanson de Roland* gehört zur höfischen Literatur, woraus sich schließen lässt, dass Cocagne auch in jenem Milieu schon geraume Zeit bekannt gewesen sein muss: Schließlich fallen Redensarten und Sprichwörter nicht aus heiterem Himmel. Zudem wird der Ausdruck auch in anderen Ritterromanen jener Zeit gebraucht. Vor allem im *Joufroi de Poitiers* haben die Anspielungen auf das Traumland etwas ganz Selbstverständliches. In diesem humoristischen Ritterroman nennt die Hauptfigur sich *Duc de Cocagne* und benutzt den Namen auch als Schlachtruf im Turnier.

Es liegt auf der Hand, dass der Ursprung dieser Namensform in französischen oder provenzalischen Klang- und Bedeutungsassoziationen mit Kochen und einer speziellen Art Honigkuchen (*cocanha*, »kleine Süßigkeit«) zu suchen ist. Ähnliche Anklänge gibt es auch in den anderen Sprachen, aus denen uns Cocagne-Texte überliefert sind. Vereinzelt wurde sogar vermutet, dass das französische Cocagne vom niederdeutschen *kokenje* abgeleitet sei, einer Art Honigkuchen, deren Bezeichnung im niederländischen *kokinje* (Zuckerbällchen) fortlebt. Doch eine solche Erklärung ist (auch buchstäblich) ziemlich weit hergeholt, da schon das Provenzalische selbst einen solchen Anknüpfungspunkt bietet.

Die Annahme eines Namensursprungs, der auf leckerem Essen beruht, wirkt auf jeden Fall am überzeugendsten: Schließlich liegt die wichtigste Attraktion Cocagnes in dem spektakulären Reichtum an Nahrung, die sich in allen nur möglichen Formen darbietet. Dass das Land nach dieser kulinarischen Vielfalt und Fressakrobatik benannt ist, bringt diese Priorität klar zum Ausdruck. Darum verweist der Name wohl zuallererst auf ein (Honig-)Kuchenland, ein Reich, wo Küche (mlat: *coquina*) und kochen (lat: *coquere*) die unbestrittene Hauptrolle spielen.

Eine solche Herkunft schließt jedoch nicht aus, dass vor allem im Rahmen der Verschriftlichung des Stoffes eine Reihe von Assoziationen erfolgte, die die Bekanntheit des Namens genauso – wenn nicht mehr – gefördert haben. Die wohl wichtigste Assoziation entstammt dem literarischen Spiel einer intellektuellen Elite, die innerhalb und außerhalb der Kirche mit Vorliebe die Waffe der Satire benutzte: dem gelehrten Spiel um den vulgärlateinischen Begriff »Cucania«.

Eines der berühmtesten Lieder der *Carmina Burana* beginnt mit der Zeile »Ego sum abbas Cucaniensis«. Hierin kommt ein Abt zu Wort, der seine Zeit mit Saufen und Würfeln verbringt und seine Zöglinge damit ins Verderben stürzt:

> Ich bin der Abt der Kuckucksbrüder,
> Dort halt ich Rat mit dem Konvent der Zecher,
> Und geb die Gunst der Schar des Decius Würfelbecher;
> Wer morgens ins Wirtshaus kommt, um mich zu sehn,
> Wird nach der Vesper entkleidet nach Hause gehn,
> Und laut erklingt sein Jammerschrei
> Wehe! Wehe!
> Du Würfellos, Scheusal! so ungeschlacht,
> Hast um alles mich gebracht,
> Was mir im Leben je Freude gemacht!*

Das Motiv des verluderten Klerus ist ein bekanntes satirisches Thema, nicht nur in dieser Liedersammlung, sondern auch in ande-

---

* Ego sum abbas Cucaniensis
et consilium meum est cum bibulis
et in secta Decii voluntas mea est,
et qui mane me quesierit in taberna,
post vesperam nudus egredietur
et sic denudatus veste clamabit:
»wafna, wafna!
quid fecisti, sors turpissima
nostre vite gaudia
abstulisti omnia.«
[Aus: Carmina Burana. Die Lieder der Benediktbeurer Handschrift, München, 6. rev. Auflage 1995]

ren lateinischen Gedichten des Hochmittelalters, wonach es ein ungemein lebendiges und variantenreiches Nachspiel in der volkssprachigen Literatur entfaltete. Der Schlüssel zum Verständnis der Satire (und der hiermit gewählten Übersetzung) liegt offensichtlich in jenem *Cucaniensis*, zweifellos eine humorvolle Verballhornung schon bekannter Namen und Begriffe – schließlich gehören solche Wortspielereien zu den Urrezepten der satirischen Dichtkunst, wie sie vor allem während der kirchlichen Narrenfeste betrieben wurde.

Für einen Gebildeten muss die Assoziation *Cucaniensis* (wörtlich: »der Cucanienser / derer aus Cucania«) mit Cluny fast unvermeidlich gewesen sein. Dort residierte schließlich der bedeutendste Abt der gesamten Christenheit, und was war witziger und spannender, als gerade ihn der Ermunterung zu grober Schlamperei und Völlerei zu beschuldigen! Der kleine Unterschied zwischen *Cucaniensis* und *Cluniacensis* nun war genau das, was man brauchte, um den gewünschten humoristischen Effekt zu erzeugen. Dieser entstand nämlich, indem man den zu verspottenden Namen in Richtung einer negativ wirkenden Assoziation verbog. Hier war dies – neben der zum Namen des Fresslandes selbst – der »Kuckuck« (lat: *cuculus*), in allen europäischen Sprachen bekannt als ein äußerst unangenehmes Tier, das seine Mitgeschöpfe ausnutzt, indem es sich bei ihnen breit macht, und so egoistisch ist, immer nur den eigenen Namen zu sin-

Das Lied vom ›Abbas Cucaniensis‹ aus der *Carmina Burana*; aus: Faksimile-Ausgabe B. Bischoff, fol. 97 verso.

gen – genau das also, was man der Geistlichkeit unter die Nase reiben wollte, und alles ausgedrückt in dem einen *Cucaniensis*.

Diese Anspielung in dem um 1164 zu datierenden Lied steht zudem nicht allein: Zwei andere Texte des dreizehnten Jahrhunderts aus demselben satirischen Umfeld sprechen von einer *abbatissa Cacunacensis* beziehungsweise einem *Gugganiensis gulescopus*. Durch Verballhornungen und Doppeldeutigkeiten – der *gulescopus* ist eine besonders hübsche Verschmelzung von *gulosus* und *episcopus* zu »verfressener Bischof« – wird mit dem offensichtlich schon vertrauten Ausdruck für den Gipfel egoistischer Genusssucht gespielt: Die Genannten gelten als geistlicher Anführer resp. geistliche Anführerin von *Cucania*, hier also: dem Land der »Kuckucksbrüder«. Daran knüpft ein scherzhafter spanischer Ausdruck an, überliefert um ca. 1340 von einem Priester namens Juan Ruiz, der von einer »escolar goloso companero de Cucana« spricht, einem ganzen Verein von Fresssäcken aus demselben Traumland oder Verbannungsort also.

Ist das irische *Cockaygne* von diesem (vulgär-)lateinischen Namen abgeleitet? Etymologisch wäre dies – über das Altfranzösische – durchaus möglich, und in kulturhistorischer Hinsicht würde einmal mehr bestätigt, dass das mündliche Cocagne-Material bei seiner schriftlichen Fixierung in der Regel moralisiert wird. Denn wenn man einem (zunächst positiv gedachten) Traumland den Namen »Cocagne« gibt, verwandelt es sich automatisch in einen Schauplatz letztlich unerwünschten Verhaltens, das zudem in Satire und Kritik schon traditionell mit dem Klerus in Verbindung gebracht wird. Diese Annahme wird unmittelbar durch zwei ansonsten verwirrende Beobachtungen gestützt: Der irische Text von um 1300, der keinen deutlichen Zusammenhang mit den französischen Fabliaux oder den niederländischen Reimversionen erkennen lässt, wählt als Schauplatz eine Insel mit Kloster und Abt, verfressenen Mönchen und willigen Nonnen. Ist dies nicht am ehesten einer Beeinflussung aus der Tradition mittelalterlich-lateinischer Kleriker-Satiren und deren Namensgebung zuzuschreiben?

Das zweite unterstützende Argument für unsere Annahme liegt in dem Zusammenhang, den das niederländische Material zwischen Cocagne und dem Tausendjährigen Reich der Apokalypse herstellt.

Schon im dreizehnten Jahrhundert greift Joachim von Fiore den Gedanken des Tausendjährigen Reiches auf und verarbeitet ihn in seiner berühmten und einflussreichen Vision vom Ende der Zeiten. Dieses Reich des Überflusses und der Gerechtigkeit soll im Jahre 1260
anbrechen. Es steht unter dem Patronat des Heiligen Geistes, wodurch alle Bewohner in mönchischer Vollkommenheit leben. Diesem
Reich geht jedoch eine Periode großer Unordnung und Verderbtheit
voraus, in der der Teufel besonders aktiv ist. Die recht aggressive Verbreitung von Joachims Ideen über den anbrechenden Heilsstaat, in
dem die Mönche in Harmonie leben, während sie sich zu seiner Zeit
wie die Schweine betrügen, kann über die anti-klerikalen Satiren zu
neuen Assoziationen mit dem Namen des Traumlands geführt haben.

Das lateinische Lied vom verkommenen Abt soll aus der zweiten
Hälfte des zwölften Jahrhunderts stammen. Es ist nicht das Produkt
einer oralen Kultur, sondern scheint eher einer eigenen, schriftliterarischen Tradition anzugehören. Da jedoch den Quellen zufolge
in der französischen Volkssprache bereits kurz darauf ein Cocagne
zirkuliert, das sogar in eine Redensart eingegangen ist, braucht der
Name nicht im Lateinischen erfunden worden zu sein. Vielmehr
wurde ihm im lateinischen (Halb-)Gelehrtenmilieu eine neue An-
wendungsmöglichkeit geschaffen, die ihrerseits eine literarische Tradition nährte, von der auch das irische *Land of Cockaygne* beeinflusst
zu sein scheint.

Vielleicht ist die Tradition des Namens aber auch schon viel älter und
beginnt bereits mit den frühesten Konkretisierungen des Cocagne-
Materials in der griechischen Komödie des fünften vorchristlichen
Jahrhunderts. Es ist nicht ausgeschlossen, dass Studenten und gelehrte Mönche lateinische Übersetzungen und Bearbeitungen dieser
Stücke kannten, und so könnte die literarische Auffächerung des in
diesen Kreisen so beliebten Wortspiels mit dem schon aus der Volkssprache bekannten Begriff »Cocagne« zusätzlich durch die Komödie
Die Vögel von Aristophanes aus dem Jahre 414 v. Chr. stimuliert
worden sein: Darin kommt eine gewaltige Vogelstadt in den Wolken
vor, die den Vögeln die Oberherrschaft über Menschen und Götter

geben soll. Die Stadt heißt Nephelokokkygia, was man ungefähr mit
»Wolkenkuckucksheim« übersetzen könnte.

Diese Laute, kombiniert mit der Anspielung auf eine Traumstadt
und das ausbeuterische Verhalten des Kuckucks, könnten eine weitere
Inspiration geliefert haben, das Cocagne der Volksüberlieferung in jenes *Cucania* umzubauen, das schließlich den Namen jenes *abbas Cucaniensis* lieferte. Direkter ist dieser Einfluss möglicherweise auf den
Text vom *Land of Cockaygne*, dessen Klostersatire starke Verwandtschaft zur Tradition der *Carmina Burana* aufweist: Immerhin ist das
irische Cocagne eine von Mönchen bewohnte Insel, deren Einwohner
sich zu regelmäßigen Ausflügen in die Lüfte zu schwingen pflegen,
was vor allem für die jungen Mönche immer wieder ein aufregendes
Spiel zu sein scheint. Dies erinnert nicht nur an Aristophanes' Vogel-
Komödie, sondern zugleich an eine ganze Tradition antiker Traumwelten, in denen fliegende Bewohner vorkommen. Den besten Beweis
für die feste Verankerung dieses Motivs schon in der Antike gibt Lukians *Wahre Geschichte*, die auch dieses Detail parodiert.

Der *abbas Cucaniensis* und das irische *Land of Cockaygne* verweisen auf ein intellektuelles literarisches Spiel mit dem Begriff Cocagne als Land egoistischer Kuckucksmanieren, das möglicherweise
in der hellenistischen Kultur seinen Ursprung hat. Der Hauptstrang
der Namensentstehung jedoch muss, wie gesagt, auf Kuchen, Kochen
und Küche zurückgehen, was nicht ausschließt, dass die genannten
Assoziationen nach und nach auch in der Volkskultur eine Rolle
spielten.

Was sollen wir jedoch von dem Ortsnamen Kokkengen in der Provinz Utrecht halten? Niemand zweifelt daran, dass es sich bei dieser
Form um eine Modernisierung von »Cocagne« oder besser gesagt:
»cockaengen« handelt. So wurde behauptet, dass Kolonisten in dieser Moorsiedlung westlich von Utrecht versucht hätten, einen Heilsstaat zu errichten, ein Versuch, von dem heute nur noch diese to-
ponymische Spur zeuge.

Nahe liegender jedoch erscheint die Erklärung des Namens aus
einem humoristischen Modetrend bei Utrechter Geistlichen. Diese
sollen verschiedene Neusiedlungen im Moorgebiet westlich der Vecht

mit den Namen großer europäischer Reiche oder Pseudo-Reiche in
Europa geschmückt haben. Der Humor läge dann in dem grotesken
Gegensatz zwischen den glänzenden Namen und den kaum den
Sumpf überragenden Ansammlungen windschiefer Bauernhöfe,
Hütten und Scheunen. Auf jeden Fall ist es bemerkenswert, dass sich
Namen wie Demmerik (Dänemark), Spengen (Spanien), Portengen
(Bretagne), Kamerik und Kortrijk hier in solch auffälliger Weise
häufen.

Zu dieser Familie gehört offensichtlich auch der Ortsname Kokkengen als Anspielung auf das Traumland mit dem ursprünglich
französischen Namen. Das Dorf stammt aus dem zwölften Jahrhundert, doch der Name *Cockenge* (bisweilen auch *Cockange* oder
Kockange) ist erstmals aus dem Jahre 1326 überliefert. Die übrigen
Phantasienamen stammen aus dem zwölften beziehungsweise
frühen dreizehnten Jahrhundert. Die Urbarmachung der Gebiete
westlich von Vecht und Aa wurde im zehnten Jahrhundert begonnen.
Um 1200 ist sie in dieser Gegend abgeschlossen.

Die Interpretation Kokkengens als Scherzname wird weiter gestützt durch das etwas entfernter liegende, erstmals im Jahre 1253
genannte Bonrepas (»Die gute Mahlzeit«) – ganz in der Nähe des
ebenfalls viel sagenden Schoonhoven (»Schönhofen«) –, das ziemlich genau die Hauptbeschäftigung in Cocagne benennt. Vielleicht
gehört auch *Gheliken dorpe* (»Gleichheitsdorf«), heute Gieltjesdorp,
in der Nähe von Kokkengen in diese Reihe. Der erstmals aus dem
Jahre 1297 überlieferte Name würde dann spielerisch an die Gleich-
heitsideale erinnern, die für Cocagne und viele andere mittelalterliche Traumorte so wesentlich waren. Den Menschen der Kokken-
ger Umgebung muss sich dieser Gedanke jedenfalls aufgedrängt
haben.

Eine solch fröhliche Namensgebung kam auch anderswo vor und
ist ebenso in der Literatur keine seltene Erscheinung. Bekannt sind
etwa die Scherztoponyme aus dem Fastnachtsrepertoire: Existierende Ortsnamen werden durch den Kontext und/oder leichte Veränderungen mit anderen Bedeutungen aufgeladen, die die Vergnügen des Feierns benennen. Dann spricht man beispielsweise von
Putiers, der Hurenstadt (Poitiers), *Calis*, dem Ort der Kahlköpfe und

Hungerleider (Calais), und von *Hongherijen*, dem Land des Hungers (Ungarn).

Möglicherweise besteht zwischen unseren Cocagne-Texten und den Namen der Utrechter Moorsiedlungen sogar ein ganz direkter Zusammenhang. Gleich neben Kokkengen nämlich liegt der Ortsteil Spengen, früher ein selbständiger Weiler innerhalb derselben Gemeinde. Dies nun korrespondiert mit dem ziemlich festliegenden Reimpaar *cockaengen / spaengen* in Text L, das unter anderer Schreibweise auch in Version B vorkommt, sosehr diese Fassung den Gebrauch des bewussten Namens sonst auch vermeidet. Es ist ein verlockender Gedanke, dass die Utrechter Geistlichen ganz bewusst und vor allem mit einem gewissen Sinn für Humor dieser Wüstenei mit ihrer ärmlichen Bebauung Namen gaben, die dazu prädestiniert waren, die Sehnsucht nach einem besseren Leben anzusprechen. Denn dass der Klerus jener Zeit mit Realisierungen des Cocagne-Materials bekannt war, darf als sicher gelten.

Vielleicht hat diese humorvolle Namensgebung sich später doch noch vorteilhaft auf das Dörfchen ausgewirkt. Bis ins achtzehnte Jahrhundert hinein wurde der kleine Ort vielfältig gepriesen, wie noch aus folgender Beschreibung aus dem Jahre 1759 hervorgeht:

> Es ist ein sehr fröhlicher und ergötzlicher Ort, wie auch die ganze Umgebung, und zwar wegen der gesunden, frischen Luft nebst dem Reichtum an Früchten, mit dem die Einwohner dieses Dorfes und der ganzen Herrschaft gesegnet sind.

Dieses Paradies besitze zudem einige edle Gewerbe, so fährt der Text fort, mit denen die ländliche Bevölkerung reichlich ihr Brot verdiene, unter anderem eine Brauerei mit wohlschmeckendem und gesundem Bier »und zwei Brauereien mit honigsüßem Met, der an vielen Orten als Getränk sehr begehrt ist«. Kokkengen – eine honigsüße Oase in den kahlen Ebenen der Utrechter Polderlandschaft?

All diese Verwendungsmöglichkeiten von Cocagne als Traumland, als Auffanglager für Nichtsnutze und als Sittenschule werden durch einige weitere Namensassoziationen noch verstärkt. Die moralisierende Verwendung erhält im Mittelniederländischen nämlich einen zusätzlichen Akzent durch das Mitklingen von *kockinen* (französisch *coquin*), einem viel benutzten Schimpfwort für Narren, Schelme und Schurken. Sie können als die eigentlichen Bewohner Cocagnes gelten, vor allem wenn man der Charakterisierung Jan van Boendales folgt: »Nu vant men vele kockinen / die arbeiden noch pinen en wouden, / mar ledich gaen« (Heute findet man viele Schelme, die weder arbeiten noch sich Mühe geben wollen und einfach nichts tun).

Dies gilt auch für den *cockaert* in dem Schwank *Drie daghe here* (Drei Tage Herr im Haus), ein Schimpfwort für einen Trottel, vielleicht mehr noch einen Pantoffelhelden, der sich von seiner Frau herumkommandieren lässt. Überhaupt ist es bemerkenswert, wie viele Formen im Mittelniederländischen mit *coc-* beginnen und immer auf Narren, Landstreicher, Betrüger und Festnasen verweisen. So sind neben *kockijn* und *cockaert* auch andere abfällige Begriffe bekannt, wie etwa *coc* als Schimpfname für einen Mann, *cocxskin* für ein kokettes Mädchen, *cockelueris* und *cockuwe* für Depp und möglicherweise Hahnrei, *cocketoys* für den Bösen Geist, *cockuut* für Kuckuck und daher Schnorrer, *cokelaer* (von *joculator*) für Possenmacher und Betrüger sowie *cokerellen* für Spaß machen (besonders im Karneval).

Wie weiter unten noch näher auszuführen sein wird, scheint Cocagne auch in einer Volkssitte fortzuleben, die ab dem Mittelalter aus Frankreich, Italien und Spanien überliefert wird: Am Ende eines Mastes oder in der Krone eines Baums hängen Leckereien, die man herunterholen muss. Der hierbei zu erkletternde Pfahl – der *mât de Cocagne* – jedoch ist mit Talg oder Seife eingeschmiert. Der gleiche Pfahl lässt sich eindeutig auch im Mastbaum von Jeroen Boschs *Narrenschiff* wieder erkennen.

All die Erklärungen des Namens Cocagne stehen nicht nur neben- oder gegeneinander. Eher ließe sich von einem aus vielen Quellen gespeisten Assoziationsfeld um einen einladend klingenden Begriff sprechen, der ein Traumland voll Überfluss und reich belohnter Faulenzerei bezeichnet. Wir unterliegen einem Trugschluss, wenn wir jede neue Anwendung des Namens gleich als dessen Erklärung betrachten wollen. Vor allem die Ausweitung der Bedeutungen in moralisierendem Sinn lässt erkennen, dass Namensursprung und Assoziationen beziehungsweise Verwendungsmöglichkeiten im Falle Cocagnes ganz unterschiedliche Dinge sein können.

Dennoch muss der Name irgendwo zuerst gefallen sein. Das frühe Auftauchen einer Redensart, in der Cocagne als Land der vollkommenen Wunscherfüllung fungiert, lässt vermuten, dass dies im Altfranzösischen erfolgte. Dabei wurde die Hauptattraktion des Landes gewissermaßen spontan in einen Ortsnamen übersetzt, der sich aus den größten Leckereien an Kuchen und Gebäck herleitet. Bemerkenswert ist jedoch der Aufstieg dieses populären Begriffs aus einer hauptsächlich oral geprägten Erzählpraxis in die lateinische Elitekultur. Durch das Wortspiel mit »Cluny« und »Kuckuck« beginnt Cocagne als *Cucania* in der schriftlichen Tradition der Klostersatire ein eigenes Leben, welches dann wiederum auf die Literaturen der Volkssprachen zurückwirkt. Beide Traditionen sind schließlich so weit verbreitet, dass selbst Utrechter Geistliche dazu kommen, ein ärmliches Moordorf *Cockenge* zu taufen.

Seit dem ersten Erscheinen Cocagnes in der schriftlichen Überlieferung sind Satire und Gesellschaftskritik unauflöslich mit den nach wie vor stark vorhandenen Kompensationen für ein karges Leben verbunden. All diese Möglichkeiten sind in den altfranzösischen und mittelniederländischen Cocagne-Versionen enthalten, wobei das Material ständig neue Assoziationen hervorruft. Und auch in der Neuzeit findet Cocagne immer wieder vielfältige Verwendung, ob es sich dabei nun um Satiren auf Überfluss und Schlendrian oder um das Verlangen nach einer besseren Welt handelt. Schmückt das angesehene englische Geschlecht der Cockaynes – seit dem zwölften Jahrhundert ansässig in der Grafschaft Derby – sich darum mit dem Namen dieses Traumlands?

4 Die Kraft der Literatur?

Dieses Buch handelt von der Stellung und Bedeutung zweier mittelniederländischer Reimtexte über Cocagne, die in Handschriften aus der zweiten Hälfte des fünfzehnten beziehungsweise des frühen sechzehnten Jahrhunderts erhalten sind. Eine leicht untergeordnete Rolle spielt dabei ein etwas jüngerer Prosatext über das, was jetzt »Schlaraffenland« (oder »Luilekkerland«) heißt, veröffentlicht in einer Anthologie aus dem Jahre 1600, verfasst und erstmals gedruckt jedoch wahrscheinlich schon im Jahre 1546. Diese niederländischen Texte sind Teil einer gesamteuropäischen Überlieferung, die sich seit dem klassischen Altertum manifestiert.

Viele Fragen werden sich mit den Problemen beschäftigen, die bei der Arbeit mit schriftlich fixierten Texten aus einer vor allem mündlichen Tradition entstehen. Nur so jedoch können wir uns vor den Fallstricken der stillschweigenden Annahme einer Schreibkultur bewahren, die in der heutigen Praxis nur allzu oft unkritisch vorausgesetzt wird. Die ständig wechselnden Gesichter des mittelalterlichen Cocagne scheinen aber vor allem einer mündlichen Erzählkultur zu entstammen, deren Konkretisierungen nur ganz vereinzelt aufgeschrieben wurden, um die fröhlichen Lehren vor dem Vergessen zu bewahren.

Verraten auch alle mittelalterlichen Texte noch den Willen zu humorvoller Kompensation, so wird dieser doch immer mehr von einer gewissen Moralisierungswut überwuchert – und manchmal geradezu konterkariert. Dann verblasst Cocagne, auch wenn die ursprüngliche Buntheit noch gut zu erkennen bleibt. Ob Paradies,

Anfang von Cocagne-Text B (circa 1500–1510); Brüssel, Koninklijke Bibliotheek, hs. II.144, fol. 102 verso.

Vergnügungspark oder moralische Lehranstalt – nach dem Konzept der Verkehrten Welt können all diese Funktionen jederzeit aktiviert werden, besonders im Rahmen der damals so populären Umkehrungsfeste.

Welche Bedeutung mag für das (anvisierte) Publikum dieser volkssprachigen Texte wohl überwogen haben? Oder ist Moralisierung nun einmal der Preis, der für die Verschriftlichung zu zahlen ist? Nicht selten entsteht der Eindruck, dass Gelehrsamkeit deformiert – soll heißen: zuvor unkontrollierte Vorstellungen aus der Volkskultur übernimmt, sie dann aber zur Erziehung und Belehrung wohl situierter Bürger und vor allem ihrer Kinder anwendet. Jedenfalls verwandelt sich das mittelalterliche Cocagne in schriftlichen Texten mehr und mehr in einen Verbannungsort für Nichtsnutze, der braven Bürgersöhnen zeigt, wie man sich im täglichen Leben *nicht* verhält. Doch verschwindet damit automatisch das befreiende Lachen über diese fast wahnwitzigen Phantasien von Fressen und Faulenzerei?

Die (Quasi-)Cocagnes unserer drei Texte korrespondieren mit einer Vielzahl weit verbreiteter Vorstellungen von Lust- und Traumorten, von ketzerischen Heilsstaaten über Lustgärten bis hin zu christlichen und nicht-christlichen Paradiesen. Wo immer man im späten Mittelalter von Cocagne hörte oder Darstellungen davon sah – jedes Mal spielten zahllose Assoziationen mit, die teilweise schon seit Jahrhunderten im kollektiven Gedächtnis gespeichert waren. So kann Cocagne gleichzeitig mit dem Tausendjährigen Reich identifiziert werden, mit dem Moslemparadies oder der Vision eines kreischenden Volkspredigers.

Einige dieser Themenbereiche wurden in der Einleitung bereits kurz erwähnt. Ihre Tragweite wird in den folgenden Kapiteln zu untersuchen sein, um die Konturen und unterschiedlichen Aspekte des mittelalterlichen Cocagne und des frühmodernen Schlaraffenlands schärfer herauszuarbeiten. Auch hierzulande glaubte damals niemand wirklich an die Existenz solcher Paradiese, doch von ihnen zu träumen muss als Trost und Lebenshilfe für viele unentbehrlich gewesen sein. Ist dies die Kraft dessen, was wir später als Literatur bezeichnen sollten?

II Texte als Landkarte

1 Die Reimtexte L und B, Prosatext G

NIEDERLÄNDISCHER REIMTEXT L

Dit is van dat edele lant van Cockaengen

DIe neringhe is menigherande,
Die men doet in allen lande
Om dat lijff mede t'ondraghen.
Hoert, wat ic u sal ghewaghen!
5 Ick quam laesten in een lant,
Daer ic vreemt was ende onbecant.
Nu moechdi horen wonder groot,
Wat God den luden daer gheboet:
In dat lant te wesen ende te sijn
10 Sonder arbeit ende sonder pijn!
Dit wort den luden wel becant.
Sach ye man beter lant
Dan dat lant van Cockaengen?
Die helft is beter dan al Spaengen,

REIMTEXT L*

Dies ist das edle Land von Cockanien

Die Menschen treiben allerhand
Geschäfte hier, in jedem Land
Um nur den Körper zu ernähren.
Hört, was ich euch will erklären!
5 Ich kam neulich in ein Land,
Das fremd mir war und unbekannt.
Jetzt sollt ihr hören Wunder groß,
Was Gott den Menschen dort gebot:
In jenem Lande zu leben, zu sein,
10 Ohne Arbeit und ohne Pein!
Den Leuten ward dies schnell bekannt –
Sah man je ein bessres Land
Als das Land von Cockanien?
Die eine Hälft' schon besser als Spanien,

* Die Ergänzungen zum mittelniederländischen Original entstammen der neuniederländischen Übersetzung des Autors. Über dessen Text hinausgehende Reim- und Füllfloskeln sind in geschweiften Klammern angegeben. [Anm. d. Ü.]

15 D'ander helft is beter dan Betouwen.
    Men heft er wil van schonen vrouwen.
    Dit is 't lant van den Heiligen Gheest.
    Wie daer lancst slaept, de wint meest.
    Daer en derf nyemant doen werck,
20 Out, jonc, cranc of sterck.
    Daer en mach nyemant yet gheborsten.
    Die wanden sijn daer ghemaect van worsten.
    Daer sijn die veynsteren ende doren
    Ghemaect van salmen ende van storen.
25 Die tafelborden sijn struven in pannen,
    Van bier sijn ghemaect die kannen.
    Die platelen, die in den huse sijn,
    Sijn van fijn guldijn.
    Dat broet al schoen ter wijn,
30 Alsoe claer als die sonnenschijn.
    Die balken, die daer in den huse leggen,
    Sijn ghemaect van boterwegghen.
    Haspelen, spinrocken ende alsulke dinghen
    Sijn ghebacken van crakelinghen.
35 Daer sijn die bancken endo stoelen
    Ghebacken al van roffiolen.
    Daer sijn die solreplancken oeck
    Ghebacken van claren pepercoeck.
    Die latten sijn palinghen ghebraden.
40 Die h [uise syn gedeckt mit vladen],
    Die s [yn geflochten, sonder waen].
    Daer [lopen hasen ende conynen],
    Wil h [erten ende everswynen]
    Van w [?]
45 Die ma [ch men vangen mitter hant].
    Sach o [yt iemant beter lant]!
    Want sch [oen kleyder syn daer oeck goitkoep],
    Voer elke de [ur licht er eyn hoep],
    Elkerlijc na [synen sin].

15 Die andre besser als Betouwen,
   Dort hat's gar viele schöne Frauen.
   Dies ist das Land des Heiligen Geists,
   Wer am längsten dort schläft, verdient das meist'.
   In jenem Lande muss plagen sich keiner,
20 Ob alt, jung, schwach, der Starken einer.
   Nicht das Geringste braucht man entbehren –
   Man kann dort Wände aus Würsten [verzehren]!
   Und auch die Fenster und die Türen
   Sind alle aus Lachsen und aus Stören.
25 Die Tische sind Bleche voll Eierkuchen,
   Aus Bier sind die Kannen, [wollt ihr's versuchen?]
   Die Schüsseln, die man im Hause find',
   Aus feinstem Golde getrieben sind.
   Neben dem Brot steht dort schöne der Wein,
30 Der ist so klar wie der Sonnenschein.
   Die Häuserbalken [dort in allen Ecken],
   Die sind gemacht aus Butterwecken,
   Und Haspel und Spinnrock' und ähnliche Sachen,
   Die sind gar alle aus Brezeln gebacken.
35 Auch Bänke und Stühle, [die sonst hart sein täten,]
   Sind alle gebacken aus Fleischpasteten,
   Und erst die Zimmerdecken, [wollt ihr sie versuchen? –]
   Gebacken aus reinen Pfefferkuchen!
   Die Dachsparren sind Aale gebraten,
40 Die Häuser sind gedeckt mit Fladen,
   Die all' geflochten sind fürwahr.
   Dort läuft Has' und Kaninchen [das ganze Jahr],
   Viel Hirsche und Wildsäu' [und Fische in Lachen,]
   [?] [Gesotten, geraten und lecker gebacken,]
45 Die kann man fangen mit der Hand.
   Sah jemals wer ein bessres Land?
   Denn schöne Kleider braucht man nicht kaufen,
   Vor jeder Türe liegt ein Haufen
   Zur freien Wahl für jedermann.

50 Daertoe kous [ende schoen]:
    Die wil, die m [aech se aendoyn],
    Al waer hi ridd [er ofte knecht].
    Daer vint men tot [allen straeten gespreit]
    Schone tafelen, die m [en nyemant werderseit].
55 Eten, drincken mach m [en alle den dach].
    Daer en derf nyemant gh [even ghelach],
    Als men hier ten lande doet.
    Och, dat lant van Cockaengen is so [goet]!
    Het reghent daer in allen hoecken
60 Vladen, pasteyen ende pannekoecken.
    In dat lant loept een ryvier
    Van goeden wijn, van goeden bier,
    Muscadel ende oec clareyt,
    Romeny die men ontseit.
65 Die mach men drincken goeden cost,
    Wil men wijn of wil men most.
    Mit ghenghever ende mit muscaten
    Sijn ghemaect aldaer die straten.
    Veel ghels is daer goet tijt.
70 Daer en draecht men hat noch nijt,
    Soe wat men daer in 't lant vint legghen,
    Dat neemt men sonder wedersegghen
    Ende doet daermede sijn bederve,
    Recht of 't waer sijn eyghen erve.
75 Het is daer altijt of 't waer meye.
    Daer singt elc voghel sijnre leye.
    Daer coemt in die maent vijf weken
    [?] niet ghebreken
    [Ende.iiij. Paes] chen in 't jaer,
80 [Ende vier Pinxte] ren daernaer
    [?] nte Jans misse
    [?] ghewissen
    [Ende.iiij. Kersdag] he, dat is waer,
    [Ende eynen va] sten in hondert jaer

50 Dazu noch Schuh und Hosen auch,
   Die darf gleich tragen, wer sie braucht,
   Gleich ob er Ritter oder Knecht.
   Dort in den Straßen man überall find'
   Gedeckte Tische, die niemand verboten sind.
55 Essen und trinken darf man von Abend bis Morgen,
   Die Zeche zu zahlen kein Mensch braucht zu sorgen,
   Wie man hier zu Lande tut.
   Ach, ist das Land von Cockanien doch gut!
   Wenn's regnet, fall'n dort [, so weit ich auch seh',]
60 Nur Fladen und Pfannkuch und Fleischpaté.
   Auch fließt im Land ein guter Fluss
   Von Wein und Bier, [euch zum Genuss,]
   Führt Muskatell' und Gewürzwein, [heftig begehrt,]
   Und Romeny, den man [keinem] verwehrt.
65 Daran hat jeder billige Kost,
   Liebt man nun Wein oder eher Most.
   Mit Ingwer und Muskat
   Sind gepflastert Straß' und Pfad.
   Statt Geld herrscht dort ein gutes Leben.
70 Noch Hass noch Neid sind zu erleben,
   Sodass man, was man im Land findet liegen,
   Sich nehmen darf, ohn' Streit zu kriegen,
   Es zu gebrauchen um und um,
   Als wär's dein Erb' und Eigentum.
75 Auch ist's dort immer wie im Mai,
   Jed' Vöglein singt sein' Melodei.
   Fünf Wochen dort zum Monat gehören,
   Und niemand braucht was zu entbehren.
   Viermal Ostern gibt's pro Jahr,
80 Und viermal Pfingsten [drauf fürwahr],
   Auch vier Johannistage [mit Permiss],
   Ihr könnt's mir glauben, ganz gewiss,
   Und viermal Weihnacht, das ist wahr,
   Und einmal Fasten pro hundert Jahr,

85   [?] mer enen halven dach
    [?] nye beter lant en sach.
    [Noch is dae] r een beter doecht,
    [Daer elck myn] sche by is verhoecht.
    [In d] at lant loept een Jordane
90   [?] en die daer quamen
    [?] men dat water in haren mont
    [?] ouden alle worden jonc,
    [Re] cht of sy waren van twintich jaren.
    [D] at seg ic u voerware.
95   Daer sijn trompen ende schelmeyen,
    Daer sy op dansen ende op reyen,
    Ende driven vroechden sonder ghetal.
    Ick hoep 't hem ewelic duren sal.
    Soe wie dat daer coemt in Gods namen,
100   Die mach voerwaer wel segghen: Amen.

NIEDERLÄNDISCHER REIMTEXT B

Narratio de Terra suaviter viventium

    Die nerynge is mennigerhande,
    dye men doit in allen landen
    om dat lijff mede te belgen.
    Nu hoert, ick sall u wat geseggen!
5   Ick quam lesten in eyn lant,
    dat my vremde was ende onbekant.
    Ghy sult hoeren wonder groit
    wat Got dair geboit:
    in dat lant altoes te syn

85 Und stets nur einen halben Tag,
    Kein bessres Land man finden mag.
    Und schließlich ein noch größrer Segen,
    Ein Quell der Freude allerwegen:
    Durch das Land fließt ein Jordan,
90 Dass jeder Mensch, der dorthin kam,
    Und mit Wasser netzt' den Mund,
    Aus schwach und alt ward wieder jung,
    Als zählte er kaum zwanzig Jahr',
    Dies sage ich euch alln fürwahr.
95 Dort sind Tromben und Schalmeien,
    Man singt und springt und tanzt den Reigen,
    Die Freude dort kein Ende nimmt –
    Auf ewig, ich hoffe, sei's ihnen bestimmt.
    So wer da kommt in Gottes Namen,
100 Der mag fürwahr wohl sagen: Amen.

ÜBERSETZUNG REIMTEXT B

Geschichte vom Lande der Jünger des süßen Lebens

    Die Menschen treiben allerhand
    Geschäfte hier, in jedem Land
    Um nur den Bauch sich recht zu füllen.
    Nun hört, ich will euch was enthüllen!
5   Ich kam neulich in ein Land,
    Das fremd mir war und unbekannt.
    ihr sollt hören Wunder groß,
    Was Gott dort gebot:
    In jenem Lande auf immer zu sein,

10 sonder arbeit ende sonder pyn!
    Het is dat lant van Cockanyngen.
    Dye eyn helft is beter dan all Hyspaniën
    ende dye helft dan all Betaviën,
    want men heft dar vill van schonen vrouwen.
15 Dat lant maeckden dye Heylige Geist,
    want wye 't langste slaept, dy heft meist.
    In dat lant doyt nyemant werck,
    is hy alt, jonck off sterck,
    ende dar en mach nyemant yet ontbrecken.
20 Dar syn dye tuyne gemaeckt mit worsten.
    Die vinsteren ende dye dueren
    syn gemaeckt van salm ende stueren.
    Die stender in den huise staen
    syn all van carbonckel, sonder waen.
25 Dye balcken, dye in den huyse liggen,
    syn all gemaeckt van botterweggen.
    Darom syn dye sulderplancken oeck
    gemaeckt van claeren peperkoeck.
    Bancken ende stoelen
30 syn all gebacken van roffiolen.
    Haspelen, spinrock ende sulcke dyngen
    syn all geflochten van krakelyngen
    ende dye laeten van palingen.
    Ende dye huise syn gedeckt mit vladen.
35 Dye tune, dye up den velde staen,
    dye syn geflochten, sonder waen,
    mit groten schonen lampereyen
    darup dansen ende ryngen.
    Daer lopen hasen ende conijnen,
40 wilde herten ende everswynen.
    Dese maech men vangen mitter hant
    ende leyden ewech sonder bant.
    Dar syn oeck rosen ende rosijnen,
    gedeckt mit kostelicken gesmijden.

10 Ohne Arbeit und ohne Pein!
Das ist das Land von Cockanyngen.
Schon die ein' Hälfte besser als ganz Hispanien,
Die andre besser als Batavien,
Denn dort hat's viele schöne Frauen.
15 Der Schöpfer des Lands ist der heilige Geist,
Denn wer 's längste schläft, der hat das meist'.
In jenem Lande plagt sich keiner,
Ob alt, ob jung, der Starken einer,
Und nicht das Geringste darf einem dort fehlen –
20 Man kann dort Zäune aus Würsten verspeisen!
Und auch die Fenster und die Türen
Sind alle aus Lachsen und aus Stören.
Die Türpfosten, die in den Häusern stehn,
Sind all von Karfunkel, will ich gestehn!
25 Die Häuserbalken [in allen Ecken]
Die sind gemacht aus Butterwecken.
Drum sind auch die Zimmerdecken, [wollt ihr's versuchen?]
Gemacht aus reinen Pfefferkuchen.
Bänke und Stühle, [die sonst hart sein täten,]
30 Sind alle gebacken aus Fleischpasteten,
Und Haspel und Spinnrock' und ähnliche Sachen,
Sind alle geflochten aus Brezeln gebacken,
Und die Latten sind aus Aalen,
Und die Häuser gedeckt mit Fladen.
35 Die Zäune, die auf dem Felde stehn,
Die sind geflochten, [will ich gestehn,]
Aus großen, leckren Lamp[e]reten –
Wollt dort zu Tanz und Reigen treten!
Dort laufen Kaninchen und auch Hasen,
40 Waldhirsch und Wildschwein [über den Rasen]
Die kann man fangen mit der Hand,
Und wegführn einfach ohne Band.
Turnier- und Damenrosse gibt es dort,
Gar köstlich gesattelt, [auf mein Wort],

45 Wilt hy seer draven, houwen off lopen,
    dye en darff hy tegen nyemant kopen.
    Dit is dat lant dat Got mynt!
    Dye daer 't langste slaept, dy 't meiste vynt.
    Ende wat men in dat lant vynt liggen,
50 dat maech eyn yegelick upnemen sonder seggen
    ende doyn darmede syn bederven,
    recht of waer syn eygen erve.
    Schoen kleyder syn daer oeck goitkoep.
    want voer allen huyseren licht et eyn hoep
55 ende dartoe haesen ende schoen.
    Dye will, dye maech si aendoyn.
    In allen straeten vynt men gespreit
    schoen taeffelen, dye men nyemant wederseit,
    mit witten laecken onbeflect:
60 broit ende wyn daerup gesett,
    ende dartoe vische ende vleysche,
    egelick nae synen heysch.
    Men mach daer eten ende dryncken alle den daech
    daer en gilt nyet gelaech
65 als men hir te landen doit.
    Och, dat lant is soe goit,
    want het regent. jjj. werff 's dages vladen,
    palingen ende pastien gebraeden.
    Men vynt van alles genoich,
70 elick mynsche nae syn gefoech.
    Daer en bleyff nymant onberaeden,
    want dye gansen gaent hemselven braeden.
    Vich, vleysche ende vette capunen
    koecken hemselven tot allen nonen,
75 ende dye vette vogelen mede:
    het is dar des lants sede.
    In dat lant loupt eyn revyr
    van goyden wyn ende bier.
    Aen beyden syden van den over

45 Möcht jemand nun traben und jagen und laufen,
So braucht er die Tiere von niemand zu kaufen.
Die ist das Land, das Gott beminnt!
Wer am längsten dort schläft, das meiste gewinnt.
Und was man dort im Land findet liegen
50 Darf jeder sich nehmen, ohn' sich zu verbiegen,
Es zu gebrauchen um und um,
Als wär's sein Erb' und Eigentum.
Auch schöne Kleider braucht man nicht kaufen,
Denn vor jedem Haus liegt ein Haufen,
55 Und dazu Schuh und Hosen auch,
Die darf gleich tragen, wer sie braucht.
Auch überall in den Straßen man find't
Gedeckte Tische, die niemand verboten sind,
Mit weißen Laken unbefleckt,
60 Mit Brot und Wein gar schön gedeckt;
Dazu stehn Fleisch sowie auch Fisch
Nach jedes Wunsch dort auf dem Tisch.
Man darf essen und trinken von Abend bis Morgen,
Dort gilt keine Zeche, braucht drum sich nicht sorgen,
65 Wie man hier zu Lande tut.
Ach, das Land ist so gut!
Denn dreimal am Tage regnet es Fladen,
Pasteten und Aale, lecker gebraten.
Von allem findet man genug,
70 Ein jeder Mensch nach sei'm Gefug.
Auch sind dort alle gut beraten,
Denn Gänse sich dort selber braten.
Ob Fisch, ob Fleisch, ob fette Kapaune –
Sie kochen sich selber, voll Lust und voll Laune,
75 Nebst anderen fetten Vögeln im Nu,
So geht's Tag und Nacht dort im Lande zu.
Auch fließt im Lande dort ein Fluss
Von Wein und Bier, [euch zum Genuss;]
An beiden Ufern liegen Schalen –

80   liggen silveren schaelen ende grote cover.
      Ende eyn lutter vort loept klaereyt,
      muscatel, romenye dye men nymant wederseit.
      Dar maech eyn yegelick dryncken sonder kost,
      wilt hy wyn, bier off most.
85   Mit gingfer, mit notenmuschaeten
      syn daer gemaeckt dye straeten,
      ende mit pellen overhangen,
      dat men daronder mach gangen.
      Dar ist eyn goyde castuyn in 't lant:
90   nyemant en is daer des anderen vyant,
      elick is daer des anderen vrunt,
      dye hem gern helpen ende dyent.
      Dit lant is lanck ende wyt,
      ende is daer altoes sommertyt,
95   recht off 't waer in den apprill.
      Dar en heft nyemant synen onwill
      ende daer en maech nyemant yet ontbrecken.
      Elick maent heft vyff wecken.
      ende. iiij. Paeschen syn daer in 't jaer,
100   ende vier Pinxten, dat is waer,
      ende. iiij. Kersdagen, waeren,
      ende eynen vasten bynnen hondert jaeren.
      Noch is daer eyn ander duecht,
      daer elick mynsche is aeff verhoecht.
105   Daer en roept wijff noch man,
      dye den anderen geweygeren kan
      om eyn fruntelick slaepen gaen:
      dat segge ick u all sonder waen.
      Dar syn trompen en scalmeyen,
110   daer syn nae dansen ende reyen.
      Schone vrouwen ende jonfrouwen,
      die mach ellick hebben all sonder truwen,
      sonder sunde ende sonder schande.
      Het is daer dye sede van den lande:

80 Gar groß, von Silber! – nebst Pokalen;
Ein Stück weiter Gewürzwein fließt, [heftig begehrt]
Romeny, Muskateller, die man keinem verwehrt.
Daran hat jeder geschenkte Kost,
Ob Wein er liebt, ob Bier, ob Most.
85 Mit Ingwer und mit Nuss von Muskat
Sind dort gepflastert gar Straß' und Pfad,
Überhangen mit Häuten, [– ja, ihr Mann! –,]
Dass man darunter laufen kann.
Auch herrscht im Land ein guter Brauch:
90 Ein niemand hat dort Feinde auch,
Denn jeder ist jedem freundlich gesinnt,
Und gern ihm hilft und gerne dient.
Das Land ist grad so lang wie breit,
Und 's ist dort immer Sommerzeit –
95 Ein ewig währnder, lieber April! –,
Und keinen trifft da je Unbill,
Und niemand braucht was zu entbehren.
Zu jedem Monat fünf Wochen gehören,
Viermal Ostern gibt's dort pro Jahr,
100 Und viermal Pfingsten, das ist wahr,
Und viermal Weihnachten fürwahre,
Und einmal Fasten alle hundert Jahre,
Und schließlich noch ein andrer Segen,
Ein Quell der Freude allerwegen:
105 Dort gibt es nämlich nicht Weib und nicht Mann,
Die dem andern verweigern – das ist kein Wahn! –
Ein zärtliches Schäferstündchen zu zwein,
Das sag ich euch, hier im Verein!
Dort sind Tromben und Schalmeien,
110 Man singt und springt und tanzt den Reigen.
Und schöne Frauen und Mädchen fein
Kann dort jeder haben, ohne zu frei'n,
Und 's ist weder Sünde noch eine Schande,
So sind dort die Sitten in jenem Lande –

115 dat seggen sy, dye vandaer comen.
     Dat lant en maech nyet te voll wonen.
     Hiromme raede ick allen uckyngen,
     dye noede arbeyden ende pijnen,
     ende gerne eten ende dryncken wael,
120 ende gerne dryven lodderspoel,
     dat sy hir laeten staen
     ende in dat ryck lant gaen.
     Dar en comt nyemant, des siet vro,
     dye anders eynich ambocht doyt
125 dan eten ende dryncken alle den daech,
     ende des avents borgen oer gelaech,
     ende noede vor hoeren daech betalen,
     ende alltyt putten ende palen
     wye sy quyt mogen gaen.
130 Hirmede will ick 't laeten staen
     ende wille laeten dese wort,
     up aventur wye sy hoert: Amen.

115 Ein jeder Besucher euch sagen soll!
Ach, werde das Land doch nimmer zu voll!
Drum rat ich auch nur den Schelmen allein,
Die scheun jede Arbeit und jede Pein,
Ans Essen nur denken und Trinken viel,
120 Und gerne treiben Lotterspiel,
Dass sie hier packen ihre Sachen,
Und sich in jenes Reich aufmachen.
Dahin kommen die nur, da seid froh!,
Die niemals etwas andres tun,
125 Als essen und trinken den ganzen Tag,
Und abends zu borgen für das Gelag',
Und überlegen, wie's einem könnt' glücken,
Sich ständig vorm Bezahlen zu drücken,
Wie sie der Verpflichtung entlaufen könnten.
130 Hiermit lass' ich es bewenden,
Und beende meine Mär:
Auf Abenteuer, wer sie hört! Amen.

1   ÜBERSETZUNG PROSATEXT G

Vom Luyeleckerlant, welches ein höchst wunderbares, herrliches und
köstliches Land ist, voller Vergnügungen und Lust. Und wurde erst
5   jetzt gefunden, im Jahre, da man schrieb tausend Zuckerkuchen,
fünfhundert Eierfladen und sechsundvierzig gebratene Hühner, im
Weinmonat, da die Pasteten gut schmeckten. Sehr vergnüglich ist's,
davon zu lesen.

10   Faul sein und gierig, auf niemand zu hören,
Diese drei Dinge ins Unglück stets führen.

Wie man als unwahrhaftige Zeitung berichtet, ist soeben ein fernes
Land gefunden, welches man das Luyeleckerlant nennet. Und war
15   bisher niemandem bekannt gewesen als nur den Taugenichtsen, so es
als Erste entdeckt haben. Und lieget genau in Nord-Hommelen,
schräg von hier nah beim Galgen, drei Meilen durch lange Nächte,
und welcher dorthin zu ziehen trachtet, muss sehr mutig sein und
sich großer Taten vermessen: Alldieweil um besagtes Land herum ein
20   gewaltig hoher und mächtiger Berg aus Buchweizenbrei lieget, wohl
dreier Meilen hoch und dick, durch den er sich erst muss hindurchessen, allbevor er das Land erreicht. Doch alsdann ist er auch im Augenblick mitten in genanntem Luyeleckerlant, welches um seiner
köstlichen Reichtümer, Herrlich- und Vergnüglichkeiten weltbe-
25   kannt und berühmt, sintemal bei den Schelmen und allen denen, die
aller Tugend und Ehrbarkeit den Rücken gekehrt.
Denn die Häuser sind dort allsamt gedeckt mit leckeren Pfannkuchen und Fladen, die Mauern und Wänd gemacht aus Speckku-
chen, die Balken aus Spanferkeln, die Tür- und Fensterläden aus
30   Zuckerkuchen, auch Türpfosten und -rahmen aus feingewürzten
Pfefferkuchen, gezimmert mit Gewürznäglein. Um jedes Haus steht
ein gar starker Zaun, einige geflochten aus gebratenen Leberwürsten,
wieder einige aus Mettwürsten und anderen Würsten.
Item in diesem Land sehr viele schöne Brunnen von Malvasier-
35   wein und anderen süßen Getränken seint, so einem jeden, so will, von

36 selbst in den Mund sprudeln. Und Fleischpasteten allda wachsen wie
hierzuland die Tannenzapfen.

Torten wachsen daselbst auf den Eichen gleichwie auf den Birken
die Eierkuchen, derowegen welcher Appetit oder Lust darauf ver-
40 spüret, sie ganz leicht pflücken kann, sintemalen sie nicht hoch hängen. Auf den Eschen herrliche Pasteten wachsen, und von den Dor-
nenhecken man Weintrauben pflücket. Kochbirnen wachsen in
Überfluss, ganz weich und wohlschmackend, und so's winters
schneit, so werden sie vom Himmel mit Zucker bestreut.

45 Item an den Weiden, so an den Flussufern stehen, das Weißbrot in
rauen Mengen wachset, und die Flüsse nichts andres als süße Milch
führen. Das Weißbrot fällt allerwegen hinein, sodass ein jeglicher
sein Ergötzen daraus schöpfet und frei nach Lust und Laune kann essen. Auch die Fische im Wasser allda gesotten, gebraten, lecker ge-
50 grillt und gut zubereitet schwimmen, und kommen so nahe ans Ufer,
dass man sie leicht mit der Hand kann fangen.

Desgleichen man allerorten da über dem Land Hühner, Gänse,
Tauben, Schnepfen und ander Geflügel sehet, und alle gebraten, und
ist jemand so faul, dass er sie nicht mag fangen, so fliegen sie ihm gar
55 von selbst in den Mund, sooft er ihn öffnet und ihn danach gelüstet.
Doch stehen die gebratenen Hühner dort in keinem hohen Ansehen,
und man wirft sie auch wohl über den Zaun. Die Schwein dort im
Land also gut geraten, dass in Horden knusprig gebraten hier und
dort und allerwegen im Felde herumlaufen. Und haben ein Messer
60 im Rücken stecken, und so es jemanden gelüstet, davon zu essen, so
schneidet sich mit demselben einfach ein Stück ab und steckt das
Messer wieder drein. Auch die Kreuzkäs wachsen dort in großen
Haufen gleichwie die Steine.

Item Bauern und Tagelöhner auf den Bäumen wachsen, also gleich
65 hierzulande die Pflaumen, und mit schönem Wetter alle schnell reif
werden und fallen nach und nach herunter, jeder in ein Paar Stiefel,
welche da unter dem Baum schon bereitstehn, einem jeglichen genau
nach seinem Maß. Wann jemand dort im Land ein Pferd hat, so wird
er ein reicher Meier, sintemalen die Pferd im Nu große Körb voll Eier
70 legen. Auch scheißen die Esel da nichts anderes als süße Feigen, die
Hunde Muskatnüsse und die Küh und Ochsen grüne Pfannkuchen.

72   So jemand Lust auf Kirschen hat, braucht er darnach nicht hoch zu
steigen, alldieweil sie niedrig wachsen gleichwie die Stachelbeeren,
sind dabei sehr groß und süß wie Zucker; haben auch keine Stein bis
75   auf ein gar winzigen, runden, weichen Kern, so beim Essen im
Munde alsogleich schmilzt wie eine Zuckermandel.

Auch besitzet dasselbe Land einen gar schönen und herrlichen
Jungbrunn oder Jungbad, darin die Alten sich baden und werden wieder jung.

80   Das Land ist also voll von Vergnügungen und Freuden, so man täglich sich dran ergötzet, als man sonst nirgends unter der Sonne findet. So beim Scheibenschießen zum Exemplo der gewinnet, so am
weitesten vom Blatt trifft, und beim Wettlaufen immer der Letzte.

Des Winters ist's im Land grad so lustig und angenehm als des
85   Sommers, sintemal da es hagelt, hagelt's Zuckermandeln, und der
Schnee nichts als reiner Puderzucker, so man darauf in großen Mengen und im Überfluss von Straße und Feld aufhebet und aufschleckt.
Bei Sturm oder starkem Wind, so kommt ein herrlicher Duft über das
ganze Land, gleichwie alles voller Veilchen wäre, auch gar im tiefsten
90   Winter.

Desgleichen ist dort im Land sehr einfach Geld verdienen, alldieweil welcher faul ist und leget sich schlafen, so bekommt für jede
Stunde, da er schläft, einen Stuiver. Und wer einen anständigen Furz
kann lassen, einen Gulden. Dreimal rülpsen oder einmal laut furzen
95   (was da gleichviel gilt) bringet einen Taler. Und welcher da sein Geld
ganz und gar verspielet, verwürfelt, durchgebracht und aus dem
Fenster geworfen, bekommt es gleich zwiefach zurück. Aber welcher
da viele Schulden gemacht oder ist ein schlechter Zahler, so wird für
ein Jahr in eine entfernte Gegend des Landes verbannt, alleweil er
100   Diät muss halten und nichts anderes darf essen als gebratene Hühner mit Weißbrot oder Ähnliches, so er dort kostenlos bekommt. Und
ist das Jahr um, darf er sorglos aufs Neue ins Land zurückkehren, und
sind ihm alle Schulden erlassen. So er aber seine Schulden will bezahlen und hat trotzdem kein Geld, so kann er zu seinem Verban-
105   nungsort wiederumbkehren, zu demselben Wirt, da er gewesen, und
der wird ihm drei oder vier Bäume weisen, an denen Gelds genug
wachset. Von denen darf er sich also viel herunterschütteln, als er

108 brauchet, um seine Schulden zu bezahlen, auch dann wieder zu seinen alten Freunden ins Land umbkehren und in gewohnter Weis
110 fortfahren.

Item welcher in diesem Lande gern einen guten Schluck mit Ka-
meraden trinket, erhält für jeden anständigen Trunk einen Braspen-
ning. Trinket er aber also, es ihm wieder zur Nas rauskommt und die
Augen von tränen, so erhält für jeden Trunk einen blanken Silber-
115 thaler. Welcher aber ganze Kannen in einem Zug stehend und ohne
Luftholen aussauffet, erhält freie Zeche und einen Goldnobel bar auf
die Hand. Ist aber einer ein Spaßvogel, welcher versteht, gute Leute
zu höhnen und zu verspotten, so verdient er zwei Schillinge am Tag.
Ein Lügner dagegen verdient das große Geld, alldieweil für jede Lüge
120 eine Krone erhält, und je behänder und ausgefuchster im Lügen,
desto mehr.

Frauen von leichter Münz' werden da im Land sehr hoch geachtet.
Und je fauler und wollüstiger, desto lieber hat man sie; sintemal man
gleich sonst saget: »Geile Huren, teure Huren!«, so ist das da im Land
125 nicht wahr, darumb alle Freuden und Vergnügen dort in solchem
Überfluss wachsen, dass man sie leicht umsonst bekommt. Man
braucht nur zu sagen oder zu denken: Mund, sprich – was möchtest
du? Herz, was begehrest du?

Kein größere Schand jedoch in dem Land, als so jemand sich tu-
130 gendhaft, vernünftig, ehrbar und anständig haltet und sein Brot gern
mit eigenen Händen verdient: Welcher sich also tugendhaft und ehr-
lich anstellet, so wird von allen gehasst und zuletzt aus dem Lande
vertrieben. Desgleichen welcher weise und vernünftig, von allen verachtet und gemieden und von niemand freundlich empfangen wird.
135 Welcher aber grob, flegelhaft und unvernünftig und weder lernen
kann noch will, selbiger kommt da zu hohen Ehren. Sintemal welcher
für den unnützesten, verworfensten Grobian, den flegelhaftesten
Faulpelz und gierigsten Meisterschelm gilt, wird dort im Lande zum
König ernannt, und welcher nur grob und unvernünftig, der wird
140 Fürst. Welcher aber gern mit gebratenen Hühnern und Leberwürsten
kämpft und als ein rechter Vielfraß zu Tisch wahre Turniere ausficht,
anderen das Essen verwehrt und alles für sich haben will, so wird zum
Ritter geschlagen.

Der allergrößte Weinsäufer und Bierdimpfel aber, so an nichts an-
145   deres denkt als ans Saufen und Schlucken und wie er die Kehle von
morgens bis abends schön feucht kann halten, aus dem macht man
einen Grafen. Und welcher ein fauler Tagedieb, so nichts andres begehrt, als immer nur schlafen, selbiger wird im Land ein fürnehmer
Edelmann. Gehöret aber nun hier im Lande jemand zu den verlore-
150   nen Kindern, so ihr Leben auf oben aufgezeichnete oder ähnliche
Weis wollen führen, und aller Ehre, Tugend, Ehrlichkeit und Höflichkeit nebst Wissen und Weisheit den Rücken kehren, so möge er
in selbiges Land ziehen, alldieweil dort zweifellos gern gesehen und
geachtet wär. Doch müsste sich wohl davor hüten zu stehlen, sonst
155   würde er an den Galgen gehängt, der da kurz vorm Luyeleckerlant
stehet.

Dieses Gedicht wurd' von den Alten geschrieben,
Den Jungen zur Lehre sei es beschieden,
160   Die gewöhnt sind an Faul- und Bequemlichkeit,
Zum Rechten zu zuchtlos, voll Nachlässigkeit,
Die soll man ins Luyeleckerlant komplimentieren,
Dass sie ihre Zuchtlosigkeit dort verlieren,
Und wohl auf Arbeit haben Acht,
165   Denn faul und müßig nie Gutes bracht.

167   Finis

2 Die beiden Reimtexte über Cocagne

Der älteste bekannte Text niederländischer Sprache, der ausschließlich von Cocagne handelt (im folgenden: Text L), stammt aus der Handschrift Add. 10286, heute aufbewahrt in der British Library in London. In dieser Sammelhandschrift in Folioformat mit insgesamt acht Texten unterschiedlicher Art und Länge (einer davon auf Latein) befindet sich der Cocagne-Text auf Folio 135 (Vorder- und Rückseite), versehen mit der Überschrift »*Dit is van dat edele lant van cockaengen*«.

Der Text umfasst insgesamt hundert Zeilen, die auf der Vorderseite zwei, auf der Rückseite jedoch nur eine Spalte einnehmen. Möglicherweise hatte der Kopist für den Text ein ganzes Blatt vorgesehen, verfügte aber in diesem Fall (abweichend von den anderen Texten) über keine Vorlage, an der er sich orientieren konnte. Auf der Rückseite angelangt, hatte er sein Pulver dann bereits so weit verschossen, dass er absehen konnte, mit einer Spalte mehr als hinreichend auszukommen. Diese platzierte er nun in der Mitte, denn das Beschreiben nur der halben linken Spalte hätte die Seite relativ unausgenutzt wirken lassen, und das mögen – mitten in einer Handschrift – weder Auftraggeber noch Kopisten.

So muss es sich nicht unbedingt zugetragen haben, auf jeden Fall aber lenkt die auffallende Textverteilung unsere Aufmerksamkeit sofort auf eine eventuell schwierige Textreproduktion: So kommt der Kopist auf der Vorderseite einige Mal mit den Begrenzungslinien der Spalten nicht richtig aus, und seine Zeilen geraten zu lang. Darum scheint es nicht ausgeschlossen, dass sich der in der Handschrift an-

Ende von Cocagne-Text (L) (nach 1458); London, Brit. Libr., ms. Add. 10286, fol. 135 verso.

sonsten relativ professionell verhaltende Schreiber auf diesem Blatt als kreativer Aufzeichner eines Textes auslebt, den er nur vom Hörensagen kannte. Und dass er zunächst glaubte, hoffte (oder befürchtete), mehr Platz zu benötigen, überrascht umso weniger, wenn wir feststellen, dass der andere Cocagne-Text zweiunddreißig Zeilen länger ist.

Eine andere Erklärung für das eigenartige Seiten-Layout besteht möglicherweise darin, dass der Kopist von B zwar sehr wohl über einen Beispieltext verfügte, diesen aber aufgrund seiner allgemeinen

Kenntnis der mündlichen Überlieferung derart improvisierend behandelte, dass sich die Planung der Seiteneinteilung (wenn es die je gab) schließlich als nicht mehr adäquat erwies. Doch vielleicht gehen unsere Vermutungen auch viel zu weit, und der Kopist hatte einfach einen Einzeltext oder eine Sammelhandschrift als Vorlage, die er bei seiner eigenen Zusammenstellung benutzte. Und weil er nun wusste oder erfahren hatte, dass der folgende Text (der lateinische übrigens) erst auf Folio 136 anfangen durfte, verteilte er das Ende des Cocagne-Textes so großzügig wie möglich über die letzte Seite. Auf jeden Fall bringt uns diese unübliche Textverteilung auf die Spur von Fragen nach einer möglichen Herkunft des Textes aus der oralen Überlieferung. Das vorhergehende Blatt 134 verstärkt diese Vermutung, da es nicht nur eine ähnliche Textverteilung aufweist, sondern es sich bei dem betreffenden Text auch um ein verwandtes mündliches Genre handelt, ein medizinisches Scherzrezept nämlich.

Ein zusätzliches Problem besteht darin, dass der Zahn der Zeit nicht spurlos an der Handschrift vorübergegangen ist: Am rechten oberen Rand des Cocagne-Blatts wurde irgendwann ein großes Stück abgerissen, was zu einem beträchtlichen Textverlust in den Zeilen 40 bis 58 und 78 bis 94 geführt hat. Einige Zeilen lassen sich relativ sicher aus dem Zusammenhang rekonstruieren, während sich bei den übrigen mit Hilfe des zweiten Cocagne-Textes immerhin vermuten lässt, was in der jeweiligen Lücke gestanden haben muss. Auch an anderen Stellen ist die Handschrift nicht unbeschädigt geblieben, teilweise fehlen ganze Blätter. Bei einer Restaurierung im Jahre 1974 am heutigen Aufbewahrungsort London wurde ein großer Schnipsel mit einigen Wörtern auf der Vorder- und Rückseite entdeckt und weiter hinten eingebunden. Die sich auf einem Deckblatt findende Notiz vom 30. Oktober 1974, dass es sich hierbei um ein vermisstes Stück des Cocagne-Textes handle, beruhte leider auf einem Irrtum. Der zu entziffernde Text passt nämlich genau in den *Sidrac*, einen anderen Text der Handschrift, und muss zum dort fehlenden Folio 60 gehört haben.

Die Papierhandschrift wurde nach 1458 vollendet, da dieses Datum in dem bereits genannten Pilgerführer für eine Reise nach Jerusalem vorkommt. Die Sprache der Texte zeigt Spuren eines (nord-)östlich

gefärbten Mittelniederländisch, die ihr insgesamt jedoch keinen entscheidenden Stempel aufdrücken: Global gesehen, weist die Sprache
der Handschrift einen eindeutig südholländischen Charakter auf.

Der Inhalt der Sammlung besteht vorwiegend aus moralisierend-
didaktischen Texten. Die heutige Handschrift beginnt mit dem *Sidrac*, einer auf Mittelniederländisch sowohl handschriftlich als auch
in Druckform weit verbreiteten Enzyklopädie über die Schöpfung
mit stark moraltheologischer Ausrichtung. Der Text folgt der bekannten Dialogform zwischen einem unwissenden Laien und seinem
geistigen Erzieher, hier vertreten von König Boctus und dem Philosophen Sidrac. Hieran schließt sich ein ähnlicher und ebenso populärer Lehrtext an, der *Lucidarius*, eine niederländische Bearbeitung des
Elucidarium des Honorius von Autun, in dem die eben genannten
Rollen von einem Lehrer und seinem Schüler eingenommen werden.
Darauf folgt ein Reimtext über die »nydighe werlt«, das bereits an-
gesprochene medizinische Scherzrezept in Prosa aus dem Karnevals-
repertoire, unser Text über *Cockaengen*, ein lateinischer Prosatext
über die böse Macht des Geldes, der schon genannte Pilgerführer ins
Heilige Land und ein Reimtext über *Sesterhande verwen* (»Sechs
Sorten Farben«) mit einer Betrachtung über Farbsymbolik.

Hierbei lohnt es sich, die bunte Textzusammenstellung, die uns als
ein heilloses Durcheinander erscheinen mag, einmal etwas näher zu
betrachten. Die Neigung, den Cocagne-Text zu isolieren und aus seinem eigentümlichen Verband herauszureißen, ist für den modernen
Forscher fast selbstverständlich. Wir haben uns angewöhnt, literarische Texte als strikt selbständige Einheiten zu betrachten, eigene
Welten, die nicht nur der Wirklichkeit, sondern auch allen anderen
Texten gegenüber völlig autonom seien (wenn auch die jüngste Aufmerksamkeit für Intertextualität den Glauben an solche Privatdomä-
nen ein wenig erschüttert hat). Daher wurden mittelniederländische,
als literarisch eingestufte Texte bisher auch immer als solche auto-
nomen Einzelgänger erforscht, trotz der Tatsache, dass die individuelle Veröffentlichung literarischer Texte erst mit den kommerziellen
Interessen des Buchdrucks am Ende des Mittelalters entstand.

Vorher wurden volkssprachige Texte in der Regel stets zusammen
mit anderen dargeboten, sodass wir die mittelniederländische Litera-

Ende des Scherzrezepts; London, Brit. Libr., ms. Add. 10286, fol. 134 verso.

tur eher als eine Reihe von Textsammlungen unterschiedlicher
Länge und Zusammenstellung denn als einen Kanon von überlieferten Einzeltiteln betrachten sollten. Jeder Text steht immer auch in der
Perspektive der anderen Texte seiner jeweiligen Sammlung und muss
in erster und letzter Instanz in diesem Licht untersucht werden. Die
Beziehung der Texte untereinander kann von Anfang an beabsichtigt
gewesen sein oder sich erst während der Zusammenstellung ergeben
haben, wobei der Benutzer – auch, wenn er diese Beziehungen nicht
wahrnimmt – noch außerdem eigene Verbindungen herstellt und die
Texte so unvermeidlich unter einem gemeinsamen Gesichtspunkt
betrachtet. So präsentiert sich auch der Cocagne-Text dieser Handschrift in einer viel sagenden Textzusammenstellung, die sich vorläufig wohl am besten mit dem Stichwort »Weltorientierung« bezeichnen ließe.

Auf den ersten Blick könnte man meinen, zwei verschiedene
Handschriften in der Textsammlung wahrzunehmen. Danach hätte
der eine Kopist am *Sidrac* gearbeitet, während der andere ab dem *Lucidarius* den Rest übernommen hätte. Bei näherer Betrachtung erweist es sich allerdings als wahrscheinlicher, dass es sich doch um ein
und denselben Kopisten handelt, wobei der (nicht sehr große) Unterschied in der Handschrift durch einen gewissen zeitlichen Abstand
der Arbeit am Text und eine andere Schreibhaltung (oder Einstel-
lung) erklärt werden kann. Auf einen gewissen Zeitabstand deutet
ebenfalls der Gebrauch zweier verschiedener Tinten. Über die Jahre
hinweg erfährt auch die Handschrift eines Berufskopisten unvermeidlich einige Veränderungen. Was also auf den ersten Blick wie die
Schriften zweier verschiedener Kopisten aussieht, repräsentiert in
Wirklichkeit eher zwei Phasen im Berufsleben ein und derselben Person.

Der professionelle Status unseres Kopisten bedarf übrigens einer
gewissen Einschränkung: Er macht nämlich keinen sehr gebildeten
Eindruck. In der gesamten Handschrift kommen wiederholt Irrtümer
vor. An mehreren Stellen werden falsche oder vergessene Buchsta-
ben und Sätze oder auch ganze wiederholte Passagen korrigiert.
Wenn er jedoch im schon genannten Pilgerführer das Grab des all-
seits bekannten Kreuzfahrers Gottfried von Bouillon am Fuße des

Kalvarienbergs beschreibt, nennt er ihn die ganze Zeit über »Godefridus van Beliren«. Zwar beschreibt er ihn weiter unten durchaus als einen der Neun Besten der Vergangenheit und Helden des Heiligen Landes, doch verkennt er sein schriftliches Gegenüber nach wie vor oder korrigiert dessen Namen jedenfalls nicht in »Bouillon«.

Als ebenso unzureichend erweist sich seine Kenntnis oder Aufmerksamkeit beim Buchstabieren des Wortes »Mosaik« (»mozaïk«): Zuerst schreibt er »musike«, kurz darauf »musaike« – offensichtlich, weil diese Einlegekunst ihm unbekannt ist. Solche Irrtümer brauchen der Annahme seiner Professionalität übrigens nicht zu widersprechen: Die Kopisten volkssprachiger Texte sind längst nicht immer Gelehrte und bringen, bedingt durch die Eintönigkeit ihrer anstrengenden Arbeit, mitunter die seltsamsten Fehler zustande.

Der zweite Reimtext über Cocagne (im folgenden: Text B) stammt aus einer Sammelhandschrift mit zahlreichen Liedern, Reimsprüchen, Sprichwörtern, Reimerzählungen, Kalendertexten, Lügenpredigten, medizinischen Scherzrezepten und Rätseln. Diese Handschrift in Taschenbuchformat (Oktav, gleichfalls auf Papier) befindet sich in der Königlichen Bibliothek Albert I. in Brüssel unter der Signatur II.144, der Text dort auf Folios 102 verso bis 105 recto unter der Überschrift *Narratio de terra suaviter viventium* (Geschichte vom Lande der Jünger des süßen Lebens). Auf die lateinische Überschrift folgt ein niederländischsprachiger Text von hundertzweiunddreißig Zeilen, beendet mit der Formel »Amen«.

Der älteste und wichtigste Teil der Textsammlung befindet sich auf den Blättern 1 bis 113, ist in einer Handschrift geschrieben und lässt sich ins erste Jahrzehnt des sechzehnten Jahrhunderts datieren. Der Rest ist viel jünger und besteht aus verschiedenen Einträgen aus dem siebzehnten Jahrhundert. Die Sprache des ersten Teils (die anderen Teile lassen wir von nun an außer Betracht) ist stark (süd-)ostniederländisch gefärbt und lässt sich genauer vielleicht im Süden des Herzogtums Geldern oder der Umgebung von Venlo lokalisieren. Die offensichtlich selbst gesammelten und – möglicherweise zum eigenen Gebrauch – bearbeiteten Texte nennen an einigen Stellen Ortsnamen, die auf dasselbe Gebiet verweisen. In den Kalendertexten finden sich Anspielungen auf die Orte Horst (im heutigen Nord-Limburg) und Roermond; die an anderer Stelle genannten Heiligen gehören zum Bistum Lüttich, das damals auch diese Gebiete umfasste.

Das beste Herkunftsindiz jedoch liefert ein doppeldeutiges erotisches Lied, das mit den Worten »Te Venloe all in dye goyde statt« (Zu Venlo in der guten Stadt) beginnt. Andere Lieder dieser Art weisen nämlich in der Regel keine solchen Ortsbestimmungen auf, sodass wir mit hoher Wahrscheinlichkeit annehmen können, dass der Sammler und Aufzeichner dieses ebenso fröhlichen wie pikanten Liedchens dessen Reiz noch erhöhen wollte, indem er in der Eröffnungszeile einen Ort seiner eigenen Gegend verarbeitete. Die Sprache des Textes, die insofern einen individuellen Eindruck macht, als auch von anderswo bekannte Texte im eigenen regionalen Idiom wiedergegeben werden, stimmt mit dieser Annahme überein und stammt sehr wahrscheinlich aus dem heutigen Nord-Limburg oder Ost-Brabant, die damals beide zum Herzogtum Geldern gehörten.

Der Kopist macht einen gelehrten Eindruck, schon aufgrund der lateinischen Überschriften, die er vielen Texten hinzufügt. Dass die Texte solche Motti schon vorher aufwiesen, ist unwahrscheinlich: Soweit andere Versionen bekannt sind, fehlen solche Titel dort, was im Übrigen auch für den Cocagne-Text gilt. Auch Sprache, Aufbau und Inhalt der Handschrift erwecken den Eindruck, dass wir es hier mit einer Privatsammlung geeigneter Texte für Feste im vor allem studentischen Milieu (möglicherweise auch einem Kloster) zu tun haben. Das Taschenformat verweist auf die Absicht, den Text an unterschiedlichen Orten zu verwenden: Man musste ihn überallhin mitnehmen können. Außerdem benutzt der Kopist eine individuelle, schwer zu entziffernde Handschrift. Er kann also nicht beabsichtigt haben, leicht lesbare Texte für andere zusammenzustellen, da dies eine der gebräuchlicheren Berufshandschriften erfordert hätte. Er dagegen kritzelt sein Buch (oder lose Blätter im selben handlichen Format) mit Texten voll, die nur er selbst hinterher noch lesen zu können braucht.

So ist es denn auch fraglich, ob wir ihn überhaupt als Kopisten bezeichnen dürfen, auch wenn wir das einfachheitshalber weiter tun werden. Nun ist es andererseits aber nicht so, dass ein Kopist immer nur als professioneller Abschreiber mit gleichförmiger Berufshandschrift auftreten müsste. Man kann auch sein eigener Kopist sein, und die Grenzen zwischen kopieren, bearbeiten und nacherzählen sind ausgesprochen fließend. Doch all diese oft so schwierig zu unterscheidenden Tätigkeiten erfordern immerhin einen anderen Text als Quelle oder Vorlage, und gerade solches Material scheint der Zusammensteller dieser Handschrift nicht immer zur Hand zu haben. Er notiert größtenteils auch andernorts bekannte Texte, doch gibt er ihnen oft eine eigensinnige Wendung (die lateinischen Überschriften!), wobei er zudem vieles nur aus dem Gedächtnis zu notieren scheint. Doch davon später.

Dieser Kopist ist eher ein Autor, der mit im Kopf gespeicherten Texten arbeitet. Wollen wir ihn weiterhin Kopisten nennen, müssen wir ihm auf jeden Fall all die weitgehenden Freiheiten zugestehen, die zu diesem Dienstleistungsberuf nun einmal gehörten: Aus dem Vergleich mit anderen Versionen der von ihm gesammelten Texte ergibt sich, dass er seiner Kreativität beim Kopieren (aus dem Gedächtnis oder nach schriftlichen Vorlagen) nach Herzenslust freien Lauf lässt – und das war auch einem professionellen Kopisten nicht fremd. Ständig können wir beobachten, wie er seine Texte nach eigenen oder anderer Leute Bedürfnissen verändert, wobei es mitunter zu äußerst gewitzten Glanzleistungen kommt.

Dass man bei diesem Aufzeichner in erster Linie an einen (ehemaligen) Studenten denken muss, ergibt sich auch aus der Textzusammenstellung, die in vielem den Eindruck einer vereinfachten *Carmina Burana* in der Volkssprache erweckt. Dabei zeigt er eine besondere Aufmerksamkeit für Liebeslieder, Minnegedichte und erotische Texte sowie eine ausgesprochene Vorliebe für Parodien und Gedichte über den Wein. Eines dieser Gedichte folgt der so genannten Makkaroni-Form, d. h. einer witzigen, zeilen- oder halbzeilenweisen Abwechslung von Volkssprache und Latein, eine Form, die besonders in der Vagantenpoesie aus dem Scholarenmilieu des hohen Mittelalters populär war. An einer Stelle macht die Sammlung sogar eine direkte Anleihe bei dieser illustren Gattung, und zwar durch die Aufnahme des lateinischen Studentenliedes »Meum est propositum in

Ende von Cocagne-Text B und Anfang des Scherzrezepts in Prosa;
Brüssel, Kon. Bibl., hs II 144, fol. 105 recto

taberna mori« (Mir ist vorbestimmt, in der Taverne zu sterben), das auch in den *Carmina Burana* vorkommt; schließlich lässt ein Loblied auf Studenten keinen Zweifel mehr am Milieu, dem diese Sammlung entstammte und für das sie bestimmt war: Es müssen (gescheiterte) Studenten und (verhinderte) Gelehrte – möglicherweise mit niederen geistlichen Weihen – gewesen sein.

Alle Texte sind dazu gedacht, gesungen oder laut vorgetragen zu werden. In mehrerer Hinsicht viel sagend ist dabei, dass in der Sammlung gleich neben dem Cocagne-Text ein medizinisches Scherzrezept in Prosa steht, das dazu bestimmt ist, im Karneval von einem selbst ernannten Arzt auf humoristische Weise öffentlich verordnet zu werden. In dieser Umgebung kann die Reimerzählung von Cocagne ausgezeichnet mithalten, und zwar nicht nur, weil die satirische Darstellung einer Verkehrten Welt sich ideal in solche Festrituale einfügt: Auch der andere Cocagne-Text (L) nämlich steht in der Londoner Handschrift direkt nach einem solchen Scherzrezept, wie es während der vorübergehenden Herrschaft des Fastnachtsfürsten von seinem Leibarzt immer wieder gern vorgetragen wurde. Beide Scherzrezepte weisen zudem eine »orale Verwandtschaft« auf, die der zwischen L und B nicht unähnlich ist: Auch zwischen ihnen nämlich existieren viele Übereinstimmungen, die sich – ebenso wie die Unterschiede – nur schwer erklären lassen, wenn man eine ausschließlich schriftliche Überlieferung annimmt, die irgendwann von ein und demselben Text ihren Ausgang genommen haben soll.

3 Schriftliche versus orale Textüberlieferung

Sowohl die Unterschiede als auch die Übereinstimmungen zwischen den beiden Cocagne-Texten sind frappierend. Die Anzahl (fast) identischer Zeilen beträgt 70–71, was – von L aus betrachtet – bedeutet, dass gut zwei Drittel der Zeilen auch in B vorkommen, und von B, dass über die Hälfte auch in L zu finden sind. Woher dann aber die (zum Teil beträchtlichen) Unterschiede? Bei den nicht-korrespondierenden Zeilen handelt es sich nämlich nicht einfach um größere Varianten, sondern um ganz neuen und abweichenden Text. Eine Textweitergabe auf schriftlichem Wege, der von einem verlorenen Original [X] über verschiedene Zwischenstufen zu L beziehungsweise zu B geführt haben soll, ist damit höchst unwahrscheinlich. So kann das längere B nicht einfach eine umfangreichere (oder L eine kürzere) Version von [X] darstellen, da L umgekehrt auch eine Menge Elemente enthält, die in B fehlen.

Schon der Gedanke an ein Original [X] ist irreführend: In der Volkssprache existierten Tausende von »originalen« Cocagne-Texten; sie alle sind mit den Stimmen derer verklungen, die sie vortrugen, sangen und/oder spielten. Stoff und Motive lagen dabei mehr oder weniger fest: in Gestalt quasi-kanonischer Verszeilen, stereotyper Ausdrücke und anderer vertrauter Erzählformeln, von denen niemand wusste noch je wissen wird, wann und wie sie entstanden waren. Dieses kollektive Eigentum an Erzählbausteinen ließ sich nach Belieben erweitern, verändern oder kürzen. Manchmal erwarben solche Spontanversionen durch Wiederholung und Imitation einen eigenen kanonischen Status, während andere nach einer einzigen Realisierung wieder verschwanden. Doch auch Elemente des alten und vertrauten Materials konnten verschleißen, ersetzt werden oder einfach in Vergessenheit geraten. Als die beständigsten erwiesen sich dabei jene Bausteine, die den Kern des Cocagne-Stoffes bilden: das endlose Faulenzen, der Überfluss an Nahrung und die Fressarchitektur. Einige dieser unverwüstlichen Motive sind sogar in Sprichwörter und Redensarten eingegangen, wodurch sie noch dauerhafter erhalten blieben (und bleiben).

Die mit Pfannkuchen gedeckten Häuser, die aus Würsten gemachten Zäune und die einem gebraten in den Mund fliegenden Vögel haben diese Weihen selbst langfristig erhalten, und zwar durch Aufnahme in verschiedene zeitgenössische Sprichwörterbücher und vor allem die Verarbeitung in Breughels berühmtem und viel kopiertem Sprichwortgemälde. Doch vielleicht spricht die Eignung jener Motive für die Aufnahme in Sprichwörter (unmittelbar verbunden mit dem stark oralen Charakter des Stoffes im Allgemeinen) noch am meisten aus Breughels Darstellung des Schlaraffenlands selbst: Auf dem 1567 entstandenen Gemälde lassen sich mindestens sechzehn verschiedene Sprichwörter unterscheiden.

Angesichts dieses reichen Reservoirs an Motiven und Erzählformeln hing es ganz vom Einsatz und Talent des Vortragenden, vom Publikum und den Umständen ab, welcher Cocagne-Text nun wieder irgendwo in den Niederlanden realisiert wurde. Nun ist es ein verlockender Gedanke, die Unterschiede zwischen L und B aus der Aufzeichnung zweier verschiedener Darbietungen eines im Kern festliegenden Cocagne-Textes zu erklären – doch einer Art [X] also, nur eben in mündlicher Form, die jedes Mal anders konkretisiert werden konnte. Dabei wäre dann zu unterstellen, dass der Text selbst mehr oder weniger festlag und sich im Programm vieler Geschichtenerzähler befand, die damals durch die Niederlande zogen. Auch von anderen wurde bereits festgestellt, dass der Lügenstoff der Verkehrten Welt (davon später mehr) zum Lieblingsrepertoire professioneller Entertainer gehörte, die – je nach Publikum und Reaktion – auch Improvisationen über ihre Texte nicht scheuten.

Gerade im kunstvollen Variieren des vertrauten Materials erkannte das Publikum schließlich die Meisterschaft eines Vortragskünstlers. Bei geschriebenen Texten werden Varianten im Allgemeinen als Zeichen alarmierenden Textverderbs betrachtet, die den Blick auf einen verlorenen und – wie dann meist angenommen wird: – ebenso authentischen wie schönen Ursprungstext verstellen. In der mündlichen Literatur dagegen bilden diese Varianten erst die eigentliche Attraktion und können im Falle der Lügenliteratur sogar den Charakter eines regelrechten Wettstreits annehmen: Wem gelingt es, den verrücktesten Unsinn am geschicktesten in Worte zu verpacken?

Im Prinzip würden sich die Erzähler – oben genannter Hypothese folgend – dabei immer auf denselben Text stützen, was in der Praxis jedoch aufgrund der genannten Variablen jedes Mal zu neuen Versionen führte. Am besten lässt sich dies vielleicht mit dem Weitererzählen von Witzen in unserer Kultur vergleichen: Auch die werden schließlich nicht jedes Mal in genau der gleichen Form weitererzählt, sondern richten sich immer bewusst oder unbewusst nach den speziellen Umständen, die das Erzählen der Anekdote hervorriefen. Dadurch existiert auch ein Witz nur in flüssiger Gestalt in Tausenden von Köpfen gleichzeitig, wobei sich eine ursprüngliche Form [X] fast nie feststellen lässt – und selbst dann kommt es nur äußerst selten vor, dass dieser Text schriftlich fixiert wird.

Voller Selbstironie verarbeitet Chaucer die hier beschriebene Textgenese in seinen *Canterbury Tales*. Darin tritt der Ich-Erzähler als Mitglied einer Gruppe von Pilgern auf, die einander reihum jeweils eine Geschichte erzählen müssen. Doch wird sein Reimgedicht vom Sir Thopas von einem der Mitreisenden – dem Wirt – barsch unterbrochen, der das endlose, verlogene Gereime nicht länger mit anhören kann. Daraufhin schlägt der so Angegriffene vor, eine Prosageschichte zu erzählen, von der seiner Aussage nach – er will nun offenbar nicht das geringste Risiko mehr eingehen – mehrere Versionen existieren, eine Geschichte also, die »andere [auch] in andrer Art erzählen«. Darüber brauche man nicht zu erschrecken, beim Evangelium sei dies doch genauso: Auch davon existierten ja vier verschiedene Versionen, die trotz ihrer Unterschiede alle vom Leiden Jesu berichteten. Variieren gehört nun einmal zum Erzählen, und dies tut er denn auch mit der folgenden Geschichte zur Belehrung und Unterhaltung seines Publikums:

[...] Drum bitt ich euch, ihr Herrn,
Wenn meine Rede anders scheint, sofern
Ich mit Sprichwörtern sie ein wenig mehr
Versehen habe, die ihr wohl vorher
In diesem kleinen Aufsatz nicht bemerkt,
Wodurch des Stoffes Wirkung ich verstärkt,
Und sollt ich nicht dieselben Worte sagen,
So bitt ich mich deshalb nicht anzuklagen:
ihr werdet finden, dass, so weit's den Sinn
Betrifft, ich überall in Einklang bin
Mit dem, was das Traktätchen euch berichtet,
Nach dem ich dieses lustge Stück gedichtet.

Die Abweichungen in verschiedenen Darbietungen eines virtuell festliegenden Basistextes ergeben sich jedoch ebenso bei unterschiedlichen Auftritten ein und desselben Vortragskünstlers. So haben Praxis- und Feldforschungen in diesem Jahrhundert ergeben, dass auch professionelle Sänger in noch hauptsächlich oral kommunizierenden Gemeinschaften selbst auf dringende Bitten hin nicht in der Lage waren, denselben Text mit einer Übereinstimmung von mehr als rund sechzig Prozent zu wiederholen – dies würde dann wunderbar mit den 50 bis 66 Prozent Übereinstimmungen zwischen L und B zusammenpassen und damit die Hypothese, dass beide Texte Niederschriften erinnerter mündlicher Darbietungen darstellen, stärken.

So einfach kann es jedoch nicht sein: Das genannte Sängerverhalten nämlich bezieht sich auf Versepen, deren Aufführung mitunter mehrere Stunden dauern kann, während die Cocagne-Texte eher die Länge von Reimreden aufweisen, kurzen Verserzählungen von höchstens einigen hundert Zeilen. Außerdem bleibt nach wie vor unklar, wie die Kopisten von L und B die Niederschrift einer solchen Aufführung bewerkstelligt haben sollten. Vor allem für L gilt zudem, dass man seine Entstehung auf gewöhnliche Kopistenarbeit zurückführen muss, »gewöhnliche Kopistenarbeit« in dem Sinne, dass der Text – direkt oder nach dem Gedächtnis – aus einer anderen Quelle übernommen und nicht anhand einer mündlichen Darbietung notiert wurde. Andererseits lässt sich dieses Problem leicht umgehen, wenn man alle Hypothesen und Fragen dann eben auf die unterstellte (schriftliche) Vorlage von L verlegt und annimmt, dass der Kopist diese – unter Vorbehalt üblichen Kopistenverhaltens und kleiner Irrtümer – getreu wiedergegeben hat. Auf jeden Fall jedoch schließt die Situation mündlicher Darbietungen eines Basistextes ein Diktat derselben an die Kopisten von L und B (oder die Aufzeichner ihrer Vorlagen) weitgehend aus. Und genauso unwahrscheinlich ist es, dass diese Texte Niederschriften von Versionen darstellen, die die Kopisten einmal selbst aufgeführt haben. Die These der wörtlichen Notation einer mündlichen Darbietung als Erklärung für die Unterschiede zwischen L und B kann damit als widerlegt gelten.

Hier kommt noch hinzu, dass auch drei miteinander verwandte französische Texte existieren, die aus ähnlichen Bausteinen bestehen. Alle drei sind in Handschriften von um 1300 überliefert, die man jedoch gern auf einen »ursprünglichen Text« aus der Mitte des dreizehnten Jahrhunderts zurückführen wollte. Auch hier handelt es sich um eine vollkommen willkürliche Annahme, die von einem schriftlichen Texttransport über verschiedene Zwischenstufen ausgeht, die für die manchmal beträchtlichen Varianten, den unterstellten Textverderb und die vorgenommenen Adaptionen verantwortlich gemacht werden. Diese verengte Sicht auf mittelalterliche Texte ist das Ergebnis einer jahrhundertelangen Schriftkultur, die vor allem seit Erfindung des Buchdrucks keinen Blick für die Wechselwirkungen zwischen mündlicher und schriftlicher Textübertragung mehr hat.

Das französische Material* ist genauso beweglich wie das niederländische. Auch muss das Cocagne-Material bereits vor der schriftlichen Konkretisierung im Altfranzösischen und Mittelniederländischen schon jahrhundertelang in Westeuropa zirkuliert haben. Ob dabei letztlich die französische Schriftüberlieferung älter ist oder die niederländische, lässt sich nur schwer feststellen. Offensichtlich gibt es allerdings in beiden Sprachgebieten unterschiedliche Texttraditio-

---

* Eine der französischen Fabliaux ist in den Quellennachweisen, S. 452 ff. abgedruckt.

nen, die sich vor allem in der Einrahmung des Materials auffällig unterscheiden. Während die niederländischen Texte in der Einleitung mit ihrer Klage über die Mühen des Broterwerbs auf den Sündenfall und dessen Konsequenzen – und damit auf den Bereich der (parodierten) Predigt – verweisen, betten die französischen Versionen den Text mehr in die Rituale des Jünglingsvergnügens der Charivari (Kesselmusik) ein. Diese unterschiedlichen Einrahmungen bilden den Hauptunterschied der beiden Schrifttraditionen. Vor allem zur Fastnacht – doch auch zu anderen Zeiten des Jahres – üben mit dieser Kesselmusik die Jünglinge einer Gemeinschaft mit deren mehr oder weniger großer Zustimmung eine Art alternativer Rechtsprechung aus. Dabei haben sie es vor allem auf etablierte Bürger abgesehen, besonders bei Abweichungen vom öffentlich sanktionierten Heirats- und Sexualverhalten wie Ehebruch, einem großen Altersunterschied oder dem Pantoffelheldentum von Gatten, die sich von ihrer Ehefrau herumkommandieren lassen.

Solche Gelegenheiten nun muss man als Rahmen für die französischen Texte annehmen: Der Einleitung zufolge besitzen die Alten nur eine Pseudo-Weisheit – echte Weisheit komme schließlich nicht vom Tragen eines Bartes, sonst könnten Böcke und Ziegen das Gleiche beanspruchen. Junge, unverheiratete Männer dagegen könnten als sehr verständig gelten.

Hierdurch wird die Ironie unmittelbar deutlich, denn der Erzähler präsentiert sich zugleich als ein Verbannter, der vom Papst auf Bußfahrt nach Cocagne geschickt wurde. Schon dies erinnert an die bei vielen Festen in Nordfrankreich und den Niederlanden beliebten Bräuche, in denen ironisch angepriesenes Lumpenpack wie etwa die »Gilde des Blauen Kahns« per Boot oder in einem Schiff auf Rädern aus der Gemeinschaft ausgestoßen und an Orte mit so viel sagenden Namen wie Luilekkerland, die Hölle, Brodseinde oder Hongerijen verbannt wird. Jener Referenzrahmen einer Bußfahrt wird am Ende der französischen Texte nochmals in Erinnerung gerufen.

Nichtsdestotrotz enthält das Erzählskelett der französischen und niederländischen Texte viele gemeinsame Elemente wie etwa das »Grundgesetz« des schlafend Reichwerdens, wobei die französischen Texte in der Regel ausführlicher sind als die niederländischen. Wo die niederländischen Texte etwa jenes Gesetz nur kurz nennen (18/16), wird in einer der französischen Versionen der Tarif dieses Geldverdienens im Schlaf haarklein spezifiziert. Korrespondenzen existieren ebenso in der Fressarchitektur, den sich selbst bratenden Gänsen, den immer gedeckten Tischen, den Getränkeflüssen, den vielen Festtagen, den vom Himmel herabregnenden Obstfladen, dem gemeinschaftlichen Besitz, der Promiskuität, dem Jungbrunnen, dem ständigen Frühlingswetter, der vollkommenen Harmonie, der Abwesenheit von Hass und Neid und dem immer während Musizieren und Tanzen.

Meldet Text B nun in einer einzigen Zeile, dass die Gänse sich in jenem Land selbst braten, verwenden die französischen Texte hierauf gleich vier, wobei sie detailfreudig berichten, dass die Gänse gebraten und gegrillt durch die Straßen laufen und von einem Tross weißer Knoblauchsoße begleitet werden. Die hier viel größere Aufmerksamkeit für Nahrung verweist einmal mehr auf den wichtigsten Entstehungsgrund des Cocagne-Mythos: den Traum nämlich von grotesken Mengen an Nahrung in kuriosen Zusammenstellungen und wahnwitzigen Darbietungsformen.

Vor allem hierdurch sind die französischen Texte ungefähr doppelt so lang wie die niederländischen – und nicht also, weil sie so viel mehr Material benutzen würden. Dadurch fällt umso mehr auf, wie kurz L mit seinen hundert Zeilen doch ist, obwohl auch in diesem Text die meisten Motive vorkommen.

Dennoch weist auch L Details auf, die in den französischen Texten vorkommen, in B dagegen fehlen, und zwar auf dem Gebiet der erhöhten Festfrequenz, einem der beliebtesten Punkte aller Cocagne-Fassungen. Wie immer sind die französischen Texte auch hier am ausführlichsten: Der Monat zählt sechs Wochen (die Dehnung der Zeit gehört auf jeden Fall zu den Hauptattraktionen Cocagnes), viermal pro Jahr ist Ostern, viermal Johannistag (24. Juni), viermal Erntedank, Allerheiligen, Weihnachten und Mariä Lichtmess (2. Februar), viermal ist Karneval, und nur einmal alle zwanzig Jahre wird gefastet. B spricht hier nur von fünf Wochen pro Monat, viermal Ostern, Pfingsten und Weihnachten und einmal Fasten pro hundert Jahre. Das Variieren von Zahlen innerhalb mehr oder weniger festliegender Formeln gehört (wie das Weglassen und Hinzufügen von

Elementen in einer Aufzählung) zu den typischen Merkmalen mündlicher Textübertragung: Hierin weicht Text L nämlich ebenso wie die französischen Texte von B ab, indem auch er die Johannistage vermehrt. Umgekehrt markieren jedoch auch die fünf Wochen pro Monat in B (und möglicherweise in L – an dieser Stelle befindet sich in der Londoner Handschrift die Lücke) keine spezifisch niederländische Tradition, da diese auch in einer der französischen Versionen vorkommen. Die Erzählbausteine schwirren frei umher, bekümmern sich längst nicht immer um Sprachgrenzen und lassen sich bei jeder Konkretisierung in die gewünschte Form biegen, sei es mit Hilfe von Adaptionen, Kürzungen oder Ausweitungen, je nachdem, wozu der Kopist oder Vortragskünstler sich berufen fühlt.

Natürlich gibt es in den französischen und niederländischen Versionen auch zahlreiche unterschiedliche Motive, sind Bausteine hinzugekommen, weggefallen oder manchmal fast zur Unkenntlichkeit verändert. Anspielungen auf den Sündenfall oder das Patronat des Heiligen Geistes wie in den niederländischen Texten fehlen in der französischen Cocagne-Tradition, wenn man nicht eine kurze Bemerkung als ein schwaches Echo davon betrachten will: Auch in den französischen Texten nämlich wird versichert, dass Gott und die Heiligen dieses Land mehr gesegnet hätten als jedes andere auf der Welt.

Wie sollen wir uns nun aber das Verhältnis zwischen den drei altfranzösischen und den beiden mittelniederländischen Texten vorstellen? An fünf verschiedene Niederschriften im Wesen gleicher Cocagne-Vorträge zu denken ist unmöglich, denn die französische Tradition unterscheidet sich deutlich von der niederländischen. Außerdem müssen zwei der französischen Texte durch eine schriftliche Überlieferung miteinander verbunden sein, denn für eine Aufzeichnung aus dem Gedächtnis (gleichgültig, ob es sich dabei nun um eine mündliche Darbietung oder die Verarbeitung von Cocagne-Material im Allgemeinen handelt) stimmen sie einfach zu stark überein.

Am überzeugendsten erscheint somit die Annahme, dass sowohl die unterschiedlichen Einrahmungen der französischen und niederländischen Texte als auch der moralisierende Epilog von B auf eine Verschriftlichung zurückzuführen sind, die sowohl aus gelehrtliterarischen Traditionen als auch aus zeitgenössischen Festbräuchen schöpfte. Der Rest ist eine Verarbeitung des Cocagne-Materials aus dem kollektiven Gedächtnis. Dabei können Elemente sowohl aus der mündlichen als auch der schriftlichen Tradition jederzeit aufeinander überspringen. Bei literarischen Texten in der Volkssprache beeinflussen mündliche und schriftliche Traditionen desselben Stoffs sich bis in die frühe Neuzeit hinein gegenseitig. Andererseits kommt es genauso vor, dass bestimmte schriftliche und mündliche Traditionen lange Zeit oder sogar auf Dauer voneinander getrennt bleiben. So kann auch ein mündlicher Cocagne-Text sich derart verfestigen, dass er (ähnlich bestimmten Versionen von Märchen) als Gesamtheit im kollektiven Gedächtnis gespeichert und in dieser Form Ausgangspunkt neuer mündlicher Verbreitung wird.

Bis zu einem gewissen Grade scheint dies auch bei den mittelniederländischen Texten der Fall zu sein. Typisch für die mündliche Übertragung eines tradierten Textes ist die starke Übereinstimmung in den Einleitungen, danach die Vertauschung noch durchaus identischer Verszeilen und schließlich die zunehmenden Verschiebungen mehr paraphrasierender Verse, die Auslassungen und Versuche der Rekonstruktion.

In Anbetracht des kräftigen Kulturstroms von Süden nach Norden, der bis ins fünfzehnte Jahrhundert hinein andauerte, ist es möglicherweise doch so gewesen, dass die umherschwirrenden Formeln und Motive zuerst im französischen Sprachgebiet schriftlich fixiert wurden – zweifellos, um sie besser behalten zu können. Zuvor könnte der Text in Form eines Erzählskeletts – ohne die Einrahmung – in mehr oder weniger fixierter Form bereits mündlich längere Zeit zirkuliert haben. Die Sprachgrenze jedenfalls (wann tat sie das je?) bildete dabei kein Problem, und so wehte das Material mit all seinen vorgefertigten Formen (möglicherweise auch den schriftlichen) in die Niederlande, um dort Konkretisierungen in der Volkssprache auszulösen, wo dann neue kanonische Verse und Formeln entstanden sowie einige entfernt oder ergänzt wurden. Die spezielle neue Einbettung wäre dann wie in Frankreich die Folge der Verschriftlichung, nun auf Mittelniederländisch. Aufgrund jener Einbettung ist es denn auch nicht wahrscheinlich, dass die französischen Texte den mittelniederländischen als direkte Vorlage dienten.

Die Hypothese eines französischen »Urtextes« der Cocagne-Überlieferung beruht also auf einer prinzipiell falschen Auffassung von der Genese solcher Texte. Die Suche nach einem genialen Autor, der den ursprünglichen Cocagne-Text erfunden haben soll, ist denn auch sinnlos. Vielmehr gab es Tausende von Individuen, die immer wieder ihren jeweils eigenen Cocagne-Text komponierten: Sie benutzten dabei einfach das kollektiv zur Verfügung stehende Material, das schon seit dem griechischen Altertum in vielen Sprachen und Dialekten von Mund zu Ohr zirkulierte.

Die Herkunft unserer Texte B und L aus der mündlichen Volksüberlieferung zeigt sich an vielen typischen Merkmalen: Über zwanzig Zeilen zu Beginn laufen beide Texte fast parallel. Bei Texten aus der mündlichen Erzählkultur braucht dies nicht zu verwundern: Schließlich bildet die Einleitung einer Erzählung (Es war einmal . . .) mit dem ersten Exposé des Erzählkerns die kanonische Eröffnungsformel, um die Geschichte als solche in Erinnerung zu rufen. Mit den ersten Ausweitungen beginnen dann die Unterschiede, wobei noch wörtlich erinnerte Zeilen ihren vorherigen Platz verlieren und an anderer Stelle eingesetzt werden. Die Reihenfolge solcher Zeilen und fester Erzählformeln hat einen niedrigeren Status als die so wichtigen und entscheidenden Einleitungssätze. Danach schöpft man frei aus dem eigenen und kollektiven Gedächtnis, wo die Bausteine des Cocagne-Stoffes in Gestalt festliegender Verszeilen oder auch roher, abstrahierter Teilmotive gespeichert sind. Dieser Elemente nun können Autor und Vortragskünstler sich nach Belieben bedienen, mal assoziierend und verändernd, mal eingrenzend oder ausweitend. Mit fortschreitender Erzählung treten nun auch – mitunter sogar wörtliche – Wiederholungen auf: automatische Floskeln, die den Erzählfluss in Gang halten, im Wechsel mit spruchhaften Redensarten, die demselben Zweck dienen und die dargestellten Wahrheiten noch einmal zu handlichen, merkfähigen Slogans zusammenfassen. In dieser losen Struktur tauchen immer wieder feste Erzählformeln auf, die auch in anderen Konkretisierungen des Materials – teilweise selbst in anderen Sprachen – vorkommen.

Doch zunächst zurück zum Anfang. Die Eröffnung der Texte ist ausgesprochen rhetorisch, und zwar im allerursprünglichsten Sinne des Wortes: Um Aufmerksamkeit bittet ein Erzähler, der sich herausfordernd direkt ans Publikum wendet (die folgenden Zitate aus L):»Hoert, wat ic u sal ghewagen« (Hört, was ich euch will erklären!; 4). Dieser Erzähler bleibt den ganzen Text über deutlich anwesend, auch mit Beteuerungen wie»Dat seg ik u voerwaere« (Dies sage ich euch alln fürwahr; 94) und mitreißenden Ausrufen wie»Sach ye man beter lant?« oder»Och dat lant van Cockaengen is so goet« (Sah jemals wer ein bessres Land? / Ach, ist das Land von Cockanien doch gut!; 46, 58). Ähnliches gilt auch für den Schluss, wenn der Autor von B sich an das Publikum wendet, das seine Geschichte *hört* (130–2). An andere Rezipienten als an Zuhörer wird offensichtlich nicht gedacht. Viel sagend ist auch die explizite Beendigung beider Texte mit »Amen«, die nur für Zuhörer notwendig ist und nicht für Leser. Vor allem am Anfang und am Ende beider Texte macht sich der Erzähler somit lautstark bemerkbar, wodurch die gewünschte orale Erzählsituation auch in der schriftlichen Aufzeichnung deutlich sichtbar bleibt.

Dies gilt auch für die anderen benutzten Techniken. Gleich zu Beginn wird das Publikum mit einer spruchhaften Weisheit um Aufmerksamkeit gebeten. Diese ist ein derartiger Allgemeinplatz, dass die Zuhörer schon ahnen, dass der Erzähler danach wohl mit einem besonders scharfen Kontrast kommen muss (L, 1–3):

Die Menschen treiben allerhand
Geschäfte hier, in jedem Land,
Um nur den Körper zu ernähren.

Da kann jeder nur zustimmen: Was muss man sich in diesem irdischen Tränental nicht überall abrackern! Doch über diese betrübliche Weisheit setzt sich der Erzähler sofort behände hinweg und behauptet, in einem fremden und unbekannten Land gewesen zu sein, was er mit der Aufforderung an das Publikum verbindet, sich auf eine wundersame Geschichte vorzubereiten:»Hört, was ich euch will erklären!«, zwei Zeilen weiter gefolgt von:»Jetzt sollt ihr hören Wunder groß.«

Dann lässt er die Katze aus dem Sack: Gott selbst habe den Einwohnern jenes Landes geboten, ohne Arbeit und Anstrengung dort zu leben. Ein größerer Kontrast zur Einleitung ist kaum denkbar: Es gibt also einen Ort auf Erden, wo ein offensichtlich von vielen bewohntes Paradies allen Menschen offen steht – der Erzähler ist schließlich selbst da gewesen. Manchem Zuhörer mögen diese Zeilen blasphemisch in den Ohren geklungen haben – oder waren sie an die ebenso verbreiteten wie viel gescholtenen Erzählerbräuche, bei allen möglichen Gelegenheiten eine Verkehrte Welt heraufzubeschwören, schon gewöhnt? Jedenfalls hat Gott diesem Text zufolge etwas sehr Bemerkenswertes getan: Im Gegensatz zu seiner nach dem Sündenfall über Adam und Eva – und ihre jetzt zuhörenden Nachkommen – verhängten Strafe, ihr Brot nur noch im Schweiße des Angesichts zu verdienen – in den Eröffnungszeilen klingt dies noch nach –, hat er irgendwo auf Erden geboten, jede Anstrengung zu vermeiden.

Es gibt also noch immer ein Land, wo man nicht arbeiten und doch essen soll, ja – mehr noch: wo man nicht einmal arbeiten *darf*! Dies ist der Kern des Cocagne-Mythos. Als Messlatte für die danach aufgezählten Herrlichkeiten werden auch gleich zwei bekannte Wunderländer genannt, nämlich Spanien (Spaengen) und das sagenhafte Betouwen (Batavia?), die beide jedoch nicht halb so viele Freuden wie Cocagne zu bieten hätten. Danach werden in wenigen Zeilen einige kapitale Segnungen des Landes aufgezählt, und zwar mit einer Nüchternheit, die fast an einen Stichwortkatalog denken lässt: schöne Frauen im Überfluss, das Patronat des Heiligen Geistes, schlafend (immer mehr) Geld verdienen und niemals arbeiten müssen. Danach beginnen die illustrierenden Ausweitungen, und mit der recht strikten Parallelität zwischen L und B ist es vorbei.

Doch nicht nur an der deutlichen Anwesenheit eines Erzählers und der mnemotechnisch bedingten, parallelen Abfolge bestimmter typischer Erzählbausteine zeigt sich die Herkunft unserer Texte aus der mündlichen Erzählkultur. Das Gleiche gilt für das dort verwandte Strukturierungsmittel par excellence, den einfachen Paarreim. Dieses wohl wichtigste Merkmal eines oralen Textes ist in L fast unverkürzt bewahrt geblieben. Soll ein Text nämlich optimal behalten und

gegebenenfalls wieder vorgetragen werden, dann bildet der Paarreim
– anders als die viel komplizierteren Reimschemata der (Vor-)Lese-
literatur (man denke an das Sonett oder die Verskunst der Rederij-
ker*) – das wichtigste Hilfsmittel. Kompliziertere Reimformen würden das Behalten eher erschweren. Ein Lehrbuch für Laien wie die
Natuurkunde van het geheelal aus dem vierzehnten Jahrhundert
etwa benennt gleich zu Anfang diese Absicht:

> Ich werd's euch erklären in schönen Reimen,
> Nach Ordnung gesetzt ans Ende der Zeilen,
> Damit umso besser behalten ihr's sollt,
> Und nicht den roten Faden verlieren wollt.**

Versuchen wir also Texte aus der oralen Erzählkultur nach dem Kri-
terium des einfachen Paarreims von (Vor-)Lesetexten zu unterscheiden, so ergibt sich bei Text B in diesem Punkt ein merkwürdiges
Problem: Der Autor-Aufzeichner nämlich scheint dieses einfache
Hilfsmittel der Oralität ständig zu konterkarieren. So kombiniert er
»ontbrecken« (fehlen) mit »worsten« (Würsten; 19/20), wo L sich
ganz elegant »gheborsten« (s. o.) mit »worsten« (21/22) reimen lässt.
Dies geschieht zudem gleich am Anfang des Textes, der zu den unmittelbaren Kernformeln des Materials gehört.

Offensichtlich ist dem Autor von B an dieser Stelle ein richtiges
Textverständnis wichtiger als das Festhalten am oralen Textmerkmal
Paarreim. Wie wir schon aufgrund der Zusammenstellung seiner
Handschrift feststellten, ist er relativ gelehrt und passt die Texte sei-
nen Auffassungen und seinem – teilweise recht eigensinnigen –
Sprachgebrauch an. Außerdem notiert er sie für sich selbst, nicht für
andere, und lässt daher keine veralteten oder schwer verständlichen
Wörter zu, auch wenn sie sich in Reimposition befinden. Auch dies

---

* (Von frz. *rhétoriqueur*) Niederländische, dem deutschen Meistersang verwandte literarische Vereine mit dem Ziel unterschiedlichster literarischer Produktion von Schwänken über Strophengedichte bis hin zu Mirakelspielen und
Moralitäten. [Anm. d.Ü.]
** Ic sal u segghen in vraeyen rimen, / Elc gheset op sine linien, / Om dat ghij
't bet onthouden sult / Ende niet daerin en sijt verdult.

entspricht seiner studentikosen Gelehrsamkeit. Das Partizip »gheborsten« nämlich ist zu Beginn des sechzehnten Jahrhunderts bereits veraltet und in einigen Gegenden vielleicht sogar unverständlich. Er ersetzt es durch das inzwischen gebräuchlichere »ontbrecken«, auch wenn er damit den Reim auf »worsten« frustriert. Auch gibt er seiner Umgangssprache vor dem Erhalt des Endreims den Vorzug. Eigensinnig schreibt er »vrunt« (Freund, 91) statt »vriend«, obwohl es sich auf »dyent« (dient; 92) reimen muss. So arbeitet er ständig, ein ebenso pragmatisch vorgehender wie besserwisserischer Student, der das Korrigieren nicht lassen kann.

Aus der oralen Erzählkultur übernommen sind auch die ständig wiederkehrenden Füllfloskeln und andere ebenso inhaltsleere wie stereotype Formulierungen. Der Vortragskünstler benutzt diese als Reimbausteine, die er jederzeit aus dem Ärmel schütteln kann und die es ihm erlauben, lustig drauflos zu fabulieren. Außerdem kann er mit ihrer Hilfe Akzente setzen, sich selbst Denkpausen verschaffen, während sein Mund in Bewegung bleibt, und dem Publikum Ruhepunkte gewähren. Art und Umfang solcher Pausen-, Akzent- und Füllformeln variieren je nach Verlauf der Vorstellung.

Bei einem Text, der für einen individuellen Leser oder Vorleser bestimmt ist, würden solche Formeln – in dieser Menge zumindest – nur stören: Es sind Hilfsmittel, die ausschließlich bei Live-Auftritten funktionieren, wobei der Improvisierende sich von seinem Talent und den Reaktionen des Publikums (oder deren Ausbleiben) leiten lässt. Das Vorlesen von Pausenformeln dagegen, die keiner gegebenen Situation entspringen, erzeugt eine eher umgekehrte Wirkung, die auch beim stummen Lesen eintritt: Schließlich will der Leser selbst darüber entscheiden, in welcher Geschwindigkeit und welchem Rhythmus er einen Text zur Kenntnis nimmt. Durch solche für ihn irrelevante Floskeln jedoch wird seine eigene Regie immer wieder gestört.

Es gibt also eigentlich kaum einen Grund, all diesen oralen Erzählballast beim Ab- oder Aufschreiben eines Verstextes ständig mitzuschleppen, mehr noch: es spricht vieles dagegen. Und geschieht es doch, so haben wir gute Gründe anzunehmen, dass der in dieser Form notierte Text für etwas anderes bestimmt ist als die bloße Privatlektüre oder das Vorlesen. Es muss sich dann um eine Niederschrift zum Auswendiglernen handeln, für den Notator selbst oder für andere, um vor einem eventuellen Auftritt noch einmal nachsehen zu können. Der Text gibt also im Grunde eine geplante Darbietung wieder und repräsentiert somit eine Art schriftliches Gedächtnis.

Genau dieser Eindruck entsteht in vieler Hinsicht bei Text B, während Text L mehr den Charakter eines (Vor-)Lesetextes trägt. Nicht nur sind die oralen Merkmale in Text L weniger ausgeprägt, auch die typische Buchhandschrift und die anderen Texte der Handschriftensammlung weisen in diese Richtung. Und die verbliebenen akustischen Anweisungen in L können dem Vorleser immerhin noch als Anregungen gedient haben, die Aufmerksamkeit seiner Zuhörer auf die entscheidenden Stellen zu lenken. Vielleicht gelang es ihm auch, die Floskeln gegebenenfalls zu schlucken, zu ersetzen oder aber sie gerade zu unterstreichen, je nachdem, was die Situation erforderte.

Dies alles gilt unbeschadet der Tatsache, dass viele der genannten oralen Merkmale zunächst mehr oder weniger automatisch auch in individuell zu lesenden bzw. vorzulesenden Texten erhalten bleiben. Sie scheinen in Erzähltexten nun einmal dazuzugehören. Doch mit zunehmender Verschriftlichung und Individual-Lesekultur verschwinden diese akustischen Regieanweisungen, um vereinzelt – bis hin zum heutigen Roman – zum Erreichen spezieller Effekte wieder aufgenommen zu werden (»Jetzt, lieber Leser, hör gut zu«). Dennoch gibt es hinreichende Gründe, L als Vorlesetext zu betrachten, B dagegen eher als spontanes Vortragsrepertoire, obwohl beide Texte in hohem Maße die Gestalt zufälliger Konkretisierungen des mündlichen Materials behalten haben. Natürlich folgt diese vorsichtige Beurteilung nicht nur aus den besprochenen und noch zu behandelnden oralen Merkmalen der Texte selbst, sondern auch aus der bereits dargelegten Natur der Sammelhandschriften, in denen sie überliefert sind.

Neben den schon genannten stereotypen Publikumsanreden, Ausrufen und Beteuerungen kommen zwar auch in L typische orale Floskeln wie »dat is waer« (Das ist wahr; 83) vor, B jedoch benutzt noch einige mehr: Ebenfalls »dat is waer« (100), dreimal »sonder waen«

(ohne Wahn*; 24, 36, 108), einmal »des siet vro« (da seid froh; 123) und einmal »waeren« (fürwahre, wahrhaftig; 101). Auch einige auf die Hauptthemen Cocagnes bezogene feste Formulierungen können zu dieser mündlichen Erzähltechnik gerechnet werden. Hierin bleiben Text L und Text B einander ungefähr gleich, denn folgende Wendungen kommen in beiden vor: »Sonder arbeit ende sonder pijn« (ohne Arbeit und ohne Pein; 10), »Out, jonc, cranc of sterck« (ob alt, jung, schwach, der Starken einer; 20/18), »Daer sy op dansen ende op reyen« (Man singt und springt und tanzt den Reigen; 96/110), »wie daer lancst slaept, de wint meest« (Wer am längsten dort schläft, verdient das meist'«; 18/16), »ende dye huise syn gedeckt mit vladen« (Die Häuser sind gedeckt mit Fladen; 40/34), »Men mach daer eten ende dryncken alle den daech / daer en gilt nyet gelaech« (Man darf [dort] essen und trinken von Abend bis Morgen, / die Zeche zu zahlen kein Mensch braucht zu sorgen; 55/63). Die Floskeln und Automatismen gehen somit von selbst in die stereotypen Wendungen und Sätze über, die den Kern des Cocagne-Stoffes benennen.

Ein anderes Mittel des Vortragskünstlers, den Redestrom nicht versiegen zu lassen und lustig drauflos zu fabulieren, sind neben den Füllfloskeln und spruchhaften, gegebenenfalls variierten Redensarten die auffälligen Wiederholungen von Wendungen und Teilmotiven. Daneben kann eine Wiederholung auch aus Versehen vorkommen, einfach weil er vergessen hat, dass er das bewusste Motiv bereits behandelt hat. Das Sichtbarbleiben (oder -halten) solcher Merkmale beim Aufzeichnen gibt wiederum an, wie sehr ein Text auch weiterhin an die orale Situation erinnern soll.

Dass auch L nicht als reiner (Vor-)Lesetext der Schriftkultur konzipiert war, zeigt sich sofort an den sehr ungleichen Zeilenlängen, den endlosen Wiederholungen von »daer« (dort) in für den stummen Leser enervierender Parallelposition und der mangelnden Variation bei der Verwendung des Partizips »ghebacken« im Abschnitt über die Fressarchitektur. Für Text B gilt dies naturgemäß in noch stärkerem Maße. Dabei müsste es eigentlich eine Kleinigkeit gewesen sein, einen festliegenden Cocagne-Text von einigen hundert Zeilen – die

---

* In der deutschen Übersetzung nicht wiedergegeben. [Anm. d. Ü.]

französischen Texte besitzen diese Länge – auswendig zu lernen und wörtlich vorzutragen. Doch so funktioniert es bei dieser Art Texten nun einmal nicht: Sowohl vortragen als auch aufschreiben eines Cocagne-Textes war Spontanarbeit, bei dem Arbeiten nach einer Vorlage oder aus dem Gedächtnis und lustiges Improvisieren eine ständige Mischung eingingen.

Vor allem Schlüsselsätze in B wie »want wye 't langste slaepüt, dy heft meist«, »ende dar en mach nyemant yet ontbrecken« und »Men mach daer eten ende dryncken alle den daech« (Denn wer 's längste schläft, der hat das meist'. / Und nicht das Geringste darf einem dort fehlen / Man darf essen und trinken von Abend bis Morgen; 16/19/63) werden alle einmal wiederholt (48, 97, 125). Eine Einleitungsformel wie »het is daer des lants sede« (So geht's [Tag und Nacht] dort im Lande zu / So sind dort die Sitten in jenem Lande), die besonders bei einem so ungewöhnlichen Land wie Cocagne angebracht ist, wird ebenfalls zweimal benutzt (76/114) und nochmals in variierter Form wiederholt (Dar is eyn goyde castuyn in 't lant / Auch herrscht im Land ein guter Brauch; 89). L scheint mindestens dreimal – der Textverlust macht diesbezüglich eine eindeutige Aussage schwierig – die rhetorische Frage zu wiederholen, ob je ein Mensch ein so gutes Land gesehen habe (12, 46 und 86).

Auch die für orale Erzählsituationen so charakteristische Assoziationstechnik lässt sich an unseren Texten deutlich nachweisen, vor allem, wenn man die beiden Texte nebeneinander legt: So beginnt der Kopist von L frei drauflos zu erfinden, sobald er bei der Passage über die Fressarchitektur angelangt ist. Nach einigen Zeilen über die Außenseite der Häuser (22–24) landet er sofort bei der Einrichtung, beim Geschirr und sogar bei den Speisen, die auf dem Tisch stehen, um dann wieder, unterbrochen von immer neuen Eingebungen zur Möblierung der Häuser, zu deren Bauweise zurückzukehren.

Dabei assoziiert er nicht nur frei von Haus über Möbel zum Geschirr auf den Tischen, er durchbricht auch das Prinzip der kulinarischen Baumaterialien: Leicht verwirrend, da schwer vorzustellen, ist schon seine Eingebung über die Kannen aus Bier (26), doch mit den dann folgenden Schüsseln aus Gold (28) wird die Nahrungsarchitektur nebst ebensolchen Baustoffen endgültig in den Hintergrund gedrängt.

Eine ähnliche Unterbrechung kommt auch in B vor, wenn zwischen dem Fisch für Fenster und Türen und den Butterwecken für die Häuserbalken (21–22/25–26) plötzlich Türpfosten aus Karfunkelsteinen auftauchen. (Diese Architektur aus Gold und Edelsteinen gehört in eine andere Tradition, aus der auch die silbernen Schalen am Ufer des Getränkeflusses (80) stammen, doch davon später mehr.) Nach der Bemerkung zu den goldenen Schüsseln fährt der Kopist von L ein wenig unbeholfen, da floskelhaft und wieder aus dem Rahmen fallend, mit der Bemerkung fort, dass der neben dem Brot stehende Wein so klar blinke wie Sonnenschein (29–30). Text B hat in dieser Passage einen viel konsistenteren Aufbau (20–34) – wie immer tritt der Autor von B hier weit rationaler auf. Wie schon bei den Reimworten will er offensichtlich an der oralen Form festhalten, doch nicht auf Kosten der Verständlichkeit und Textlogik. Dies zeigt sich etwa bei seiner Darstellung der Decken- und Dachkonstruktion. Wo die Bemerkungen zu den Häuserbalken und Zimmerdecken aus Butterwecken und Pfefferkuchen in L unverbunden bleiben und recht weit auseinander stehen (31–32/37–38), werden sie in B logisch miteinander verknüpft. Auch dort bestehen die Häuserbalken aus Buttergebäck und »sind [...] die Zimmerdecken [...] / Gemacht aus reinen Pfefferkuchen« (25–28), doch stellt der Autor hier einen unmittelbaren kausalen Zusammenhang her: »Drum« – *darum*, denn sonst würden die Decken durchkrachen.

Der stringentere Aufbau von Text B zeigt – trotz seiner Bestimmung als Vortragstext – ein stärkeres Bewusstsein von den notwendigen Konsequenzen der Verschriftlichung einer ursprünglich oralen Überlieferung. So stellt der Autor dem Text einen lateinischen Titel voran, der einer Tradition des schriftliterarischen Gelehrtenhumors entspringt; er ignoriert den Paarreim, wenn ihm dies aufgrund der Verständlichkeit und seines lokal eingefärbten und »moderneren« Sprachgebrauchs notwendig erscheint, und auch die einzelnen Erzählbausteine fügt er in konsistenterer Form zusammen als sein Kollege von Text L.

In beiden Texten jedoch gibt es auch Beispiele von Erzählbausteinen, die zwar zum Basismaterial gehören, doch ganz nach Belieben – vor allem aber: je nach Erinnerung – in längerer oder kürzerer Form erscheinen können. So sprechen beide Texte zum Beispiel von den immer gedeckten Tischen, an denen man den ganzen Tag über schlemmen kann. Die fünf Zeilen hierzu in L finden sich fast wörtlich auch in B, doch hat der Autor dort noch vier Zeilen mit einer Beschreibung der Art und Anordnung der Gedecke eingeschoben. Der Kopist von L kann diese Zeilen überflüssig gefunden oder einfach nur vergessen haben, doch ist es ebenso möglich, dass der andere Kopist (B) hier eine persönliche Ergänzung vornimmt, ganz im Geiste seiner schon festgestellten stark adaptierenden Arbeitsweise.

Dennoch scheint es sich beim Kopisten von L in diesem Falle eher um Schlampigkeit als um ein Streben nach effizienter Verknappung zu handeln. Immerhin lässt er solche Fehlleistungen auch an anderer Stelle erkennen: Fast unverzeihlich etwa ist sein Weglassen des fundamentalen Erzählbausteins der sich selbst zubereitenden Tiere. Dieses Element fehlt sonst in fast keiner überlieferten Cocagne-Fassung und bildet darüber hinaus einen beliebten Gegenstand vieler Traumlandbeschreibungen im Allgemeinen. Auch B (71–76) meldet, dass die Gänse im Lande sich selber braten und der Rest der Tierwelt einen wahren Wettlauf zu den Kochtöpfen veranstaltet, um sich zum Verzehr herzurichten. So gibt es denn auch kaum einen Grund, warum diese überall sonst vorkommende Attraktion ausgerechnet in L absichtlich fehlen sollte. Der Kopist muss auch sie einfach vergessen haben. Wenn er seinen Text abgeschrieben hat, bleibt es merkwürdig, dass seine Vorlage eine derartige Lücke aufgewiesen haben soll, und vor allem, dass er diesen Fehler dann nicht behob. Wenn er ihn nach einer schriftlichen Vorlage aus dem Gedächtnis reproduzierte, zeigt sich – wie in anderen Fällen –, dass er mitunter an spontanen Gedächtnisstörungen leidet.

Beim Notieren eines weder schriftlich noch im Gedächtnis fixierten Textes ist dies schon eher verständlich. Auch dem Schreiber von B nämlich sind in dieser Hinsicht einige Versehen unterlaufen, wenn auch weniger als seinem Kollegen: So lässt er sich einen mindestens ebenso bekannten und fundamentalen Erzählbaustein entgehen, und zwar den Jungbrunnen. Text L zufolge (87–94) gibt es in Cocagne – wie im Heiligen Land – einen Fluss Jordan, der hier den Alterungsprozess aufhält, ja sogar umkehrt: Nimmt man einen Schluck von dem Wasser, ist man sofort wieder süße zwanzig Jahre alt. Dies muss der Autor von B vergessen haben, denn wie bei den sich selbst zubereitenden Tieren gibt es auch hier keinen Grund, dieses essentielle Motiv absichtlich wegzulassen. Wie das Verschieben von Zeilen innerhalb einer Passage und das ganzer Erzählbausteine innerhalb des Textes gehört auch das Vergessen solcher Motive zu den typischen Merkmalen mündlicher Textüberlieferung. Die Niederschriften von L und B geben hierfür deutliche Beispiele, denn aus schriftlicher Textübertragung ließen sich solche Unterschiede nur sehr schwer erklären.

Für das fast völlige Fehlen von Sex in L lassen sich dagegen andere Gründe anführen. Nur eine – auch in B vorkommende – Andeutung in Zeile 16 spricht davon, dass es in Cocagne viele schöne Frauen gebe. Diese keusche Zurückhaltung muss jedoch eher einer bewussten Auswahl aus dem in diesem Punkt ohnehin schon recht mageren Cocagne-Material zugeschrieben werden als einfacher Schlampigkeit. In keinem der beiden Texte gehört Erotik zu den Hauptattraktionen Cocagnes, auch nicht in B: Nach der Bemerkung über die schönen Frauen folgen dort weiter unten nur noch zwei versprengte Aussagen über freien Sex (105–107, 111–113), die am Ende des Textes ein wenig verloren wirken. Nirgends entsteht der Eindruck, dass die liberalisierten fleischlichen Genüsse auf demselben Niveau stehen würden wie das viel breiter dargestellte Faulenzen und Fressen. Sexualität ist offensichtlich eine eher marginale Hinzufügung, die erst spät einen Platz im Cocagne-Material erhalten hat.

B endet mit einem recht ausführlichen Epilog (116 ff), der dem Text – nach bekanntem Verkehrte-Welt-Muster – indirekt eine moralische Lehre hinzufügt. Ein solcher Epilog – jedenfalls in dieser expliziten Form – kommt in L nicht vor. In B jedoch wird allen Zechprellern und Verschwendern angeraten, sich nach Cocagne zu begeben. Damit knüpft der Text an das beliebte Genre der Ständesatire an, für das der Fastnachtstext von der »Gilde van de Blauwe Schuit« (Gilde des Blauen Kahns) längst nicht das einzige, doch in den Niederlanden wohl das bekannteste Beispiel ist.

Auch damit macht der Autor von B einen recht gelehrten Eindruck, da dieses Genre vor allem in einer geschriebenen Texttradition

zu Hause ist. Diese lässt sich erstmals in lateinischen Satiren aus dem
zwölften Jahrhundert nachweisen und findet später ihre typisch hu-
manistischen Höhepunkte in Texten wie *Der zotten en der narren
scip* von 1500 nach Sebastian Brants *Narrenschiff*. Ohnehin scheint
das explizite Lehren und Moralisieren eher in die schriftliche als in
die orale Erzählpraxis zu gehören, da die implizite, durch Tonfall,
Mimik oder Gestik transportierte Ironie einer bestimmten Erzählsituation in einem geschriebenen Text nun einmal schwierig wiederzugeben ist. Gerade die Explikation der Lehre am Schluss des Textes
deutet somit auf eine schriftliche Praxis. Doch nochmals: In L wird
eine solche moralische Verdeutlichung unterlassen. Dadurch entsteht die scheinbar paradoxe Situation, dass L sich aufgrund seiner
geringeren Anzahl oraler Floskeln und des Charakters seiner Handschrift eher als Vorlesetext ausweist, aber in seinem a-moralistischen
Drauflosfabulieren dennoch mehr Kennzeichen der oralen Erzählkultur festgehalten hat als Text B. Dieser wiederum wurde sichtlich
als Vortragstext aufgezeichnet, trägt jedoch – wohl aufgrund seines
gelehrteren Aufzeichners – letztlich mehr Merkmale der Schriftkultur.

4 Etablierte Autoren, Geschichten- erzähler und fahrendes Volk

*D*ie Existenz professioneller und dilettierender Geschichtenerzähler, die wie im letzten Abschnitt beschrieben zu Werke
gingen, ist für die Niederlande jener Zeit mannigfach belegt. Mal arbeitslos, mal fest angestellt besuchen sie Fürstenhöfe, Ab-
teien und Städte oder geben spontane Kostproben ihres Könnens, sooft es etwas zu feiern oder zu gedenken gibt. Vor allem die Ausga-
benbücher von Fürstenhöfen und Städten geben uns reichhaltigen
Aufschluss über ihre Namen, ihr Verhalten und ihre Entlohnung.
Nach Ansehen und Status konnten sie sich beträchtlich unterscheiden. So war etwa Meister Willem van Hildegaersberch, von dem auch
einige literarische Werke überliefert sind, ein respektierter Spruchdichter und gern gesehener Gast in besseren Kreisen. Es ist denn auch
höchst fraglich, ob er sich mit den zahlreichen fahrenden Straßener-
zählern und Sängern verwandt fühlte, die in der offiziellen Literatur
von etablierten Autoren wie Maerlant, Boendale, Bijns und anderen
immer wieder angegriffen wurden.

An solche kreativen Landstreicher dachte man offensichtlich bei
der Aufstellung eines Reglements für das Obdachlosenasyl in Deventer. Der Text von 1418 geht mit ihnen streng ins Gericht:

> Wenn sie anfangen zu reimen und Geschichten zu erzählen, ver-
> bieten wir es ihnen. (...) Liegen sie dann im Bett und wollen wie-
> der mit ihren Geschichten beginnen und Reden schwingen, sagen
> wir ihnen, dass sie ihr Gebet sprechen und still sein sollen. (...)

Wenn sie es dann immer noch nicht lassen, gehen wir zu ihnen und sagen: ›Freunde, (…) es ist nicht erlaubt, hier zu schwatzen und zu schreien und anderen die Ruhe zu stehlen.‹

Auch aus anderen Quellen besitzen wir weit reichende Einblicke in das Fabuliervermögen solcher Entertainer. Eine besondere Begabung etwa besaß »Snelryem den spreker« (Schnellreim der Redner), der nach den Rechnungen der holländisch-gräflichen Hofhaltung in den Jahren 1358 bis 1359 entlohnt wurde und vermutlich als Schnelldichter anhand zugerufener Themen aus dem Publikum auftrat.

Einem solchen – in diesem Fall halbprofessionellen – Vortragskünstler begegnen wir auch in Pieter den Brant aus Geraardsbergen: Von Beruf ist er Handwerker, doch tritt er daneben regelmäßig mit einer Gruppe Gleichgesinnter in der Stadt auf, wofür er in der Periode von 1427 bis 1430 vom Magistrat Zuwendungen erhält. Auch er verfügt offensichtlich über die höchst gefragte Fähigkeit spontaner Reimimprovisation, denn als Grund für die (unbekannte) Höhe der Zahlungen wird angegeben, er sei geschickt »im Zusammenstellen kleiner Theaterstücke und Reimtexte sowie im behänden Hintereinanderweg-Dichten«. Dies wirkt wie eine populäre Variante der ellenlangen Versepen, die der frühmittelalterliche Dichter Caedmon dem Historiker Beda zufolge in kürzester Zeit aus dem Ärmel zu schütteln vermochte.

Ein Zeugnis von Pieter den Brants Begabung ist uns in einem hundertzeiligen Reimtext über die vier Charaktertypen des Menschen anhand der Temperamentenlehre erhalten geblieben. Diese damals weit verbreitete Lehre wird in höchst einfache Reime, gespickt mit zahllosen Flickwendungen, verpackt, die nicht nur eine Niederschrift mit der heißen Nadel vermuten lassen, sondern auch stark den Eindruck erwecken, lediglich als persönliche Aufzeichnung für den nächsten Auftritt gedacht zu sein: Der Text ist nämlich kaum zu lesen.

Schriftsteller und Vortragskünstler, die aus mündlich überlieferten Stoffen mit Hilfe ihrer Fabuliertechnik spontan Texte zusammenstellen und vortragen konnten, gab es in den Niederlanden während des gesamten Mittelalters. Die Spuren ihrer Arbeit finden sich in zahlreichen Handschriften. Dabei sind sie strikt zu unterscheiden von den gelehrten Autoren, die in erster Linie nach schriftlichen Traditionen arbeiteten – was nicht ausschließt, dass sich zwischen den beiden Gruppen auch Mischtypen ergaben. Dies scheint zum Beispiel auf den Kompilator und Erzähler des Textes *Van den IX besten* (Von den Neun Besten, nach der Version der so genannten Geraardsberger Handschrift) zuzutreffen. In der Einleitung erläutert er die Quellen, die er bei der Zusammenstellung seines Heldenkatalogs benutzt hat:

Weil im Gedächtnis ich die Gabe
Viel schöner Mär' und Reim und Fabel habe,
Die Bibel, gelehrte Autoren nebst vielen Annalen;*

Diese Stoffe sind also in fixierter oder nichtfixierter Form in seinem Gedächtnis gespeichert. Man könne jedoch sicher sein, so fährt er fort, dass er daneben speziell für dieses Werk auch die britisch-keltischen Romane studiert habe. Zweimal gleich beteuert er seinem Publikum Folgendes: »De Bertaensche jeesten hebbic ghesien« (die Britische Historie habe ich vor mir gehabt) und »Oec hebbic Artuers jeesten ghelesen« (auch habe ich Arthurs Heldentaten gelesen). Theoretisch ist es natürlich möglich, »ghelesen« als »gesammelt« aufzufassen, aber aus dem Kontext ergibt sich doch eher, dass der Kompilator hier die lesende Aufnahme eines schriftlichen Textes meint. Er behauptet also, einen festen Textkorpus im Kopf zu haben, den er je nach Situation um schriftliche Quellen ergänzen könne. Dabei ist es nicht undenkbar, dass er mit dieser Einleitung versucht, sein potentielles Publikum zu vergrößern: Den einen verspricht er die Attraktionen eines lebendigen Vortrags voller spontaner Überraschungen, den anderen jedoch, diese als gewissenhafter Autor strikt am Zügel seiner Gelehrsamkeit zu halten, die uns sagt, dass verlässliche Wahrheit letztlich nur auf schriftlichen Quellen beruhen kann.

Das ist ein riskantes Angebot. Ein seriöser Autor strebt im Allgemeinen eher danach, nicht mit improvisierenden Straßendichtern

---

* Omdat ic hebbe in mine memorie / Rime, favelen ende vraye ystorie, / De biblen, auctoren ende croniquen;

verwechselt zu werden. Darum verweist ein Brüsseler Vortragskünstler des vierzehnten Jahrhunderts in der Einleitung seiner Satire
auf das örtliche Handwerk auch sofort auf seine Textvorlage, die ein
Gelehrter (vielleicht er selbst) geschrieben habe. Dabei erwecken
seine Worte den Eindruck, dass er direkt aus dem bewussten Pergament vorliest:

Nun hört mir zu und strengt euch an:
Vernehmt, was schrieb ein g'lehrter Mann,
In Volkes Worten auf dies Pergament.*

Eine solche Versicherung beweist, dass etablierte Autoren und Publikum den frei drauflosfabulierenden Straßendichtern offensichtlich
einen gewissen Argwohn entgegenbrachten. Ein gutes Beispiel hierfür liefert Jan van Boendales Ausbruch gegen solchen Dichterab-
schaum Mitte des vierzehnten Jahrhunderts in seiner gereimten Anleitung über die erwünschten Eigenschaften und Verhaltensweisen
des wahren Autors. Implizit scheint er vor allem sich selbst anzu-
preisen, wenn er Auftraggeber und Konsumenten nachdrücklich vor
all den verlogenen Geschichten warnt. Dichten ist kein Spiel für Kinder – eine heilige Wahrheit, die er in seiner leidenschaftlichen Aus-
führung gleich zweimal betont. Und er ist nicht der Erste, der solche
schwer wiegenden Warnungen ausstößt. Schon Jacob van Maerlant,
Vater aller Autoren der niederländischen Volkssprache, hatte im dreizehnten Jahrhundert auf die Gefahr der vielen umherschweifenden
Pseudo-Dichter hingewiesen.

  Aus deren Dunstkreis, so schreibt Van Boendaele, stamme auch das
irgendwann einmal zu Papier gebrachte Ammenmärchen, dass Karl
der Große einmal heimlich sein Schloss verlassen habe, um zu stehlen – lächerlich. Auch erzähle man, dass dieser größte Christenfürst
aller Zeiten illegitim auf einem Karren gezeugt worden und so sein
Name (»Kar-el«) zustande gekommen sei – noch lächerlicher. Solcher
Unsinn könne wirklich nur auf dem Mist solcher Straßendichter ge-

---

* Nu hoert alle ende werct u werc / Wat geschreven heeft een clerc / In dietsche, op dit parchement.

wachsen sein, die sich aus Geld- und Sensationsgier die wahnwitzigsten Geschichten aus den Fingern saugten. Mit Nachdruck rückt Boendale ihre abgefeimten Lügen wieder zurecht, indem er auf schriftliche Autoritäten verweist, die all diesem Lug und Trug vom Hörensagen, den man vereinzelt sogar zu lesen bekomme, widersprächen:

Gott verkürze dem das Leben,
Der diese Lügen einst erdachte
Und zuerst in Umlauf brachte!*

Lügen gehören in den Bereich des mündlichen Austauschs – man »äußere« sie, aber man schreibe sie nicht (auch noch) auf. Danach lässt Boendale – beglaubigt von einem »Wi lesen 't dus« (So lesen wir es) – eine historische Darlegung des wahren Hergangs von Karls überaus ehelicher Zeugung und seines beeindruckenden Stammbaums folgen, wobei von dem behaupteten Paarungsverhalten auf einem Karren nirgends etwas zu finden sei.

Zum Schluss gibt Boendale noch ein weiteres Beispiel einer solch sinnlosen Fabel, eingeleitet mit »Si doen ons ooc verstaen«, was man ungefähr mit: »So machen sie [die Straßendichter] uns weis« übersetzen könnte. Diesen zufolge sei Kaiser Oktavian nämlich bei Löwen in einem Ort namens »Ten Zeven Tommen« (Zu den sieben Grabhügeln) geboren worden. Diese hirnverbrannte Äußerung leitet Boendale mit einer erneuten Anspielung auf das mündliche Erzählermilieu ein – »die wi horen noemen« (die wir sagen hören) –, worauf er mit einem »als ic las« (wie ich las) sofort den Gegenbeweis antritt. Er beendet seine Suada gegen das fahrende Kollegengeschmeiß mit einer nochmaligen Verfluchung und dem Wunsch, dass man ihnen das Dichten radikal verbieten solle.

Schon früher hatte sich auch der Autor einer »Tristan und Isolde«-Version in diesem Sinne geäußert, jedoch nicht in einer Programmschrift über die Aufgaben des Dichters, sondern mitten im Feuer des

---

* God die gheve hem onlanghe lijf, / Die dese loghene dachte / Ende eerst in plaetsen brachte!

epischen Vortrags. Dort beklagt er sich über die falsche Wendung, die einige Erzähler einem zentralen Punkt seiner Geschichte zu geben pflegen, und verweist damit auf eine mündliche Tradition desselben Stoffs. Von dieser jedoch möchte er sich in aller Schärfe distanzieren, weil jene Vortrags»künstler« nichts von der höfisch verfeinerten Liebe verstünden, die die Geschichte eigentlich erst ausmache:

> Doch wisst, ihr Ritter, dass diese Erzähler die Geschichte verändert und gefälscht haben. Sie haben diese Lüge erdacht, weil sie die wunderschöne Liebe nicht begreifen konnten, die Marc der Königin allzeit entgegenbrachte.

Es mag deutlich sein, dass unsere Texte L und B eher den Einfluss solcher verfluchter Dichter verraten als den der gelehrten volkssprachigen Autoren. Hinter beiden Texten ist noch eine lebendige Erzählkultur spürbar, die sich um schriftliterarische Traditionen nur wenig bis gar nicht kümmert.

5 Der Prosatext über Luilekkerland: Ein Stoff wird moralisiert

Höchstwahrscheinlich im Jahre 1546, spätestens aber im Jahre 1600 wird ein niederländischer Text über ein Schlaraffenland publiziert, der zu einer ganz anderen Tradition gehört: Es handelt sich um den Prosatext *Van 't Luye-lecker-landt* (im Folgenden nach seinem Aufbewahrungsort: Text G), Teil der populären, vielmals nachgedruckten Sammlung *Veelderhande geneuchlijcke dichten, tafelspelen ende refereynen* (Allerlei fröhliche Geschichten, Tafelbelustigungen und Refreine). Ein Exemplar des ersten Drucks von 1600 befindet sich heute in der Universitätsbibliothek Gent.

Von den meisten Texten dieser Sammlung steht fest, dass sie (viel) älter sind, von einigen sind sogar frühere, selbständige Drucke bekannt. Dass G erstmals im Jahre 1546 gedruckt (oder zumindest verfasst) sein muss, geht aus der Datierung in der Titelbeschreibung hervor:

> Und [das Schlaraffenland] wurde erst jetzt gefunden, im Jahre, da man schrieb tausend Zuckerkuchen, fünfhundert Eierfladen und sechsundvierzig gebratene Hühner, im Weinmonat, da die Pasteten gut schmeckten.

Eine solche Scherzdatierung ist natürlich vor allem im Jahre 1546 aktuell und witzig – warum hätte man diese Jahreszahl sonst wählen sollen? Übrigens steht dort nicht, dass der Text in jenem Jahr erschien, sondern »gefunden« wurde. Dies muss sich in erster

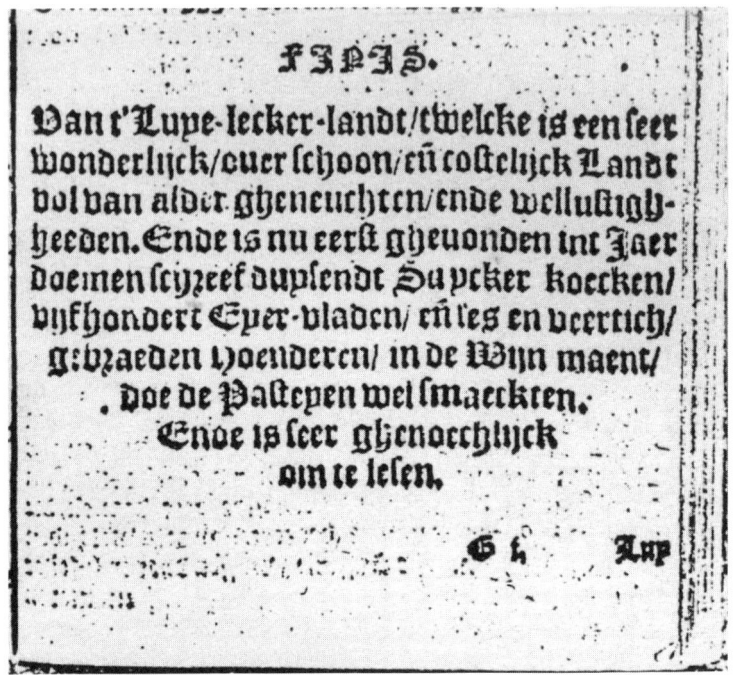

Titel des Prosatextes über Luilekkerland; in: *Veelderhande geneuchlijcke dichten* (Antwerpen, Jan van Ghelen, 1600), fol. G1 recto; Gent, Universitätsbibliothek.

Linie auf die Entdeckung jenes besonderen Landes beziehen. Daneben könnte der Terminus aber auch ironisch für die *inventio* der klassischen Rhetorik stehen: In dem Fall wäre der Text in jenem Jahr konzipiert worden. Und schließlich erinnert der Ausdruck an die so genannte Manuskriptfiktion, wonach man die Glaubwürdigkeit erhöht, indem man den Text als gefundenes Manuskript von jemand anderem ausgibt. Auch dies wirkt natürlich erst dann richtig lustig, wenn es sich dabei wie hier um die wahnwitzigsten Phantasien handelt. All diese Möglichkeiten spielen zweifellos eine Rolle, wobei sie ihre humoristische Krönung jedoch in einer Publikation in jenem Jahr fänden.

Ein weiteres Indiz für eine frühere, selbständige Auflage des Textes liegt in dem Abschluss der Titelbeschreibung mit den Worten:»Ende is seer ghenoechlijk om te lezen« (Und sehr vergnüglich ist's, davon zu lesen). Diese Formulierung ist eine häufig benutzte Empfehlung auf der Titelseite oder im Vorwort gedruckter Texte, um die Neugier potentieller Käufer oder Leser zu erregen. Als der Verleger verschiedene kleine Druckwerke und fliegende Blätter (Pamphlete) im Jahre 1600 zu dieser Anthologie zusammenstellte, ließ er die ursprünglichen Titelblätter intakt. Insgesamt tragen noch dreizehn der dort versammelten sechsundzwanzig Texte diese Empfehlung. Von dreien sind tatsächlich auch andere, frühere Drucke überliefert.

Die benutzte Scherzdatierung gehört in die Tradition der Lügenliteratur und Spotttexte im Allgemeinen, die als Parodien auf offizielle Verordnungen, Reglements, Predigten und Arztrezepte besonders im Karneval für Vergnügen sorgten. Vor allem die Verarbeitung von Speisen in der Jahreszahl weist in diese Richtung: Schließlich ist die Fastnacht vor allem ein fröhliches Schmaus- und Sauffest, um den Abschied des Winters zu feiern. Darum können in einer kleinen Repertoire-Handschrift für solche Gelegenheiten von 1517 die Lieder auch in einer Notenschrift stehen, die die Melodie mit Hilfe verschiedener Essenswaren wiedergibt. Und ein deutsches Fastnachtsspiel von 1511 enthält einen parodistischen Hirtenbrief mit der Datierung:»im Jahr, da man zählte tausend Eier, fünfhundert Bratwürste an einem alten Nussbaum und im elften Schwein den Bandwurm fand«. Übrigens werden in diesem Theatertext Fastnacht und Schlaraffenland direkt miteinander verbunden: Am Ende des Hirtenbriefes ist die Rede von einem Ort,»wo die Bauern auf den Bäumen wachsen«, eine Vorstellung, die auch in unserer (sowie in Hans Sachsens) Schlaraffenland-Version vorkommt.

In diesem gedruckten Text, Teil eines (Vor-)Lesebuches mit ähnlichen Schriften, kommt der Name Cocagne nicht mehr vor. Er handelt jetzt von »Luilekkerland« – Schlaraffenland –, ein Name, der anders als »Cocagne« bei einem niederländischsprachigen Publikum sofort bekannte Assoziationen hervorruft. Dieses Schlaraffenland wurde auf Papier geboren und in dieser Form unmittelbar vom Buchdruck verbreitet. Aus diesem von Anfang an schriftlich fixierten Text entstanden auch andere Versionen wie etwa Bilderbögen mit Reimtexten und Lieder. Dabei ist es gut möglich, dass diese teilweise wieder in ein mündliches Milieu zurückgelangten. Die beiden mittelniederländischen Texte haben bei dieser neuen Tournee des Cocagne-Materials jedenfalls keine nachweisbare Rolle mehr gespielt. Ausgangspunkt ist jetzt der gedruckte Prosatext über Luilekkerland und eventuell die dazu benutzte Vorlage des Nürnberger Dichters und Dramatikers Hans Sachs.

Weder am Charakter der Version G als (Vor-)Lesetext noch an ihrer Entstehung am Schreibtisch kann der geringste Zweifel bestehen. Der umfangreiche Titel – mehr ein Reklametext – gehört in die Tradition gedruckter Reiseliteratur und spannender Belletristik im Allgemeinen. Dabei wird schon im ersten Satz des eigentlichen Textes mit »unwahrhaftige Zeitung« (im Sinne von »Nachricht«) auf die »wahrhaftigen Berichte« oder »Neuenzeitungen« verwiesen, die gerade in den vierziger Jahren des sechzehnten Jahrhunderts als Vorläufer der späteren Tagespresse zum beliebten Objekt der sich darauf spezialisierenden Verleger avancierten. Sowohl diese kommerziell einträgliche Neuigkeitswut als auch die ebenso lukrative Berichterstattung über unbekannte Welten werden von unserem Luilekkerland-Text von Beginn an aufs Korn genommen. Vor allem die oft bizarren und wunderlichen Reportagen über ferne Länder – Dichtung und Wahrheit dabei nicht immer sehr gewissenhaft auseinander haltend – erzählten von ständig neuen, spektakulären Schlaraffenländern in Ost und West.

Der Text ist zudem – bis auf ein zweizeiliges Motto und einen achtzeiligen Endvers mit der angestrebten Moral – in Prosa geschrieben. Dabei dient diese nicht nur der einfacheren individuellen Lektüre, sondern vor allem dem – in diesem Zusammenhang ebenfalls humoristisch wirkenden – größeren Wahrheitsanspruch im Verhältnis zur Reimform. Die Prosa besteht aus langen, syntaktisch oft komplizierten Sätzen, sodass der Text sich wenig für mündliche Darbietungen eignet. Auf jeden Fall ist er dafür nicht konzipiert. Auch die Strukturierung mit Hilfe des viermal wiederholten »Item« gehört eindeutig in die geschriebene und gedruckte Tradition, wobei am Ende des Tex-

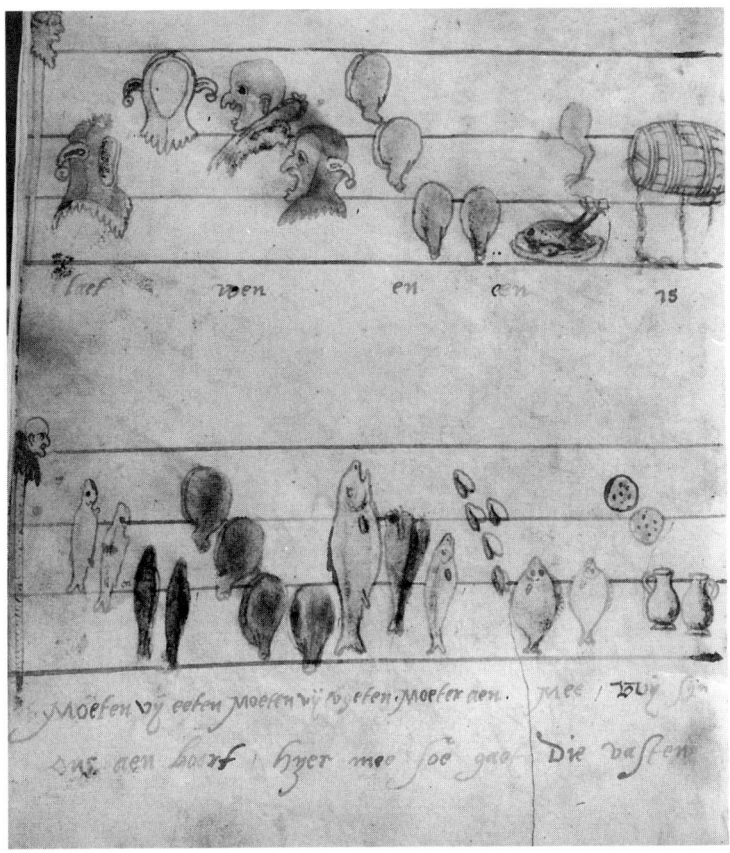

Fasten- und Fastnachtslied mit Noten in Form von Nahrungsmitteln in einer Repertoirehandschrift aus der Umgebung von Jutfaas; Den Haag, Museum Meermanno, hs. 10 C 26.

tes noch einmal ausdrücklich auf eine »oben aufgezeichnete [. . . Ver-haltens-]Weise« verwiesen wird. G ist, kurzum, ein Kind der Schrift-kultur, die sich nun des Buchdrucks bedient und hinfort nur noch auf das (Vor-)Lesen abzielt.

An seiner jetzt primär *moralisierenden* Absicht lässt der Text nicht den geringsten Zweifel: Gleich nach der Titelbeschreibung betont das gereimte Motto, dass das schlaraffische Grundverhalten von vorn bis hinten nichts taugt, und die ersten Zeilen singen in dieser Tonart sofort weiter. Man muss schon unbedingt in das Land hineingelangen wollen, denn davor haben die Götter ein gewaltiges Hindernis in Form eines Bergs Buchweizenbrei gesetzt, den man nur überwinden kann, indem man sich wacker hindurchisst. Doch dann stehen einem alle Herrlichkeiten zur Verfügung, insbesondere den Schelmen und all solchen, die jedem Anstand Lebewohl gesagt haben.

Der Vers am Ende bekräftigt nochmals diese didaktische Absicht, die sich besonders an junge Männer zu richten scheint. Die erfundene Geschichte (»ghedicht« kann sich auch auf Prosa beziehen) ist insbesondere für verwöhnte Kinder gedacht, die nichts wollen und die zu nichts taugen. Sollen die doch nach Schlaraffenland gehen! Mit dieser Botschaft wiederholt der Vers noch einmal, was schon am Schluss des Prosatextes gesagt wurde. Wahrscheinlich sind solche Reime, die auch anderswo im Buch vorkommen, meist als Fingerzeige des Herausgebers und/oder Verlegers gedacht, um ungeübte Leser über Bedeutung und Absicht der größtenteils ironischen Texte nicht im Unklaren zu lassen. Die Reime besitzen zudem eine strukturierende Funktion, indem sie den verschiedenen Texten einen formal gemeinsamen Abschluss geben. Der Prosatext selbst endet mit einer Warnung an die »verlorenen Kinder«, die übliche Bezeichnung für verdorbene Reiche-Leute-Sprösslinge nach dem Vorbild des verlorenen Sohns aus der Bibel. Anderenorts wurden sie damals aufgrund ihrer privilegierten Stellung auch gern »Weißbrotkinder« genannt.

Der niederländische Schlaraffenland-Text ist eine stark erweiterte Bearbeitung des Reimtextes *Das Schlaweraffenland* von Hans Sachs, der im Jahre 1530 geschrieben und im gleichen Jahr gedruckt wurde. Sachs wiederum stützte sich auf mindestens zwei ältere deutsche Texte des frühen sechzehnten Jahrhunderts. Beide Texte schöpfen aus dem allgemeinen Cocagne-Material und begründen damit eine eigene, nationale Tradition, wie das auch in Frankreich und den Niederlanden bereits geschehen war. Nichts weist jedoch darauf hin, dass der niederländische Bearbeiter irgendwelche anderen Quellen als den Text von Sachs benutzte. Seine Änderungen und vor allem Erweiterungen tragen im Allgemeinen den Charakter zeitgenössischer (Antwerpener) Aktualisierungen und anderer Assoziationen zu dem, was er in Hans Sachs' Text bereits vorfand.

Im Vergleich zur deutschen Vorlage ist G fast immer ausführlicher und detaillierter, und in einigen Fällen auch humorvoller. Letzteres äußert sich einmal sogar in Form eines Übersetzer-Scherzes, der nur dem eigenen Vergnügen dienen kann: In Anlehnung an die Rezepte der Lügenliteratur meldet Sachs, dass Schlaraffenland »drei Meilen hinter Weihnachten« liege; der Bearbeiter von G macht daraus »drei Meilen durch lange Nächte«, eine Nonsens-Übersetzung, die einem nur auffällt, wenn man das deutsche Original daneben legt. Welcher Leser aber würde das je tun?

Nur ein einziges Mal lässt G einige Details seiner Vorlage unbenutzt, und das muss bewusst geschehen sein: Das Schlafen auf weichen Polstern kommt in G nirgends vor, genauso wenig wie vor allem die beiden folgenden Zeilen, in denen Sachs die einzige Art Jagd beschreibt, die in Schlaraffenland betrieben werde, nämlich die nach Flöhen, Läusen, Ratten und Mäusen. Möglicherweise fand der Bearbeiter von G diese Beschäftigung für ein Traumland wenig passend, weil damit nahe gelegt wurde, dass dort Armut und Elend herrschten, verbunden mit Dreck und Gestank. Und vielleicht verschwand beim Streichen dieser beiden Zeilen die Zeile zuvor gleich mit.

Doch das ist alles – ansonsten lässt G keine Angabe aus Sachs' Text unbenutzt. Dabei werden die Teilmotive jedes Mal assoziierend erweitert, wie etwa die Nahrungsarchitektur um die »Gewürznäglein« (Nelken) und das ideale Klima um den Schnee aus Puderzucker, der auf die Backbirnen herabrieselt. Auch die anderen Klimaphantasien inklusive der herrlichen Gerüche finden bei Sachs keine Entsprechung. Der Reichtum an Speisen erhält eine prägnante Akzentuierung durch die Mitteilung, dass gebratene Hühner in so niedrigem Ansehen ständen, dass man sie einfach über den Zaun werfe. Schon sehr weit geht der Bearbeiter, wenn er sich durch die eierlegenden Pferde und süße Feigen verlierenden Esel (beide auch bei Sachs) zu Muskatnuss scheißenden Hunden und grüne Pfannkuchen ausscheidenden Kühen und Ochsen inspirieren lässt. Sehr subtil erfunden in G sind dagegen die fast steinlosen, zuckersüßen Kirschen, deren winziger Kern im Mund schmelze wie eine Zuckermandel.

Holzschnitt von Erhard Schoen auf einem Blatt von 1530 mit dem Schlaraffenlandtext von Hans Sachs; aus: Geisberg (1974), nr. 1193.

Höchst auffällig ist die beträchtliche Erweiterung, die G der schlaraffischen Geldwirtschaft angedeihen lässt. Schon im Sachs-Text wirkt dieses Thema ein wenig seltsam, denn warum sollte man in Schlaraffenland Geld verdienen oder es sich sogar leihen müssen – alles steht doch jedem gratis in Unmengen zur Verfügung? Angesichts des ständig wiederholten Grundgesetzes vom schlafend Geldverdienen ist dies ein Widerspruch, der bereits in den ältesten Cocagne-Versionen auftaucht. Doch selbst dieser gehört unmittelbar zu den literarischen Methoden der Verkehrte-Welt- und Lügenliteratur, sodass man ihn zweifellos als Humor auffasste.

Der Grund für dieses Weitertreiben der humoristischen Nonsens-Logik liegt offensichtlich in gewissen Intentionen, die den Traum von Cocagne (vorübergehend) verjagen können: Satire und Moralisierung gewinnen immer mehr die Oberhand, sobald das Cocagne-Material sich auf Papier einrichtet und dort fortzupflanzen beginnt. Dann kann es mitunter geschehen, dass das Urkonzept einer reichhaltigen Kompensation für die irdischen Plagen kaum noch zu erkennen ist. So lässt auch der Bearbeiter von G diesen alten cocagnischen Traum in einer Reihe von Themen aufgehen, die typisch für die Sorgen und Nöte der städtischen Gesellschaft des Spätmittelalters und der frühen Neuzeit sind. Hierbei handelt es sich besonders um die Leistungsethik, die immer entschiedenere Aufforderung zur Selbstkontrolle und das Streben nach sozial differenzierenden Verhaltensformen – feste Bestandteile einer Bürgermoral, die zur Entstehungszeit von G das Klima immer mehr beherrschte.

In Schlaraffenland sind all diese Ideale in umgekehrter Form verwirklicht: Geld ist dort einfach zu verdienen; für jede Stunde, die man schläft, erhält man einen »Stuiver« (Groschen). Das Geldverdienen im Schlaf gehörte schon zum Grundgesetz von Cocagne, doch wurde es dort nicht näher erläutert. In G nun werden auf dieses Einkommenssystem (ironisch verkehrt) die neuen Anstandsnormen der Elite aufgepfropft: Wer einen anständigen Furz lassen kann, bekommt schon mehr als fürs Schlafen, und wer dreimal rülpst oder einen Knallfurz lässt, kann einen ganzen Taler einstreichen.

Dann folgt – als Neuerung gegenüber den Cocagne-Texten (wohl von Sachs übernommen) – eine längere Passage über den Umgang mit Schuldnern und schlechten Zahlern: Wer sein Geld verspielt, erhält sofort das Doppelte zurück; hat jemand viele Schulden und kann sie nicht zurückzahlen, wird er in eine entlegene Gegend des Landes verbannt, wo er nichts anderes essen darf als gebratene Hühner und Weißbrot, die er gratis erhält. Nach einem Jahr darf er wieder zurückkehren, und man muss ihm seine Schulden erlassen. Will er sie jedoch partout zurückbezahlen, so gibt es an seinem Verbannungsort einige Bäume, an denen genug Geld wächst, um alle Schulden zu begleichen – worauf er wieder lustig von vorne anfangen kann.

So darf es nun aber im modernen Kreditwesen gerade *nicht* zugehen, ein Wirtschaftszweig, zu dessen neuem und weltweitem Zentrum sich die Handelsstadt Antwerpen damals gerade emporschwingen möchte. Schon diese Aktualisierung sagt viel über die neuen Intentionen des Textes und über die bürgerlichen Milieus, in denen er funktionieren soll. Diese Linie wird in der nächsten Passage unmittelbar fortgesetzt, einem Abschnitt, der sich bei Sachs auf eine einzige Mitteilung nach dem schon bekannten Modell der Entlohnung für Körpergeräusche beschränkte: Die Bezahlung fürs Saufen.

Tatsächlich hat der Bearbeiter von Sachs' Text hier eine Reihe neuer Details hinzugefügt, die Luilekkerland mit einer zusätzlichen lokalen und milieugebundenen Aktualität versehen: Auch das Trinken wird nach einem Tarif entlohnt, in dem exzessivste Saufleistung und höchste Bezahlung korrespondieren.

Dieser absurde Umkehrungshumor, zu dem Schlaraffenland systematisch einlädt, wird kurz darauf mit weiteren Belohnungen für Handlungen fortgeführt, die im wirklichen Leben als unerwünscht gelten: Für das Verhöhnen ehrbarer Leute erhält man zwei Schillinge, und jede Unwahrheit wird mit einem Grundtarif von einer Krone entlohnt und einem Zusatzbonus je nach Gerissenheit der Lüge. Kommt diese Art des Einkommens auch bei Sachs schon vor, scheint sich die folgende Ausweitung in G wieder mehr auf die Antwerpener Situation zu beziehen: Huren stehen in hohem Ansehen, »und je fauler und wollüstiger [sie sind]«, desto schönere Augen macht man ihnen. Dass sie anderswo teuer zu unterhalten sind, spielt in Luilekkerland keine Rolle, da ja alles gratis zu jedermanns Verfügung steht – und das gilt dann wohl auch für Personen. Das Hurenproblem der Metropole Antwerpen ist in der Literatur des sechzehnten Jahrhunderts ein ständig wiederholtes Thema, sodass G hiermit auf jeden Fall ein heißes Eisen anpackt.

Am Schluss trägt Text G noch einmal etwas dicker auf als seine Vorlage. Parallel zu Sachs' Text läuft die Bemerkung, dass verlorene Kinder, die allem Anstand Lebewohl gesagt hätten, sich doch ins Schlaraffenland scheren sollten. Dieser Aufforderung fügt G – ziemlich kryptisch – noch hinzu, dass ein solcher Taugenichts unterwegs dorthin gut aufpassen solle, nur ja nicht zu stehlen, da er sonst am Galgen kurz vor Luilekkerland ende. – Eine letzte Erinnerung an die harten Gesetze des alltäglichen Lebens? Jedenfalls knüpft diese Warnung direkt an die Aussage an, dass ein Mangel an »Ehre, Tugend, Ehrlichkeit und Höflichkeit nebst Wissen und Weisheit« einen nach Luilekkerland bringe, das somit als direkte Vorstufe zum Galgen betrachtet wird.

Im sechzehnten Jahrhundert ist Cocagne zu einer ironischen Lehranstalt bürgerlicher Verhaltensideale geworden und steht damit in einer literarischen Tradition, die bewusst dem Buchdruck verpflichtet ist. Doch bedeutet das keineswegs, dass der Humor aus den dargestellten Absurditäten verschwunden wäre. Viele tröstliche Kompensationen, die die Grundlage des Cocagne-Materials zu bilden scheinen, bleiben vorhanden, sosehr deren Kombination mit Lehre und Moralisierung auch zunehmend den Eindruck eines unnatürlichen Bündnisses erweckt. Ob es vor allem die Verschriftlichung des Materials war, die diese neuen Anwendungen ins Leben rief, ist nicht eindeutig auszumachen, doch obwohl solche Intentionen auch in mündlichen Versionen vorkommen konnten, zeigt sich deutlich, dass die schriftlich fixierten Texte diese zumindest klarer ausgesprochen sowie in der Regel ausgebaut und verstärkt haben. Was jedem Vortragskünstler freisteht, die Ausrichtung seines Textes auf einen praktischen Zweck nämlich, wird auf Papier schnell obligatorisch (wenn auch nicht immer: siehe L). Dabei ist offensichtlich, dass solche Moralisierungen im ursprünglichen Material der Volksüberlieferung nicht vorkommen.

In jener oralen Erzählkultur wurden lose Motive weitergegeben, doch auch fertig gereimte Versatzstücke, die im Gedächtnis vieler Menschen verankert lagen und auch vor Sprachgrenzen nicht Halt machten. So ist es nicht ausgeschlossen, dass ein mehr oder weniger vollständiges Cocagne – ohne die besprochenen Moralisierungen – schon jahrhundertelang durch Westeuropa geisterte und nach Belieben für mündliche Darbietungen oder vereinzelte schriftliche Fixierungen ausgebeutet wurde. Dies belegt auch die ständige Verwendung von Cocagne-Material in Sprichwörtern sowie in Texten, die ansonsten von etwas ganz anderem handeln. Der deutsche Lügentext *Das Wa[c]htelmaere* etwa, ein typisches Repertoirestück fahrender Geschichtenerzähler, bedient sich solcher frei verfügbarer Bausteine wie der mit Obstfladen gedeckten Häuser, der Zäune aus Würsten und gebraten herumlaufenden Gänse und Schwalben, die einem gegrillt in den Mund fliegen. Auch in anderen deutschen und französischen Unterhaltungstexten wird ein kollektiv-europäisches Gedächtnis cocagnischer Vorstellungen nach Herzenslust geplündert. In der niederländischen Literatur beschränkt sich deren Echo im engeren Sinne auf einige Nennungen der Hauptsegnungen unseres Traumlands, die genauso gut dem Text von 1546 entlehnt sein können, denn sie kommen erst in zwei Rederijker-Schwänken vom Ende des sechzehnten Jahrhunderts vor. Hans Sachs und der Bearbeiter von G sind von Anfang an am Schreibtisch tätig. Zweifellos kannten auch sie Bruchstücke des Cocagne-Materials, das sie bei Zusammenstellung und Ausstaffierung ihrer Schlaraffenländer gewiss (mit) beeinflusste. Doch die alten Formulierungen, die noch so unmittelbar in den altfranzösischen und mittelniederländischen Texten durchklingen, haben einem eigenen Schreib-, Übersetzungs- und Bearbeitungsstil Platz gemacht. Die Brücke zwischen dem mündlichen Material und der gedruckten niederländischen Version von 1546 bzw. 1600 liegt wohl in den beiden deutschen Texten vom Beginn des sechzehnten Jahrhunderts, die Sachs als Vorlage dienten. Nicht nur der niederländische Bearbeiter, sondern schon Hans Sachs arbeitete mit gedrucktem Material – und das bedeutete auf jeden Fall eine gewisse Didaktisierung. War ihnen sonst die Tinte das Papier nicht wert?

III Essen, um zu vergessen

1 Essgewohnheiten

Cocagne handelt zuallererst vom Essen, und in Schlaraffenland ist das nicht viel anders. Circa fünfunddreißig bis vierzig Prozent der Vers- und Prosazeilen der drei Texte werden von der Beschreibung spektakulärer Mengen beweglicher und nichtbeweglicher Nahrung eingenommen. Nur Text G besitzt daneben eindeutig ein zweites Hauptthema in Form der ebenso detaillierten wie ironischen Beschreibung extremer Grobheit, schlechter sportlicher Leistungen und unanständigen Verhaltens ganz allgemein sowie deren Folgen. Verstexte L und B lassen dieses Thema größtenteils unbehandelt, wodurch das Essen in diesen Versionen eine noch prominentere Stellung einzunehmen scheint. Andererseits erweitert G auch diese Nahrungsphantasien noch beträchtlich und erfindet immer neue und bizarrere Details.

Auch die französischen Cocagne-Texte drehen sich in erster Linie ums Essen. Nur das irische *Land of Cockaygne* weicht von diesem zentralen Attraktionspunkt einigermaßen ab und räumt der Nahrung einen viel geringeren Stellenwert ein – was wieder einmal darauf hinweist, dass diese eigensinnige Bearbeitung des Cocagne-Stoffs zuallererst in die schriftliche Tradition der Klostersatire gehört und darum bei jenen Motiven Abstriche macht, die wir vorläufig als Kompensationen für das karge Leben auf dem Land betrachten können. Doch davon später mehr.

Am auffallendsten in den niederländischen Texten sind jedenfalls die Bauwerke, Einfriedungen und Inneneinrichtungen aus Essenswaren: So bestehen in B die Zäune aus Würsten, Tür- und Fensterrahmen aus Lachsen und Stören und die Balkenkonstruktion aus Butterkuchen. Mobiliar und Haushaltsgegenstände entpuppen sich als Pasteten, Brezeln und Eierkuchen, während die Dächer mit Fladen gedeckt sind. Die Umfriedungen auf dem Feld sind aus Lampreten – einer Neunaugenart, aus Fischen also – geflochten, und selbst die Straßen sind gepflastert mit Gewürzen.

Weiterhin laufen überall essbare Tiere wie Hasen, Kaninchen, Hirsche und Wildschweine herum, die sich mit bloßer Hand fangen lassen, ja, mehr noch: Gänse, Kapaune und anderes Geflügel sowie Wild, Haustiere und Fische scheinen im Prinzip jederzeit bereit, sich selbst in die Pfanne oder den Kochtopf zu werfen. Die Tische sind ständig gedeckt, wobei es außerdem dreimal täglich Aale und Pasteten regnet. Ein Fluss führt ununterbrochen verschiedene Getränke heran, von denen man sich kostenlos und unbegrenzt bedienen darf.

Von diesem Muster weicht L nicht nennenswert ab. Text G benutzt dasselbe Prinzip, doch füllt er es teilweise anders aus und hat zudem mehr zu erzählen. Eine Besonderheit ist etwa der Berg Buchweizenbrei, durch den man sich zunächst hindurchessen muss, und im Land selbst die Nahrung, die fertig gekocht und gebraten an den Bäumen wächst, von Pasteten und Törtchen über Pfannkuchen bis hin zu Backbirnen und Weißbrot. Vögel, Fische und Schweine beschränken sich nicht auf die Selbstzubereitung, sondern bieten sich außerdem noch aufdringlich an, die Schweine sogar gleich mit Besteck im Rücken. So gibt es in G noch einige Besonderheiten mehr, doch das Prinzip ist deutlich: Überall ist Essen, alles ist Essen, es läuft einem hinterher und fällt außerdem noch vom Himmel.

Was dabei besonders auffällt, ist nicht nur die Menge, Vielfalt und Verarbeitung all der teilweise noch lebendigen Nahrung, vielmehr noch ist es die totale Besessenheit von allem, was mit Nahrung zusammenhängt, eine Besessenheit, die einem aus den betreffenden Zeilen sofort in den extremsten Phantasien entgegenspringt. Außer permanentem Überfluss herrscht zugleich eine Schwindel erregende Vielfalt an Feldfrüchten, Fleisch, Fisch und Geflügel, ohne dass dabei eine besondere Vorliebe für Luxusspeisen zu erkennen wäre. Und immer wieder wird betont, dass man wirklich nicht das Geringste zu tun brauche, um all die guten Dinge zu bekommen. Nicht nur scheinen

Einfache Mahlzeit aus Brei und Bier; Pieter Breughel, *Das Hochzeitsessen* (Detailausschnitt), von 1568; Wien, Kunsthist. Museum.

Landwirtschaft und Viehzucht überflüssig – alles wächst an den Bäumen oder fällt einfach vom Himmel –, die Nahrung bietet sich auch noch selbst in zubereiteter Form an. Selbst die Wohnungen und Inneneinrichtungen bestehen aus Essen, sodass die gesamte tastbare Welt sich für die Bewohner Cocagnes in eine einzige Fertigmahlzeit verwandelt.

Heute assoziieren wir Schlaraffenland vor allem mit teuren Delikatessen, sodass unwillkürlich der Eindruck entsteht, dass es sich bei der hier so spektakulär dargebotenen Nahrung vor allem um *Luxus-*speisen handelt, oder zumindest solche, die der normalen Bevölkerung gewöhnlich verschlossen waren. Gerade das jedoch ist eben die Frage. Nicht umsonst legen die Texte einen großen Nachdruck gerade auf die ständige Verfügbarkeit, Vielfalt und mühelose Erreichbarkeit der Nahrung. Dies erweckt den Eindruck, dass die Attraktionen Cocagnes für das breite Publikum weniger in der Art der Speisen als vielmehr in den beschriebenen Angebots- und Distributionsformen lagen.

In der Literatur und bildenden Kunst des späten Mittelalters und der frühen Neuzeit existiert eine gewisse Vorliebe dafür, Bauern ein (sehr) einfaches Nahrungsmuster anzudichten. Das ist nicht einmal prinzipiell negativ oder herabsetzend gemeint – auch wenn die Absicht bisweilen durchaus vorhanden ist –, sondern folgt vielmehr der allgemeinen Auffassung, dass Bauern der Natur am nächsten stünden oder zu stehen hätten. Ein Leben unter jenen Bedingungen bedeutete jedenfalls große Kargheit und eine fast gesetzmäßige Monotonie im Rhythmus der Jahreszeiten. Im Rahmen des sich verschärfenden Gegensatzes zwischen der Auffassung von der Natur als Urbild verlorener Unschuld und als Tummelplatz bestialischer Unvernunft kann die frugale Küche sowohl Ausdruck äußerster Reinheit als auch der allergröbsten Unzivilisiertheit sein. In beiden Fällen jedoch handelt es sich um einseitige Idealisierungen, die bestimmt nicht als unverfälschte Zeugnisse der realen Umstände betrachtet werden dürfen.

So reitet im so genannten *Kerelslied* vom Ende des vierzehnten Jahrhunderts der Kehrreim immer wieder darauf herum, wie sich der Bauer den ganzen Tag ununterbrochen mit Buttermilch, Brot und Käse voll stopft:

> Käsbruch, Molke, Brot und Käse,
> Das isst er 'n ganzen Tag.
> Darum ist der Kerl so nese:
> Er isst mehr als er's mag.*

Als weitere Speisen des Bauern nennt dieser scharfe Angriff gegen die Landbevölkerung außerdem noch Roggenbrot, Pfefferkuchen und zu Kirmes sogar Wein, die unterschiedslos und massenhaft in seinem großen Magen verschwinden. Dieses Porträt ist eine Karikatur des primitiv schlingenden Essverhaltens, dessen ein zivilisierter Bürger sich zu enthalten hat. Mindestens ebenso aggressiv ist ein anderer Reimtext (*Van den kaerlen*), der das tägliche, auch hier wieder

---

* Wronglen, wey, broot ende caes, / Dat heit hi al den dach / Daeromme es de kerel so daes: / Hi etes meer dan hij 's mach.

In der Mitte: der Gemüsebrei; Jan Breughel; *Besuch auf dem Bauernhof,* um 1600; Wien, Kunsthist. Museum.

unzivilisiert hinuntergeschlungene Menü der Landbewohner aus Buttermilchbrei, Eiern, Knoblauch und Bier bestehen lässt. Auch einige Refreine einer Sammlung aus dem Jahre 1524 erklären Wurzeln und Gemüse zur Standardnahrung der Bauern, mit nur ab und zu ein wenig Butter und Käse als Luxus.

Diese Vorstellung vom Speisezettel der Landbevölkerung beginnt ab Anfang der Neuzeit zu überwiegen, wie vor allem aus der Ständeliteratur hervorgeht, die für jede Gesellschaftsschicht das erwünschte oder zu vermeidende Speiseverhalten vorschreibt. Typisches Bauernessen habe aus Gemüse, Knollen, Knoblauch, Zwiebeln und Brot zu bestehen, kurz: primitive Kost für primitive Wesen. Die gleiche Vorstellung wird – nun unter positiven Vorzeichen – modellhaft in einem einflussreichen und weit verbreiteten Holzschnitt des so genannten Petrarca-Meisters von 1532 kodifiziert. Der Völlerei stellt er hier die Bedürfnislosigkeit in der Person eines armen Holzhackers gegenüber, der sich einen Brei von Steckrüben, Zwiebeln und Brot

Karge Nahrung eines Holzhackers; Holzschnitt des so genannten Petrarca-Meisters von 1532; aus: Scheidig, 204.

schmecken lässt. Nicht ohne ein gewisses Gefühl für Idylle gruppiert auch Pieter Breughel in *Die Kornernte* (um 1565) vespernde Bauern um einen Brei von Brot und Bier, während sein Sohn Jan in seinem *Besuch auf dem Bauernhof* den Brei zentral in einem riesigen Topf platziert, aus dem die Hofbewohner sich das Essen in ihre Näpfe schöpfen.

Diese nahrhafte und ballaststoffreiche Massenspeise inspiriert viele Fastnachtstexte zu einer ganz speziellen Art von Folklore: Spottvorhersagen – Parodien auf die jährlich neu erscheinenden Zukunftshoroskope – suhlen sich höchst stereotyp in einem gewissen Fäkalhumor, indem sie mitteilen, dass das Volk auch in diesem Winter wieder ausgiebig »die Kammer« (d. h. den Abort) bemalen oder »Pfeile gen Engeland« (lies: »Engel-Land« – den Himmel) schießen werde. Dies bezieht sich auf die flüssigen und windigen Magen-Darm-Reaktionen als Folge des eintönigen Speiseplans von Bohnen, Steckrüben und Zwiebeln.

Auch andere Texte des sechzehnten Jahrhunderts sprechen mit Vorliebe von diesem kalligraphischen Effekt der Volksverdauung, der die Betroffenen dann zugleich charakterisieren soll. So beschreibt

Anna Bijns nach dem Rezept der beliebten Winterfolklore in einem Refrain auf die Mottozeile »De Vriesen hebben Groeningen beleghen« (Die Friesen haben Groningen / Der Frost hat Grüningen belagert), wie Winter und Sommer einander bekämpfen. Zu besagtem Muster gehört übrigens auch das Spiel mit den Landesnamen, wie wir es bereits bei »Engeland« gesehen haben: Mit allerlei Waffen wie Brennholz, Torf und Dreifüßen versuchen die Einwohner von »Groeningen«, dem grünen Sommerland, der Besatzungsmacht der »Vriesen« zu widerstehen, doch werden sie dabei schwer von ihrer Verdauung geplagt, was offensichtlich bereits zur üblichen Winterfolklore gehört: »Daer werdt soe menich schoon camer bescreven, / Al en siet men 's niet in 't openbare« (Da wurd so manche Kammer schön beschrieben, / Auch scheut es wohl das Tageslicht).

Aus Darstellungen des Schlachtmonats (November) in Kalendern und Gezeitenbüchern jedoch wissen wir, dass auch andere – wenn auch dort wieder idealisierte – Nahrungsmuster auf dem Lande existierten. So können wir ideologisch weniger einseitigen Quellen entnehmen, dass Fleisch, Fisch, Wurst und Geflügel auf dem Speisezettel der Land- sowie der breiten Stadtbevölkerung keineswegs fehlten. Gilt für die Zeit zwischen ungefähr 1000 und 1300, dass viele Menschen sich damals in der Tat hauptsächlich mit Brot und Bier zufrieden geben mussten, so bricht im Laufe des vierzehnten Jahrhunderts doch allmählich das »Fleisch essende Europa« an, wie die italienische Historiker Montanari das einmal nannte: eine Situation, die bis weit ins sechzehnte Jahrhundert relativ unverändert andauern sollte.

Zu unseren Lieblingsvorstellungen vom Mittelalter gehört das Bild einer massenhaft hungernden Bevölkerung, die in einem fort über die Landstraßen irrt, vergebens an die Tore adliger Ausbeuter, fetter Äbte und mitleidloser Wucherer klopft und in dieser Form unsere etwas sentimentale und auf jeden Fall wohlfeile Solidarität erhält. Als Belege für diese Vorstellung dienen dabei – ideologisch allerdings stark gefärbte – Quellen des Mittelalters selbst, nicht selten direkt verfasst nach biblischen Modellen. Es ist auffällig, wie sehr das zwanzigste Jahrhundert – fieberhaft auf der Suche nach maximalen Kontrasten zur eigenen hoch geschätzten oder verabscheuten Wirklichkeit – diesem Pseudo-Realismus in Literatur und bildender Kunst

immer wieder auf den Leim geht. Das wirkliche Leben der Landbe-
völkerung jedoch lässt sich aus Texten wie dem *Kerelslied,* den
Schriften Anna Bijns' und den Gemälden Breughels höchstens auf
Umwegen ableiten – und das gilt auch für die Essgewohnheiten der
Massen.

So haben Untersuchungen ergeben, dass in den Niederlanden des
fünfzehnten Jahrhunderts – wie in ganz Westeuropa – außerhalb der
(vielen) fleischlosen Fastentage pro Kopf täglich fast ein Pfund
Fleisch auf den Tisch kam. Das ist einiges mehr als heute. Bei der
Aristokratie konnte diese Menge bisweilen sogar bis zu drei Pfund
am Tag betragen. Wurst und Fleisch in beachtlichen Mengen, vor allem von Schwein und Rind, waren für breite Schichten also ziemlich
normal. Nun sind solche »Durchschnittswerte« zwar immer mit
einiger Vorsicht zu genießen – vor allem, da die verfügbaren Daten
einen recht willkürlichen und amorphen Charakter tragen –, aber
dennoch machen sie deutlich, dass auch die breite Bevölkerung damals relativ regelmäßig Fleisch, Fisch und Geflügel zu sich nahm:
Selbst Aristokraten können täglich ja kaum einen Ochsen, einen Kapaun und einen Hecht allein verputzt haben.

Cocagne reagiert somit – wiederum in literarischer Form – auch auf
literarische Diskussionen und Vorstellungen von dem, was das Volk
aß, was es essen sollte oder was man ihm vorzuenthalten hatte. Diese
Antwort jedoch wäre wenig attraktiv, wenn jener Wohlstand tatsächlich zum normalen Alltag der Bevölkerung gehört hätte – und umgekehrt macht Cocagne nicht den Eindruck, in einem geschlossenen
Milieu saturierter Gelehrter zu funktionieren. Vielmehr scheint es
sich in der Tat auf lebendige Sorgen und Bedürfnisse breiter Kreise
zu beziehen. Der Schwerpunkt der Texte liegt daher vermutlich weniger auf einer humorvollen Korrektur künstlich konstruierter Bilder von den Essgewohnheiten des Volkes als auf dem Erzeugen eines
behaglichen Kontrasts durch die Darstellung ewiger Vielfalt und permanenten Überflusses. Somit geht es in Cocagne weniger darum, *was*
im Einzelnen auf den Tisch kommt, sondern darum, dass *ständig alles* und zudem in unvorstellbaren Mengen vorhanden ist.

Typischerweise fehlen im cocagnischen Speiseplan gerade jene Ge-

Darstellung reichhaltigen Fleischangebots im bürgerlichen Milieu; Pieter Aertsen; *Fleischerei* (1551); Uppsala, Universitätsmuseum.

richte, die normalerweise dem Adel zugeschrieben werden. Die adlige Nahrung par excellence, das Wild, wird in dem Traumland nur beiläufig erwähnt. Verglichen mit den gewaltigen Fress-Exerzitien geraten die herumhoppelnden Hasen und Kaninchen genauso wie die Hirsche und Wildschweine eher zu einer Randerscheinung. Wie es heißt, können sie mit der Hand gefangen werden – möglicherweise, um sie zu essen, doch das steht nicht dabei. Wahrscheinlich überwiegt hier eher das Bestreben, die Darstellung Cocagnes so weit wie möglich dem irdischen Paradies anzunähern. Doch auch damit ist ein potentieller Verzehr keinesfalls ausgeschlossen: Schließlich erhielt Adam mit der Namensgebung zugleich die Verfügungsgewalt über die Tiere, und es wurde ihre Bestimmung, vom Menschen gegessen zu werden – zumindest nach der Sintflut, als Gott den schwer geprüften Kindern Noahs aus Mitleid ein wenig Fleisch zugestand.

Noch auffälliger ist das Fehlen von Obst. In einem Traumland mit paradiesischen Ambitionen mag dies einigermaßen überraschen,

doch wie wir noch sehen werden, bezieht Cocagne seinen Humor gerade aus recht blasphemisch wirkenden Scherzen mit den bekannten
Motiven des Sündenfalls. Hierzu würde Obst eigentlich die ideale
Gelegenheit bieten. Offensichtlich jedoch gibt es etwas, das Früchte
in diesem Schlemmerparadies unerwünscht macht, und dies ist
wahrscheinlich in der damals üblichen Assoziation von Obst mit hö-
fischem Essverhalten zu suchen.

Adel, der beeindrucken wollte, schwelgte in Obst – wobei es ihm
übrigens mehr um dessen Präsentation als um das tatsächliche Verspeisen ging. Der *Roman de la Rose*, in Westeuropa *das* Lehrbuch für
richtiges höfisches Verhalten in Erotik und anderen Bereichen, nennt
einen ganzen Katalog von Früchten, die eine Frau dahinschmelzen
lassen: Äpfel, Birnen, Kirschen, Erdbeeren, Pflaumen, Quitten, Feigen, Esskastanien, Pfirsiche, Apfelsinen, Trauben, Mirabellen, Melo-
nen, Maulbeeren, Brombeeren und Himbeeren. Und so finden wir
diese denn auch auf den Tafeln all jener, die ihre Macht und ihren Status zugleich mit Speisen ausdrücken wollten. Als Gipfel kulinarischen Raffinements galt dabei die Kombination mit Wild, nicht so
sehr wegen des Geschmacks als vielmehr aufgrund der verlockenden
Möglichkeiten zu kunstvoller Präsentation und überraschenden
Farbkombinationen.

Besonders prächtig ging es bei den Banketten anlässlich der Hochzeit Herzog Karls des Kühnen mit Margaretha von York im Jahre
1468 in Brügge zu. Das Wort hat der berühmte Stadt-Rederijker
Anthonis de Roovere, der in der Festorganisation für die literarischen
Darbietungen im Rahmen des Hochzeitszuges verantwortlich war –
im Palast jedoch bekommt auch er Stielaugen, vielleicht umso mehr,
wenn er bedenkt, dass die Woche gerade erst angefangen hat und
noch viele Tage üppiger Gaumenfreuden folgen werden:

Bei dem Bankett wurden vierundzwanzig verschiedene Gerichte
Wild aufgetragen, alle köstlich garniert, dazu mindestens sechs-
unddreißig Nachspeisen in Form von Bäumen aus allerlei Frucht-
püree von Äpfeln, Birnen, Kirschen und anderem Obst. Bei jedem Gericht stand ein Zwergenpaar (ein Mann und eine Frau)
mit Körben, Kiepen, Tonnen, Wannen und Säcken, in denen sie

die verschiedensten Obstsorten darboten. Diese Früchte waren alle herrlich gezuckert und kandiert.

Während die beschriebenen Früchte als typisch adlige Nahrung in Cocagne also nicht vorkommen, fehlen Gewürze als Zutaten der allgemein-luxuriösen Küche keineswegs: Bekanntlich sind die Straßen dort ja mit Ingwer und Muskat gepflastert. In Schlaraffenland gibt es solche Straßen nicht, doch macht der Autor dort einen Wortwitz, indem er die Nägel in Türen und Fenstern aus »Gewürznäglein« (=Nelken) bestehen lässt. Ansonsten hinterlassen lediglich noch die Hunde duftende Haufen in Form von Muskatnüssen. Wenn Gewürze in Cocagne also auch keine herausragende Rolle spielen, so dürfen sie als allgemein *kostbare* (und nicht so sehr höfisch-adlige) Ingredienzen der verfeinerten Küche doch offensichtlich nicht fehlen. Daneben stellen sie eher einen Bezug zu den paradiesischen Bestrebungen Cocagnes her: Schließlich galten Gewürze als Produkte des Gartens Eden, die über die vier Paradiesströme den Nahen Osten und zuletzt Europa erreichten.

Schon Jacob van Maerlant bezeichnet Gewürze als spezifische Speisezutaten hoch gestellter weltlicher Personen, die von Klerikern und anderen Dienern des Wortes dagegen gemieden werden sollten: Weder »Gingebras no zeduware, / Musscaten noch gyngebare« sei ihnen angemessen, weder Ingwer, Rainfarn, Muskatnuss noch Galgantwurzel also. Und ein gewisser Egidius – ein vollkommen vereinzelt überlieferter Autorenname, der möglicherweise eher ein literarisches Genre als ein Individuum bezeichnet – beschreibt in einem warnenden Exempel, wie die Tafel eines angesehenen Mannes von seinen Gästen geplündert wird, solange er ihnen Gewürzlikör mit Ingwer und Muskat vorsetzt. Als er sich dies jedoch nicht mehr leisten kann, verschwinden all die guten Freunde auf Nimmerwiedersehen. Gewürze bilden ein Statussymbol erster Ordnung. In einem allegorischen Streitgespräch des sechzehnten Jahrhunderts zwischen Karneval und Fasten spielt der Fastnachtsfürst zuletzt Folgendes als höchsten Trumpf aus:»allen dinghen gekockt met spesien« (alle Gerichte, die mit Gewürzen zubereitet sind) – das exklusivste und reichste Essen, das man sich vorstellen kann.

Zweifellos färbt einiges von diesen Überlegungen, was wohlhabende Personen zu essen und zu meiden hatten und was sie tatsächlich aßen, auch auf Cocagne ab – auch deren Bedürfnisse werden in dem Traumland vollauf befriedigt, denn Cocagne bedient sich vor allem bei den festen Bestandteilen der *reichen* Tafel im Allgemeinen. In einem Refrein aus dem sechzehnten Jahrhundert labt sich eine Gruppe von Emporkömmlingen sowohl an exotischen Produkten wie Datteln, Mandeln und Muskatnuss als auch an mehr heimischen Luxuserzeugnissen wie Weißbrot, Schaffleisch, Gänsen, Hühnern, Hähnen, Kapaunen, jungen Tauben, Rebhühnern und Bekassinen – ebenfalls in diesem Text scheint der regionale Teil der Aufzählung sich eher durch Überfluss als durch Exklusivität auszuzeichnen.

Von Anfang an orientiert sich der Appetit Cocagnes weniger an den ausgefallenen Kunststückchen des sich höfisch gerierenden Adels als an der erträumten Tafel der Reichen. Die gleiche Speisenzuordnung findet sich im *Roman de la Rose*: Nicht spezifisch adliges, sondern einfach nur reiches Essen besteht auch hier aus Hecht, Lachs, Neunauge, Aal, Torte, Obst- und Gemüse-Fladen, Käse, rotgekochten Birnen, jungen Gänsen und Hennen, Zicklein, Kaninchen und Schweinelenden.

Soweit es die Art der cocagnischen Nahrung betrifft, sucht man diese also eher bei den Reichen und Wohlhabenden in unmittelbarer Umgebung der Land- und Stadtbevölkerung als beim Adel. Die Nahrungsträume Cocagnes werden regelmäßig an den vielen Fest- und Feiertagen verwirklicht, die außerhalb der mindestens ebenso zahlreichen, von oben vorgeschriebenen Fastentage den Kalender füllen. Die Attraktivität der cocagnischen Fressphantasie liegt denn auch weniger in der Art der gebotenen Speisen: Vielmehr liegt sie in der – bis ins Absurde gesteigerten – mühe- und kostenlosen Verfügbarkeit all der wandelnden und anderen Leckerbissen, den grotesken Nahrungsbauwerken, der permanenten Versorgung und bestimmt auch der enormen Vielfalt.

Vielleicht tun wir gut daran, den letztgenannten Aspekt noch einmal anhand eines Ausspruchs des Yperner Arztes und Volkserziehers Jan de Weert zu illustrieren. In seinem *Nieuwe Doctrinael* (Neuen Lehrbuch) aus der ersten Hälfte des vierzehnten Jahrhunderts formuliert er detaillierte Richtlinien für das Leben in der Stadt, das in Zeiten eines wachsenden Zustroms vom Land für viele neu war – daher der Titel seines Lehrwerks. Natürlich warnt er ausführlich vor der Todsünde der Völlerei, aus der alle anderen Sünden hervorgingen. Doch anders, als wir erwarten würden, meint er damit nicht so sehr das Verschlingen möglichst großer Mengen als vielmehr die dauernde Abwechslung einfacher und exklusiver Speisen und Getränke, die man unterschiedslos in sich hineinstopft bzw. -schüttet. Folgendermaßen umschreibt er die Kategorie »lekker« (lecker), wie sie bei Völlern Trumpf ist:

> Bald gesotten, bald gebraten,
> Bald Pasteten, bald Torten, bald Fladen,
> Bald Malvasier, bald Bier und bald Wein,
> Bald Ingwer, bald Feinspezerei'n.*

Ein heillos-vielfältiges Durcheinander – jetzt dies, dann wieder das. In Cocagne und im Schlaraffenland gab es das alles gleichzeitig, und zwar ununterbrochen.

---

* Nu ghesoden, nu ghebraden, / Nu pasteyden, nu tarten, nu vladen, / Nu maleviseye, nu Bier, nu wijn, / Nu ghingebaers of specie fijn.

2 Hunger und Entbehrung

Auf den ersten Blick scheint es nahe liegend, all diese manischen Phantasien rund ums Essen aus einem Bedürfnis nach Kompensation für begründete Ängste vor Hungerperioden zu erklären. Diese Kompensation hätte dann den Charakter der Flucht in eine Traumwelt, die den »anderen Ort« mit all dem ausstaffiert, was man im wirklichen Leben entbehren muss und dessen Ausbleiben man als direkte Lebensbedrohung erfährt. Solche Traumvorstellungen wirken zugleich als Ventil: Die Spannungen realer und befürchteter Nahrungsengpässe können sich in Bildern eines ebenso humorvoll wie bizarr komponierten Überflusses entladen.

Eben genannte Hypothesen gehen als Grundlage des Cocagne-Mythos zunächst von einer Agrargesellschaft aus, zu der sich später die der Stadt gesellte. Dort wird die tägliche Plackerei ums Essen jedoch noch schwerer und verleiht dem Standardgebet: »Unser tägliches Brot gib uns heute!« einen ganz neuen, schärferen Akzent. Hierin zeigt sich unmittelbar, welch positiven Kontrast Cocagne mit seiner absoluten – und auch noch belohnten – Abstinenz von jeder nahrungschaffenden Arbeit und der immer währenden Nahrungsvielfalt zu bieten hat: Das Vaterunser spricht schließlich nur von – nicht einmal mühelos zu bekommendem – Brot. Folgt man dieser Argumentation jedoch ausschließlich, bleibt von Cocagne kaum mehr übrig als ein schaler Seelentrost für die erlebten und weitererzählten Schrecken der mittelalterlichen Hungersnöte. Und bei diesen gehen wir fast selbstverständlich davon aus, dass jeder Mensch während seines ohnehin schon kurzen Lebens mehrere erdulden musste.

Dabei gibt es durchaus Fakten (vor allem Chroniken), die das Bild vom hungernden Mittelalter zu bestätigen scheinen. Doch wird für die neuere Forschung immer deutlicher, dass die tatsächliche Anzahl strukturbedingter Hungersnöte im Mittelalter eher gering war. Allerdings kam es immer wieder zu vorübergehenden Mangelperioden, die auch die Oberschicht treffen konnten: Bis weit ins Mittelalter hinein blieb die Nahrungsversorgung vor allem an das gebunden, was die unmittelbare Umgebung lieferte, und wenn die regionalen Erträge ausblieben oder deren Zufuhr stockte, gab es so schnell keine Alternativen. Hier kommt noch hinzu, dass die Ernte eines Stück Ackerlands damals kaum ein Viertel dessen betrug, was wir heute als Standard betrachten.

Während des Frühlings und Sommers wurde dieser Mangel sogar für geradezu normal gehalten. Die sechswöchige Fastenzeit folgte insoweit einer durchaus irdischen Regie, als sie gerade dann zu reinigender Ernüchterung anspornte oder auch zwang, wenn die Wintervorräte zur Neige gingen. Hätte es die Fastenzeit nicht gegeben, hätte man sie erfinden müssen. Vor allem im Frühsommer, kurz vor der neuen Ernte, war nicht nur Schmalhans Küchenmeister, sondern der Speisezettel wurde vor allem von einer gewissen Eintönigkeit beherrscht, die für viele zum Sommer einfach dazugehörte und sich in dieser Jahreszeit noch am leichtesten ertragen ließ.

Doch wie gesagt: Die Zahl derjenigen, die direkt oder indirekt an Hunger gestorben sind, beträgt nur einen Bruchteil dessen, was Chroniken uns glauben machen wollen und was moderne Vorstellungen vom Mittelalter suggerieren. Von Letzteren haben wir schon einmal kurz gesprochen. Doch auch Journalismus und Wissenschaft arbeiten (ungewollt, dürfen wir hoffen) an dieser spektakulären Kontrastbildung mit. Für Bewohner des modernen westlichen Wohlfahrtsstaats, der – zumindest für viele – von Ordnung, Ruhe und regelmäßigem Konsum gekennzeichnet ist, scheint es fast unvermeidlich, sich Gegenbilder in anderen Regionen und Zeiten zu suchen und damit zu konstruieren – sei es in der Dritten Welt oder jener entferntesten Geschichtsepoche, die sich mit der Gegenwart noch unmittelbar verbinden lässt: dem Mittelalter. Offenbar haben viele das Gefühl, das Heute besser zu verstehen, wenn sie annehmen, dass es sich auf den Ruinen des Gegenteils erhebt. Oder sind dies die zwingenden Gesetze der Dialektik? Jedes voll gefressene Konsumopfer hier beschwört einen Hunger leidenden Antipoden in der Dritten Welt von heute oder gestern herauf.

Darum bevölkert die moderne Mediävistik seit dem Zweiten Weltkrieg ihr Mittelalter vorzugsweise mit Leprakranken, Pestopfern, Landstreichern, Ketzern, Hexen und ganzen Horden am Straßenrand dahinsiechender Hungerleider. Dabei wird übrigens wenig gelogen, denn Dokumente, die solche Opfer und Verhaltensweisen – in immer wieder erschreckenden Zahlen – zu belegen scheinen, gibt es zuhauf. Außerdem wird unsere Phantasie noch zusätzlich durch die bisweilen täglichen Bilder vom Massenelend und -hunger in den Entwicklungsländern stimuliert. Sie drängen einem die Vorstellung vom hungernden Mittelalter geradezu auf, indem sie auf grausame Weise demonstrieren, was sich in der Wirklichkeit abspielt oder abspielen könnte.

Doch liegt das Problem nicht nur in der Auswahl dieser für das moderne Wohlbefinden so verlockenden Themen, sondern auch in der oft kritiklosen Übernahme bereits im Mittelalter einseitig gezeichneter Bilder, die eigentlich etwas ganz anderes beabsichtigen und repräsentieren. Vieles ist nur in stark ideologisierter Form überliefert, wenig als neutrales Faktum. Dies gilt insbesondere für Literatur und bildende Kunst, die die Wirklichkeit schon per definitionem als Konstrukt wiedergeben, dadurch jedoch vielleicht wesentlichere Einsichten in Ängste und Wünsche der Menschen verschaffen als so manches vermeintliche Dokument.

So schlimm nämlich war es mit dem Hunger im Mittelalter gar nicht. Wahrscheinlich sind die diesbezüglichen Erschütterungen in der heutigen Dritten Welt um einiges größer, häufiger und fordern vor allem viel mehr Todesopfer. Nun sind die Folgen von Hungersnöten im Mittelalter äußerst schwierig zu belegen. Fast immer kommen sie mit Naturkatastrophen wie Überschwemmungen und Pestepidemien einher, sodass die tatsächliche Todesursache vieler Opfer sich nur schwer feststellen lässt.

Hunger führt zu einer schlechten Allgemeinkondition, die den verschiedensten Epidemien den Weg bahnt. Gibt es für Hunger und Entbehrung auch noch so viele Ursachen, so scheinen diese doch erst dann zu einem Massensterben zu führen, wenn Krankheit und Naturkatastrophen hinzukommen. Die meisten Chroniken jener Zeit suggerieren etwas anderes: Sie zeichnen uns Bilder von Scharen ausgemergelter Hungerleider, die bis zum bitteren Ende das extremste Hungerverhalten an den Tag legen. Doch davon später.

Hunger und Entbehrung beginnen fast immer mit schlechten Witterungsumständen. Anhaltender Frost und Regenfälle, Überschwemmungen und Stürme machen die Ernte zunichte. Eine im Jahre 873 in Westeuropa gemeldete Heuschreckenplage scheint dagegen zu biblisch inspiriert, um den Bericht ohne weiteres für bare Münze zu nehmen. Doch zweifellos liegt dahinter eine höhere Wahrheit verborgen: Die Angabe einer derartigen Ursache für den Mangel macht deutlich, dass die verheerenden Naturerscheinungen von allen Bevölkerungsschichten als gerechte Strafe Gottes aufgefasst wurden, der seine soundsovielte Warnung ausstieß, bevor er den Laden der Schöpfung definitiv zumachen würde.

Zu all diesen natürlichen Ursachen des Mangels gesellen sich natürlich sofort allerlei Wucherpraktiken. Die wichtigsten Indikatoren für Mangel und drohenden Hunger sind stark schwankende Getreidepreise, die oft selbst schon auf Wucher hinweisen. Aus den Städten der Niederlande besitzen wir hierüber zahlreiche Berichte: Bäcker und Kornhändler müssen in Mangelperioden jedes Mal büßen, ohne dass dabei immer deutlich würde, inwieweit sie für die Situation wirklich verantwortlich sind. Jedenfalls führt die geringste Störung der Getreideversorgung zu banger Unruhe, weil damit ein Teufelskreis von Verdächtigungen und Spekulation in Gang kommt, der die Gemeinschaft auf lange Zeit durcheinander bringen kann. So verbreitet sich im Jahre 1532 in Brüssel das Gerücht, ein gewisser Jan Morre habe die Getreidepreise übermäßig in die Höhe getrieben: Man schlägt seine Wohnung in Trümmer, und zusammen mit anderen Kornhändlern wird er durch die Stadt geschleift.

Dies ist nur ein Fall unter Tausenden. Viel sagend ist ebenfalls die Behandlung dieses als fundamental betrachteten Übels in Predigten und Literatur: Sie zeigt ein kollektives Unbehagen auch beim wohl situierten Bürgertum, ein Unbehagen, das von Autoren wie Willem von Hildegaersberch zu Beginn des fünfzehnten und dem Haarlemer Rederijker Lauris Janszoon am Ende des sechzehnten Jahrhunderts noch geschürt wurde. Für den populären Bußprediger Dirk van Munster, der ganze Kathedralen und Marktplätze füllte, waren Wucherer, »die ene dieren tijt maken in 't coeren« (die Teuerung beim Korn verursachen), schlichtweg Übertreter des fünften Gebots: Du sollst nicht töten. Wellen der Empörung müssen durch seine Zuhörer gegangen sein, wenn er mit seinen Donnerpredigten all jene ins Zwielicht rückte, die – vom Bäcker bis zum Händler – vom Getreide lebten.

Doch wie gut all diese Literaten und Prediger es auch meinten (ihr aufrichtiges Engagement für das Volk ist unverkennbar): Mit ihren Predigten, einem Vortragstext wie *Van den corencopers* oder dem Schauspiel *Van 't coren* erzeugten sie eine ebenso heftige wie unbeherrschbare Angst bei bereits kleinsten Störungen der täglichen Nahrungsversorgung. Aus solchen kollektiven Ängsten wächst nicht nur das Bedürfnis nach Rache, sondern auch nach Entladungen, Fluchtwegen und Träumen. Diese Ängste wuchsen bei Kriegsdrohung oder tatsächlichen Kampfhandlungen ins Unermessliche, sowohl wegen der akuten Plünderungen in der eigenen Umgebung als auch aufgrund der feindlichen Blockade wichtiger Versorgungswege zu Lande und zur See. Doch geht es auch hier wieder vor allem um die ständige Bedrohung.

Ständig gibt es im späten Mittelalter und der frühen Neuzeit irgendwo Krieg – und damit Angst vor Hunger und Entbehrung, die durchaus spektakulär zuschlagen konnten, doch lokal stets eng begrenzt und meist von kurzer Dauer waren. Krieg führen bedeutet zu jener Zeit eher eine Reihe lautstarker, kurz andauernder Scharmützel. Darum sind deren Folgen für die Nahrungsversorgung in der Praxis auch sehr gering und immer auf eine Region beschränkt. Das Volk jedoch assoziierte weiterhin jeden Krieg und vor allem drohende Belagerung und Besatzung mit schrecklichen Hungersnöten, wie es sie immer wieder in Chroniken, »wahrhaftigen Berichten« und anderen Realienwerken beschrieben fand.

So lässt sich beträchtlich mehr über *Angst* vor Hungersnöten berichten als über tatsächliche Fälle, die diese Bezeichnung verdienen.

Selbst in der berüchtigten Mangelperiode von 1000 bis 1300, als breite Bevölkerungsschichten das ganze Jahr über kaum mehr als Brot zu essen hatten, lassen sich im Grunde nur drei echte Hungersnöte nachweisen – »echt« in dem Sinne, dass in einer größeren Region ein beträchtlicher Teil der Bevölkerung nachweisbar an Unterernährung gestorben wäre. Danach bricht im vierzehnten Jahrhundert die Periode des Fleisch essenden Europa an, unter anderem dank verbesserter Landbaumethoden, zunehmender Verstädterung und vor allem des sich explosiv entwickelnden Handels. Doch diese Ära relativen Wohlstands wurde in den Jahren 1315 bis 1317 in Westeuropa von einer Hungersnot eingeläutet, die sich als die schrecklichste Katastrophe des gesamten Mittelalters erweisen sollte.

Nach Meinung einiger Historiker ist dies die einzige Hungersnot, die je wirklich in ganz Europa zuschlug. Als wohl bedeutendste Ursache wird hierbei immer – auch von Zeitgenossen – das anhaltend schlechte Wetter der vorangegangenen Jahre genannt. Dies verheerte nicht nur die Ernten, sondern machte auch die Aussaat schwierig bis unmöglich. Doch kamen solche Witterungsverhältnisse durchaus öfter vor, ohne dass es jedes Mal zu solch gewaltigen Katastrophen gekommen wäre. Es muss also ein ebenso unerwartetes wie fatales Zusammentreffen von Umständen gewesen sein. Hierbei lässt sich vor allem an die zu schnell gewachsene Ökonomie denken, die zu einem beinah unaufhaltsamen Wachstum ansetzte, doch über noch keinerlei Auffangmechanismen für Rezessionen verfügte und wahrscheinlich noch weniger für die Folgen von Naturkatastrophen. Diese trafen nun in den schnell gewachsenen Städten erstmals auf eine dicht gedrängt wohnende Bevölkerung, während man sonst daran gewöhnt gewesen war, dass solche Risiken sich relativ problemlos auf eine weit verstreut lebende Landbevölkerung verteilten und somit aufgefangen wurden.

Es muss schrecklich gewesen sein. Die Berichte stammen von vielen Seiten und schlagen verschiedene Tonarten an, die zu einem einzigen lang gezogenen Jammerschrei verschmelzen. Nur auf diese Weise kann auch der Antwerpener Jan van Boendale (ca. 1279–1351) über die Katastrophe schreiben. Er muss sie mit eigenen Augen erlebt haben: »Denn das Geseufz und das Geschrei / Das man von den

Armen hörte, / Hätt' selbst noch einen Stein erweicht«*, notiert er noch Jahre später bewegt in seinem monumentalen Werk über die nationale Vergangenheit, den *Brabantsche Yeesten* (Brabanter Heldentaten). Das Wehgeschrei hat er selbst gehört, wie er auch die Folgen des Hungers aus eigenem Erleben beschreibt: Mindestens ein Drittel der Bevölkerung sei gestorben. Doch im Mittelalter springt man anders mit Zahlen und Prozenten um, als wir es gewöhnt sind – er meint auf jeden Fall: viele, unermesslich viele, mehr, als ein Mensch je an Toten gesehen haben konnte.

Dennoch beeindruckte die folgende Geschichte die Zeitgenossen sicherlich noch mehr: Die Not war nämlich so groß, dass selbst der König von Frankreich, Ludwig X., während eines viertägigen Aufenthalts in der Abtei Saint-Martin in Doornik mangels Vorräten Hunger leiden musste. Das war unerhört – ein regierender Fürst und oberster Lehnsherr, dem man nicht einmal die Speisen bieten konnte, auf die er ein königliches Recht hatte.

Auch diese Katastrophe, die so viele Menschen erlebt hatten, schürte die täglichen und oft alles beherrschenden Ängste vor einem Ausbleiben der Nahrung – Ängste, die noch verstärkt wurden, da sich nun so deutlich herausgestellt hatte, dass die Städte in diesem wesentlichen Punkt ein äußerst unsicherer Aufenthaltsort waren. Doch es gab keinen Weg zurück, sodass man einerseits fieberhaft an einer besseren Nahrungsversorgung arbeitete und sich andererseits spirituelle Fluchtwege ausdachte, um diesen Ängsten zu entkommen. Ununterbrochen scheint man sich seitdem mit der Ernährungslage zu beschäftigen, wobei man auf jede mögliche Störung äußerst nervös reagiert. Wir sahen bereits, wie hieraus bei jeder Meldung steigender Getreidepreise ein Teufelskreis panischer Reaktionen entstehen konnte. Auch diese zeugen von einer notorischen Angst vor dem Nahrungsmangel, die sich selbst immer wieder bestätigte und schürte. Die Tausende von Toten in den Straßen und Massengräbern von Brügge und Ypern im Jahre 1316 waren ein so einschneidendes Ereignis, dass sie sich tief ins kollektive Gedächtnis eingruben. Sehr

* Want dat ghecarm ende dat gheween / Dat men hoerde van den armen, Mochte enen steene ontfermen.

genau beobachteten die Menschen seither, wie weit die Weiden ab-
gegrast wurden und ob der Boden durch zu intensive Nutzung nicht
auslaugte. Missbrauch von Ackerland wurde seitdem streng bestraft,
während man gleichzeitig das regionale Bevölkerungswachstum auf-
merksam im Auge behielt.

Diese Ängste sollten in den kommenden Jahren und Jahrzehnten
nur noch zunehmen. Die schreckliche Hungersnot von 1315 zeigte
noch lange ihre Nachwirkungen in Form einer allgemeinen
Schwächung der Bevölkerung, die den verheerenden Pestepidemien
in der Mitte des Jahrhunderts den Weg ebnete. Auch danach sollten
die Bodenerträge, die sich bis zum Ende des Spätmittelalters verdrei-
fachende Bevölkerung und der Übergang zur Marktökonomie ein
äußerst labiles Gleichgewicht bilden, das denn auch ständig gestört
wurde. Die permanente Angst vor Nahrungsengpässen wurde dabei
allerdings mehr aus dem kollektiven Gedächtnis als von der alltäglichen Realität genährt. Gerade darum jedoch war sie so schwer zu
greifen.

Doch auch lokale Unterbrechungen der Nahrungsversorgung
schienen die schrecklichen Erinnerungen jedes Mal aufs Neue heraufzubeschwören. Tatsächlich konnte man mehr als einmal pro Ge-
neration erleben, was eine Hungerperiode selbst in wohlhabenden
Familien anrichten konnte: Aller Besitz musste verkauft werden, und
wenn auch der verbraucht war, blieb einem nur noch der Bettelstab,
den man am besten als Landstreicher an weniger gebeutelten Orten
schwingen konnte. Das ging jedoch nicht im Familienverband, weil
nun jeder auf sich allein gestellt war und man so die besten Chancen
hatte. Andauernder Hunger konnte also auch die Trennung von Familie und Freunden bedeuten. Gleichzeitig erzählte man wahre Hor-
rorgeschichten über das notgedrungene Aufessen ekligster menschlicher und tierischer Reste. Als Beweis hierfür galten vor allem die
Beichtspiegel, die schon seit Beginn des Mittelalters nach Sünden wie
dem Verzehr von Mäusen, Insekten und sogar halb verwestem Menschenfleisch fragten. Es *musste* also stimmen. Und dann fürchtete
man, in aller Einsamkeit sterben zu müssen und als Beute der Aas-
tiere unbegraben liegen zu bleiben. Die Angst hiervor war ungemein
groß, nicht zuletzt deshalb, weil man glaubte, in jenem Zustand am

Jüngsten Tag nicht mehr an der Auferstehung des Fleisches teilhaben zu können.

In der Praxis starb man also gar nicht so schnell vor Hunger, doch der Preis für diese Minimalsicherheit war sehr hoch und bestand vor allem in der andauernden Angst, ihm irgendwann doch einmal zum Opfer zu fallen. Jeder kannte Geschichten von Menschen aus seiner Umgebung, die den Bettelstab hatten nehmen müssen. So beschreibt der Brügger Romboudt de Doppere noch im Jahre 1492 in seinem Tagebuch, wie während einer Hungerperiode ganze Familien auf die Landstraße gezwungen wurden. Sie wählten, auf den ersten Blick sehr vernünftig, die Straßen zu bekannten Pilgerorten wie Santiago de Compostela oder Rom – dort waren die Aussichten auf Almosen schließlich am größten. Nur hatten viele andere das eben auch gedacht.

Wie wir bereits oben sahen, kam zu dieser eher praktischen Furcht noch die Angst vor einem offenbar wieder einmal erzürnten Gott, der mit Entbehrungen drohte, die vielleicht die Vorboten einer echten Hungersnot waren. Jeder wusste, dass die Geißel des Hungers zu seinen Lieblingswaffen zählte, um die pervertierten Geschöpfe an ihre ursprünglichen Verpflichtungen zu erinnern. Sah man das nicht an zahlreichen Beispielen in der Bibel? Nach Meinung vieler war Hunger einfach die Hauptstrafe für den Sündenfall. Gelehrte und Chronisten werden nicht müde, ihn immer wieder als krönenden Abschluss einer Reihe vorangegangener Warnungen von oben zu beschreiben.

So etwa Galbert van Brugge in seinem Bericht über die Hungersnot von 1124–1125: Zuerst habe Gott mit Zeichen wie zum Beispiel einer Sonnenfinsternis zur Buße aufgerufen. Als das nichts nutzte, folgte der Mangel, den er langsam zu einer echten Katastrophe anschwellen ließ, da die Menschheit nicht von ihren sündigen Pfaden umkehrte. Und als sie sich zuletzt immer noch nicht besserte, habe er sie mit massenhaftem Tod bestraft. Nach diesem Muster werden im Mittelalter die meisten Mangelperioden besprochen, oft unter zornigem Hinweis auf die entsprechenden Bibelstellen, die all das schon prophezeit hätten. Vor allem die Evangelien beschrieben Hungersnöte immer wieder als Vorboten der unmittelbar bevorstehenden Endzeit.

3 Topoi des Hungers

All diese materiellen und geistigen Faktoren, die die Erfahrungen mit realem oder drohendem Nahrungsmangel sowie deren ideologische Verarbeitung begleiteten, schürten eine gewaltige Angst vor dem Hunger, die das tägliche Leben unzähliger Menschen beherrschte. Cocagne und Schlaraffenland sind zuallererst vor diesem Hintergrund zu verstehen: Es wirkt einfach befreiend, sich eine Welt vorzustellen oder vorspiegeln zu lassen, in der solche Sorgen ein für alle Mal überflüssig sind. Dass größere Hungersnöte in der Praxis eher selten waren, spielt in diesem Zusammenhang keine Rolle. Der genannte Bericht des Galbert van Brugge liefert dafür ein gutes Beispiel: Seiner Aussage zufolge wurde das Chaos in den Jahren 1124–1125 weniger durch den Hunger verursacht als in erster Linie durch die enorme Angst der Menschen vor Gottes Zorn und der befürchteten wirtschaftlichen Zerrüttung.

Schon der geringste Mangel konnte unabsehbare Katastrophen ankündigen: Furcht einflößende Beispiele hierfür gab es im kollektiven Gedächtnis zuhauf und wurden – zum Teil bis in die Neuzeit hinein – in immer neuen Gruselgeschichten zum Besten gegeben, um nur ja niemals zu vergessen, was ohnehin schon jeder wusste. Dies allgemeine Wissen wiederum spornte die Geschichtenerzähler dazu an, ständig neue und schrecklichere Details zu enthüllen.

Die immer gleichen Beschreibungen der Chroniken heizten diese ebenso materielle wie metaphysische Angst nicht nur an, sie brachten sie geradezu erst hervor und hielten sie am Leben. Literatur und Erinnerung lösten sich von den realen Erfahrungen mit Gottes Zorn

Eroberung Jerusalems im Jahre 70 n. Chr.; im mittleren Vordergrund: Mutter, die ihr eigenes Kind verschlingt; Genter Tafelbild, Ende 15. Jahrh.; Gent, Museum voor Schoone Kunsten.

und Allmacht und wirkten selbst wieder auf die Wahrnehmung kommender Situationen zurück. Und nichts wies darauf hin, dass der Mensch sein Leben besserte, sodass für die Zukunft wohl weitere schreckliche Hungersnöte zu erwarten waren.

Vielleicht die wichtigste Quelle der mittelalterlichen Hungertopik bildete *De Bello Judaico*, der ergreifende Augenzeugenbericht des Flavius Josephus über die Verwüstung Jerusalems durch die Römer im Jahre 70 nach Christus. Dabei gab es durchaus noch andere – vor allem biblische – Modelle, wie etwa eine Prophezeiung im Buch Jeremia, die dem Chronisten John von Trokelowe bei seiner Beschreibung der Katastrophe von 1315–1316 in England als Vorbild diente. Doch kein Bericht war so ausführlich, detailliert und schrecklich wie der des Josephus: Die endlose Belagerung bringt die Juden vor Hunger zu blindwütiger Raserei.

Die Popularität dieses Horrorszenarios von anno 70 scheint grenzenlos: In allen denkbaren Sprachen und Formen, von Predigt bis Historienlied, von Reimtext bis Beichtspiegel findet der Bericht bis weit in die Neuzeit hinein Verbreitung und schockiert Intellektuelle und Bauern, Frauen und Priester. Noch auf Wandteppichen des fünfzehnten und sechzehnten Jahrhunderts gehören Darstellungen jener Schrecken zu den beliebtesten Themen, und auch im Bewusstsein von Jerusalempilgern bleibt die Katastrophe präsent: Als der Delfter Barbier Arent Willemszoon im Jahre 1525 nach einer äußerst aufregenden Reise endlich das heilige Jerusalem vor sich liegen sieht, denkt er zuerst an Jesus Christus, der all das auch so gesehen haben müsse, und sofort danach an die Gräuel des Jahres 70: an die Familienmitglieder, die einander das Brot stahlen, Männer, die ihre Frauen verspeisten, und Mütter, die ihre Kinder brieten und aufaßen.

Die mittelniederländische Literatur zeigt zwei große Traditionen, in denen diese Geschichten weitererzählt, gespielt und gesungen wurden. Die erste beruht auf Übersetzungen und Bearbeitungen des flavianischen Kriegsberichts, deren Höhepunkt zweifellos Jacob van Maerlants *Wrake van Jerusalem* (Die Rache an Jerusalem) darstellt. (Dieser Text wurde auch selbst wieder bearbeitet, etwa in der Prosafassung, die der Verleger und Drucker Gheraert Leeu im Jahre 1482 in Gouda auf den Markt brachte.) Die andere Tradition beruht auf viel nebulöseren Quellen in Gestalt zahlloser apokrypher Werke der ersten frühchristlichen Jahrhunderte, die eine Vielzahl von Volksreimen, Balladen, Historienliedern und Prosatexten nach sich zogen. All dies macht deutlich, wie tief jene Katastrophe damals in der Vorstellungswelt breitester Bevölkerungsschichten verankert war, und zwar als das, was Maerlant schlicht die unerhörteste Hungersnot aller Zeiten nennt.

Die festen Motive, die auch in Chroniken und anderen Übersichtswerken immer wieder genannt werden, sind folgende: Zuerst gehen die Menschen in der belagerten Stadt dazu über, Blätter, Gräser und sogar das Moos an den Wänden zu essen. Junge Männer beißen ins Leder ihrer Schilde und Schuhe. Danach beginnt man, Brot voneinander zu stehlen, worauf Mord und Totschlag folgen, selbst innerhalb der eigenen Familie. Alles wird sofort roh verschlungen, aus Angst, andernfalls beraubt zu werden – doch ermordet man bald auch Menschen, die gerade etwas gegessen haben: Sie werden aufgeschnitten und man würgt deren halbverdautes Essen herunter. Auch macht man sich über Erbrochenes her, und selbst menschliche Ausscheidungen bleiben nicht mehr liegen. Und das Schlimmste von allem: die Mutter, die ihr eigenes Kind schlachtet, die eine Hälfte am Spieß brät und verschlingt und danach die andere Hälfte für später einpökelt.

All diese Details wurden Tausende Male erzählt und zigmal aufgezeichnet, in allen Tonarten, die man anzuschlagen wagte. Dadurch wurden sie zu Flaggschiffen einer jeden gelungenen Hungerbeschreibung, die das Publikum erschüttern sollte. Und die Meistererzähler trachteten einander zu übertreffen, indem sie die (vermeintliche) Aktualität ihrer Reportage mit Parallelschaltungen zu den größten von Gott inszenierten Hungerkatastrophen noch erhöhten. Ein gutes Beispiel hierfür ist die kannibalische Mutter: Dieses Detail bleibt wirklich nirgends unerwähnt, wo vom Jerusalem des Jahres 70 die Rede ist, doch wird es auch zu einem beliebten Motiv, um das Grauen anderer Hungersnöte deutlich zu machen. »Mutter schlachtet Säugling!« – schlimmer geht's nicht.

Das Grundmotiv dieser Geschichte findet sich in der Bibel (2 Kö-

Hungersnot im Jahre 70 n. Chr.; Mutter, die ihr Kind verschlingt; Wandteppich aus Doornik, ca. 1465–1475 (Detailausschnitt); Tournai, Musée de la Tapisserie.

nige, 6: 24–30), doch wurde es erst durch die Welle der Josephus-Adaptionen des Mittelalters zum Leben erweckt. Seitdem ist es aus Schilderungen von Hungersnöten nicht mehr wegzudenken und kommt daneben leicht variiert auch in Sagen und Legenden vor, in denen hungernde Mütter und Väter ihre Kinder schlachten und aufessen. Doch sind es gerade wieder die Mütter, die herhalten müssen, als die Hexenjäger Kramer und Sprenger ihr Inquisitionslehrbuch von 1487 – den *Hexenhammer* – mit besonders abschreckenden Beispielen teuflischer Praktiken ausschmücken wollen: Sie berichten nämlich von Frauen aus der Grafschaft Lausanne, die ihre Kinder zuerst gekocht und danach verspeist hätten. Beide Motivtraditionen – die biblisch-flavianische und die der kannibalischen Hexenmütter – waren zunächst wahrscheinlich nicht miteinander verbunden, stützten sich im Mittelalter in ihren Aussagen jedoch gegenseitig.

Sich auf seinen Gewährsmann und Autor der Vorlage Vinzenz von Beauvais berufend, nennt Jacob van Maerlant Ende des dreizehnten Jahrhunderts in seiner Weltgeschichte *Spiegel Historiael* zwei weitere (mögliche) Fälle von Hungerkannibalismus: So ist in Rom im Jahre 542 die Not so groß, dass Mütter sich kaum davon abhalten können, ihre Kinder zu verspeisen, und »in 't Duutsche lant« gibt es während einer Hungerperiode im Jahre 851 einen Vater, der (beinahe) sein eigenes Kind auffrisst. Ist es charakteristisch für den diskreten Van Maerlant, dass er in beiden Fällen nur von Vorhaben spricht? Auf jeden Fall erweckt er den Eindruck, dass beide Pläne nicht ausgeführt wurden.

Andere Geschichtswerke sind weniger zurückhaltend. Während der Hungersnot von 1315 bis 1317 (in einigen Gegenden sogar noch einige Jahre länger) wird immer wieder gemeldet, dass Eltern ihre Kinder aufgegessen hätten, ob es sich dabei nun um Irland, Polen, Schlesien, Nordost- oder Westeuropa handelt. Manchmal werden dabei Details hinzugefügt, die weniger der Wahrheit als vielmehr der Stimmungsmache zu dienen scheinen: So wird während der Mangelperiode von 1437 bis 1440 in Frankreich angeblich eine Frau festgenommen, die kleine Kinder (ihre eigenen?) geschlachtet, eingepökelt und danach auf dem Markt von Abbeville verkauft habe. Man verbrennt sie lebend an Ort und Stelle.

Vor allem das panische Hungerverhalten bei Belagerungen wird gern in Termini von Flavius' Vorlage beschrieben, besonders, wenn es sich bei den Eingeschlossenen um so verwerfliche Wesen wie die jüdischen Christusmörder handelt. Noch im Jahre 1535 ist das Modell – diesmal für christliche Ketzer – zur Hand, als die Christenheit dem Reich der Wiedertäufer in Münster ein Ende bereitet: Ab Anfang Januar wird die Stadt belagert, ab April ist der Hunger innerhalb der Mauern unerträglich geworden. Wie einst in Jerusalem beginnt man Gras und Moos zu essen und den Kalk von den Wänden zu kratzen; auch Hunde, Katzen, Mäuse und Frösche verschwinden in hungrigen Mägen. Das Leder alter Schuhe wird abgenagt, und zuletzt vergreift man sich am Fleisch menschlicher Leichen. – Zweifellos ist die eine oder andere dieser Geschichten wahr, doch lassen sich die Berichte in erster Linie von dem leiten, was man im Falle von Belagerungshunger schon seit Jahrhunderten zu berichten hat. Schließlich bestand sonst die Gefahr, dass einem niemand glaubte oder es einem nicht gelang, den Ernst der Situation gut zu verdeutlichen.

Die genannten Details aus Flavius' Beschreibung, die schon in mittelalterlichen Chroniken so häufig wiedergegeben wurden, haben die Entstehung der Hungertopik stark (mit) beeinflusst. Vergleichbare – oder vergleichbar gemachte – Ereignisse wurden seither oft von Autoren aufgegriffen, um diese normierten Schrecken aufzufrischen und sie um neue Details zu erweitern. Sehr weit geht hierin der französische Chronikschreiber und Phantast – um nicht zu sagen: Schwätzer – Raoul (bzw. Radulf oder Rodolfus) Glaber, der um 1045 die Mär in die Welt setzt, dass sich im Jahre 1033 unvorstellbare Hungersnöte ereignet hätten. Und wo Gott offensichtlich eine Masche hat fallen lassen, strickt er fröhlich weiter, denn schließlich beruhen seine Aussagen auf angeblich eigenen Erfahrungen: Exakt tausend Jahre nach dem Tod Christi hätte Gott die Welt doch eigentlich untergehen lassen müssen – war nicht dann das Tausendjährige Reich der Apokalypse vorüber und der Satan wieder befreit? Und so saugt Glaber sich einige Jahre darauf seinen »Weltuntergang um ein Haar« aus den Fingern. In den folgenden Jahrhunderten wird seine Geschichte immer wieder kolportiert, sodass noch im neunzehnten Jahrhundert zahlreiche französische Mediävisten zu wissen glauben, dass die Menschheit im Jahre 1033 beinahe vom Erdboden verschwunden wäre.

Glabers bizarre Details kehren gleich in einer etwas allgemeineren Übersicht über das Weiterwirken dieser Hungertopik noch einmal zurück. Doch gibt es auch Besonderheiten, sowohl bei ihm als auch bei anderen, die nicht in diese allgemeine Topik eingingen. Vielleicht waren sie einfach wahr und in dieser Eigenschaft zu orts- und zeitgebunden, um weiterverwendet zu werden. Ebenfalls ist es möglich, dass ihr Gehalt an Parallelen mit der biblischen Überlieferung zu gering war oder sie einfach zu wenig metaphysische Assoziationen hervorriefen: So weiß Alpert von Metz von einer Hungersnot im Jahre 1006 zu berichten, die eine enorme Zahl von Todesopfern in der ganzen Welt gefordert haben solle. Dabei sei es zu recht schlampigen Massen-Begräbnissen gekommen, sodass »Menschen, die noch atmeten, auch wenn sie sich mit letzten Kräften widersetzten, zusammen mit den Toten begraben wurden«. Glaber spricht von einem Wilden Mann – beliebter Exponent der Unzivilisiertheit aus den Wäldern –, der in seiner Hütte bei Mâcon in Burgund Passanten auflauerte, sie schlachtete und aufaß. Zuletzt habe man in seiner Hütte die abgenagten Schädel von mindestens achtundvierzig Opfern gefunden. Der Wilde Mann wurde lebend verbrannt. Glaber habe es selbst gesehen. Allgemeiner verbreitet ist die Wolfsgeschichte, die er hier auf die Hungerkatastrophe von 1033 zuspitzt: Da viele Leichen unbegraben liegen geblieben seien, wurden sie auch anderen als Aastieren zur Beute, und so komme es, dass Wölfe sich an Menschenfleisch gewöhnt hätten und seither danach jagten.

Geschichtswerke und Chroniken, aber auch Predigten, Lieder, Ritterromane und andere literarische Genres kämpfen mehr oder weniger erfolgreich mit einer gewissen Eintönigkeit der Hungerbeschreibungen, die wir heute getrost als feste Topoi betrachten können. Deren Verhältnis zur historischen Wirklichkeit ist in der Regel sehr problematisch, obwohl jede der skizzierten Verhaltensweisen zweifellos wiederholt vorgekommen ist. Doch die Zusammenstellung der Details scheint in den meisten Fällen eher auf das Erzeugen einer gewissen Stimmung als auf vertrauenswürdige Berichterstattung abzuzielen. Diese Art der Geschichtsschreibung kann man im Mittelalter übrigens weit eher entschuldigen als heute, schließlich wurde von einem Historiographen erwartet, die höhere Wahrheit bloßzulegen, wobei die zufälligen Erscheinungen sekundär bleiben durften. Und diese Wahrheit war jedes Mal: Es war schrecklich, doch zugleich der verdiente Lohn für den sündigen Menschen und die verworfene Menschheit im Allgemeinen.

Die festen Topoi, die in fast keiner Beschreibung einer Hungerkatastrophe fehlen, sind folgende: Lange Zeit versuchen die Menschen wider besseres Wissen zuerst noch Mehl zu machen, indem sie die letzten Reste mit Sand, Bohnen, Stroh, Gräsern, Weinhefe und selbst Schweinemist verlängern. Wenn die letzten Getreidevorräte verzehrt sind, werden die Hilfszutaten allein verschlungen. Wie die Tiere auf dem Feld isst man nun alles, was sich ausgraben oder abgrasen lässt, von Wurzeln, Kräutern, Gräsern und Moosen bis hin zu Baumrinde, wilden Knollen, Getreidehalmen und Wasserpflanzen. – Dieses Verhalten führte sogar zu verschiedenen Sprichwörtern: So illustriert eine französische Sprichwortsammlung von ca. 1490 die Redensarten »Hunger ist der beste Koch« und »Not macht erfinderisch« mit der Abbildung eines Wurzeln beziehungsweise Gras essenden Mannes.

Mann, der aus Not Gräser isst; aus: *Proverbes en rime*, ca. 1485–1490; Baltimore, Walters Art Gallery, ms. W 313, fol. 65 verso.

Der nächste Schritt der zunehmenden Verwilderung ist der Verzehr unreiner und toter Tiere, die mitunter schon halb verdorben oder an der Pest eingegangen sind: Hunde, Katzen, Esel, Pferde und Wölfe, aber auch Frösche und Schlangen. Das Abzapfen von Rinderblut wegen dessen besonderer Nahrhaftigkeit komme angeblich auch häufig vor, vor allem, weil diese Quelle nicht sofort auszutrocknen brauchte.

Strafen für Völlerei in der Hölle; Holzschnitt in *Kalendrier des Bergers* (1496); aus: E. Lehner, *Devils, Demons, Death and Damnation* (1971), nr. 72.

Nicht umsonst wird immer wieder deutlich gemacht, dass in diesem Weltteil nur die äußerste Not Menschen zu solch abscheulichem Verhalten treibe. Denn es bleibt doch ein Tabu, sodass die Beschreibungen jedes Mal zugleich signalisieren, dass es sich hierbei um Sünden handelt. Außerdem verstricken die Hungernden dieser Berichte sich selbst immer tiefer in Schuld, was wieder die grundsätzliche Schlechtigkeit beweist, die Gott dazu veranlasste, sie zu strafen.

Um am Zusammenhang zwischen allgemeiner Sündhaftigkeit und letztlicher Vertierung keinen Zweifel bestehen zu lassen, werden Völler in der Hölle zum Verzehren all dieser unreinen Tiere verurteilt: Zuerst leiden die Sünder an einem leeren, aber glühend heißen Tisch solchen schrecklichen Hunger und Durst, dass sie um Heu, Schlamm und zuletzt sogar um Ausscheidungen und Urin flehen. Doch selbst das ist zu gut für sie, denn jetzt tragen die Teufel die echten Gerichte auf:

Man stellt ihnen rohe und lebende Frösche hin, Schlangen, Drachen und manch ander unreines Getier. Die müssen sie würgend aufessen, denn die erbarmungslosen Teufel stehen hinter ihnen und auf dem Tisch mit gewaltigen Scheren und glühenden Knüppeln, um die Elenden zu zwingen, diese unmenschlichen Speisen zu verschlingen.

So steht es im *Boeck van der Voirsienicheit Godes* (Buch von Gottes Vorsehung), einem Sündenbuch für Katechese und Beichte, das Jeroen Bosch verschlungen haben muss, denn er scheint die genannten Beschreibungen direkt in die erschreckendsten Höllendarstellungen umzusetzen, die bis dahin je ein Maler hervorgebracht hatte.

Die Angst vor dem Hunger erhält so noch zusätzliche Dimensionen: Man hat also nicht nur den irdischen Tod und den Weltuntergang zu fürchten, sondern kann auch leicht seine Seele für die Ewigkeit verspielen. Hunger führt über eine Reihe immer verdammenswürdigerer Verhaltensweisen geradewegs in die Hölle. Der eindeutigste Beweis hierfür ist der Kannibalismus, der uns als letzte Zuflucht der Hungernden in vielen Beschreibungen variantenreich aufgetischt wird.

Auch in den meisten nicht-christlichen Kulturen gilt Kannibalismus als Zeichen absoluter Verdorbenheit, die der eigenen Kultur vollkommen wesensfremd sei. Dieses Modell ist schon in Livius' Beschreibung der Bacchanalien gegeben, die dort als Umkehrung der eigenen Ideale fungieren: Man trinke bis zur Besinnungslosigkeit, esse Insekten und Ausscheidungen und gebe sich der vollkommenen Promiskuität und anderen sexuellen Ausschweifungen hin. Jede Ordnung werde hinweggefegt, und in dem vollkommenen Chaos komme es sogar zum Opfern und Verschlingen von Menschenfleisch. Im Mittelalter wird man immer wieder fremde Völker dieses Verhaltens beschuldigen, die am Rande der christlichen Zivilisation als Gegenbild herhalten müssen, um die eigenen Ideale schärfer ins Licht zu rücken. Doch auch in der eigenen Gesellschaft schrieb man dieses Verhalten gern all jenen zu, die sich in den Fängen des Teufels oder in seinem Dienst befänden, wie zum Beispiel Hexen und Ketzer.

Der zunehmende Sittenverfall (trotz aller Warnungen und Strafen von oben) werde unweigerlich zum Chaos eines universellen Kannibalismus führen, wenn Gott nicht eingreife. Dies ruft der Herr selbst am Beginn des *Elckerlijc**, in dem darauf ebenso detailliert wie überzeugend vorgespielt wird, wie sich die ewige Seligkeit doch noch gewinnen lässt:

Denn ließe ich die Welt so weitergehn,
In dieser Verderbnis fortbestehn,
So würde das Volk sich am Ende vermessen
Gleich Tieren der eine den andern zu fressen.**

Und diesem Verhalten, Kronjuwel aller teuflischen Machenschaften, konnte in Mangelzeiten im Grunde jeder Sterbliche – sei es als Subjekt oder Objekt – zum Opfer fallen. Aus zahlreichen Berichten wusste man schließlich, dass die Menschen unter solchen Umstän-

---

* Anonyme niederländische Moralität des fünfzehnten Jahrhunderts nach dem »Jedermann«-Stoff. [Anm. d. Ü.]
** Want liet ic die werelt dus lange staen / In desen leven, in deser tempeesten, / 't Volc soude erger worden dan beesten / Ende sou noch d'een den anderen eten.

den schnell zu Kannibalismus übergingen. Und damit zurück zu unserer Übersicht der festen Hungertopoi: In den Berichten essen ständig Männer und Frauen ihre eigenen, aber auch anderer Leute Kinder auf. Auch das Umgekehrte wird mehrmals berichtet: Kinder töten ihre Eltern, um etwas zu essen zu bekommen. Keineswegs unüblich ist ebenfalls das Ausgraben von Leichen als Nahrung, zu welchem Zweck auch Hingerichtete von Galgen oder Rad heruntergeschnitten werden. Gefangene haben noch weniger die Wahl, sodass Neuankömmlinge im Gefängnis oft sofort umgebracht werden, um als Mahlzeit zu dienen. Sehr zahlreich sind auch die Berichte über das Weglocken und Kidnappen von Kindern, das Überfallen von Reisenden und die Einrichtung kompletter Metzgereien und Marktstände für Menschenfleisch, das in gegrillter Form durchaus für Schweinefleisch durchgehen könne.

Zum festen Muster gehören ebenfalls Stimmungsbilder vom Anblick unbegrabener, verrottender Leichen. In diesem Zusammenhang werden immer wieder gewaltige Zahlen genannt: Städte und Länder scheinen jedes Mal über ein Drittel ihrer Bevölkerung einzubüßen. So seien beispielsweise in Metz im Jahre 1316 mehr als 500 000 Menschen vom Hunger dahingerafft worden! Doch wir haben den mittelalterlichen Umgang mit Zahlen bereits kennen gelernt: Es waren jedenfalls viele, schrecklich und unermesslich viele.

Es ist unmöglich, sich einen Menschen des Mittelalters vorzustellen, der solche Geschichten nicht kannte und dabei nicht zugleich an eigene Erlebnisse denken musste. Außerdem war jeder davon überzeugt, dass solche Dinge zumindest geschehen *konnten* und bei jeder Hungersnot wieder vor der Tür standen. Diese Angst hielt die besprochenen Topoi am Leben, die umgekehrt wieder selbst die Ängste schürten, sobald es von der Nahrungsfront etwas Beunruhigendes zu melden gab – und das war eigentlich immer. Erst der Durchbruch zu einer besseren Bevorratung und Distribution in der Neuzeit sollte diesen existenziellen Ängsten ein Ende bereiten. Seitdem brauchte man um das tägliche Brot nicht mehr als um eine Gunst zu flehen, die einem jeden Moment entzogen werden konnte.

4 *Im Rausch des Fastens*

Doch solange die Angst vor Hungerkatastrophen in aller
Schärfe wütete, existierte zugleich ein ständiges Bedürfnis
nach Trost und moralischer Aufrüstung. Einfach essen und
satt werden änderte daran wenig: Schließlich ging es nicht um einen
spürbaren Hunger, sondern um die – eigentlich immer grundlosere –
Angst davor, die gerade deswegen so schwer zu fassen war. Das Weg-
träumen nach Cocagne und Luilekkerland war hierauf natürlich
nicht die einzige Antwort. Die unterschiedlichsten Gegenmittel wurden ausprobiert, und das in so großer Zahl, dass sich auch hieran ablesen lässt, wie sehr die Angst vor dem Hunger alle Schichten der
mittelalterlichen Gesellschaft beschäftigte.

Doch auch indem man gerade *nicht* aß, konnte man dem Hunger
und damit der Angst vor ihm ein Schnippchen schlagen. Auf dem
Gebiet des Fastens schien es viele Möglichkeiten zu geben. Zudem erwarteten einen im Zustand der Entrückung angeblich die herrlichsten Visionen. Unübertroffene Champions waren hier die Wüstenväter der ersten Jahrhunderte nach Christus, deren Heldentaten
immer wieder beschrieben wurden: Unzähligen Menschen dienten
sie als Vorbild, vor allem Frauen auf der Suche nach einem heiligen
Leben.

Die frühchristlichen Eremiten hatten in Anspruchslosigkeit und
Nahrungsenthaltung brilliert, um einen Zustand zu erreichen, der
sie des Paradieses wieder würdig machte. Die Sünde des ersten Menschenpaares war schließlich die Fressgier – oder auch: Völlerei – gewesen. Und diese meinte man nun durch hartnäckiges Fasten wieder

ausbügeln zu können, worin sie mitunter sogar wetteiferten. Essen gehörte zum gefallenen Menschen, der durch das immer erneute Vollstopfen seines Körpers mit Nahrung einen verhängnisvollen Überschuss an Energie anhäufte, wodurch er noch mehr verschlingen wollte und in sich selbst Streitsucht und vor allem sexuelle Begierde auf den Plan rief. Besonders Fleisch fördere die Sinnlichkeit. Hinzu kam noch die wissenschaftliche Überzeugung, dass man als Fleischesser zu genau dem wurde, was man verschlang – soll heißen, die Eigenschaften des jeweils verspeisten Tieres übernahm. So verboten die Kirchenväter schon im dritten Jahrhundert den Verzehr von Hasen und Hyänen, da diese Tiere als äußerst promiskuitiv galten.

Zu Adams Zeiten, und auch nach dem Sündenfall noch, war man Vegetarier. Adam selbst hatte im Paradies das gute Beispiel gegeben. Im ursprünglichen Zustand verfügte er über eine Eigenwärme, die nur selten genährt zu werden brauchte. Zum Trost für die – übrigens verdienten – Schrecken seit der Vertreibung hatte Gott dem Menschen nach der Sintflut eine bescheidene Fleischration erlaubt. Doch durch die wachsende Sündigkeit seither habe das Fleischessen vollkommen überhand genommen und sei zum Motor des menschlichen Verfalls geworden. Jeder wusste, dass übermäßige Fleischesser im Grab viel mehr stanken als enthaltsame Vegetarier.

Daher die angestrengten Aktionen der Wüstenväter. Sie versuchten, Adams natürlichen Zustand wiederherzustellen. Bemerkenswerte Nachfolger fanden sie unter anderem in den Anhängern der franziskanischen Armutsbewegung, die nach dem Vorbild ihres Namensgebers (und damit dem Jesu Christi) ihren Körper durch Kasteiung und Nahrungsentzug regelmäßig züchtigten. Jacob van Maerlant, der um 1275 für die Utrechter Minderbrüder das Leben ihres Gründers in Reime fasste, zeichnet das Porträt eines rigiden Hungerleiders aus Passion: Sobald Franziskus – in Maerlants Reimbiographie – gekochte Speisen geschenkt bekommt, vermengt er diese mit Asche oder Wasser, um ihnen auch den letzten Geschmack zu nehmen.

Eigentlich war exzessives Fasten etwas für Verrückte: Angesichts

der häufig vorkommenden Mangelperioden und Versorgungsunsi-
cherheiten erforderte dauerndes und strenges Fasten einen wahren
Heldenmut, wie ihn im Grunde nur Heilige in spe aufbrachten. So
experimentierten Eremiten mit Diäten, durch die sie ständig mit
einem Bein im Grab standen. Um zu zeigen, dass sie aus freiem Willen handelten (sonst hätte ihr Fasten ja keine Bedeutung mehr gehabt), demonstrierten sie von Zeit zu Zeit vor Publikum, dass sie zum
Essen noch sehr wohl in der Lage waren.

Als Zeichen besonderen göttlichen Wohlgefallens werden Heilige
und andere Auserkorene darum auch vom Himmel ernährt. So er-
geht es unter anderem einem Eremiten auf einer Insel in der irischen
»Seereise des Máel Dúin« aus dem neunten Jahrhundert: Jeden Tag
bekommt der fromme Klausner ein halbes Brot sowie etwas Fisch
und Wasser. Auch die edlen Wilden, die sich in ihrer Unschuld einen
Zustand paradiesischer Reinheit erhalten haben, bekommen ihr Essen umsonst oder haben schon am Geruch eines Gewürzes oder einer
Frucht genug. Apfelschnüffler tauchen in allen enzyklopädischen
Werken über fremde Völker auf. Selbst Petrarca behauptet noch, dass
an der Quelle des Ganges ein Volk lebe, das sich vom Geruch wilder
Äpfel ernähre. Nur Gestank könnten sie nicht ertragen.

Manchmal verweisen die wunderbaren Speisungen so eindeutig
auf die Bibel, dass jedem mittelalterlichen Zuhörer und Leser deutlich geworden sein muss, wie realisierbar und erstrebenswert der paradiesische Zustand noch immer war. Gab es nicht ein Volk namens
Camerini, das sein tägliches Brot von Engeln empfing? Und selbst das
ernährungsbedingte Schnüffeln an einem Apfel – wenn auch schon
etwas heikler – weckte positive Assoziationen mit dem Paradies, solange man bedachte, dass der Apfel seinerzeit ja nichts für Evas Ver-
fehlung gekonnt hatte.

Das himmlische Wohlwollen fürs Fasten zeigte sich auch an heiligen Speisungen von oben. So lebten extrem fastende Nonnen zuletzt angeblich nur noch von Hostien. Doch kam es am Gipfel irdischer Entrückung auch zu Selbstkasteiungen wie der Ernährung mit
Eiter aus den Wunden der versorgten Kranken. Die eigenen Körper-
säfte wiederum konnten als Stärkung und Medizin für andere Menschen dienen. Das Leiden der Lidwina von Schiedam (1380–1433),

bewusst verhungernd und langsam an den Folgen eines Schlitt-
schuhunfalls im Jahre 1395 zu Tode siechend, liefert bizarre Beispiele
für diesen Fasten- und Speisungskult, doch steht sie nicht allein. Bekannt sind solche Exerzitien von vielen weiblichen Heiligen, und in
bescheidenerem Rahmen auch von mancher Glaubensschwester aus
der Bewegung der Devotio Moderna (»neuen Frömmigkeit«) in der
Ijsselgegend.

Das Verzehren geheiligter Körperteile und Ausscheidungen nebst
deren Verteilung an Schwache und Kranke stand in unmittelbarem
Zusammenhang mit der Idee des Abendmahls, mit der das Christentum gewissermaßen einen sakrosankten Kannibalismus kultivierte.
So stand es eindeutig im Evangelium des Johannes:

> Ich bin das Brot des Lebens. Eure Väter haben in der Wüste das
> Manna gegessen und sind gestorben; dies dagegen ist das Brot,
> das aus dem Himmel herabkommt, damit man davon isst und
> nicht stirbt. Ich bin das lebendige Brot, das aus dem Himmel her-
> abgekommen ist. Wenn jemand von diesem Brot isst, wird er in
> Ewigkeit leben. Aber das Brot, das ich euch geben werde, ist zu-
> gleich mein Fleisch, das ich euch geben werde für das Leben der
> Welt.

Im Messopfer gab der Erlöser seinen Leib, den man in Gestalt von
Brot und Wein aß und trank. Die Nahrungskette schloss sich, wenn
man jenen Zustand der Vollkommenheit erreichte, der alle andere
Ernährung überflüssig machte und es erlaubte, wie Lidwina den
eigenen Körper in äußerster »Imitatio Christi« der Ernährung von
Kranken und anderen Bedürftigen zur Verfügung zu stellen.

Die äußerst drastische Art und Weise, in der man das Speiseopfer
Christi – bis hin zu wahren Buffetphantasien – immer wieder beschreibt und abbildet, macht deutlich, wie sehr solche Gedanken über
eine definitive Lösung des Nahrungsproblems im Mittelalter brei-
teste Schichten der Bevölkerung beschäftigten. Wie kein anderer
wusste der Aufsehen erregende Prediger Johannes Brugman im vierzehnten Jahrhundert diese Gefühle anzusprechen. Im längsten seiner
Sermone › Van drierehande tafelen‹ (Von dreierlei Tischen) behandelt

Christus als Nahrung; Gemälde aus der Umgebung Friedrich Herlins von 1469;
aus: Walker-Bynum, Abb. 4.

er die göttlichen Speisungen und natürlich deren Höhepunkt: das Abendmahl. Bei dieser Gelegenheit verteilte Jesus »das feinste Weizenmehl, das war sein heiliger Körper« – aus dem habe man dann einen Pfannkuchen gemacht, das Heilige Sakrament – und am nächsten Tag »wert hi gebraden aen den cruce« (wurd' er am Kreuz gebraten).

Wer glaubt, hierin eine übermäßige Vulgarisierung zu erkennen, sei daran erinnert, dass schon Kirchenvater Augustinus diese Metaphorik in einer Predigt benutzte, indem er sagte, Christus selbst sei das vortrefflichste Brot, »in der Jungfrau ausgesät, im Fleische gegoren, in der Passion geknetet, im Ofen des Grabes gebacken und gewürzt in den Kirchen, die täglich die himmlische Speise an die Gläubigen verteilen«. Und Jan van Ruusbroec setzt diesen Gedanken noch im vierzehnten Jahrhundert fort: »Am anderen Tage wurde das Heilige Lamm gemartert, getötet und gebraten am Kreuz, um unserer Sünden willen, damit es [d. h. die süße Erlösung] uns wohl schmecke.«

Seit Gott zur Speise geworden war, hatte Essen jedenfalls eine besondere Bedeutung bekommen. Indem man Christus zu sich nahm, wurde man durch sein Leiden am Kreuz von allen irdischen Sünden und Sorgen gereinigt. Diese Entrückung wird schon in den frühesten Kirchentexten ausgedrückt wie etwa einer Osterhymne aus dem fünften Jahrhundert, die das Messopfer in den uns inzwischen vertrauten Termini nicht weniger direkt in Worte fasst: »Wir erwarten die Mahlzeit des Lamms (...) dessen heiliger Leib geröstet ward auf dem Altar des Kreuzes. Wir trinken sein rosenrotes Blut und leben dadurch mit Gott.«

In den ersten Jahrhunderten werden die Christen wegen dieses rituellen Opfers und seiner plastischen Beschreibungen in der Liturgie von den Römern – in vorsätzlichem Missverständnis – des Kannibalismus und damit einhergehender sexueller Ausschweifungen beschuldigt: In ihren Katakomben äßen sie das Fleisch und tränken das Blut von Menschen. Werde eine Frau schwanger, so warteten sie, bis der Embryo groß genug sei, zwängen die werdende Mutter zur Abtreibung und verschlängen die Leibesfrucht. Vorher jedoch bestrichen sie sie mit Honig, Pfeffer, anderen Gewürzen und Myrrhe, um zu verhindern, dass das Gericht bei jemandem Ekel erregen könne. Solche Geschichten waren fester Bestandteil der antichristlichen Propaganda, die das Christentum später – auch nicht sehr feinsinnig – selber auf die so genannten Heiden loslassen sollte. Teilweise stellen jene Abendmahlsbräuche auch eine Vergeistigung römischer Bankett-Traditionen dar, was zugleich erklären könnte, warum solche Auffassungen und Praktiken die westliche Welt so schnell eroberten: Immer wieder wurde bei jenen Gastmählern der Gott Priapus als Nachspeise modelliert, häufig nur in Form seines sprichwörtlichen Geschlechts, das man als Gebäck verspeisen konnte. Oder wie Martialis dichtete:

Ein Priap aus Weißbrot:
Du kannst dich selbst befriedigen,
Indem du meinen Priap isst.
So knabbre ruhig an diesem Geschlecht –
Du bleibst doch unbefleckt.

So entstand eine Kultur, die zu Trost, Schutz, innerer Einkehr und göttlicher Vervollkommnung nicht nur den Verzehr Christi sehr plastisch beschrieb und darstellte, sondern auch Körperteile von Heiligen zu begehrten Nahrungsmitteln machte: Nach dem Bericht des Genter Reisenden Joos van Ghistele – im Jahre 1481 unterwegs ins Heilige Land – befand sich im Franziskanerkloster zu Nikosia der Leichnam des Kreuzfahrers Johann von Montfort, zu Lebzeiten ein Gefolgsmann Gottfried von Bouillons. Täglich nun wird der völlig unverweste Körper aufgrund der angeblich von ihm bewirkten Wunder von zahllosen Gläubigen besucht. Doch Van Ghistele muss feststellen, dass am Arm der mumifizierten Leiche ein bissengroßes Stück Fleisch fehlt. Auf seine Frage hin wird ihm erklärt, dass dieses vor Jahren von einem Nachfahren Montforts abgebissen worden sei, dem man eine Reliquie seines großen Ahnen verweigert hatte.

Auch der heilige Laurentius (oder Lorenz) versucht bis zum Letzten, seine Segnungen über die Heiden zu bringen: Zuletzt bleibt ihm nur noch sein gerösteter Körper, denn unter Kaiser Decius muss er den Martertod auf dem Feuer erleiden. Blutend gart er auf dem Rost

vor sich hin, doch noch immer versucht er – hier nach einer mittelniederländischen Überlieferung – seinen Quälgeist auf kulinarischem Wege zum rechten Glauben zu bekehren:»Er fragte den Ty-
rannen, ob er nicht von seinem Fleisch essen wolle: Es würde gerade
gar, denn es löse sich vom Knochen.«

Vielleicht sollte man die ständige Gier nach Reliquien auch einmal
in diesem Licht betrachten – ein Bericht des Lütticher Großhändlers
in Reisegeschichten John von Mandeville (um 1350) über die Bestat-
tungssitten eines exotischen Volks weist in die gleiche Richtung: Bei
diesen Menschen, die sich als Träger einer Art Urchristentums betrachten, organisiert nach dem Tod des Vaters dessen Sohn eine rituelle Mahlzeit. Der Körper des Verstorbenen wird in Stücke geschnit-
ten und den Engeln übergeben, die ihn in Gestalt von Raubvögeln
stückchenweise ins himmlische Paradies entführen. Nur der Kopf des
Vaters kommt auf den Tisch: Aus dessen Fleisch bereitet der Sohn
kleine Häppchen für die Gäste, während er den Schädel in Zukunft
als Trinknapf benutzt. Die Eigenschaften des Vaters leben so – gewissermaßen über den Magen vermittelt – in seinen Nachkommen
und Freunden weiter.

Für diejenigen, die auch durch leidenschaftlichstes Fasten nicht sofort im Paradies landeten oder die fürchteten, dass dieser beschwer-
liche Weg doch wieder nur zu einem ewigen Fasten in den Wolken
führte, gab es als vorläufige Belohnung – und zur Beruhigung – immerhin schon einmal viel versprechende Einblicke in die himmlischen Freuden, und zwar in Gestalt von Visionen, die natürlich vor
allem die kulinarischen Genüsse des Jenseits zeigten. Es ist die Frage,
inwieweit man damals begriff, dass solche Vorspiegelungen himmlischer Gaumenfreuden vor allem durch die gemeinsame Regie von
Körper und Geist verursacht wurden. Ständiger Nahrungsmangel
und ein chronisches Defizit an bestimmten Vitaminen, Glukosen und
Enzymen führen leicht zu Halluzinationen. Das Koordinierungsver-
mögen des Gehirns nimmt ab, der Verstand verliert das Unterscheidungsvermögen zwischen Haupt- und Nebensachen, und es kommt
zu dauerhaften Bewusstseinsveränderungen. Kommt hierzu nun
noch das heiße Verlangen nach himmlischem Lohn für all die irdi-

sche Enthaltung, erscheinen vor dem inneren Auge recht schnell dampfende Schüsseln voller Speisen, die nicht mehr mit den Problemen des Erwerbs oder selbst auferlegter Verbote verbunden sind. Doch solche modernen Einsichten sind hier fehl am Platz. Auch für die Wüstenväter, die dahinsiechenden Nonnen und gegrillten Mönche gilt, dass sie nach Arbeit bezahlt wurden. Kein Lohn ohne entsprechendes Leiden: So werden der – sonst wenig bekannte – Abt Apollonius und seine Mitbrüder in ihrer Zelle von Engeln besucht, die ihnen einen Vorgeschmack auf die Freuden des himmlischen Paradieses geben. In einer Vision sehen sie gewaltige Äpfel und Weinreben, exotische Früchte und warme Weißbrote. Extreme Hitze und Kälte haben einer sanften Frühlingsbrise Platz gemacht, die süß duftend in den Blättern der Obstbäume spielt. Nicht nur kann man mit Hilfe des Fastens also der Angst vor dem Hunger entkommen und sich von Nahrung gewissermaßen unabhängig machen, es liefert einem auch noch spirituelle Belohnungen, die üppiges Speisen in erlaubter Form zu verherrlichen wissen – ein himmlisches Cocagne also, diesmal versehen mit dem Amtsstempel des göttlichen Oberwesens selbst.

Von ganz anderer Art sind dagegen jene Träume, die einigen Historikern zufolge auf wesentlich irdischeren Ursachen beruhen: Nach entsprechenden Untersuchungen stand im vorindustriellen Europa ein großer Teil der Bevölkerung nämlich ständig mehr oder weniger unter Drogen. Grund hierfür war nun weniger der Hunger mit seinen auf Nährstoffmangel und tiefen Sehnsüchten beruhenden Traumreisen, sondern die erzwungene Ernährung mit Ersatzstoffen, die halluzinierende Wirkungen nach sich zogen. Eine Überdosis an verdorbener Nahrung, Blättern, Kleie und vergorenen Getränken konnte einen leicht für geraume Zeit ins Reich der Träume schicken.

Noch schneller ging das, wenn man aus Not gewisse Pilze und Gräser zu sich nahm. Und unvorstellbare Resultate muss es gezeitigt haben, wenn ganze Dorfgemeinschaften sich mangels anderer Nahrung daranmachten, komplette Mohnfelder abzugrasen. Solche Fälle werden mehrfach aus dem Italien der frühen Neuzeit berichtet. Dort schnüffelte man – allerdings vorsätzlich – an Salben und Lotionen, um sich in seligen Träumen zu wiegen. Doch auch aus dem Rest Europas wird schon Jahrhunderte vorher gemeldet, dass Mohnextrakte und selbst Hanfmehl als Brotzutaten verwendet wurden.

Solche Diäten führten unvermeidlich zu einer veränderten Wahrnehmung der Realität, und die konnte so beängstigend sein, dass Hungerleider sie sich gern mit ein paar Hilfsmitteln in ein künstliches Nahrungsparadies verwandelten. Hinterher stellte sich zwar jedes Mal heraus, dass dieses Paradies nur ein Traum war und man den höchstens weitererzählen konnte, aber auch das wurde dankbar angenommen und lebte so als Kompensationsphantasie weiter.

Die Wirkung dieser physiologisch induzierten Traumfabrik, die vor allem in Zeiten des Mangels ein ganzes Netz von Halluzinationen und Visionen erzeugen konnte, war damals nicht unbekannt. So baut Erasmus von Rotterdam in seinem *Lob der Torheit* auch auf die Vertrautheit seiner Leser mit Betäubungsmitteln, und sei es nur vom Hörensagen. Seine Hauptfigur, Frau Torheit in Person, stammt von den Inseln der Seligen, einem jener antiken Paradiese, die das Mittelalter gern übernahm und in diesem Fall auf die Kanarischen Inseln lokalisierte. Dort lernte sie schon in der Wiege das Schnüffeln hypnotischer Kräuter, die ebenso verwirrt wie vergesslich machten. Lachend vergaß man dadurch alle Sorgen und fühlte sich wieder jung. Doch man begann auch, irre zu reden, und verlor auf Dauer den Verstand. Und hier also lag Frau Torheit in den Windeln.

Auch von den gefürchteten Türken wusste man zu erzählen, dass sie ihren tollkühnen Mut einem Stoff zu verdanken hatten, den man Opium nannte. Davon »wurden sie fröhlich, fürchteten nicht den Tod und waren wie von Sinnen, ja, als seien sie halb trunken«. So steht es in einem reißerischen Bericht, der im Jahre 1542 in Antwerpen gedruckt wurde. Er geht fast unter in einer Lawine ähnlich tendenziöser Nachrichten, die in Europa mehr Hirne benebelt, als die betreffenden Mittelchen allein je vermocht hätten.

All diese Berichte über die halluzinierende Wirkung dauernden Nahrungsmangels, alternativer Nährstoffe und bewusst eingenommener Rauschmittel stehen dem Rausch jedoch negativ gegenüber. Nur das fromme Fasten nebst dazugehöriger Visionen soll Bewunderung und Nachahmung bewirken. Der Torheit und Unvernunft stehen kurze

Einblicke in eine erreichbare Vollkommenheit gegenüber, die den Halluzinationen von üppigen Genüssen in himmlisch angenehmer Umgebung göttliche Weihen verleihen. Doch offensichtlich dürfen dabei keine materiellen Hilfsmittel eingesetzt werden, sodass den frommen Hungerkünstlern nichts anderes übrig blieb, als mit leerem Magen abzuwarten.

Aus diesem Dilemma von gutem und schlechtem Hinwegträumen zeigt der Lütticher Reisegeschichtengrossist John von Mandeville einen verlockenden Ausweg, indem er entsprechende Segnungen bei fremden Völkern beschreibt, die ein über jeden Zweifel erhabenes Urchristentum praktizieren. Auf halbem Wege nach Äthiopien zum Beispiel liegt Hiobs Land, wo das tägliche Brot als Manna vom Himmel fällt. Dieses ließe sich am besten mit Tau vergleichen, den man von Pflanzen und Sträuchern sammelt. Es wirke zugleich als Schlafmittel und als Waffe gegen die Melancholie. Diese alltäglich-himmlische Berauschung lege den Teufel in Ketten, der die menschliche Melancholie ja bekanntlich als Einfallstor oder gar als Waffe benutzt, um den Menschen ins Verderben zu stürzen. So erzeugt ein Betäubungsmittel himmlischer Herkunft ein Paradies auf Erden, aus dem nicht nur der Teufel verbannt, sondern auch jede Arbeit überflüssig ist, weil alles vom Himmel fällt.

Manch einer hat sich später über die zahlreichen Visionen und anderen spirituellen Erscheinungen gewundert, durch die das Mittelalter die irdische Existenz immer wieder mit einer höheren Dimension auszustatten versuchte. Die zahlreichen theologischen und heilsgeschichtlichen Erklärungen hierfür haben jede für sich durchaus etwas Überzeugendes, machen aber doch zu wenig deutlich, warum so viele Menschen sich so oft an diese religiösen Trips wagten – oder sollten wir sagen: sich ihnen hingaben? Die Frage ist umso brisanter, als der Teufel, wie wir noch sehen werden, diese erträumten Vorschüsse auf das Jenseits äußerst trickreich zu missbrauchen wusste. Auch dies weist – trotz aller offensichtlichen Risiken – auf die große Popularität solcher Traumreisen hin.

Dabei müssen wir vor allem den unsicheren Ausgang all dieser Ausflüge bedenken, sosehr Heilige, Eremiten und Heerscharen begeisterter Mönche und Nonnen uns auch vom Gegenteil zu überzeugen versuchen. Rigoroses Fasten konnte durchaus eine freie Wahl sein. Doch die Folgen waren unvorhersehbar. Über die möglichen Ursachen und Wirkungen extremen Nahrungsentzugs bei Frauen und die damit verbundene Selbstkasteiung wurde in den letzten Jahren viel geschrieben. Dabei wurden immer wieder Zusammenhänge mit einer tief verwurzelten Lust zu leiden und zu hungern vermutet und von einigen sogar direkt mit Krankheitsbildern wie Anorexia nervosa verbunden, auch als Erklärungsmuster für Erscheinungen der Vergangenheit. Lidwina van Schiedams Hungerwahn hat endlich Schule gemacht.

Dieser körperliche Faktor – als zwangsläufige Folge von Nahrungsmangel und Surrogatnahrung, bewusst gefördert von all jenen, die Reisen in andere Dimensionen zu schätzen wussten – verdient eine viel höhere Aufmerksamkeit in der Untersuchung der mittelalterlichen Phantasie im Allgemeinen. Woher dieser ständige Hang zur Mystik? Die Einswerdung mit dem Höchsten wird weniger stumm ersehnt als vielmehr in fieberhaften Träumen erzwungen, und zwar mit einer solchen Ungeduld und tiefen Verachtung des unvollkommenen Erdenlebens, dass sie bisweilen unerhört schöne literarische Blüten treiben konnte. Die menschliche Verfassung war im Mittelalter von einem derart launischen Nahrungsmuster abhängig, dass Wahnvorstellungen von besseren Welten gewissermaßen am laufenden Band entstanden. Natürlich brauchte es dazu mehr (kein Trip ohne Gepäck), dennoch wurde Cocagne auch – und über Jahrhunderte hinweg – aus den immer wieder aufscheinenden Traumgesichten junger Frauen, fastender Geistlicher und ängstlicher Hungerleider geboren.

5 *Fressen aus Notwehr*

Gegenüber dem Fasten nebst inbegriffenen Traumreisen stand als weitaus irdischere Waffe gegen den Hunger das demonstrative Sich-voll-Stopfen, solange der Vorrat reichte. Beides konnte einem die unbestimmte Angst vor dem Hunger nehmen, oder besser: sie vorübergehend vergessen machen. »Als de buyck vol es, so es dat hooft blide« (Wenn der Bauch voll ist, ist der Kopf fröhlich), lautet ein Sprichwort, das in verschiedenen Versionen in mancher Spruchsammlung vorkam. Die Neigung, den eigenen Bauch zu verehren, konnte offenbar derartige Formen annehmen, dass die Kirche eine wahre Anti-Völlerei-Kampagne eröffnen musste. So beklagt der bereits genannte Arzt und Moralprediger Jan de Weert – in diesem Rahmen eine besonders glückliche Kombination –, dass viele als Gott nur »ihren dreckigen Wanst« kennen. Damit paraphrasiert er einen Ausspruch des Apostels Paulus, der die mittelalterliche Exegese dazu brachte, Völler als Schänder des Ersten Gebots zu betrachten: Beteten nicht auch sie einen anderen Gott an, nämlich ihren Bauch?

Viele Priester und andere Volkserzieher sprechen es Jan de Weert nach, und auch die ironische Ordensregel der Aernoutsbrüder (ein anderer Name für das fahrende Volk) redet – allerdings unter positiven Vorzeichen – vom »Ritus des Bauches«. Der lasse sich am besten an adligen Höfen feiern, wo man in der geweihten Küche das Personal loben und preisen und das Beten und Singen in den heiligen Dienst an Mund und Magen verwandeln müsse. In jener Kirche kümmere man sich nur um das Füllen des Bauchs, und die einzige heilige Pflicht bestehe in vollkommener Faulenzerei.

Essen ist eine Dekadenzerscheinung. Schon der frühchristlich-römische Kirchenschriftsteller Tertullian beschuldigt seine im Heidentum verharrenden Landsleute Ekel erregender Fressmarathons, womit er vor allem die absolute Genügsamkeit seiner Glaubensgenossen betonen will:

> Die Luft wird sauer vom Rülpsen all der Patrizier, Senatoren und Politiker. Wenn die Familie Salius sich zum Bankett begibt, muss sie einen Kredit bei der Bank aufnehmen (...), und auf den Rauch eines Gelages bei Serapis kommt die Feuerwehr angelaufen.

Auch die Juden müssen rückwirkend büßen. Im Mittelbild seiner *Anbetung des goldenen Kalbs* betont Lucas van Leyden vor allem die grenzenlose Fresssucht der Dargestellten: Es sind dicke, genusssüchtige Menschen, die es trotz allen Tanzens und Tändelns offenbar vor allem auf die Genüsse des Magens abgesehen haben. Im Zentrum des Bildes steht ein Tisch mit einer gewaltigen Schinkenkeule, nach der gerade ein wohlbeleibter Mann langt, während ein kugelrundes Kind auf dem Schoß seiner Mutter etwas aus den molligen Fäustchen knabbert.

Fressorgien haben zweifellos etwas Hedonistisches: Mit einem eher unchristlichen Ritual versucht man, dem Tod zu trotzen, indem man ihn vorübergehend auf Abstand hält. Von solchen heidnischen Praktiken spricht im sechsten Jahrhundert auch Gregor von Tours: In seiner berühmten Geschichte der Franken berichtet er von Bauern in der Auvergne, die an bestimmten Tagen zu einem großen See ziehen. Dort hinein werfen sie allerlei Kleidungsstücke sowie Käse, Bienenwachs und verschiedene Sorten Brot: »Sie fuhren mit Karren voller Getränke und Nahrung [zu dem See], opferten Tiere und feierten drei Tage lang.« Wie gewöhnlich gelingt es jedoch auch hier einem einzigen Priester, die Heiden zu bekehren – auch gegen solche lebenslustigen Seegötter geht die nüchterne Wahrheit des Christentums einmal mehr als strahlender Sieger hervor.

Die heidnischen Religionen und der Volksglaube kennen eine Vielzahl Nahrung einfordernder und bringender Götter. So beschreibt noch im dreizehnten Jahrhundert der Pariser Bischof Wilhelm von Auvergne eine Dämonin namens Satia, »die Überfluss in alle Häuser bringt, die sie besucht«. Ihm zufolge stammt ihr Name vom lateinischen *satietas* (Sättigung), doch werde sie mitunter auch Frau Abundia (Überfluss) genannt. Sie verschlinge alles, was sie in den Häusern antreffe, doch die Menge der Speisen und Getränke nehme davon keineswegs ab, vor allem, wenn man einige Töpfe und Pfannen absichtlich für sie offen stehen lasse. Sei im Haus jedoch überhaupt nichts zu finden, bringe sie Unglück. Auch solche ländlich-vorchristlichen Rituale verraten eine starke Fixierung auf die Nahrungsversorgung, die durch tausenderlei Unwägbarkeiten jeden Moment unterbrochen werden konnte.

Aus dem gesamten Mittelalter gibt es Zeugnisse panischer Fressorgien, die gegen Ende der Epoche nur noch zuzunehmen scheinen. Man nutzt jede sich bietende Gelegenheit, um sich voll zu stopfen, als ob allen der Hungertod auf den Fersen sitze und es am nächsten Tag schon nichts mehr zu essen gebe. So weiß Galbert van Brugge zu berichten, dass während der Hungersnot von 1124 bis 1125 manche Menschen so viel Brot auf einmal aßen wie sonst in mehreren Tagen, und man bei Gent das Fasten unterbrochen habe, als plötzlich zwar Fleisch, aber kein Brot da war. Diese Haltung wird noch im *Ulenspieghel* treffend in Worte gefasst, als der Titelheld seiner hungernden Mutter ein gestohlenes Brot hinhält und dazu sagt:»Iss jetzt, wo du's hast, und faste, wenn's nicht da ist.« So überlebt man lebensklug von einem Tag zum nächsten.

Nun beruht Ulenspieghels Aussage nicht so sehr auf einem Mangel an Gottesfurcht, sondern war vielmehr das Resultat einer pragmatischen Lebenseinstellung unter den Bedingungen einer ständigen Unsicherheit der Nahrungszufuhr. Wenn man durfte und konnte, aß man reichlich und gern zusammen mit anderen, weil das gemeinsame Schmausen einen rituellen Überfluss suggerierte, der jeden Gedanken an Mangel verbannte. Besonders im frühen Mittelalter hat das gemeinsame Essen eine fast sakrale Bedeutung, vor allem als Zeichen einer Verbundenheit, die alles Übel von einem fern halten sollte. Später verschiebt sich der Akzent dieser ausufernden

Gemeinschaftsmähler mehr in Richtung des Bedürfnisses, herrschaftliche Macht auszustrahlen.

Die ursprüngliche Funktion des Gruppenmahles als Besiegelung
einer Schicksalsgemeinschaft im täglichen Kampf ums Dasein reicht
jedoch weit bis in die Neuzeit und führte zu verschiedenen Speise-
ritualen, deren Namen zum Teil noch heute bekannt sind. So kennen
wir das Versöhnungsmahl, das Erntedankessen, den Schlachtekohl,
das Jagdmahl, das Ostermahl, das Weihnachtsmahl und all die anderen gemeinsamen Mahlzeiten, die wichtige Ereignisse im persönlichen Leben markieren. Jedes Mal feiert man dabei den Triumph des
Lebens, das dem Tod eine lange Nase macht und ihn mit üppigen Tafelfreuden in einem unschlagbaren Kollektiv herausfordert.
    Bei den Franken ist der gewaltig schlingende Krieger ein wahrer
»cult hero«. So fühlt noch Karl der Große, für das Mittelalter der re-
nommierteste Fürst aller Zeiten, sich hin- und hergerissen zwischen
christlicher Mäßigung und dem Macho-Modell des großen Essers
aus der fränkischen Tradition. Zumeist siegte Letzteres. Seine tägliche Ration bildete Jacob van Maerlant zufolge ein Viertel Schaf oder

Rituelle Mahlzeit der Normannen kurz vor der Schlacht bei Hastings (1066);
Detailausschnitt des so gen. Teppichs von Bayeux; aus: Van Winter (1976), 49.

mindestens zwei Kapaune, eine Gans, eine Schweineschulter, ein Pfau, ein Kranich oder ein Hase – je nachdem, worauf er gerade Lust hatte. Das Modell dieser Verherrlichung des Fressens lieferte jedoch vor allen Dingen die germanische Götterwelt mit ihren Raufbolden, die unglaubliche Nahrungsmengen vertilgen können: So etwa fordert Loki in der *Jüngeren Edda* bei einem Besuch im Land fremder Urwesen die Umstehenden heraus, mit ihm im Verschlingen eines gewaltigen Fleischtroges zu wetteifern. Einer der mächtigen Gesellen, ein Mann namens Logi (sic), nimmt die Herausforderung an und gewinnt, indem er »all das Fleisch mitsamt den Knochen verzehrte und den Trog dazu«. Diese Art Held findet sich genauso in vielen Romanen der karolingischen Epik.

Diesen Raubeinen, die rülpsend und furzend übers Schlachtfeld stampfen, steht der höfische Held der britisch-keltischen Romantradition gegenüber, der sich die Enthaltsamkeit auf die Fahnen geschrieben hat. So nimmt der Titelheld im deutschen *Erec* vor einem Turnier lediglich drei Bissen Huhn zu sich, und nach Aussagen Gottfrieds von Straßburg leben Tristan und Isolde in ihrer Minnegrotte ausschließlich von Luft und Liebe.

All die enormen Fressorgien und entsprechenden Phantasien darüber wurden jedoch nicht nur von der unsicheren Ernährungslage und der Angst vor Hunger ausgelöst: Einen wichtigen Antrieb bildete auch der scharfe Gegensatz zwischen »normalen« Essperioden und den (vielen) Fastentagen kirchlich verordneter Mäßigung und Enthaltsamkeit. Mindestens 140 bis 160 Tage hatte die Kirche als fleischlos festgelegt. Dafür gab es fast genauso viele Festtage landesweiter, regionaler oder lokaler Bedeutung, die zu kulinarischen Exzessen regelrecht aufforderten, um die Tage und Perioden des Fastens zu vergessen. Und man hatte auch einfach mehr Hunger als heute.

Ein weiterer Kontrast im Ernährungsmuster entstand durch den Rhythmus der Jahreszeiten: Nicht umsonst ist der Winter die Zeit ausgiebigen Schlemmens. Die Arbeit auf dem Feld ist getan, das Novemberschlachten vorbei, die Vorräte füllen Haus und Scheune, und das Pflügen und Säen beginnt erst wieder im Frühjahr. Mitten im Winter liegt alle Landarbeit brach, und man beginnt zu feiern und zu essen – was damals noch mehr als heute fast automatisch zusammenfiel. Darum gibt es auch so viele Feste im Winter und kurz vor Beginn des Frühlings. Den Höhepunkt bilden die ausgedehnten Feierlichkeiten des Karnevals, die nicht nur zu wahren Schlemmerparadiesen, sondern vor allem zu dramatischen und literarischen Darstellungen derselben Anlass boten. Danach wird es wieder Frühling und Sommer, eingeläutet mit dem reinigenden Fasten. Doch die Vorräte sind nun auch komplett verpulvert, und man muss wieder hart auf dem Felde arbeiten, mit einer Selbstbeschränkung, die erst im Herbst wieder ihre Belohnung findet.

Kirchliche Zucht, Festrituale und das Leben auf dem Land finden einander in einem Lebensmuster, das von einer zwangsläufigen Dialektik von erzwungener Enthaltsamkeit und ebenso obligatorischen Exzessen gekennzeichnet ist. Das bedeutet jedoch nicht, dass die Kirche selbst solche Kompensationsrituale radikal vermeiden würde. Auch sie kannte seit dem frühen Mittelalter ihre Narrenfeste und später auch den Karneval, bei dem bestimmt nicht auf ausgiebige Tafelfreuden verzichtet zu werden brauchte. Daneben gab es noch die etwas exklusivere Form des so genannten *caritas*-Trinkens (und -Essens): Durch festliche Zusammenkünfte bekräftigte man die Verbundenheit innerhalb des Klosters, wobei das gemeinsame Tafeln – um nicht zu sagen: Saufen und Prassen – die Hauptrolle spielte. Anlass hierzu boten mehrmals pro Jahr nicht nur die christlichen Feiertage, sondern auch der Geburtstag des Abtes oder der Tod eines Mitbruders.

Verwandt damit war das Minnetrinken, bei man zu jedem Schluck Wein den Namen eines Heiligen anrief. Insbesondere die »Johannesminne« konnte in wahre Festgelage ausarten, inspiriert bestimmt von den alljährlich überschäumenden Volksfesten am 24. Juni, dem Geburtstag des Täufers Christi. Nicht zu Unrecht wurde dies wiederholt als eine Verchristlichung heidnischer Trankopfer für Götter und Verstorbene interpretiert, an die auch stark das *caritas*-Trinken beim Tod eines Mönches erinnert. Auf diese ausgelassenen Schlemm-Rituale referiert einer unserer Cocagne-Texte (L) offensichtlich in Zeile 81, wo von »[si]nte Jans misse« die Rede ist (»Johannistag« bzw. der mit diesem Feiertag häufig verbundene Jahrmarkt). Die unmittelbar vorhergehenden Worte sind der besagten Lücke der Handschrift zum Opfer gefallen, doch kennt Cocagne wohl vier von diesen Johannismessen, denn die Zeile steht innerhalb einer Aufzählung von jeweils vervierfachten Feiertagen: Einer einzigen Fastenperiode alle hundert Jahre stehen vier Osterfeste, Pfingsten und Weihnachten jährlich gegenüber. Auf jeden Fall erweitert unser Traumland damit die üblichen Anlässe zu ausgiebigen Schlemmereien um ein Beträchtliches.

Doch auch abgesehen vom liturgischen und rituellen Kalender war der westeuropäische Klerus von Anfang an bekannt für großzügiges Tafeln. Der Ruf nach Mäßigung – oder vielmehr: absoluter Enthaltsamkeit – als typisch christliches Verhaltensideal besitzt eine bemerkenswerte Aktualität in eigenen Kreisen: Der römischen Kurie zufolge aßen die Geistlichen nördlich der Alpen trotz des Gebots »normaler Essensrationen« geradezu pantagruelisch. Noch im Jahre 1059 wurde auf einer Lateransynode an die offensichtlich unvergessenen Ausschweifungen einer Kirchenversammlung in Aachen anno 816 erinnert – war dort der Geist Karls des Großen und der fränkischen Esskultur umgegangen? Die Kanoniker hätten sich dort jedenfalls solche gigantischen Portionen gegönnt, dass diese »eher der Gefräßigkeit von Zyklopen als christlicher Enthaltsamkeit« entsprochen hätten.

Doch dies alles war nichts im Vergleich zu den Fressgelagen des Adels. Konnten wir davon auch schon einiges beobachten, als es um die fränkischen Verzehrchampions ging – das wirkliche Reinhauen an Tafeln von der Länge einer Startbahn musste erst noch beginnen. Doch im dreizehnten Jahrhundert ist es so weit: In höfischen Kreisen wird das Festmahl zum sozialen Unterscheidungskriterium par excellence. Ausgehend von ihrer Gemeinschaftsfunktion hatte sich die einfache Rittermahlzeit zu einem verschwenderischen Luxusbankett entwickelt, das vor allem Reichtum und Macht ausstrahlen sollte. Der ererbte Status kleidete sich in größtmöglichen Überfluss, womit man deutlich machte, dass man sich niemandem beugen würde. Und darauf waren die adligen Haushaltungen denn auch vollkommen ausgerichtet. Insbesondere den Bewohnern der Städte musste man ihren Platz zeigen: Sie wagten es, mit dem unechten Gepränge von Nouveaux Riches aufzutrumpfen, um damit ihre Raffgier zu verbergen. Blaues Blut bedeutete Verschwendungssucht und lautstark demonstrierten Reichtum, um keinen Zweifel daran zu lassen, dass man über jede bürgerliche Beschränktheit erhaben war.

Diese bewusste Eindruckschinderei konnte sehr konkrete Formen annehmen: So wurden bei einem Bankett in Bologna im Jahre 1487 vor dem Auftragen die Speisen auf dem Schlossplatz erst noch Stück für Stück dem Volk gezeigt. Dies erinnert an die frotzelnde Bemerkung im Prolog eines Schuldramas für den Karneval des Jahres 1535, geschrieben von Meister »Macropedius« (wohl Joris van Lancvelt aus Gemert) für eine Aufführung durch seine Schüler: Auf der Bühne werde man gleich glänzende Bankette zu sehen bekommen, so ruft er ihnen und den Zuschauern zu, aber die Fasane, Gänse, Tauben, Amseln und Pasteten würden ihnen wohl nicht in den Mund fliegen. Doch vielleicht würde das Erzählen über all die herrlichen Speisen ihnen ja auch schon angenehm den Magen füllen. Zweifellos dachte Macropedius dabei an Cocagne und wusste, dass seine Schüler mindestens ebenso gern davon träumten wie er selbst. Und pädagogisch höchst geschickt wies er darauf hin, dass eine solche fiktive Darstellung auch als Ersatz für begehrtes, aber unerreichbares Essen dienen konnte.

Zur verschwenderischen Verwendung von Nahrung, wie sie an Adels- und Fürstenhöfen üblich war, gehörten auch öffentliche Fontänen, aus denen verschiedene Sorten Wein und manchmal auch Bier sprudelte. An der Tafel hatte es begonnen, doch nahm der Fontänenkult schnell unhandliche Formen an, die ihn vom Bankettsaal auf die Straße führten. Ab dem dreizehnten Jahrhundert kannte man Tafelspringbrunnen, oft mehr als Spiel denn als wirkliche Getränkespender; häufig beschränkten sich die Möglichkeiten auf das Händewaschen. Die meisten dieser Fontänen jedoch spendeten verschiedene Sorten Getränke. Gern wurden sie aufwendig geschmückt: Mit Hilfe eines Räderwerks wurden Glöckchen in Bewegung gesetzt, und es war nicht unüblich, die Springbrunnen zu verkleiden und ihnen etwa die Form eines Schiffes zu geben.

Vor allem jedoch wurden sie gern für kleine Streiche benutzt, indem sie etwa in unerwarteten Momenten in ebenso unerwartete Richtungen spritzten. Ebenso viel Freude kam auf, wenn man den Wein durch eine andere Flüssigkeit ersetzte, wobei vermutlich auch derbste Effekte nicht gescheut wurden. Das mittelalterliche Gefühl für Humor ist uns von allen überlieferten Verhaltensformen vielleicht am unbegreiflichsten: Schwere Behinderungen und unkoordinierte Körperfunktionen unterhalb der Gürtellinie gelten als Juwelen unvergänglichen Humors, die wir schweigend und verständnislos betrachten. Dabei spielen Bildung und Milieu keine Rolle, vielmehr ist es so, dass gerade der Adel, die Aristokratie – und nicht zu vergessen die höhere Geistlichkeit sich an diesen Späßen ergötzen, deren Verständnis und Pflege dem einfachen Volk schon aus materiellen Gründen versagt ist.

Neben diesen Verwendungen jedoch besitzen Tafelfontänen vor allem eine symbolische und allegorische Funktion, besonders als Darstellung des Jungbrunnens. Demselben Traum begegnen wir auch im Cocagne der Londoner Handschrift: Nie mehr sterben.

Bei der Hochzeit Antons von Brabant mit der Luxemburger Erbin Elisabeth von Görlitz im Jahre 1409 in Brüssel war der Empfangssaal mit einer Meerjungfrau geschmückt, aus deren Brüsten roter und weißer Wein sprudelte. Dieses Wunder wurde auch auf der Straße gezeigt, um dem Volk zu imponieren und es an das Herrscherhaus zu binden. Seit ungefähr 1380 dürfen solche Weinspender in Frankreich und den Niederlanden bei keinem fürstlichen Einzug in eine Stadt und keinem adligen Fest mehr fehlen. Nicht immer wird dabei deutlich, wessen Großzügigkeit sie nun eigentlich zum Ausdruck bringen sollen, die des Fürsten oder die der örtlichen Aristokratie.

Zum Schwur auf die »Blijde Inkomst« anlässlich des Regierungsantritts Philipps des Guten im Jahre 1440 hat Brügge auf diesem Gebiet alle Register gezogen: Auf einer Säule befindet sich das Standbild eines kleinen Jungen, der in einem fort »Hypocras« pinkelt, einen würzigen Morgenwein. Auf dem Markt hat man zum selben Zweck einen Brunnen mit Rot- und Weißwein aufgestellt, wobei man aus den Brüsten einer Frauenstatue (das ist der Gipfel der Freigebigkeit) zudem Tag und Nacht Milch strömen lässt. Am Hof hat man sich etwas noch Raffinierteres ausgedacht, denn dort steht ein nachgebildetes Kamel mit ebenfalls künstlichem »Sarazenischen Mooren«, der aus einer Flasche ununterbrochen Wein spendet.

Gent packt die Sache zur gleichen Gelegenheit im Jahre 1458 noch beeindruckender an – zweifellos bewusst, denn in diesen Dingen wollte keine Stadt hinter der anderen zurückstehen. Dabei ging es nicht nur um die Gunst des Fürsten, sondern vor allem darum – gleich diesem –, einen Prunk und eine Macht auszustrahlen, die von selbst Ehrfurcht einflößten: Hier hatte man einen großen, mehrarmigen Brunnen mit verschiedenen Strömen Wein errichtet, der auf nichts weniger abzielte, als die Quelle des Lebens im Paradies nachzubilden, deren vier Ströme die Erde erhielten. Auch ein Elefant – größer als das Brügger Kamel – war vorhanden, aus dessen Rüssel, für diese Gelegenheit höchst praktisch, man sich den natürlich auch hier wieder ununterbrochen strömenden Wein direkt einschenken konnte.

Doch im Jahre 1468 schlug Brügge hart zurück, und zwar anlässlich der Heirat Herzog Karls des Kühnen mit Margaretha von York, und noch einmal beim Regierungsantritt Karls V. im Jahre 1515. Bei dieser Gelegenheit brachte man es fertig, drei nackte, auf dem Rücken liegende Frauen darzustellen, aus deren Brüsten Milch sowie Rot- und Weißwein flossen. Die Zuschauer bekamen Stielaugen, denn alles war so lebensecht gemacht, dass man dachte, es handle sich bei den Sprudeldamen um echte Frauen mit magischen Kräften.

Wie man sieht, wurden bestimmte Aspekte Cocagnes und Schlaraffenlands ständig und überall zum Leben erweckt. Das kostenlose Ausschenken von Bier und Wein aus strömenden Brunnen war in der mittelalterlichen Festkultur nicht unbekannt, ob dies nun in geschlossenen Räumen oder auf der Straße geschah, und nun vom Hofadel oder gelehrigen Bürgern inszeniert wurde. Lediglich das Heranführen von Getränken in *echten* Flüssen verleiht den Phantasien doch noch jene groteske Übersteigerung, die man in der Wirklichkeit für übertrieben gehalten hätte und die den beiden Traumländern das Existenzrecht sicherte.

Der demonstrative Kampf gegen Hunger und Tod (und letztlich

jede Art irdischen Verfalls) durch tagelange Festmähler nimmt am
Ende des Mittelalters solche spektakulären Formen an, dass es die
größte Mühe kostet, sich bei deren Beschreibungen noch etwas vorzustellen. Schon die Mengen, die dabei vertilgt werden, sind fast un-
begreiflich. So verbraucht man bei dem »Fasanenbankett« im Jahre
1454 in Lille (bei dem Gastgeber Philipp der Gute zum letzten Mal
mit einem Kreuzzugsplan flirtet) gut 9000 Weißbrote, 4800 »feine
Weißbrote«, 6 Fässer – man denke dabei mehr an das Format »Bade-
wanne« – Germole-Wein, 24 Fässer Beaune-Wein, 2 Fässer Hypo-
kras, 800 Hühnerpasteten, 1600 Spanferkel, 1600 Kalbsbraten, 1600
Schafskeulen, 400 Stück Wildgeflügel, 600 Rebhühner, 1400 Kaninchen, 400 Reiher, 36 Pfauen und 6 Pferdeladungen Naschwerk – die
Zahlen erwecken den Eindruck, dass die Teilnehmer von jedem Gericht mindestens einen Braten allein essen mussten. Auch diese Zurschaustellung der Macht und des Reichtums sollte der Bourgeoisie
zweifellos eine Lehre erteilen: So essen wir – bei Hofe.

6 Tafelspektakel und bewegliche Gaumenfreuden

D och die Hauptattraktion solcher Festmähler bildeten nicht in erster Linie die dabei verbrauchten Mengen. Vor allem ging es um die kunstvolle Präsentation all der Speisen, die außerdem noch zu kompletten Spektakelstücken inszeniert wurden. Ganze Schlachten, Entführungen, Belagerungen, Jagden und Schiffbrüche wurden in, durch, zwischen und mit Hilfe von Speisen dargestellt. Ein spezieller Tafelhumor bestand darin, die Zutaten unerkennbar zu machen, Geschmäcker zu maskieren und Fleisch wie Fisch, Fisch wie Geflügel und Geflügel wieder wie Fleisch aussehen zu lassen. Überraschungs- und Camouflage-Gerichte gehörten zu den Höhepunkten adliger Tafelfreuden. Was war lustiger als ein Kaninchen aus Teig, vor allem, wenn ein hungriger Ritter hineinbiss? Auch beim Auftragen eines Rieseneis, das sich als gekochte Schweineblase entpuppte, schlug die Stimmung hohe Wellen.

Eine andere bekannte Attraktion war der scheinbar lebendige Pfau, der – sorgfältig wieder zugenäht – mit entzündetem Kampfer und Wolle im Schnabel Feuer zu speien scheint. Und sehr beliebt war auch das ebenso lebensecht hergerichtete Schwein, aus dessen Bauch sich beim Aufschneiden ein Strom von Blutwürsten ergießt, die jede wieder von einem Kranz kleinerer Würstchen umgeben waren. Zur Hochzeit Karls des Kühnen im Jahre 1468 servierte man den staunenden Gästen unter anderem einen gewaltigen Walfisch, aus dessen Maul plötzlich singende Meerjungfrauen und tanzende Meeresritter hervorkamen. Vor allem verborgene Attraktionen waren äußerst beliebt. Schon aus dem zwölften Jahrhundert hören wir von enormen Torten, in denen kleine Vögel versteckt waren: Schnitt man die Torte auf, entwichen sie unter lautem Gezwitscher in den Saal, worauf man die Zwergfalken losließ, die schnell wieder für Ordnung sorgten.

So entwickelt sich bei Tisch eine geradezu epische Fressarchitektur, die eine ziemlich direkte Verwirklichung dessen darstellt, wovon man in Cocagne nur träumte. Ab circa 1200 beginnen Kochbücher zu erklären, wie man solche kulinarischen Bauwerke herstellt. Immer geht es darum, mit ihnen gleichzeitig eine Geschichte zu erzählen. So gibt es etwa ein Rezept für den »Kampf zwischen Schlange und Taube« in einer Tortenarena, die selbst wieder von einem Kranz köst-

Belagerung Jerusalems als Tafeldivertissement bei einem Bankett Karls V. von Frankreich im Jahre 1378; Miniatur in Chronik von ca. 1380; aus: Bumke, I, 258.

lich gefüllter Innereien umgeben ist. Nicht ganz klar ist dabei, ob die kämpfenden Tiere echt sind oder ebenfalls aus Gebäck bestehen. Die Praxis jedoch überbot solche Rezepte noch bei weitem. Eines der »*entrements*« – gespielte Szenen zwischen den einzelnen Gängen – bei einem Bankett des französischen Königs Karl V. für seinen deutschen Kollegen Karl IV. im Jahre 1378 stellte die Belagerung Jerusalems im ersten Kreuzzug dar. Wie wir bereits sahen, rief der Gedanke an Jerusalem und Belagerungen automatisch die abscheulichsten Hungerassoziationen hervor, sodass dieses kunstvoll inszenierte Spektakel gleichzeitig von pikanter Ironie zeugte. Die Vorstellung wurde von Modellen der Kreuzfahrerschiffe dominiert, die zugleich der Aufnahme des Tafelgeschirrs und der Utensilien des Vorkosters dienten, der feststellen musste, ob die Gesellschaft unbesorgt zugreifen konnte.

Schiffe sind in dieser epischen Tafelarchitektur besonders beliebt. Bei einem der Bankette anlässlich der Hochzeit Karls des Kühnen befinden sich auf der Haupttafel sechs Fregatten, die jede eine enorme Fleischschüssel mit dem Namen eines der Herrschaftsgebiete des Herzogs tragen. Um diese Mutterschiffe herum bewegen sich sechzehn kleinere Fahrzeuge, jedes umgeben von vier Booten voller Gewürze und Obst. Die in Gold und Azurblau bemalten Schiffe sind zudem mit Wappen und Losungen geschmückt. Die Städte Karls werden von Torten mit deren Namen und Wappenschilden dargestellt.

Eines der seltsamsten Tafelspektakel, das zu einem Bankett je aufgeführt wurde, ist zweifellos die Vorstellung am Dienstag der Hochzeitsfeierlichkeiten, zu der man eine gewaltige Nachbildung des Turms von Gorcum* benutzte (und hinterher aufaß?). Wir lassen dem schon genannten Zeugen Anthonis de Roovere das Wort, der in Sachen großzügiger Feierlichkeiten durchaus einiges gewohnt ist, doch hier wie ein verdatterter Bürger selbst nur noch fassungslos zuschauen kann. Fast scheint es, als wolle er sich von dem beschriebenen Vergnügen sogar distanzieren:

---

* Stadt in der heutigen Provinz Südholland mit noch immer berühmtem Backsteinturm. [Anm. d. Ü.]

Da gab es Ziegen, die auf der Schalmei und Trompete spielten; künstliche Esel, die sangen; Wildschweine, die auf großen Flöten spielten, und Bären, die die Laute schlugen, einer nach dem anderen. So gab es auf dem Turm einen Wächter, der zwischen jedem Auftritt einen wohlgesetzten Reim sprach. Zum Schluss kam eine Gruppe Affen und führte den Arabesken-Tanz auf, worüber viel gelacht wurde. Danach fanden die Affen am Turm einen schlafenden Krämer, den sie all seiner Spiegel, Spangen und Kämme beraubten, welche sie darauf den anwesenden Jungfrauen schenkten, was insgesamt eine äußerst närrische Veranstaltung war.

Immer müssen wir uns dabei daran erinnern, dass dieses herrschaftliche Varieté ständig in Essen verpackt war und teilweise die Tiere, die menschliches Verhalten imitierten, daraus gemacht waren. Speisen werden hier zu Theaterrequisiten. Noch bis ins sechzehnte Jahrhundert gibt es Beispiele für solche inszenierten Gerichte, bei denen ein normaler Mensch wohl keinen Bissen herunterbekäme. Doch vielleicht war dies auch überhaupt nicht mehr die Absicht.

Vor allem jedoch ersieht man hieraus, dass Nahrungsarchitektur sich keineswegs nur auf Träume oder Märchen beschränkte, sondern auch bei den Banketten wohlhabender Adliger eine selbstverständliche Rolle spielte. Auch wenn die Darstellungen bewohnbaren Essens unterschiedliche Formen annehmen, kämpfen sie doch letztlich alle mit ähnlichen Waffen, um die gefürchteten Nahrungsprobleme wenigstens vorübergehend mit ebenso humorvollen wie grotesken Bildern des Überflusses vergessen zu machen.

All diese Spielformen bei Tisch zeigen eine große Verwandtschaft mit Darstellungen in Literatur und bildender Kunst. In den Pseudowelten der Lügenliteratur, zu der unsere Texte über Cocagne und das Schlaraffenland zweifellos gehören, kommt beispielsweise die alternative Baukunst in den verschiedensten Varianten vor. Selbst Waffen können aus Essen bestehen: Der Brügger Rederijker Eduard de Dene beschreibt um 1550 in einem schwankhaften Refrein, wie Bauern bei der Erstürmung eines Schlosses mit Kriegsgerät aus Gebäck bewaffnet sind. Noch dicker trägt ein französischer Lügentext über die so genannte Bruderschaft der »*Soulx d'Ouvrer*« (Nichtsnutze) aus der Zeit Rabelais' auf: In diesem satirischen Hirtenbrief kommt eine wundersame Burg mit Mauern aus fettem Mailänder Käse vor, bestreut mit kleinen Diamanten. Die Zinnen und Fenster der Burg sind aus frischer Butter, Schmelzkäse und Zucker. Die Zugbrücken bestehen aus panierter Schweinskopfsülze, und die Ketten sind aus Kaldaunenwürstchen und gebratener Blutwurst geflochten.

So scheinen viele Attraktionen Cocagnes und Schlaraffenlands in einer langen Tradition auch andernorts dargestellter Wunschträume zu stehen. Dies gilt sicher für die einem in den Mund fliegenden Vögel sowie die verzehrfertig – oft sogar gleich mit Besteck im Rücken oder Schnabel – bereitstehenden Tiere.

Die Projektion dieser Bereitwilligkeit auf Tiere beruht übrigens nicht nur auf persönlichen, wilden Phantasien: Wenn Adam im Paradies auf Gottes Geheiß den Tieren Namen gibt und so die Herrschaft über sie erhält, bedeutet dies nach mittelalterlicher Exegese, dass der Mensch seitdem die Tiere in jeder Hinsicht für sich verwenden dürfe. Ganz im Sinne mittelalterlicher Gebräuche entwirft Jacob van Maerlant denn auch eine passende Etymologie für »beesten« (Tiere), die die wesentliche Wortbedeutung und damit den Zweck der damit bezeichneten Wesen offen legen soll: Ihm zufolge ist der Name von »bistaen« (beistehen) abgeleitet, Diener des Menschen also, bis in den Tod. Und für keinen Geringeren als Thomas von Aquin bedeutete dies, dass sie vor allem für den menschlichen Verzehr bestimmt waren – darum schwämmen Fische auch in Schwärmen, auf dass man sie umso leichter fangen könne.

Dabei ist wichtig, sich daran zu erinnern, dass Haustiere, Vögel und Fische in der Regel unzerlegt und nicht selten noch lebend die Bekanntschaft des Konsumenten machten. In unserer Gesellschaft kommt dies nur noch selten vor: Das tierische Produkt auf dem Teller besteht meist nur aus einem unerkennbaren (oder unerkennbar gemachten) Teil des bewussten Tieres. Im Mittelalter jedoch kaufte man keine Katze im Sack: Die meisten Tiere kamen lebend zum Metzger und wurden auf Bestellung geschlachtet. Viele Fischsorten wie Aal und Neunauge wurden ebenfalls lebendig vom Fangort zum

Händler transportiert. Auch dies – zusammen mit der allgemein-religiösen Auffassung über die Bestimmung des lieben Viehs – brachte die Menschen leicht auf den verlockenden Gedanken, dass die Tiere sich freiwillig dem menschlichen Heißhunger unterwarfen.

Dabei ist es nicht undenkbar, dass die Träume über sich selbst zum Verzehr anbietende Tiere auch durch die bereits im Mittelalter einsetzende Abwendung von öffentlichem Schlachten gefördert wurden. Was in der Praxis immer weniger möglich war, musste in Träumen weiterleben. Beginnt man die Texte über Cocagne und Schlaraffenland in dem Moment aufzuschreiben, als die ersten Schlachthäuser vor die Stadt verbannt werden? So einfach kann es nicht sein, doch ein gewisser Einfluss auf die Phantasien in dieser Richtung lässt sich nicht ausschließen.

Ein letzter wichtiger Impuls für diese Vorstellungen ist natürlich die Praxis des Abendmahls: In jeder Eucharistie bringt Jesus sich wieder in völliger Hingabe dem rein gewaschenen Sünder zum Opfer. Wir sahen bereits, wie plastisch man diese heilige Selbstanbietung im Mittelalter oft darstellte, und nicht nur dem niederen Volk, sondern gerade auch zur bewussten Rührung der Elite.

Der Traum von sich spontan anbietender Nahrung gehört zur Sehnsucht nach dem verlorenen Paradies. Daran erinnert ein weit verbreitetes Sprichwort, das die Frustration über diesen Verlust im Kern benennt:»Dir werden keine gebratenen Tauben in den Mund fliegen.« Es kommt in ganz Westeuropa vor und besitzt Parallelen bis in die Antike. (Dort hatte man schließlich auch so seine Paradiese, doch davon später.) Jedenfalls träumen schon verschiedene klassische Autoren von willigen Nahrungstieren – Petronius etwa von kleinen Fischen:»Die Soße wimmelte von Fischen, die wie in einem Bächlein zu schwimmen schienen. Wir applaudierten von Herzen zusammen mit den Sklaven und bedienten uns lachend von all den Herrlichkeiten.« An anderer Stelle seines von Fressphantasien nur so strotzenden *Satyricons* spricht er von besseren Welten, die immer Neid erwecken würden, beispielsweise wegen der»Schweine, die dort gebraten herumliefen«. Die kennen wir auch aus Schlaraffenland, doch nicht nur dort tummeln sie sich: Für den Maler Jan Mandyn, geschult – oder vielleicht besser: klebend – am Werk Jeroen Boschs,

Ganze Tiere in einer Fleischerei; farbige Zeichnungen aus der *Chronik des Konstanzer Konzils 1414–1418* von Ulrich Richental in Handschrift von ca. 1465; Konstanz, Rosengartenmuseum.

gehören solche Träume zu den Lieblingstricks des Satans: In den immer wieder gemalten Versuchungen des heiligen Antonius zieht Beelzebub bekanntlich alle Register, und so fügt Mandyn seinem Gemälde auch ein gebratenes Schwein mit Messer im Rücken hinzu – damit versucht der Teufel diesen Topheiligen zu zwei Todsünden zugleich, zur Völlerei nämlich und zur Trägheit.

Als Beispiele einer mühelosen Nahrungsversorgung von oben nennt die Bibel neben dem Paradies auch das Manna und die Wachteln, die im Buch Exodus über dem Lager der Kinder Israels niedergehen. Dabei wurden diese Bibelstellen – nicht zu Unrecht übrigens – immer wieder als Zeichen himmlischer Belohnung interpretiert, die belegten, dass der Mensch an sich nicht für Hunger und Mühsal bestimmt war, sondern sich diese und andere Entbehrungen selbst zuzuschreiben hatte. Wäre er nicht so sündig, würden Gott und Natur ihm ohne jede Anstrengung die herrlichste Nahrung liefern.

Auch in diesem Punkt haben die exotischen Welten mit ihren paradiesischen Vorhöfen einiges zu bieten. So bemerkt Alexander der Große in einem der weit verbreiteten, nach ihm benannten Romane, wie sich auf seinem Weg zum Paradies, dem er sich stromaufwärts über einen der dort entspringenden Flüsse nähert, die Welt im Verhältnis zu seinem Herkunftsland immer mehr verändert und umkehrt: So findet er Fische, die sich selbst im Wasser kochen und durchs Feuer schwimmen. Bereitwillig löst sich ihr Fleisch von den Gräten.

Übersichtlicher geregelt ist die Situation auf der Insel Thalamoch oder Talamasse, über die Mandeville schreibt: Dort kommen einmal pro Jahr alle möglichen Fische drei Tage lang direkt ans Ufer. Jeder kann sich dann mit der Hand so viele fangen, wie er braucht. Den Bewohnern zufolge ist dieser Segen eine Belohnung Gottes. Ihr guter und tugendsamer König ist nämlich zugleich Weltmeister der Fortpflanzung: Jede Nacht schläft er – nur zu diesem Zweck, versteht sich – mit einer anderen Frau, wodurch er schon mehrere hundert Nachkommen gezeugt hat, eine Schar, die er noch ständig fleißig erweitert. So gehorcht er auf vorbildliche Weise Gottes Gebot der Fruchtbarkeit. Dafür kann man einmal pro Jahr schon einen ordentlichen

Fischzug erwarten. Mandeville hat diese Geschichte von Odorich von Pordenone übernommen, der mit eigenen Augen gesehen haben will, was Bibelexegese und jahrhundertelanger Volksglauben ihm diktierten: Fische wollen gegessen werden. Auch die altirische Reiseerzählung über die Meerfahrt des Máel Dúin spricht von einem Land, wo enorme Lachse (wir befinden uns im Norden) sich auf den Strand werfen – viel mehr, als man für die tägliche Mahlzeit benötigt.

Doch beherbergen die umgekehrten exotischen Welten zugleich auch das Gegenteil von allem, was man in der westlichen Welt als zivilisiert betrachtet, allem voran das Tabu der Menschenfresserei. In jenen barbarischen Gegenden konnte es Weißen durchaus geschehen, selbst die Rolle der sich spontan anbietenden Nahrung übernehmen zu müssen. So erging es etwa Hans Staden aus Homberg (Nordhessen) während seiner monatelangen Gefangenschaft bei einem Stamm brasilianischer Indianer. Sein Bericht hierüber, publiziert 1557 in Marburg, wurde auf dem gesamten europäischen Buchmarkt ein Sensationserfolg. Eine niederländische Ausgabe erschien bereits 1558 bei Christoffel Plantijn in Antwerpen. Immer wieder schwebt Staden in Gefahr, verspeist zu werden, doch glücklicherweise wird dies jedes Mal wieder verschoben oder er weiß einen Aufschub zu erwirken. Dafür scheint er sich in der Zwischenzeit in einem fort als potentiellen Leckerbissen anbieten zu müssen: So etwa, als man ihn gefangen in ein Dorf bringt, wo er sich bei den Frauen in den Hütten als ihre nächste Mahlzeit anzumelden hat. Offenbar legen die Eingeborenen auf eine solche Selbstanpreisung besonderen Wert. Später werden ihm die Beine zusammengebunden, und »ich musste mit zusammengepressten Füßen durch die Hütte hüpfen. Darüber lachten sie und riefen: ›Da kommt unser Essen hergehüpft!‹«

Im Allgemeinen jedoch findet man in der Fremde eher Paradiese: John – Johann oder Jan – Mandeville, unsere wichtigste Quelle für bekannte exotische Welten des Mittelalters, weiß zu berichten, dass auf der Insel Talamasti (ebenfalls Talamasse oder auch Paten: sie muss irgendwo in der Umgebung Borneos liegen) Bäume wachsen, die ohne den umständlichen Umweg von Aussaat und Getreide sofort Mehl liefern. Man könne daraus schmackhaftes Weißbrot backen.

Auf ebenso einfache Weise werden durch direkt Wein liefernde Bäume die Reben und das Keltern übersprungen. Die Ernte sei kinderleicht: Man hacke die Bäume um, schäle den Bast von den Stämmen und habe sofort wunderbares Weißmehl, während man den Wein direkt in Fässern auffangen könne. Wie so oft bei Mandeville und anderen liegt die Kraft dieser wundersamen Beschreibungen vor allem darin, dass sie an reale Gegenstände anknüpfen, die später von anderen Reisenden bestätigt werden können. Bei vorliegendem Bericht dienten ihm wohl die Segnungen der Sagopalme als Vorbild. Bäume, die Vögel und andere Tiere hervorbringen, finden sich in unzähligen Reisebeschreibungen. In Cadulc (Korea?) wachsen – wieder Mandeville zufolge – enorme Früchte, in denen sich eine Art wollloser Lämmer befindet. Sie schmecken köstlich! Der französische Text spricht außerdem noch von Früchten, die sich spontan in Schwärme von Vögeln verwandeln, die ebenfalls nicht zu verschmähen seien. In dieselbe Kategorie fallen die Baumgänse aus dem Norden, von denen viele andere Autoren (und in der deutschen Ausgabe auch Mandeville) berichten.

Der schon genannte Lügentext über die Bruderschaft »*Soulx d'Ouvrer*« dagegen treibt mit dieser Kamikazenahrung eher seinen Spott. Dabei kommt es zugleich zu einer Paradiesparodie, indem der Text jede Nahrung schaffende Anstrengung kategorisch ausschließt: Zu jedem Zeitpunkt erhält man in einem Wunderschloss die herrlichsten Speisen. Alles steht in jeder gewünschten Portion auf dem Tisch. Man braucht sich um nichts zu kümmern, und auf bloßes Nicken springen einem die Fleischbrocken in den Mund. In einem kleinen Obstgarten stehen Bäume, an denen Vögel und andere Tiere wachsen, die fix und fertig zum Verzehr sind. Auch hagelt es dort auf Kommando, wobei die Niederschläge aus Süßigkeiten bestehen.

Früchte und Tiere, die zum Wachsen nicht die geringste Pflege erfordern, eine Natur, die sich selbst auf leckerste Weise zum Verzehr zubereitet. Man braucht nur noch zu pflücken, mit dem bereitliegenden Besteck abzuschneiden oder einfach den Mund zu öffnen. – So war es ursprünglich gedacht, damals im Paradies, und so konnte man es im fernen Osten und Westen angeblich noch immer erleben. Und um die Entbehrungen der eigenen Kultur besser ertragen zu können, ließ man sich gern detailliert von diesen Wundern erzählen – oder gab sich den Träumen hin: Herrliches Essen, ohne etwas dafür zu tun. Auch diese Sehnsucht fand Eingang in ein damals bekanntes Sprichwort: »Gherne soud se visschen die catte, / Maer noede steec se den poet in 't natte.« (Gern würd sie fischen gehn, die Katz', / Wär nur das Wasser nicht so nass). Fisch sehr gerne – aber lieber keine nassen Pfoten.

7 Literarische Mahlzeiten

D och man kann die Angst vor Hunger und Entbehrung auch auf Papier und Pergament ausleben. Wut, Freude und (Selbst-)Ironie wechseln sich dabei ständig ab und treten nicht selten in ein und demselben Text auf. Doch geht es dabei immer um mehr als bloßen Humor, wie oft man diese Äußerungen auch später als schale und manchmal vulgäre Witzelei abgestempelt – oder einfach ignoriert hat.

Schon oft wurde ein Zusammenhang dieser Texte mit dem Repertoire öffentlicher Festlichkeiten vermutet, allen voran des Karnevals. Hierauf deuten beispielsweise all die wahnwitzigen Aufzählungen komisch verballhornter Gerichte, die erst bei lautem Vortrag richtig zu ihrem Recht kommen. Solche närrischen Rezitationen bildeten den Kern des Karnevals und wurden von den Pseudo-Autoritäten vorgetragen, die mit ihren Ämtern diesem vorübergehenden Spottreich eine eigene Infrastruktur verliehen: dem Fürsten, dem Richter, dem Priester, dem Doktor und dem Astrologen.

Doch solche humoristischen Aufzählungen kommen schon früher vor und sind im Grunde so alt wie Mangel und unsichere Nahrungsversorgung in Europa selbst. So kannte auch das klassische Altertum seinen Küchenhumor, von dem wir einige Gerichte bereits gekostet haben, zu denen auch die Aufzählung gehörte. In der deutschen Literatur gibt es seit dem dreizehnten Jahrhundert sogar das eigene Genre einer »Sauf- und Fressliteratur«, die hiermit zwar verwandt ist, aber auch noch ganz anderen Zwecken dient. In der höfischen Epik fungieren solche Texte oder Passagen meist als Anleitungen für

junge, noch unkultivierte Ritter, denen sie einen bewussten Kontrast
zur gewünschten Speiseetikette vorführen, wobei es dann zu jenen
verrückten Aufeinanderstapelungen von Küchenworten und Speisen
kommt. Ein gutes Beispiel für solche Wortkanonaden liefert Neid-
harts berühmtes *Gefraess*, in dem nicht weniger als zweiundvierzig
verschiedene Gerichte aufgezählt werden. Vielleicht hat Neidhart
diesen Text sogar speziell für den Karneval geschrieben, wo fröhliches Prassen und Bankettieren ja zuallererst zu Hause sind.

Fastnacht und Fressen gehören zusammen: Ein Anlass jagt den
nächsten, sich voll zu stopfen, als sei es das letzte Mal – und in gewissem Sinne war das auch so, wenn man die nun folgende Periode
notgedrungener Selbstbeschränkung und Entbehrung bis zur neuen
Ernte bedenkt. Der Brügger Rederijker Eduard de Dene hat in seinem
– von ihm selbst herausgegebenen – literarischen Nachlass eine
eigene Abteilung mit geeigneten Fresstexten für den Karneval reser-
viert. Die Karnevalesen apostrophiert er in der für ihn typischen,
leicht verstiegenen Weise als »Epicurieneghe slampampers / Veel
spysen instampers« (Epikureische Liederlinge / Vieler Speisen
Schlingerlinge), als feiste Diener des Epikur also, De Dene zufolge
der klassische Philosoph der Schlemmerei. Überall fallen sie über die
Tafeln her und reden von nichts anderem als vom Essen und Trinken.
Bis spät in die Nacht schmausen und zechen sie, und sitzen frühmor-
gens schon wieder beim Frühstück. Das Stichwort ist auch bei De
Dene, dass sie – nach dem Bibelwort – aus ihrem Bauch einen Gott
machen, der Standardvorwurf, der im Mittelalter alle Schlemmer
trifft. Nur, dass De Dene es hier nicht allzu ernst zu meinen scheint
und wohl eher ein geeignetes Etikett für ein vorübergehendes Verhalten sucht, das er – wenn man sein eigenes Leben betrachtet – keineswegs verschmähte.

Vor allem in den Lügenpredigten, die die umgekehrte Moral der
Karnevalsobrigkeit verkünden, werden Verordnungen zum nun-
mehr erwünschten und unerwünschten Fress- und Saufverhalten erlassen. In einer Predigt über den »Heiligen Sankt Niemand« heißt es,
»dass man das Himmelreich mit Zechen wohl mag g'winnen / Denn
wer trinkt, dass ihm die Augen tränen, vom Wein oder vom Bier / Er-
löst mit jedem Schluck die Seel' ein's armen Tropfs im Fagfier [Fe-

gefeuer]«*. Saufen also, um zu erlösen und selbst in den Himmel zu kommen. Darauf folgt eine humoristische Aufzählung personifizierter Speisen, die erst zu Ostern wieder auf den Tisch kommen, sowie solcher, die die nun kommende Fastenzeit beherrschen werden. Dabei geht es unter anderem um:»Pieter Osse, Gerard Coen [Kuh], / Pieter Scaep [Schaf] und Jan Capoen [Kapaun]« sowie deren Widersacher»Jan Cabeljau, Pieter Scelvis und Jan But«, die mehr vegetarischen Herren»Calle Olive« und»Calleke Appel« nebst den Damen »Trijn Fijghen (...) und Beelke Rosijns«.

Besonders komisch fand man es, die notorischen Darstellungen von Hunger und Prasserei mit den dramatischen Geschichten heiliger Märtyrer zu verbinden. Im Rahmen einer Lügenpredigt wurde dann etwa der Leiden einer Gans oder eines Herings gedacht, die zum Verzehren auf dem Grill lagen. Dieses Motiv findet sich schon in den lateinischen Satiren der *Carmina Burana,* in denen unter anderem das Klagelied eines gebratenen Schwans vorkommt:

Nun lieg ich in der Schüssel schon,
der Fliegekunst nicht mehr gewohn,
und seh gebleckter Zähne Hohn.
  Schmerz, o Schmerze!
  Lauter Schwärze,
  verbrannt von Kopf bis Sterz!

Zweifellos wurden solche Gedichte auch bei kirchlichen Narrenfesten zu Gehör gebracht, für die die genannte Sammlung noch mehr geeignete Texte enthält. Diese Ventilfeste der Kirche gingen später im städtischen Karneval auf, der viele der dort entstandenen Texte übernahm und den eigenen Bedürfnissen anpasste. So kennen wir aus dem fünfzehnten Jahrhundert eine Lügenpredigt über»Alijt die Gans«, die demselben Muster folgt. Unmittelbaren Anlass hierfür lieferte vermutlich der Martinstag am 11. November, der eine Reihe

---

* dat men hemelrijcke met drijnckene mach winnen / Want wie drijnct dat hem die ooghen loopen, in wijne oft in biere / Die verlost telcken een ziele uuten vavière.

von winterlichen Umkehrungsfesten einläutete und an dem man traditionell eine gebratene Gans verspeiste.

Auch die *Legende van Sinte Haryngus* (Hering), überliefert aus der Mitte des sechzehnten Jahrhunderts, folgt diesem Muster. Feierlich wird des Heiligen gedacht, wie er während des Fastens vollkommen selbstlos die Menge von seinem eigenen Fleisch und Blut ernährte. Und doch habe man ihn auf die gemeinste Weise verfolgt und gefangen genommen. Danach folgt eine detaillierte Beschreibung seiner Leiden, die der Prediger der Gemeinde mit der angebrachten Erschütterung enthüllt: Haryngus' Kiefer seien aufgebrochen und mit Salz voll gestopft worden, man habe ihn in eine Tonne gesteckt, um ihn kurze Zeit später auf dem Feuer zu braten und mit einem Spieß durch den Kopf im Qualm zu räuchern. Und als ob das noch nicht genug wäre, habe man ihm dann auch noch die Haut abgezogen, den Bauch aufgeschnitten und die Därme herausgerissen. Danach habe man ihn mit Butter und Senf gefüllt. Und noch immer sei es nicht genug gewesen. Man habe diesen König der See durchs Mehl gezogen, bis er weißer war als Schnee, und zuletzt in kochendes Öl geworfen. So wurde er für den grausigen Höhepunkt seines Martyriums vorbereitet: das abstoßende Festbankett des Pöbels, der ihn verschlungen und abgenagt habe bis zur letzten Gräte. Die Reste seines edlen Leibs habe man den Hunden und Katzen zum Fraß vorgeworfen. Womit habe der Heilige solche Grausamkeiten verdient? Möge er uns dennoch bis in alle Ewigkeit wohlgesinnt bleiben, um uns gemeinsam mit seinen Untertanen – deren man nun in einer langen Aufzählung gedenkt – zu ernähren. Stilvoll beendet der Prediger seinen Sermon, indem er die Fastnachter segnet und vom Himmel Pocken, Krätze, Beulenpest und Cholera auf sie herabfleht, Amen.

Ein Nachklang dieser stereotypen Komik um das festliche Prassen ist uns in drei Dokumenten aus dem achtzehnten Jahrhundert überliefert. Alles deutet darauf hin, dass sie die spätmittelalterlichen Bräuche noch unverfälscht reflektieren. Das gesamte Fest mit seinen Wurzeln in Fruchtbarkeits-, Reinigungs- und Umkehrungsritualen wird in diesen Texten auf die Gegenüberstellung zwischen karnevalistischer Fresserei und frommer Enthaltung danach reduziert. Nach alter Tradition bestehen die Parteien dieses Streitgesprächs aus Fleisch und Geflügel auf der einen sowie Fisch und Feldfrüchten auf der anderen Seite. Das Fasten wird dabei vom »Kaiser von Abstinentien« verkörpert, der in einer Spottverordnung verkündet, alle Fischgründe und darin schwimmenden Schuppentiere zu regieren, die auch hier wieder in einer endlosen Reihe genannt werden. Auch besitze er die Herrschaft über Früchte, Gemüse und alles, »was mager gekocht wird«.

Gegenstand seines Erlasses ist die sofortige Verbannung allen Fleisches und Geflügels aus seinem Reich, worauf nochmals eine lange Aufzählung all jener personifizierten Gaumenfreuden folgt. Die Verbannten sind unter anderem Roeland de Stier, sein Onkel Dirk de Os, seine Frau Koetje und sein Sprössling Kalfje; weiterhin Koppen der Hahn, Hennetje, seine Frau, und Küchlein, ihre Tochter, sowie Zwijnard Ferkel und viele andere bis hin zu Klaas de Gans, Griet Pansen und Bärbel Kotelett. Ergangen in der Stadt des Großen Hungers, in einem Jahr mit einem (unklaren) Wortspiel um die Narrenzahl Elf und unterzeichnet von Büttel Wouter Ijdel Buik (Leerwanst).

Zahlreiche Texte mit Debatten und Schlachten zwischen den Anführern des Karnevals und des Fastens sind auch in der nordfranzösischen Literatur des Spätmittelalters und der frühen Neuzeit überliefert. Immer handelt es sich dabei um Spiel- und Vortragstexte, die reiche Möglichkeiten zu rhythmischer Rezitation nebst humorvoller Darstellung all der (in langen Reihen) vorbeimarschierenden Leckerbissen bieten. Oft genug geht es dabei nämlich um wahre Armeen, die gegeneinander zu Felde ziehen. Einige Texte haben sogar die Form ausformulierter kleiner Theaterstücke.

Spuren solchen Materials finden sich auch in den Niederlanden, obwohl hier aus jener Zeit beträchtlich weniger überliefert ist. Doch das Genre ist bekannt. So gibt es zum Beispiel ein schwankhaftes Streitgespräch zwischen dem als dicker Bauer verkleideten Karneval und dem Fasten in Gestalt einer dürren Begine. Auch dabei werden unvermeidlich wieder die typischen Fastnachtsgerichte genannt: »Eierkuchen, Pfannkuchen und Waffeln«, später noch ergänzt um »Eier, Gewürze, Hühner, Pasteten, Rebhühner und Kapaune«. Ist es ein Zufall, dass wir hierin viele kulinarische Bestandteile Cocagnes

Kampf zwischen Fisch und Fleisch; Holzschnitt von ca. 1530; Oxford, Ashmolean Museum.

und Schlaraffenlands (besonders die Backwaren) wieder entdecken? Gründe, diese Traumländer besonders im Karneval zu beschwören, gibt es genug.

Doch die beeindruckendsten Zeugnisse der Popularität solcher Streitgespräche und Nahrungsschlachten finden sich in der bildenden Kunst. Hier wird alles überstrahlt von Breughels berühmtem *Kampf zwischen Karneval und Fasten* aus dem Jahre 1559, acht Jahre vor seinem Schlaraffenlandgemälde. Alles auf diesem Bild dreht sich ums Essen, und zwar in Darstellungen, die uns aus der Literatur inzwischen gut bekannt sind: Ein Fettwanst auf einem Bier- oder Weinfass sticht mit einem Spieß, auf dem ein gegrillter Schweinskopf, ein gebratenes Huhn und andere Speisen stecken, nach einer ebenso mageren wie blassen Gestalt auf einem Wagen, die sich mit einem Backholz wehrt, auf dem lediglich zwei magere Stockfische liegen. Neben ihr sieht man nur noch ein paar Brezeln und einige Semmeln. An der Seite des Vielfraßes dagegen tummeln sich noch allerlei andere Speisen wie etwa ein enormer Schinken mit einem einladenden Messer nebst Eiern, Waffeln, Weißbrot und Pfannkuchen.

Dieser bis an die Zähne mit Essen bewaffnete Dickwanst, ein wahrhaftiger Ritter von der fettigen Gestalt, begegnet uns wiederholt in Literatur, bildender Kunst sowie in Festbräuchen. Auf vielen Stichen erkennt man auf seiner Waffe – ein gewöhnlicher Bratspieß – Schinken, Spanferkel und Kapaune. So gab es im westflämischen Poperingen im späten Mittelalter eine Festgesellschaft, die von einem Narrenritter namens Ghybe oder Gib angeführt wurde. Wahrscheinlich war es eine Vereinigung, deren Mitglieder bei passenden Gelegenheiten wie etwa zum Karneval für Spaß und Schabernack sorgten. Wie unklar der Name des Ritters auch sein mag, sein Äußeres auf der uns überlieferten Zeichnung lässt keinen Zweifel daran, dass er das bei dieser Gelegenheit geforderte Fressverhalten voll und ganz repräsentierte: Er ist bewaffnet mit einem Küchenspieß, trägt eine Rüstung aus Töpfen und Pfannen sowie Sporen aus Löffeln und sitzt umgekehrt auf einem Esel, während er auf einen Narrenstein mit dem rätselhaften Gewicht von 83 Pfund schlägt. Viel deutet darauf hin, dass aus dieser Gelegenheitsvereinigung später die Rederijkerkammer der »Keikoppen« (Steinköpfe) erwuchs.

Der Fettwanst als Darstellung des Karnevals kehrt als selbständiges Motiv noch einmal in einem ebenfalls Pieter Breughel zugeschriebenen Gemälde wieder, das verwirrenderweise den Namen

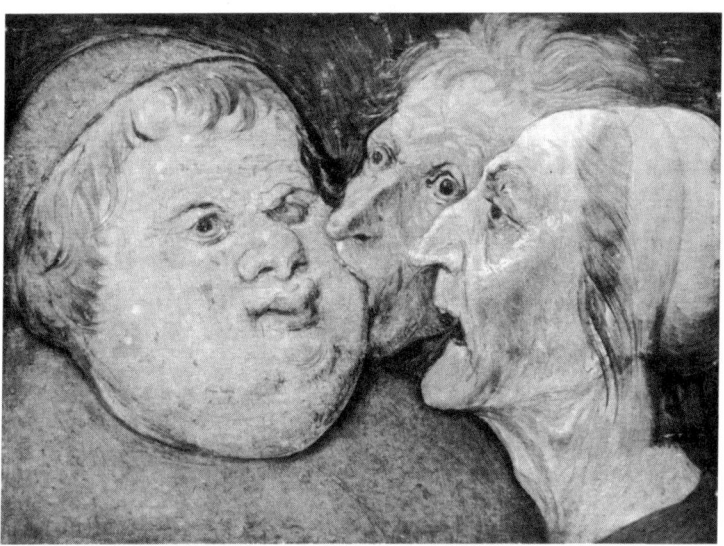

Umgebung Pieter Breughels: *Kampf zwischen Fasten und Karneval*, 2. Hälfte 16. Jahrh.; Kopenhagen, Statens Museum for kunst.

Kampf zwischen Fasten und Karneval trägt. Von beiden Werken existieren Kopien und Nachahmungen aus der Entstehungszeit oder kurz danach. Letzteres Gemälde zeigt ein dickes, rundes Jungengesicht, dem ein ausgezehrter Männerkopf (?), halb verdeckt von einer ebensolchen Frau im Profil, in die Wange beißt. Will Breughel (oder einer seiner Schüler) damit die niederländische Redensart »Jemandem die Ohren vom Kopf essen« illustrieren? Verwandt hiermit sind die in Paaren (und serienmäßig?) produzierten Stiche der *Mageren* und der *Fetten Küche*, im Jahre 1563 erstellt von Pieter van der Heyden nach einem Entwurf Breughels. Auch auf diesen werden rivalisierende Essgewohnheiten und Speiseangebote ins Bild gesetzt.

Auffallend an all diesen Darstellungen in Wort und Bild ist besonders das Kochgeschirr, das die bevorzugte Kleidung und Ausstaffierung der Feiernden zu sein scheint. Selbst Musik machen sie mit Spießen, Schürhaken, Bratrosten, Ofengabeln, Kochlöffeln und Töpfen und Pfannen. Dabei sind solche Darstellungen von Mangel und Überfluss auch außerhalb des Karnevals ein beliebtes Thema. Wir sahen dies bereits bei der Poperinger Narrengesellschaft mit ihrem kugelrunden Meister Ghybe. Im flämischen Dendermonde nun kommt seit 1561 – nicht zufällig nach einer schweren Mangelperiode – zur alljährlichen Prozession ein religiöses Spiel mit dem Titel »Magherman roert de pot« (Schmalhans als Küchenmeister) zur Aufführung, angesichts der Formulierung wohl eng verwandt mit dem Breughel-Stich der »Mageren Küche«, in dem wir den genannten Herrn links im Bild den Topf umrühren sehen.

Alles ist Essen im Karneval. Selbst die Noten mancher Lieder werden als Speisen wiedergegeben: So enthält ein Festprogramm aus Jutfaas von 1517 neben einem satirischen Hirtenbrief und zahlreichen farbenprächtigen Wappenschilden der Tollitäten auch ein Fastnachtslied mit einer Notation aus Narrenköpfen, Schinken, Hühnern, Kapaun und Gänsebraten, Eiern und einem Wein- oder Bierfass. Danach folgt ein ähnliches Lied für das Fasten, nun jedoch in einer Notenschrift aus Stockfischen, Schollen, Muscheln und Kannen (voll Wasser?). In den dazugehörigen Texten kommen die gleichen Speisen vor. Solche prächtig notierten Festlieder waren offenbar nichts Ungewöhnliches,

Nach Pieter Breughel: *Kampf zwischen Fasten und Karneval*, um 1600; Antwerpen, Museum Mayer van den Bergh.

denn auf einem Gemälde aus der Zeit Breughels singt eine feucht-fröhliche Gesellschaft aus einem Liederbuch mit einer Notation ähnlicher Leckerbissen.

Stichworte all dieser Darstellungen sind jedes Mal Übertreibung und Karikatur. Mit diesen Formen der Komik lässt sich der Hunger am besten bekämpfen. Sie gehören zum eisernen Bestand aller künstlerischen Äußerungen, die die Wirklichkeit mit bestimmten Intentionen verformen. Beim Thema Nahrung nun oder deren Mangel ist Vergröberung in jeder denkbaren Form das ideale Mittel. Die beste Gelegenheit hierzu bietet der Karneval, in dem die Menschen und ihre Leiblichkeit sich von ihrer närrischsten Seite zeigen. Dadurch werden all die Verhaltensweisen, die im normalen Leben als uner-

Die fette Küche; Stich von Pieter van der Heyden nach Breughel, 1563; Brüssel, Koninklijke Bibliotheek, Stichekabinett.

wünscht oder geradezu mit dem Teufel verbunden gelten, herausgelassen, veralbert und neutralisiert. Und nicht nur in der Literatur – auch Breughel tut nichts anderes. Sein Kupferstich (auch bekannt als Zeichnung) der Gula oder Völlerei bringt diese Todsünde durch Münder und Bäuche zum Ausdruck, die aus einer sich voll stopfenden Menge karikiert dargestellter Dickwänste unmittelbar nach vorn springen (Abbildung in Kapitel VII, 4). Die genannten Stiche der »Fetten« und der »Mageren Küche« vermitteln das gleiche überzeichnete Bild, hier verstärkt durch die Anhäufung von Gestalten, die alle am selben Übel zu leiden scheinen, und den Kontrast mit einem in der Tür stehenden, zufälligen (?) Besucher aus dem anderen Lager.

Doch die Literatur beteiligt sich gern an diesem Spiel. Im lateinischen *Ysengrimus* von Meister Nivardus, geschrieben um das Jahr 1149 in Gent, wird die Aufmerksamkeit des Lesers auf die Gefräßigkeit des Wolfs gelenkt, indem ständig von seinen Kiefern die Rede ist, die so ein fast eigenes Leben zu führen beginnen. Wenn er sie

Wirtshausszene – Gesangbuch mit Noten in Nahrungsform, 2. Hälfte 16.
Jahrh.; Budapest, Museum für Schöne Künste; aus: Szmodis, nr. 15.

schließt, erinnert das Geräusch an das Zusammenklappen eines Web-
stuhls oder das Schlagen einer Eisenplatte auf dem Amboss. Auch
seine Zähne werden besonders ins Bild gerückt, etwa indem der
Autor sie mit Hacken und Sensen für die Feldarbeit vergleicht – insgesamt die reinste Vernichtungsmaschinerie, mit der Isegrim wie
nebenbei nicht nur acht Torten vertilgt, sondern auch noch die
Kuchenplatten, auf denen sie liegen. Doch in puncto Fressen ist
Reynaert de Vos (Reinecke Fuchs) in dieser Geschichte seinem Onkel kaum unterlegen. Wenn beide richtig drauflosfuttern, schwellen
ihre Bäuche an wie Ballons. Der Fuchs kann nicht einmal mehr seine
Füße sehen, ja: sie nicht einmal mehr benutzen, sodass er zuletzt einfach wegrollt. Er ist zu einem massiven Fleischball reduziert, überall
genauso lang wie breit.

Diese überzeichnete Darstellung von Essen und menschlicher Verdauung besitzt eine lange Tradition. In Mitteleuropa beginnt diese

mit den bereits angesprochenen keltischen und germanischen Überlieferungen. So spielt in der keltischen Mythologie das Schwein des Mac Datho eine herausragende Rolle – immerhin war das Schwein im frühen Mittelalter der wichtigste Fleischlieferant. Dieses Schwein ist ein gigantisches Tier, das sieben Jahre lang mit der Milch von sechzig Kühen gefüttert wurde. Als man es schließlich auf den Tisch bringt, braucht man allein zum Garnieren rund vierzig Ochsen.

Auch die Germanen kennen ein gewaltiges Wildschwein, Saehrimnir, das den gefallenen Kriegshelden im Paradies unerschöpfliche Mengen Fleisch liefert. Die *Jüngere Edda* des Snori Sturluson, in der dieses Schwein vorkommt, nennt außerdem die Kuh Audhumla, »aus deren Eutern vier Milchflüsse« rinnen. Die Korrespondenzen zu den himmlischen Nahrungsbelohnungen und den vier fruchtbaren Strömen der Bibel können aus einer gewissen Verchristlichung der Motive erklärt werden (schließlich wurden die Geschichten in der Regel von Mönchen aufgeschrieben), aber auch als authentische Elemente eines »Paradies-Materials«, das je nach Kultur eigene Formen an-

Die magere Küche; Stich von Pieter van der Heyden nach Breughel, 1563;
Brüssel, Koninklijke Bibliotheek, Stichekabinett.

nahm. Auf jeden Fall erkennen wir in den prassenden Kriegern den germanischen Helden wieder, der sich auch in Überlieferungen späterer Zeit noch durch einen gesunden Appetit auszuzeichnen hat.

Es würde zu weit führen, hier eine genauere Übersicht des »Speisemotivs in der mittelalterlichen Literatur« geben zu wollen. Die bereits behandelten, grotesken Ausgestaltungen des Themas – vor allem während jener Tage, die speziell dem Zechen und Schmausen gewidmet waren – sagen an sich schon genug. Darum geben wir hier lediglich noch einige Beispiele aus der eigentlichen Untersuchungsperiode dieses Buches, dem Spätmittelalter und der frühen Neuzeit.

Sehr vielfältig und fast exorzistisch ist der schwarze Humor in einigen Scherzdialogen der italienischen Literatur des frühen sechzehnten Jahrhunderts: Dort werden zur Vertreibung des Feindes Hunger die verschiedensten Lösungen erdacht. So kann man den Körper mit einem Stopfen im Hintern verschließen, wodurch die verdaute Nahrung drinnen bleibt und die Därme voll. In einem anderen Text geht jemand zur Autophagie über, beginnt also, sich selbst aufzuessen, und ruft aus, dass er nun endlich den Hunger in die Knie gezwungen habe, da er jetzt zufrieden und satt sterben könne. Diese Geschichte ist kein Einzelfall, wobei es in den Texten vor allem um den Triumph des Sieges zu gehen scheint, auch wenn man dabei das eigene Leben einbüßt.

In den meisten Fällen jedoch steht Autophagie für extreme Fresssucht, die in der Literatur in ein ebenso komisches wie effizientes Mittel gegen den Hunger umgebogen wird. Und nicht nur dort, denn Kunst kann auf die Wirklichkeit zurückwirken: So meldet ein Chronist des sechzehnten Jahrhunderts aus der Picardie, dass hungernde Bauern »(wenn wir es nicht selbst gesehen hätten, würden wir es nie zu erzählen wagen) ihre eigenen Arme und Hände aufäßen und dadurch verzweifelt starben«. Vor allem die Versicherung jedoch, Augenzeuge einer so unglaublichen Begebenheit gewesen zu sein, weckt höchsten Argwohn und erinnert an die schon bekannten Darstellungen der mittelalterlichen Hungertopik.

Ausgerechnet (oder gerade) in einem Augenblick, als die Niederlande ständig neue Mangelperioden erleben und die Angst vor dem Hunger daher immer wieder aufflammt, werden diese Sorgen in

einem kleinen Theaterstück eingefangen und gebannt: Der anonyme
und ohne Titel überlieferte Schwank wird zum Großen Rederijker-
wettbewerb im Jahre 1561 in Antwerpen aufgeführt.

Sein Schöpfer
war ein Mitglied der Rederijkerkammer »'t Heybloemken« (Das Hei-
deblümlein) aus Turnhout, wahrscheinlich der Vorsitzende selbst, der
als künstlerischer Leiter in der Regel zugleich für die literarische Produktion bei öffentlichen Auftritten verantwortlich war. Selbstverständlich waren die Schauspieler ebenfalls Mitglieder der Kammer.
In ihrem Spiel gestattete die Gesellschaft sich zugleich einen Seitenhieb auf die überall im Lande herumstreunenden Söldnerhorden, die
sowohl aufgrund ihres Plünderns als auch ihrer offiziellen Nah-
rungsbeschlagnahmen ausgesprochen gefürchtet waren. Im Nach-
hinein scheint der reale Einfluss von Kriegsgewalt auf Nahrungs-
knappheit und Hungersnöte relativ gering gewesen zu sein, doch die
breite Bevölkerung jener Gegenden empfand dies damals anders.

Die Handlung des Stücks ist dabei eher mager. Sie besteht
hauptsächlich in der Vorstellung einer langen Reihe von Spottfigu-
ren, die mit ihren Namen und Gewohnheiten verschiedene Formen
des Essverhaltens parodieren. In dieser Hinsicht zeigt der Text gewisse Ähnlichkeiten mit dem deutschen *Reihenspiel,* einem ausgesprochenen Karnevalstext, in dem verschiedene Figuren mal ironisch, mal ernsthaft ihre Qualitäten anpreisen. Im niederländischen
Fastnachtsspiel nun treten Personen auf wie beispielsweise Hopman
Scheyndkuekene (Küchenschänder), »ein dicker Mann« und ein
ganzes Regiment potentieller Söldner. Das Stück handelt davon, dass
diese mehr oder weniger gezwungen werden, im Heer des »Grafen
von Schocklandt« Dienst zu nehmen, in einem Land, wo man offensichtlich gut »schokken«, d. h. sich voll fressen kann.

Bei der Musterung stellt sich heraus, dass jeder der Kandidaten
mehr als geeignet ist, ein solches Land zu verteidigen. »Langdarm«
kann auf einen Schlag zwölf Schüsseln Brei verputzen, »Hohlbauch«
hat es kürzlich sogar auf fünfzehn Schüsseln Bohnen gebracht.
»Ruymschotel« (Großschüssel) rühmt sich, zu keiner Tages- und
Nachtzeit mit dem Essen aufzuhören und seine Kiefer ständig in Bewegung zu halten: Zehn Teller Erbsen könne er auf einmal essen,
oder auch mehr, wenn es sein müsse, dazu noch gern ein paar Schin-

ken und zwanzig Pfund Brot. Sein Freund »Slickbrock« (Schlucke-
brock) hat kürzlich erst ein ganzes Schaf mit fünfzehn Pfund Brot
vertilgt und war danach immer noch hungrig. »Selden-sat« (Selten-
Voll) kann einen ganzen Weinkeller austrinken, und für »Mach-
Ghenoech« (Es-darf-was-mehr-sein) ist selbst ein voller Schweine-
trog Brei noch eine der leichtesten Übungen.

Dieses Spiel mit all den verrückten Namen ist ein spätes Echo typischer Fastnachtsscherze. Dabei ist der Unterschied zum täglichen
Sprachgebrauch des Mittelalters übrigens kleiner, als man annehmen
sollte. Menschen gaben einander damals die gröbsten und bizarrsten
Spitznamen aufgrund von Gewohnheiten und Gebrechen, die auch
in offiziellen Dokumenten umstandslos übernommen wurden. So
tritt in einer Urkunde der Abtei Ter Doest in Flandern im Jahre 1269
beispielsweise ein gewisser Daniel »dicto Vreet« (genannt der Vielfraß) als Zeuge auf.

Solche und ähnliche Scherznamen – auch in Form ebenso komisch
verballhornter Spottoponyme – finden sich in den Festtexten des
fünfzehnten Jahrhunderts immer wieder. In ihnen werden nicht nur
die Folgen von sowohl Mangel als auch Völlerei satirisch beschworen, sondern mit Hilfe der Ironie auch moralische Lehren erteilt:
Man prasst und säuft bis zum Umfallen auf der Pilgerfahrt nach Sint
Heb-Niet (Sankt Habenichts) an Bord des Schiffes Armoede (Armut). So komme man von selbst nach Vastenhuysen (Fastenhausen),
Honghereyen (Hungerei / Ungarn), Broots-Einde (Brotsende), Plat-
teborse (leerer Beutel) und Blooteghem (Nacktingen) – was natürlich
nicht die Absicht war, denn man war doch eigentlich unterwegs zu
für jeden wahren Zecher so unentbehrlichen Orten wie Kranendonck
(Zapfhahnshausen), Biervliet (Bierbach), Tonnenburg und Natveldt
(Nassfeld).

Die Möglichkeiten dieses Spiels sind endlos und die gegebenen
Fundstellen nur eine verschwindend kleine Auswahl. Dies gilt umso
mehr, wenn man bedenkt, dass diese Texte nur äußerst selten gedruckt wurden (zum Beispiel als Vorlese- oder Vortragstexte im kleineren Kreis oder einfach als Souvenir). Möglicherweise wurden sie
in Form billiger – und daher nur selten aufbewahrter – Drucke auch
später noch bei Fastnachtsfeiern benutzt, die im Laufe des sechzehn-

ten Jahrhunderts langsam in den Untergrund abgedrängt und zu einem Haus- und Wohnzimmer-Vergnügen wurden. Auch in jenen Texten tragen die Personen Namen wie Prior Pover (Ärmlich), Sint Reynuut (Sankt Garnichts), Portier Spaerbec (Leermaul), Meester Drooghen (diesmal nicht eines der bewusstseinserweiternden Nahrungssubstitute, sondern einfach:»Leer«) und Sint Magher. In einer Gruppe anderer Texte ist von einer Bruderschaft herumschweifender Schmarotzer die Rede, den so genannten Arnoutsbrüdern, benannt wohl nach dem heiligen Arnold, unter anderem Patron der Bierbrauer. Dieser Orden lebt nach der Regel des»Heiligen Habenichts« oder Sint Magher (Sankt Mager), wovon schon die Namen der Brüder unmittelbares Zeugnis ablegen: Holkake (Hohlzahn), Grooten Hongher (Großer Hunger), Sondervet (Ohnefett) und Ghebroken Pot (Loch-im-Topf). Auf ihren Reisen begegnet diese fröhliche Gesellschaft dann noch so aufmunternden Passanten wie Claes Kummer, Willem Alberoyt (Blitzeblank) und Magherman (dem Hunger oder dem Tod) persönlich.

Dies alles sind Überbleibsel einer groß angelegten Kampfoffensive gegen die Angst vor dem Hunger: Texte, die Anlass zu vielerlei komischen Darbietungen mit Orkanen von befreiendem Lachen gegeben haben müssen, sowohl bei den Schauspielern als auch beim Publikum, die so zu einer schützenden Gemeinschaft verschmolzen. Doch gerade das schallende Gelächter dieser kollektiven Rituale deutet auf den Ernst einer Situation, die man – angesichts der Übereinstimmungen in Handlung und Namen der Figuren jener Texte – noch mindestens ein Jahrhundert lang (wenn nicht viel länger) auf diese Weise in der Volkskultur zu bewältigen versuchte. Verwandte Texte wie die Gebetparodien *Sotte Benedicte* (Narrensegen) und *Sotte Gratias* (Narrengnade) wählen andere Wege. In ihnen entsteht die Komik aus dem Vertauschen des üblichen religiösen Inhalts mit dem Flehen um Gottes Segen für allerlei Leckerbissen und Getränke. Doch auch hier bleibt der Tenor der eines Protests gegen den Hunger: Viel sagend genug endet die *Sotte Gratias* mit einem Dank an alle Produzenten von fester und flüssiger Nahrung, kurz:»von allem, was kocht und brad't *oder den Hunger verjagt*«.

Doch auch mit Anbruch der Neuzeit stirbt der Traum vom Überfluss nicht sofort. Nun richtet er sich vor allem auf die Neue Welt, die in ihrer Eigenschaft als Schlemmerparadies schon am Ende des Mittelalters entdeckt worden war. Noch bis nach dem Zweiten Weltkrieg sprechen Emigranten von Nordamerika als einem Gelobten Land voll Milch und Honig. Diese ebenso glühende wie vergebliche Hoffnung lebt besonders bei Emigranten aus den im Krieg besetzten Gebieten, allen voran den Niederlanden, die gerade erst eine »mittelalterliche« Hungerperiode mit allen dazugehörenden Unmenschlichkeiten erlebt hatten. Der Hunger war für die Überlebenden schnell überwunden, doch die Angst blieb. Irgendwo musste ein Ort existieren, wo dieses Problem für immer der Vergangenheit angehörte. Und gab es da wirklich nichts anderes als das Paradies und das Jenseits?

Was Hunger ist, wissen wir heute nur aus Bildern der Dritten Welt, die dessen schreckliche Folgen mit einer unerträglichen visuellen Topik bis in unsere Wohnzimmer tragen. Unter der permanenten *Furcht* vor Hunger dagegen können wir uns kaum etwas vorstellen, ganz zu schweigen davon, wie man ihr begegnet. Der Hunger wird als eine mehr oder weniger naturwüchsige Erscheinung gezeigt, die nicht so sehr Furcht zu erzeugen scheint als – wo sie zuschlägt – ein eben unabänderliches Sterben. Doch auch wir sind abhängig von dem, was uns gezeigt und erzählt wird. Nie bekommen wir Bilder ausgelassener Festmähler aus jenen Weltgegenden zu sehen, Momente, in denen der Todfeind vorübergehend verjagt wird. Und genauso wenig wissen wir über die sicher auch dort existierenden Phantasien von Traumwelten und Nahrungsparadiesen. Und wird in der Dritten Welt eigentlich auch demonstrativ gefastet?

Die Informationen hierüber sind zu bekommen, doch sie gehören nicht zu dem Bild, das wir in der westlichen Welt wahrzunehmen wünschen. Darum kostet es uns auch so viel Mühe, den Ernst und die Notwendigkeit von Vorstellungen wie Cocagne und Schlaraffenland zu begreifen. Dieses Unverständnis wird noch verstärkt durch die Illusion, dass wir ja eigentlich zu wissen glauben, was Hunger anrichten kann. Doch wir sehen nur die Auszehrung und die Fliegen, nicht das Arsenal an Verhaltensweisen und Kulturschöpfungen, die man vor Ort dem Hunger und der Angst entgegensetzt. Erst mit diesem

Wissen jedoch wären inspirierende Vergleiche zu unseren Hunger-
erfahrungen einigermaßen möglich. Panisches Sich-voll-Stopfen gilt heute als Krankheit, nicht als
Waffe. Es ist eins der wenigen Tabus der modernen Gesellschaft –
man gibt sich ihm nur in völliger Abgeschiedenheit hin. Doch im
Mittelalter ging es gerade um die gemeinschaftlich-demonstrative
Herausforderung des größten Feinds, den man neben dem Satan auf
Erden kannte. Modernes Essvergnügen besteht nicht in großen Mengen und simultaner Vielfalt, sondern in der phantasievollen Aufein-
anderfolge kleinerer Gerichte unter der Fahne eines »Menu de dé-
gustation«. Das Bannen von Ängsten spielt hierbei keine Rolle mehr,
es sei denn jener um die persönliche Gesundheit.

Schnelles, massenhaftes Schlingen und die Verherrlichung großer
Esser gehören in eine Zeit ständig unsicherer Nahrungsversorgung
und aller damit verbundenen Ängste. Gerade weil diese im Mittelalter jedoch relativ selten durch akute Hungersnöte bestätigt werden,
sind sie so schwer zu fassen und suchen Anhaltspunkte oder besser:
Rechtfertigungen in immer wieder erzählten, bisweilen höchst bizarren Geschichten vom Hunger. Andererseits existiert ein mindestens
ebenso großes Bedürfnis nach Flucht, Trost und Kompensation, wie
sie unter anderem von Cocagne und Schlaraffenland geboten werden. Stichworte sind dabei ein grotesk überzeichneter Überfluss und
die skurrile Vielfalt an märchenhaft präsentierten und sich sogar
fortbewegenden Speisen. Deren Hauptattraktion liegt darin, dass
man für sie absolut nichts zu tun braucht, da sie sich in einem fort
von selbst anbieten.

Dies verweist unmittelbar auf das Paradies. Und damit beginnen
die Cocagne-Texte auch: Ein Land, in dem das Nichtstun göttliches
Gebot ist. Gedanken an himmlische Speisen und definitive Lösungen
für das Nahrungsproblem erwecken sofort paradiesische Assoziationen. Ist Cocagne vielleicht bloß ein irdisch ausgeschmücktes Paradies?

IV Ausgeschmückte Paradiese

1 Cocagne als Paradies

Cocagne ist ein Paradies auf Erden. Wie das echte Paradies ist es auf der Erde lokalisiert, wobei es nach Aussagen der Texte L und B – im Gegensatz zu jenem – sogar betreten werden könne, wenn auch nur mühsam. Hierin liegt ein wichtiger Unterschied zum irdischen Paradies: Schließlich war dieses nach biblischer und sonstiger Überlieferung ein für alle Mal verschlossen. Die unüberwindlichen Mauern, die es umgaben, hatten nur einen Zugang, und davor stand der Engel mit dem Flammenschwert. Manchen Aussagen zufolge war es zudem vollständig von einer Flammenmauer umgeben. Cocagne dagegen stand offen für jeden, der es zu finden wusste. In Schlaraffenland ist der Zugang schon etwas problematischer, oder besser gesagt: man muss schon eine größere Anstrengung auf sich nehmen, um das Land zu erreichen. Text G spricht nämlich von einem beschwerlichen Weg durch »lange Nächte« und einen Berg Buchweizenbrei, durch den man sich hindurchessen müsse. Andere Texte berichten von einem Berg Parmesankäse oder fast undurchdringlichen Mengen Schweinedreck.

Mit diesen bemerkenswerten Varianten begeben Cocagne und Schlaraffenland sich unmittelbar ins Reich der Phantasie, während das Paradies als geographische Realität von keinem mittelalterlichen Menschen angezweifelt wird. Darum kann man Cocagne auch nach Herzenslust mit allen irdischen und aktuellen Genüssen ausstaffieren, die im Paradies der Bibel so jämmerlich fehlen. Denn ist der Garten Eden mit seinem ewigen Grün und dem popeligen Obstangebot – immer nur die gleiche Frucht – nicht im Grunde eher langweilig? Eine gewisse Eintönigkeit spricht denn auch aus allen mittelniederländischen Paradiesbeschreibungen:»Alle Bäume im Paradies haben dieselbe Gestalt und Höhe mit hoch aufgerichteten Ästen ohne Zweige (sic).« Außerdem sind sie immer grün und wachsen vollkommen gleichmäßig. Damit wird das Paradies automatisch zum Symbol der perfekten Harmonie, wie sie Gott der Schöpfung im Anfang mitgegeben hatte. Doch Harmonie wird schnell langweilig. Und sowieso durfte kein Mensch das Paradies mehr betreten.

Vor allem das Essen dort ließ nach mittelalterlicher Auffassung stark zu wünschen übrig. Nun wusste man zwar sehr gut, dass Adam und Eva in ihrem Lustgarten ohnehin kaum nach Essen verlangt hatten. Als Vegetarier waren sie mit Wasser, süßen Düften und ab und zu einer kleinen Frucht zufrieden gewesen. Doch die Zeiten hatten sich geändert. Und ausgerechnet durch ihre Schuld musste man sich jetzt in einer Welt abrackern, die zur Spielwiese des Teufels geworden war und nur unter Mühsal und Plagen noch Nahrung lieferte – wenn Gott nicht wieder einmal eine seiner berühmten Strafen über die Erde schickte. Aus Mitleid hatte er dem Menschen nach der Sintflut eine bescheidene Fleischration zugestanden, doch von regelmäßiger Lieferung war nicht die Rede gewesen. Und darum musste man nun unter der ständigen Bedrohung von Naturkatastrophen, Krankheiten, unfruchtbarem Boden und anderen Widerwärtigkeiten leben, die die Harmonie des Paradieses zerstört hatten. Und deren wichtigste war – immer wieder – die permanente Angst vor Hunger und Entbehrung.

Cocagne liefert ein Ersatzparadies mit den beliebtesten mittelalterlichen Attraktionen. Gleichzeitig ist dieses Traumland aber auch Parodie und Abkanzelung der Sünden der eigenen Gesellschaft, der man dort ironisch ihre Untugenden als ebenso begehrens- wie lobenswerte Verhaltensweisen gegenüberstellt. Den Beleg dieser These brauchen wir nicht weit zu suchen: Der irische Cocagne-Text aus dem frühen vierzehnten Jahrhundert – zweifellos der »literarischste« aller Texte zu unserem Thema – beginnt mit folgender provokativer Aussage: »Weit im Meer, westlich von Spanien, liegt ein Land, genannt Cockanien.« Damit ist die Parodie von Anfang an deutlich

markiert, denn nach allgemeiner Überzeugung und biblischer Überlieferung lag das irdische Paradies im Osten:

Es ist kein Land unterm Himmelreich
An Güte und Reichtum Cokaygne gleich.
Das Paradies ist fröhlich und hell –
Doch Cokaygne ist eine schönere Stell'.
Was ist denn schon im Paradeis
Als Blumen, Gras und grüne Reis'
Von Freud und Wonne man dort weiß,
Doch gibt es Früchte nur als Speis.
Da ist nicht Saal, nicht Kammer, keine Bank,
Nur Wasser ist der Menschen Trank.

Gerade für den Durst jedoch sorgen die mittelniederländischen Cocagne-Texte in hervorragender Weise. Cocagne ist zuallererst ein
Schmaus- und Saufparadies, perfekt eingerichtet auf selbst die extremsten Wünsche mittelalterlicher Schlemmer und Zecher. Schlaraffenland zeigt mit einigem Abstand das gleiche Bild – »mit einigem
Abstand«, da die beiden Verstexte schon in den Eröffnungszeilen die
Paradiesparodie ausdrücklich anklingen lassen und ihr außerdem einen neuen Aspekt hinzufügen: Überall auf Erden müsse man sich abrackern, um am Leben zu bleiben. Und doch gebe es eine Gegend, in
der Gott den Menschen aufgetragen habe, ohne jede Mühe und Anstrengung zu leben. Was für ein herrliches Land!

Nicht einmal einem Kind im Mittelalter kann die ironische Anspielung auf den Sündenfall entgangen sein: Schließlich hatte Gott
dem Menschen damals ausdrücklich verkündet, dass er sein Brot
fortan durch schwere Arbeit werde verdienen müssen. Offensichtlich
aber hatte er doch eine Ausnahme gemacht, und das ist die überraschende Botschaft, das »Wunder groß«, mit dem die Erzähler von L
und B an die Öffentlichkeit treten. Jeder weiß, dass sie nicht vom echten Paradies sprechen können, denn sie reden von einem Ort, an dem
sie selbst gewesen sind. Doch schon bald soll den Zuhörern deutlich
werden, dass es sich zumindest um eine Filiale handeln muss, die die
bekannten Segnungen des Garten Eden mit den bizarrsten Träumen
irdischen Überflusses kombiniert.

Die Parallelen zum biblischen Paradies waren evident und stachen jedem sofort ins Auge. Paradiesbeschreibungen gehören zum mittelalterlichen Allgemeingut, in der Regel verbunden mit den Geschichten von der Schöpfung Adams und Evas oder dem Sündenfall und nicht selten in eine Reihe umfassender Parallelbeispiele eingeordnet. Dabei handelt es sich nicht nur um Miniaturen, Gemälde, Bildhauwerke oder angewandte Kunst der verschiedensten Art, sondern auch um Beschreibungen in der Volkssprache, selbständig oder in größeren Texten enthalten, vorgetragen, gestisch gelesen oder gespielt. Höhepunkte dieser Darstellungen bildeten die Pantomimen und Spiele bei Prozessionen oder danach. Tausenden Menschen wurde so immer wieder vorgeführt, wie sehr sie Opfer der größten verpassten Chance aller Zeiten waren, und zugleich die Sehnsucht geschürt, das Paradies dereinst in seiner sublimierten, himmlischen Form wieder betreten zu dürfen. Und nährten nicht auch Berichte von Reisenden wie John von Mandeville die Hoffnung, dass man den Weg wenigstens bis in die Nähe des Paradieses finden könne? Denn auch dort war es angeblich schon tausendmal besser als in der eigenen, verkommenen Welt.

Die Tiere in Cocagne und Schlaraffenland erinnern stark an ihre Artgenossen im Paradies: Sie sind dazu da, dem Menschen zu dienen. Im Buch Genesis wird wiederholt davon gesprochen, dass die Tiere dem Menschen untertan seien und ihm zur Nahrung dienen sollen. Es ist typisch, dass diese recht abstrakte Aussage der Bibel in Cocagne stark konkretisiert wird: Die Hasen, Hirsche und Wildschweine sind samt und sonders zahm und lassen sich mit der bloßen Hand fangen, und B geht sogar noch einen Schritt weiter, indem die Tiere sich dort selbst zubereiten und zum Verzehr anbieten. Die Entscheidung, die Untertänigkeit der Tiere einseitig als Pflicht zur Nahrungslieferung aufzufassen, lässt sich zwar aus der Bibel begründen, doch ist sie dort keineswegs zwingend. So sprechen die Paradies-Prophezeiungen des Jesaja etwa zwar von zahmen Tieren, aber nicht als leichte Beute, sondern als Zeichen perfekter Harmonie zwischen allen Geschöpfen. Und genau genommen lässt L offen, was man mit den gefangenen Tieren tun soll, doch der Kontext sowie die weitere Verarbeitung des Motivs in B und G lassen keinen Zweifel daran, dass es sich hier um einen beabsichtigten Verzehr handelt.

Die direktesten Parallelen zwischen Cocagne und Garten Eden liegen im himmlischen Catering: So sind die dort wachsenden Bäume nicht nur wunderschön anzusehen, sondern bringen auch herrliche Früchte zum Essen hervor. Diese Vorstellungen nun wurden im Mittelalter zu jener phantastischen Menge und Vielfalt ausgebaut, die wir bereits gesehen haben. Auch die Wasserversorgung durch die Quelle und die vier Ströme hat sich in Cocagne zu einem weit befriedigenderen System von Wein- und Bierflüssen gemausert.

Gold und Edelsteine werden an verschiedenen Stellen der Bibel mit dem Paradies in Verbindung gebracht. Vor allem einer der vier Flüsse, der Pison, führe solche Kostbarkeiten mit sich. Erinnern hieran die silbernen Schalen, die Fassung B zufolge in Cocagne am Ufer des Hauptflusses liegen? Und lässt sich so vielleicht der verirrte Karfunkel (eine Art Rubin) erklären, aus dem im gleichen Text (24) die Türpfosten gemacht sind? Mit dem gleichen Edelstein beginnt nämlich auch eine Paradiesbeschreibung im Buch Ezechiel. Doch wir werden noch sehen, dass dieser geheimnisvolle Karfunkel uns vielmehr den Schlüssel zu einer genaueren Interpretation der gesamten Cocagne-Vorstellung liefert.

Ausschmückungen des Paradieses im Geiste der Bibel gibt es im Mittelalter in großer Anzahl, meist gepaart mit umständlichen allegorischen Interpretationen des Bibeltextes. Doch diese lässt Cocagne links liegen: Seine immer wieder ungeduldig lancierten Phantasien sind schließlich auf viel materiellere Bedürfnisse ausgerichtet. Darum finden sich in den Texten auch keine – und seien es ironische – Anspielungen auf die Auslegungen des Paradieses als Kirche, der vier Ströme als Symbol der Evangelien, der Bäume als Gemeinschaft der Heiligen mit Christus als Baum des Lebens oder etwa des Baumes der Erkenntnis als Sinnbild der Willensfreiheit des Menschen.

Richtschnur für die vielfältigen Darstellungen des Paradieses bildete im Mittelalter die Bibelexegese, die natürlich auch selbst an zeitgenössische Sorgen und Wünsche anknüpfte. Vor allem die Genüsse des verschlossenen Gartens, mit dem der Dichter des Hohen Liedes die Geliebte vergleicht, lieferten jenen Vorstellungen ein reiches Reservoir an Motiven und Assoziationen. Aus jenem Bibeltext stammen die Früchte, die Gewürze, die herrlichen Düfte, der Honig, die Milch und der Wein. Auch der damit verwandte Topos des »lieblichen Orts« (*locus amoenus*) der klassischen Dichtung sowie diverse Paradiese und Traumwelten anderer Kulturen haben hier ihre Spuren hinterlassen. Manchmal scheint man dabei eher von Wechselwirkungen sprechen zu müssen, die jedoch als solche kaum zu beweisen sind.

Der *locus amoenus* besitzt eine lange, bis in die Antike zurückreichende Tradition. Unter seinem Einfluss verwandelt das frühe Christentum das Paradies in den lieblichen Ort par excellence, wie ihn schon Bischof Avitus von Vienne (circa 460–518) beschreibt: Weder die Kälte des Winters noch die Hitze des Sommers komme dort jemals vor, denn es herrsche ewiger Frühling. Niemals falle dort Regen – nur Tau –, Bäume und Gras seien immer grün, und Blumen wüchsen überall. Eine leichte Brise verbreite wohlriechende Düfte, und die Flüsse führten Juwelen mit sich.

Diese Ausstaffierung beginnt schon bei (Pseudo-)Basilius im vierten Jahrhundert. Er lässt einen sanften Wind durch das Paradies wehen, das weder extreme Temperaturen noch Sturm, Hagel, Eis oder Trockenheit kennt. Auch die Blumen verwelken nicht, und ständig fließen Milch und Honig. Die Wiesen sind immer grün und die Rosen ohne Dornen. Sorgen und Kummer seien verbannt. Deutlich spielen hier neben dem Hohen Lied auch die alttestamentarischen Prophezeiungen eines künftigen, besseren Lebens für die jüdischen Stämme eine Rolle. Diese Vorhersagen kehren in den frühen Paradiesbeschreibungen immer wieder und nehmen die Gestalt eines Obstgartens voll herrlicher Speisen und Getränke an. Vor allem die syrischen Christen setzten diese weltliche Ausstattung in noch materiellere und sinnlichere Vorstellungen um, die nicht zuletzt auch das fast schon wollüstige Paradies des Islam inspiriert haben sollen. Doch davon später.

Jene Ausschmückungen kreuzen ebenfalls die antiken Vorstellungen vom goldenen Zeitalter, der *aurea aetas*: Danach musste es am Beginn der Geschichte einen idealen Zustand gegeben haben, von dem aus es bergab gegangen war. Es gibt im Grunde keine Kultur, die eine solche Idealisierung der eigenen Vergangenheit *nicht* besitzt. So verweist etwa das klassische Altertum auf verschiedene Orte (meist Inseln), wo dieses goldene Zeitalter existiert habe und sogar in bescheidenerer oder unveränderter Form weiter bestehe.

Da die Sehnsüchte von Griechen, Römern und Christen in vielen Punkten übereinstimmten und das irdische Elend der verschiedenen Gemeinschaften und Völker sich nur wenig voneinander unterschied, sind in den ersten christlichen Jahrhunderten die Beschreibungen von Paradies und goldenem Zeitalter kaum auseinander zu halten. Oder anders gesagt: Man schmückte die Traumwelten eben mit jenen Attributen aus, die in der eigenen Kultur am nächsten lagen. So beschreibt etwa der Grieche Johannes Chrysostomos (357–407) das Paradies in typischen *Aurea-aetas*-Begriffen. Zwar lokalisiert auch er es im Osten, am ehesten in Indien (das seit den Kriegszügen Alexanders des Großen im Westen als ein gewaltiger Zaubergarten galt), aber insgesamt überwiegen doch die Elemente des goldenen Zeitalters bzw. des damit verwandten *locus amoenus*.

Chrysostomos zufolge herrschen im Paradies weder Krankheit noch Armut, alle blieben stets jung und schön, man werde mindestens vierhundert Jahre alt, Arbeit sei überflüssig, List und Tücke unbekannt. Man verbringe die Tage spielend und lachend am Wasser und auf Blumenwiesen zum lieblichen Gesang unzähliger Vögel. Die Früchte an den Bäumen drängten sich den Bewohnern geradezu auf, indem sie ihre Zweige spontan zur Erde neigten. Hierbei spielen auch Vorstellungen vom himmlischen Paradies eine Rolle, die wir noch behandeln werden. – Herrliche Freuden in einer anderen Welt, hier auf Erden oder in den Wolken, noch erreichbar oder in einer fernen Vergangenheit, mischen sich im Mittelalter zu einem wilden Cocktail von Wunschvorstellungen: In ihrer jeweiligen Gestalt sicher beeinflusst von orts- und zeitgebundenen Träumen, beruhen all diese Vorstellungen doch letztlich auf den täglichen Frustrationen in der eigenen Gesellschaft.

In den ersten Jahrhunderten nach Christus sorgen diese ruhelosen Projektionen für so viel Verwirrung, dass die Kirche sich zum Einschreiten genötigt sieht. Dies resultiert unter anderem in der kanonischen Beschreibung des Paradieses in der etymologischen Weltenzyklopädie des Isidor von Sevilla zu Beginn des siebten Jahrhunderts.

Unter Berufung auf Kirchenvater Augustinus fasst er die bekannten
Fakten über das irdische Paradies noch einmal zusammen: Es liege im
Osten, der Name bedeute »Garten«, auf Hebräisch »Eden« – Wissenschaft ist für Isidor in erster Linie das Bestimmen von Bedeutungen aufgrund etymologischer Ableitungen – eine im Mittelalter
übrigens weit verbreitete Auffassung. In jenem Garten nun ständen
allerlei Sträucher und Fruchtbäume inklusive des Lebensbaums.
Ständig herrsche mildes Frühlingswetter, es gebe eine Quelle und
vier Ströme. Seit dem Sündenfall sei dieses Stück Erde dem Menschen verschlossen, denn ein Engel blockiere den Eingang mit einer
Flammenwand. Dies sind die Grundfakten, an die jeder Christ sich zu
halten hat, und tatsächlich sehen wir, wie alle mittelalterlichen En-
zyklopädisten nach ihm sorgfältig diesem Muster folgen, dann aber
doch mit Ausschmückungen kommen, die sie mit dem Eifer rechtfertigen, diese Standardausstattung näher zu erläutern.

Einen zweiten Richtpunkt liefert im dreizehnten Jahrhundert der gelehrte Brite Bartholomaeus Anglicus mit seiner einflussreichen Enzyklopädie *De Proprietatibus Rerum* (Über die Beschaffenheit der
Dinge). Dieses Werk, in den Niederlanden bekannt auch in einem
Haarlemer Druck von Jacob Bellaert aus dem Jahre 1485 unter dem
Titel *Van den proprieteyten der dinghen*, erreichte im Mittelalter
eine fast beispiellose Autorität, von der auch die überaus große Verbreitung in den Volkssprachen zeugt. Bartholomaeus ist Vollblutwis-
senschaftler und in dieser Eigenschaft Theologieprofessor unter anderem in Paris und Magdeburg. Beim Stichwort »irdisches Paradies«
betrachtet er es als seine Aufgabe, nicht nur dessen Aussehen haarklein darzulegen, sondern auch die existierenden und früheren Aussagen hierzu gegeneinander abzuwägen, die Quellen zu nennen und
anzugeben, wie diese zu beurteilen seien. So entsteht eine der frühesten wissenschaftlichen Abhandlungen des Mittelalters, in diesem Fall
unter Hinweis auf die erste Fundstelle bei Isidor, doch daneben auch
bei Petrus Damascenus, Augustinus, Beda Venerabilis, Plinius, Basi-
lius, Ambrosius und einigen anonymen Autoren. Als Ausgangspunkt
zitiert er eine zentrale Aussage des Isidor von Sevilla: Das Paradies,
so schreibe jener, sei »ein Hof des Reichtums und der Freuden«.

Darunter kann man sich im Mittelalter etwas vorstellen. Es dürfte deutlich sein, dass dieser so kategorisch auch in der Volkssprache vertretene Standpunkt auch die Träume von Cocagne und Schlaraffenland weitgehend beeinflusste. Nach dieser Einleitung zählt Bartholomaeus die bekannten Motive auf, wobei er noch daran erinnert, dass auch Elias und Henoch im Paradies wohnen. Dorthin seien sie nämlich entrückt worden, da sie als Streiter gegen den Antichristen in der Endzeit nicht sterben dürften, und dies ließe sich auf Erden nur im Paradies bewerkstelligen. Auch sonst sollte das Paradies im Mittelalter mehr und mehr als Wartezimmer für jene betrachtet werden, die nach dem Jüngsten Tag in den Himmel kämen – eine Auffassung übrigens, die nicht ganz unumstritten war. Einigermaßen distanziert nennt Bartholomaeus schließlich die – von Isidor geteilte – Annahme des Plinius, dass das Paradies auf den Inseln der Seligen liege. Hieran glaubt er selbst offenbar nicht, doch seine wissenschaftliche Abgeklärtheit sowie der Respekt vor seinen großen Vorgängern verbieten ihm, dies explizit anzuzweifeln.

Isidor und Bartholomaeus stellen dem mittelalterlichen Menschen das Paradies dar, so wie es zu sein hatte. Doch vor allem die eher auf Rührung als auf neutrale Berichterstattung abzielenden Beschreibungen des so schnöde verlorenen Paradieses in den Volkssprachen zeigen ein großes Bedürfnis, diese dürren Fakten weiter zu spezifizieren und ihnen mehr Farbe zu verleihen. So werden Bäume, Früchte, Blumen und Vögel näher konkretisiert, ebenso wie die herrlichen Düfte, die Quelle, die vier Ströme und vieles mehr. In diesem Rahmen nimmt der Vorlesetext *Dit is 't bescrive van den eertschen paradijs* (Dies ist die Beschreibung des irdischen Paradieses) eine bezeichnende Erweiterung vor, indem er nicht nur betont, dass man unter bestimmten Umständen wieder ins Paradies gelangen und sogar dort bleiben könne, sondern auch, dass alle individuellen Wünsche sich dort erfüllten. Man brauche nicht zu denken, dass man ausschließlich der inszenierten Großzügigkeit von oben ausgeliefert sei, o nein!, es gebe auch allerlei Möglichkeiten, die Dinge nach eigenen Vorstellungen einzurichten. So gehorchten etwa die Quelle und die vier Ströme »auch all denen, die sich im Paradies aufhalten, wodurch sie ganz nach deren Begehr die gewünschte Stärke Geschwindigkeit annehmen, sodass sie [die Bewohner] sie sowohl gemeinsam als auch einzeln dirigieren können«. Es sei dort nämlich so, dass »der Wille des einen den des anderen nicht behindert und dass ihnen allen entsprochen wird«.

Sowohl die Überzeugung, dass im Paradies also doch Menschen wohnen können, als auch der Selbstbedienungs-Charakter der dortigen Segnungen findet sich in vielen spätmittelalterlichen Darstellungen und Texten. Dabei kommt es zu einer immer stärkeren Verflechtung mit den in Aussicht gestellten Belohnungen des himmlischen Paradieses, wodurch beide Lustorte manchmal kaum noch voneinander zu unterscheiden sind. Doch davon später. An dieser Stelle sei vor allem festgehalten, dass Gedanken wie die oben zitierten geradezu eine Aufforderung sind, sich ein Paradies ganz nach eigenen Bedürfnissen zusammenzustellen: Jeder individuelle Wunsch wird schließlich erfüllt, denn in dieser erfreulich Verkehrten Welt – guten Christen zufolge die *wahre* Welt – bilden auch widerstreitende Interessen keine Probleme mehr. Dies ist ein wichtiger Aspekt bei der Suche nach den Triebfedern des cocagnischen Traums und für dessen Verbreitung. Diese bestanden nicht aus Brot allein. Auch das Paradies wurde im Mittelalter gern mit den eigenen aktuellen Wünschen verbunden, manchmal so einladend und verführerisch, dass es unvermeidlich an Cocagne erinnert.

Doch es gibt noch mehr Übereinstimmungen. So spricht ein anderer mittelniederländischer Paradiestext von zwei Sommern und zwei Wintern pro Jahr – und zwar nicht wegen einer etwa gewünschten Abwechslung der klimatischen Verhältnisse (das Wetter ist schließlich immer gleich bleibend mild), sondern wegen der daraus resultierenden doppelten Ernte. Diese Wunschvorstellung, bekannt schon aus Geschichten über das goldene Zeitalter, zeigt übrigens auch, wie kurzsichtig irdisch viele dieser Paradies-Projektionen sind. Zwei Ernten sind doch eigentlich keine Attraktion, wenn man so gut wie nichts zu essen braucht und die Bäume ständig Früchte tragen? Doch angesichts des irdischen Elends kennt der Traum vom Überfluss keine Grenzen. Auch solche Wünsche setzt Cocagne gründlicher in die Tat um: Dort hat jeder Monat fünf Wochen, Ostern, Pfingsten und

Paradiesdarstellung Jeroen (Hieronymus) Boschs: Detailausschnitt aus *Garten der Lüste*, circa. 1503–1504; Madrid, Museo del Prado.

Weihnachten treten im Quartett auf, gefastet wird nur einmal im Jahrhundert, und Text L fügt dem noch eine fröhliche Vierfaltigkeit an Johannistagen hinzu.

Die genannte Paradiesbeschreibung zeigt einen starken Drang, die Eintönigkeit des Paradieses mit einigen Attraktionen aufzupeppen, die vor allem in der Erweiterung des Vogelbestandes liegen. So schwimmen in der Quelle des Lebens plötzlich schöne Schwäne, an den Ufern der Flüsse prunken stattliche Störche und auf den Wiesen prächtige Pfauen, »die, wenn sie ihr Rad schlagen, so sehr im Sonnenlicht funkeln, dass es an ein Wunder grenzt«. Auch zwitschern bei der Quelle wunderbar singende Nachtigallen. Wie sehr der Autor dieses Textes sich der tödlichen Langeweile des Paradieses bewusst ist, geht aus seiner eiligen Versicherung hervor, dass es dort zwar nur eine einzige Pflanzenart gebe, aber dass die einzelnen Gewächse sich zum Glück »dermaßen voneinander unterscheiden, dass die Landschaft überall ein gar liebliches Aussehen besitzt, die das Betrachten lohnt«.

So recht überzeugend klingt das alles trotzdem nicht, doch offensichtlich will der Autor die Harmonie des irdischen Paradieses nicht noch weiter durcheinander bringen. Jeroen Bosch soll sich ein halbes Jahrhundert später von dieser Orthodoxie nicht mehr zurückhalten lassen. Mit unbekümmerter und wahrlich fabelhafter Phantasie – im buchstäblichsten Sinne des Wortes – lässt er alle überlieferten Vorstellungen in einem verlockenden »Garten der Lüste« zusammenfließen, aus dem sich jeder sein eigenes Paradies zusammenstellen kann, selbst ein eher irdisch angehauchtes Cocagne.

Über die geographische Lage des Paradieses wurde schon das eine oder andere gesagt. Kein Mensch des Mittelalters zweifelte daran, dass das Paradies irgendwo auf der Erde real vorhanden war. So stand es schließlich im Buch Genesis. Und wie allegorisch man dies auch immer auslegen mochte, Ausgangspunkt aller Überlegungen blieb doch der feste, fast physisch erlebte Glaube an einen Ort – einigen zufolge sogar von beträchtlicher Größe –, wo die ursprünglichen Zustände der Schöpfung noch immer herrschten. Darum konnte man auch danach auf die Suche gehen.

Das irdische Paradies ist einer der wenigen Orte, die John von Mandeville nach eigenen Aussagen nicht bereist hat. Er gibt es nicht gerne zu – sein Erdkundebuch ist schließlich so eingerichtet, dass er als Lehrer die Zuhörer bei der Hand nimmt, um ihnen die fremden Länder mit ihren wunderlichen Völkern persönlich zu erklären. Doch in diesem Fall kann er nicht anders. Niemand konnte das Paradies betreten, nicht einmal er. Darum musste er sich auf Beschreibungen vom Hörensagen verlassen. Man sagt, so beginnt er sorgfältig, dass es auf einem Berg im Osten liege, »und zwar am Ende der Welt« – so hoch, dass die Sintflut es nicht habe erreichen können: Die ganze Welt habe unter Wasser gestanden, bis auf den Garten Eden. Das Paradies sei umgeben von einer mit Moos bewachsenen Mauer. Es gebe nur einen einzigen Zugang, und der sei von Feuer verschlossen. An einem erhöhten Ort im Inneren gebe es eine Quelle, an der die vier Ströme entsprängen, oder besser: hervorbrausten, denn sie stürzten mit donnernder Gewalt aus dem Felsen. Dadurch sei es unmöglich, auch nur in die Nähe des Paradieses zu gelangen. In den dunklen Wäldern an den Flussufern hausten wilde Tiere, und die Strömung mache es unmöglich, sich auf diesem Weg dem Paradies zu nähern: Viele hohe Herren hätten es schon versucht, doch meist sei der Tod ihr Los gewesen. Im günstigsten Falle seien sie für immer erblindet oder hätten die Sprache verloren. Ein Mensch könne nur durch Gottes Gnade ins Paradies gelangen. Darum bricht John hier auch leicht niedergeschlagen ab. Lieber wolle er noch von etwas anderem erzählen – und wendet sich einem Phänomen zu, das er sehr wohl mit eigenen Augen gesehen habe.

Diese und ähnliche Berichte kommen in volkssprachlichen Texten immer wieder vor. Einige versuchen, die besondere geographische Lage und Dimensionen des Paradieses noch etwas näher auszuschmücken. Der Berg im Osten wird dann himmelhoch, berührt selbst die Sphäre des Mondes und bietet so eine meteorologische Erklärung für die optimalen Witterungsbedingungen. In dieser Höhe gebe es weder Kälte noch Eis, und Regenwolken könnten ebenfalls nicht mehr bis in diese Regionen gelangen. In den geographischen Konkretisierungen am weitesten geht die Vision – dort ist ja alles möglich – einer gewissen Magd Petrissa: Sie habe selbst erfahren, wie

gewaltig groß und unerreichbar das Paradies ist. Es sei nämlich durch
einen rund zweihundert Meilen breiten Streifen Wildnis vom Rest
der Welt getrennt, und unmöglich sei es, all die hohen Berge, scharfen Felsen, tiefen Täler, Dornensträucher, dichten Wälder und tiefen
Wasser zu durchqueren. Es blieb einem also gar nichts anderes übrig,
als per Vision dorthin zu reisen.

Das Problem der Erreichbarkeit hat Cocagne als Erstes gelöst: Das
Traumland besitzt ausgezeichnete Verkehrsverbindungen, der Erzähler kommt schließlich gerade daher, und aus dem Schluss beider
Fassungen kann man ableiten, dass der Besuch Cocagnes jedem freisteht. Schlaraffenland dagegen zeigt schon bei der Lokalisierung seiner Verkehrten Welt das Streben nach bürgerlicher Moralerziehung:
Das Land sei bisher eigentlich nur den Taugenichtsen bekannt, worauf im selben Geiste eine Nonsens-Beschreibung des Weges folgt,
die in dem bekannten Berg Buchweizenbrei von drei Meilen Dicke
kulminiert. Doch wenn man sich da hindurchgegessen habe, sitze
man wie die Made im Speck. Auch Schlaraffenland lässt sich also betreten, wenn man etwas dafür übrig hat, sich wie ein moralisch blinder Maulwurf durch den Untergrund zu wühlen.

Über die Nahrungssituation im Paradies braucht nicht mehr viel gesagt zu werden: Der Schwerpunkt der kanonischen Beschreibungen
liegt weniger auf einem wie auch immer gearteten Überfluss, sondern auf der fast vollständigen Unabhängigkeit von Nahrung überhaupt. Wir sahen bereits, dass ein hoher Nahrungsverbrauch von der
mittelalterlichen Kirche als Dekadenzerscheinung definiert wird, die
erst nach der Sintflut in die Welt gekommen sei. Adam und Eva sind
auch nach dem Sündenfall noch Vegetarier, ebenso wie ihre Nachkommen. Sie haben kaum etwas nötig, nur ein wenig Wasser und ab
und zu eine Frucht. Im *Sidrac*, dem populären Nachschlagewerk für
Laien, wird davon gesprochen, dass es im Paradies tatsächlich nur
Früchte gebe, die in ihrer Gesamtheit jedoch einen bemerkenswert
multifunktionalen Charakter besitzen: Die eine Frucht sorge für Wi-
derstandskraft gegen Krankheiten, eine andere verhindere das Sterben. Und wieder eine andere sorge dafür, dass man nach dem Verzehr
nie wieder Hunger verspüre.

Darum ist in den Beschreibungen des irdischen Paradieses in der Bibel auch so gut wie nie von Nahrung die Rede. Richtige Schlemmer-Phantasien ließen sich auf dem irdischen Paradies mit seinem kargen Angebot also kaum aufbauen, und die wissenschaftlichen Erklärungen für diesen Umstand ließen erst recht keinen Umbau zum Fress-Eldorado zu. (Größere Möglichkeiten bot da schon eher das himmlische Paradies, über das die Bibel angenehm vage bleibt. Doch davon später.) Jedenfalls lag hier eine eklatante Herausforderung, sich etwas nach mittelalterlichen Wünschen Adäquateres einfallen zu lassen. Dass Cocagne und Schlaraffenland den Fehdehandschuh begeistert aufheben, dürfte deutlich geworden sein. Möglicherweise war es sogar gerade dieser »Mangel« der Bibel, der einen wichtigen Anstoß zur Entwicklung des Cocagne-Stoffes bildete.

Auch das Wetter im Garten Eden ist im Mittelalter kein Gegenstand der Diskussion. Die Bibel schwieg in diesem Punkt, da es sich hier offenbar um eine Selbstverständlichkeit handelte. Doch um jedes Missverständnis zu vermeiden, teilen fast alle Paradiesbeschreibungen mit, dass das paradiesische Klima von einer unbeschreiblichen Milde und Beständigkeit sei. Die Tragweite dieser Versicherung können wir nur voll ermessen, wenn wir uns die existentielle Gefährdung durch unsichere Witterungsverhältnisse vor Augen führen, die in den Niederlanden – und nicht nur dort – so manche Existenz bedrohten. Wenn wir über die ständigen Ängste vor Hunger und Entbehrung sprechen, so müssen wir immer bedenken, dass diese automatisch mit der Furcht vor unberechenbaren Wetterkatastrophen verbunden sind.

In einer Gesellschaft, die jede Veränderung vor allem als Bedrohung erfahren musste, bedeuteten Beständigkeit und Harmonie unvergleichlich viel mehr als heute. Und obwohl diese Haltung sich vor allem aus praktischen Erfahrungen nährte, beruhte sie doch gleichzeitig auf der theologischen Erklärung des Sündenfalls: Damals war die Veränderung – und damit die Vergänglichkeit – in die Welt gekommen. Die mittelalterlichen Konkretisierungen des Paradieses tasten daher auch nicht dessen etwas eintönige Harmonie an, sondern versuchen nur, ihr ein für Zeitgenossen anziehenderes Gesicht zu verleihen.

Ein von scharfen Gegensätzen gekennzeichnetes Klima gilt im Mittelalter als wahre Geißel der Menschheit. Voll Abscheu beschreibt auch John von Mandeville solche Witterungsverhältnisse im Lande der Tataren. Mitten im Sommer könnten dort heftige Stürme ausbrechen, durch die viele Menschen zu Tode kämen. Auch gebe es abrupte Wechsel zwischen beißender Kälte und sengender Hitze. Ein solches Land kann ja nichts taugen. Und das gilt auch für die Bewohner. Das Paradies dagegen zeigt das andere Extrem, und daran konnte jeder ablesen, dass Harmonie und Stabilität die ursprüngliche Absicht der Schöpfung gewesen waren.

Wie wichtig die Versicherung stabilen Wetters für die mittelalterlichen Zuhörer war, zeigt sich auch an den Wetterberichten aus dem himmlischen Paradies. Wie der Hunger gebiert auch das Wetter ungreifbare Ängste, die nach beruhigenden Antworten verlangen. Das *Sterfboeck* (Sterbebuch) von 1491 – eine praktische Anleitung für das erfolgreichste Vorgehen, um sicher in den Himmel zu gelangen – lässt keinen Zweifel am dortigen absolut idealen Klima:

Dort sind weder Hitze noch Kälte, Wasser noch Feuer, Regen noch Wind, Blitz oder Schnee, Donner, Hagel oder Sturm, sondern es herrscht gleich bleibend schönes, klares Wetter, viel schöner und angenehmer als jeder Gelehrte zu erklären vermag. (…) Es ist immer ein fröhlich angenehmer Mai.

Auch Kolumbus, der auf seinen drei Reisen ständig davon überzeugt ist, in der Nähe des Paradieses herumzuschippern, beschreibt ideale Witterungsverhältnisse immer in Termini des spanischen Frühlings (April, Mai). Und auch für ihn besteht deren wichtigstes Merkmal in ihrer milden Beständigkeit.

Am Ende des Mittelalters wird das Klima des Paradieses immer mehr mit Attributen des Mais ausgestattet. Im Rahmen der zunehmenden Höherschätzung der »Natur« und der damit zusammenhängenden neuen höfischen Sitten und Bräuche wird der Monat Mai zur fast sprichwörtlichen Periode raffinierten Genießens. Dies wird zuletzt gar so selbstverständlich, dass sich ein Sprichwort daraus entwickelt: »'t En is altoes ghien Mey-avent.« (Es ist nicht immer Maienabend). Und das bedeutet, dass die Welt günstigstenfalls einmal pro Jahr ans Paradies erinnern kann. Darum ist es im Londoner Cocagne-Text auch ständig Mai. Auch der Sommer – »Ein ewigwährnder, lieber April!« (94/95) – des anderen Textes wird mit den gemäßigten Temperaturen des Frühjahrs in Verbindung gebracht (die in den Niederlanden oft noch die Hundstage begleiten).

Die übrigen Äußerungen über das Wetter sind mit dem Nahrungsmotiv verbunden: Wenn es regnet, fallen in Cocagne Obstfladen, Pfannkuchen und Pasteten vom Himmel, denen Text B auch noch Aale hinzufügt. Dieses Motiv konnte man sich in einem kulinarischen Paradies natürlich nicht entgehen lassen. Die Angst vor Wetterkatastrophen mündet von selbst in die Furcht vor Entbehrungen, und darum regnet es Nahrung, womit gewissermaßen zwei Ängste auf einen Streich behoben werden. Der niederländische Schlaraffenlandtext hält sich auf diesem Gebiet stark zurück. Das Wetter als solches wird dort nicht behandelt, während die Niederschläge nun bloß noch aus Süßigkeiten bestehen: Zweimal wird darauf hingewiesen, dass der Schnee aus Puderzucker und die Hagelkörner aus Zuckermandeln seien. – Selbst in diesen Details verrät der Text damit eine Ausrichtung auf das jüngere Publikum, dem am Schluss für sein Arbeits- und Naschverhalten erbarmungslos die Leviten gelesen werden.

Zu guter Letzt besitzt Cocagne auch noch einen wundersamen Fluss, der Bier und Wein in allen Sorten liefert. Die Inspirationsquelle zu dieser Segnung liegt auf der Hand: Milch, Honig und Wein gehören in der Bibel zur Grundausstattung eines jeden Gelobten Landes, inklusive des verschlossenen Gartens im Hohen Lied. Auch die goldenen Zeitalter der Antike strömten über von nahrhaften und edlen Getränken, ebenso wie das Moslemparadies.

Manche dieser christlichen und nicht-christlichen Orte der Belohnung zeigen jedoch gewisse Variationen in der Getränkeauswahl. So besitzt das irdische Paradies, das der ungläubige Abt Brandan besucht, um mit eigenen Augen die Wahrheit der Bibel und Gottes Wunder zu bezeugen, – möglicherweise darum – noch einige Attraktionen mehr. Er – und die Zuhörer – mussten schließlich überzeugt werden. Jedenfalls strömt auch dort der Honig, doch zur Abwechslung auch einmal Balsam, Sirup und Olivenöl. Auch die hiermit eng verwandte Trauminsel des irischen Reisenden Máel Dúin zeichnet sich durch eine Vielzahl von Segnungen aus, die den Charakter himmlischer Belohnungen unterstreichen: So gibt es dort einen Brunnen, der werktags Wasser und sonntags Milch spendet, an den hohen christlichen Feiertagen jedoch neben Wein ungewöhnlicherweise auch noch Bier. In Cocagne erhält man die beiden Letzteren immer und jederzeit gratis – was die Weine angeht, übrigens in den geschätztesten Sorten und Qualitäten. Weiter geht Cocagne nicht, ebenso wenig wie Schlaraffenland, das diesen Attraktionen noch weniger Aufmerksamkeit schenkt. Damit war keine Ehre zu verdienen, die anderen Paradiese und Traumorte strömten ohnehin schon über von den herrlichsten Getränken. Die hatte auch Cocagne zu bieten, doch eben nur als Nebenmotiv und maßgeschneidert nach spätmittelalterlichen Vorlieben.

2 Nie mehr sterben

*I*n Text L gibt es jedoch noch einen zweiten Fluss, den der Autor unumwunden als »Jordan« bezeichnet. Dieser sorgt für Verjüngung, denn wer einen Schluck davon trinkt, wird wieder, »als zählte er kaum zwanzig Jahr'«. Das bedeutet, dass in Cocagne ebenso wie im Paradies Unsterblichkeit herrscht und selbst das Alter somit nur eine letztlich heilbare Krankheit ist. Darum wird Cocagne auch mit dem Heiligen Land verglichen, denn sowohl der dortige als auch der cocagnische Jordan verfügen über wunderbare Eigenschaften.

Was den echten Jordan angeht, existieren hierüber im Mittelalter nicht die geringsten Zweifel. Schon Johannes Chrysostomos berichtet von der heilenden Wirkung des Jordanwassers, sodass bereits im sechsten Jahrhundert christliche Pilger sich auf den Weg machen, dessen heilsame Wirkung zu erproben. Noch ein hagiographischer Text wie *Van den heilighen driën coninghen* (Von den heiligen drei Königen) aus dem frühen fünfzehnten Jahrhundert bestätigt diese Heilwirkung. Lahme, Blinde und Kranke baden nackt im Jordan oder werden gewaschen, wodurch viele von ihnen genesen. Kein Pilger, der nicht wenigstens ein Fläschchen von diesem Wasser mitnähme, manchmal sogar ein ganzes Fass. Wenn Kranke zu Hause davon trinken, werden auch diese oft wieder gesund. Doch der cocagnische Jordan kann noch mehr, nämlich das, was man sonst nur der paradiesischen Quelle des Lebens zuschrieb: Er verschafft das ewige Leben.

In allen Kulturen gibt es Quellen, Brunnen, Seen und Ströme, denen wunderbare Einflüsse auf die menschliche Gesundheit nachgesagt werden. In allen Geschichten geht es darum, dass sie vor Krank-

Die Heilquelle des
Johannesevangeliums;
Miniatur aus dem
Gezeitenbuch der
Katharina von Cleve,
um 1440; aus: J. Plum-
mer (Hg.; ohne Jahres-
angabe), nr. 86.

heit und Tod bewahren, unter anderem, indem sie den Trinkenden
oder Badenden ein bestimmtes Alter zurückgeben. Nicht selten ist
dies das vermutliche Alter Jesu am Kreuz, nämlich zwei- oder dreiunddreißig Jahre. John von Mandeville überreizt sein Blatt beträchtlich, wenn er nicht nur von einem derartigen Jungbrunnen spricht,
sondern auch noch behauptet, selbst daraus getrunken zu haben. Von
irgendeiner Wirkung wird hinterher übrigens nichts mehr gesagt.
Vor allem die Pilgerberichte und Reiseführer ins Heilige Land sprechen – meist anhand der Bibel – immer wieder von Wasserstellen mit
spektakulärer Heilkraft. Selten fehlt dabei die Vermeldung des Tei-
ches nebst Badeeinrichtung am Schaftor von Jerusalem. Von dieser
erzählt der Evangelist Johannes: Blinde, Lahme und Krüppel warten
dort auf einen Engel, der von Zeit zu Zeit die Quelle berührt. Wer danach zuerst im Wasser ist, wird sofort geheilt.

Doch vor allem der Traum von Unsterblichkeit durch einen simp-
len Schluck Wasser beherrscht die Phantasien. Anknüpfungspunkt
für diese Vorstellung ist zuallererst das so grausam verspielte ewige
Leben im Paradies, das man aus den Segnungen des Lebensbaumes
nebst dazugehöriger Quelle erklärte. Aß man von der Frucht und
trank man von dem Wasser, musste man niemals sterben. Doch das
Paradies war unerreichbar weit weg und der Himmel als Endziel al-

Jungbrunnen; Deutscher Holzschnitt, um 1535; aus: *Die Welt des Hans Sachs* (1976), nr. 153.

les andere als sicher. Natürlich gab es auch dort eine Einrichtung, die die Unsterblichkeit näher regelte: Unter dem Thron Gottes und des Lamms (Jesu) nämlich entsprang ein Fluss mit dem Wasser des Lebens, das mitten durch das himmlische Jerusalem strömte, und an den Ufern standen – fast ein wenig überflüssig vielleicht – die Ewigkeit spendenden Bäume des Lebens. Dieser Traum ist so alt wie der Mensch selbst, denn ein Genesung bringender Wunderbrunnen am Ursprung aller Flüsse kommt schon in babylonischen Legenden vor.

Doch auch direkt vor der Haustür suchte die Sehnsucht nach Unsterblichkeit ihre Befriedigungen: Die Zahl der Phantasien hierüber am Übergang zur Neuzeit ist fast unüberschaubar. Dabei ist längst nicht immer klar, wie buchstäblich man diese oft spielerisch wirkenden Vorstellungen einer substanziellen Lebensverlängerung eigentlich nehmen muss. Doch die Phantasien selbst sind todernst. Man nimmt das Sterben nicht mehr hin. Und die Heilmittel dagegen wirbeln durcheinander, als könne man dem Tod nur mit dem größten Einfallsreichtum ein Schnippchen schlagen. Außerdem war Eile geboten: Wie man der Bibel entnehmen konnte, schien die unablässige Sündigkeit des Menschen zu einer ständigen Verschlimmerung der göttlichen Strafen zu führen – das Leben auf Erden wurde immer kürzer. Zunächst hatte man ja trotz allem noch auf ein Alter von acht- bis neunhundert Jahren rechnen dürfen. Dem *Lucidarius* der Londoner Handschrift zufolge wurde Adam trotz seiner Sünden immerhin 980, laut Bibel immerhin noch 930 Jahre alt. Zu Abrahams Zeit war die Lebenserwartung schon auf 200 Jahre zurückgegangen, und weil der Mensch auch danach nicht von seinen Sünden abließ, ging es immer weiter bergab. So spricht David in seinen Psalmen davon, dass der Mensch kaum über die achtzig hinauskomme – und nun, so schreibt der Autor des *Ridderboeck*, einer Lebenslehre des vierzehnten Jahrhunderts, entsetzt, sind wir schon bei sechzig Jahren gelandet, wobei viele sogar schon vor dieser Zeit sterben müssen.

Bekannte Verjüngungsmethoden beruhen auf dem Gedanken, dass sich die Konstitution des Menschen gewissermaßen mit einem Laib Brot vergleichen lasse. Den müden und erschlafften Teig nun brauche man eigentlich nur wieder aufzukneten und in eine andere Form zu geben, worauf ein neugebackener, neugeborener und vor allem verjüngter Mensch aus dem Ofen springe. Hiervon sprechen zahlreiche deutsche Reimdrucke des sechzehnten Jahrhunderts, und auch der Brauch des Köpfebackens, der aus dem ostflämischen Eeklo stammen soll, gehört wohl in diese Tradition.

Vor fünfhundert Jahren war diese Phantasie um einiges weniger absurd und vor allem beträchtlich weniger kindisch, als sie uns heute erscheinen mag. Bedeutete nicht auch das Wunder der Eucharistie, dass der menschliche Leib eines Gottes sich ständig in Teig verwandelte und wieder zurück? Und auch bei deren Beschreibung bediente man sich, wie wir bereits gesehen haben, gern der handfestesten Bäckerterminologie. Die Wiedergeburt, eine grundlegende Verjüngung und vor allem die Unsterblichkeit gehörten für viele zu den realen Zukunftserwartungen, und auch die Kirche sprach in diesen Termini vom Leben nach dem irdischen Tod.

Später werden solche Verjüngungen auch auf andere Handwerke projiziert, wie etwa das des Müllers oder des Schmieds. Auch hier handelt es sich um Handwerke, die unedle Stoffe in nützliche und vor allem neue Formen umsetzen. So vergleichen die Schmiedelehrlinge in Deventer sich in dieser Hinsicht gern mit dem Schöpfer selbst: Zur Fastnacht des Jahres 1546 – im selben Jahr also, als vermutlich der niederländische Schlaraffenlandtext entstand – führen sie auf dem Rathausmarkt einen Schwank auf, und zwar über die Methode, »aus einem alten Weib ein Junges zu schmieden«. Der Text ist uns nicht überliefert, doch man kann sich das schallende Gelächter vorstellen, das überall auf dem Platz entstanden sein muss. Von Stichen und Gemälden wissen wir, wie vollkommen abgetakelt und renovierungsbedürftig man vor allem Frauen bei solchen Gelegenheiten wiedergibt. Und zweifellos war das Unternehmen nur von geringem Erfolg gekrönt.

Wie sehr die Zeugnisse über die Realisierbarkeit einer tatsächlichen Verjüngung auch zunahmen, sie machten die skurrileren Phantasien darüber keineswegs überflüssig. Wenigstens ab und zu musste man sich einfach in eine Situation hineinträumen können, in der Tod und Verfall keine Macht mehr besaßen. Gleichzeitig ist auch die Wissenschaft emsig zugange, denn der Glaube an Verjüngung und Unsterblichkeit ist nicht nur die Sache einer leicht zu verführenden Masse: Renommierte Geographen und Entdeckungsreisende melden Jungbrunnen und Verjüngungskuren, sagenhaft hohe Lebenserwartungen und sogar den selbstbestimmten Tod – einer altirischen Überlieferung zufolge gab es eine Insel, auf der man selbst entscheiden konnte, wann es genug war. Wenn man sterben wollte, reiste man einfach auf eine andere Insel, wo der Tod noch seine Herrschaft ausübte. Wie immer schimmert auch bei jenem Traumort die Vorstellung vom christlichen Paradies durch. Auch dort hatte das Sterben schließlich keine Gewalt.

Aus einer anderen Wissenschaft, der nur von der Crème moderner Gelehrter betriebenen Alchimie, wurde gemeldet, dass man der Rezeptur der *quinta essentia* dicht auf den Fersen sei. Dieser Urstoff, eigentlich das Geheimnis des Lebens selbst, ließ sich in flüssiger Form auch einnehmen und versetzte einen dann auf einen Schlag in ein Alter von vierzig Jahren zurück. An allen Fronten konnte man an der Schwelle zur Neuzeit also den Durchbruch erwarten – die von Gott endlich gewährte, definitive Lösung für die Strafe nach dem Sündenfall.

Doch die größte Hoffnung blieb eindeutig die Quelle des Lebens im Paradies. Strömte deren Wasser nicht über vier mächtige Flussläufe in die Welt? Jung werden und jung bleiben ergaben sich quasi von selbst, wenn man nur den Weg über diese Flüsse zurückging, die sich natürlich endlos verzweigten, um überall auf Erden Fruchtbarkeit und Heilung zu bringen. Und je näher man der Quelle käme, umso wirkungsvoller würde das Wasser. Im Prinzip konnte man bei jedem fließenden Gewässer Glück haben. Das französische Ritterepos *Huon de Bordeaux* enthält eine Passage über ein Bächlein im Garten des Emirs von Babylon, das sich direkt aus einem der Paradiesflüsse speise. Jedenfalls bringt auch dieser Wunderborn Kranken Gesundheit und Alten die Jugend.

Auch zahllose andere Texte sprechen von solchen Segnungen an verschiedenen Orten der Erde, doch überstrahlt werden sie alle von den Erzählungen über das Reich des Priesters Johannes: ein Land, das dem Vernehmen nach in der Gegend Äthiopiens (oder Indiens, aber so genau nahm man das damals nicht) liege. Als Land, in dem das Urchristentum noch in seiner reinsten Form erhalten ist, profitiert es reichlich vom Wasser des nahe gelegenen Paradieses. Sterben ist dort unmöglich. Als Kind muss man dreimal von jenem Wasser trinken, um danach nie wieder krank zu werden und später für immer das Alter Christi von zweiunddreißig Jahren zu behalten – ein biologisches und geistiges Altern über diesen Punkt hinaus kam nach jenen Vorstellungen geradewegs dem Tode gleich.

Doch am meisten erregen die Phantasien die Geschichten über den Nil, bei mittelalterlichen Pilgern, Kaufleuten und Entdeckungsreisenden der bekannteste Fluss des Nahen Ostens: Dies musste einer der vier Ströme des Paradieses sein! In seinem 1306 geschriebenen Bericht über den siebten Kreuzzug erzählt Jean de Joinvilles von dem Versuch, die Quellen des Nil zu entdecken, um so zu beweisen, dass man stromaufwärts automatisch das Paradies erreichen müsse. Doch vorläufig kam man nicht weiter als bis zur südlichen Grenze Ägyptens. Wo der Fluss ins Land strömte, warfen Menschen die Netze aus, um die bekannten Paradiesartikel herauszufischen; schließlich handelte es sich dabei um solche Kostbarkeiten wie Ingwer, Zimt und Rhabarber. Auch der fette Schlamm an den Ufern war bekannt für seine Fruchtbarkeit. Diese übertrug sich auch auf Tiere und vor allem auf Frauen, die man damit von Unfruchtbarkeit heilen konnte.

Felix Fabri, ein Dominikaner aus Süddeutschland, der in den Jahren 1483–1484 Ägypten bereiste, notiert in seinem Tagebuch, dass der Nilschlamm wohl der Grund für die örtliche Überbevölkerung sowie die Vielfalt an Tieren sein müsse, und der ebenso aufgeklärte wie reiselustige Brügger Adornes stellt fest, dass das Nilwasser äußerst weich sei, duftend – bestimmt aufgrund der Herkunft aus dem Paradies – und sogar nahrhaft, förderlich für die Verdauung und nicht zuletzt auch heilkräftig: Trinke man davon, müsse man dermaßen stark schwitzen, dass jede Krankheit schlicht ausgebrannt würde.

Dem Sterben und vor allem dem voranschreitenden Verfall musste Einhalt geboten werden. Durch Wissenschaft und Phantasie. Beide halfen und liefen am Ende des Mittelalters auf Hochtouren. Jeder müsse dauerhaft das Alter von dreiunddreißig Jahren behalten. Danach höre jede Veränderung auf, und man betrete eine unveränderliche Ewigkeit. So war es gemeint gewesen, damals im Paradies. Und so ging es im Himmel noch immer zu.

Solche Versicherungen finden sich in allen populären Lebenslehren wie dem *Sterfboeck* und dem *Boeck van der Voirsienicheit Godes*

(Buch von Gottes Vorsehung). Blieb jetzt nur noch der Weg bis dorthin. Jeden Augenblick konnte die erlösende Nachricht kommen, zum
Beispiel über einen allgemein zugänglichen Jungbrunnen oder ein
bezahlbares Rezept für Lebenselixier vom Kräuterhändler. Oder
stand es vielleicht schon bei John von Mandeville? Und was sollte
man von den Briefen des großen Kolumbus halten? Dessen Reiseberichte ab 1493 schienen ewige Jugend und Paradies jedenfalls in greif-
bare Nähe zu rücken.

In der Zwischenzeit bieten Träume und Phantasien ein ebenso angenehmes wie nützliches Surrogat: In Cocagne kann man sich bis
zum Platzen voll essen und doch mit Hilfe eines einzigen Schlucks
Wasser ewig leben und so immer wieder von vorn anfangen. Das ist
etwas anderes als die asketische Ewigkeit der Eremiten mit ihrer
Selbstkasteiung und Enthaltsamkeit. In Cocagne isst und trinkt man,
um jung zu bleiben. So gehört es sich – und darum musste es wahr
sein. Wie gesagt, stellen Literatur und bildende Kunst auch andere
Möglichkeiten zur Verwirklichung dieses Traums dar: Texte,
Gemälde, Miniaturen, Stiche, Teppiche, Koffer, Kacheln, Spiegel, El-
fenbeinschnitzereien und Glasfenster legen Zeugnis ab von den vielfältigen Wegen zu irdischer Unsterblichkeit durch einfache Verjüngungskuren. Selbst die Karnevalsumzüge beteiligen sich hieran: So
fährt etwa auch in Nürnberg jedes Jahr ein Wagen mit einem Jungbrunnen mit – eine sehr passende Idee, denn die Erneuerung des irdischen Lebens mit Hilfe eines Großreinemachens gehört zu den
Grundthemen der spätmittelalterlichen Frühjahrsbräuche.

Mittelalterliche Paradiesvorstellungen haben die Neigung, den Garten Eden in eine praktische Hausapotheke für alle gängigen Qualen
inklusive der des Todes zu verwandeln. Dabei wird das Paradies mit
allem ausgestattet, was den täglichen Übeln von Hunger, Durst und
Krankheit – und vor allem der Angst davor – ein für alle Mal begegnet. Das *Elucidarium* des Honorius von Autun aus dem zwölften
Jahrhundert gibt auf die Frage nach der Beschaffenheit des Paradieses unumwunden folgende Antwort: »Es ist ein Ort mit verschiedenen Arten von Bäumen, die alle möglichen Übel bekämpfen.« Und
um auch für Laien in dieser Frage keine Missverständnisse aufkom-

men zu lassen, macht der *Dietsche Lucidarius*, eine Reimbearbeitung desselben Textes, daraus das Folgende:

Und in der Mitte jenes Gartens dann,
Da pflanzte Gott den Baum des Lebens,
Dem sind beid' Kraft und Macht gegeben,
Gar reiche Frucht hervorzubringen,
Gesundheit und ein langes Leben.*

Die Medikamente bestehen, leicht zu erkennen, ausschließlich aus Früchten, die wie bekannt gegen alles helfen. Und der Baum des Lebens ist spezialisiert auf die Heilung von Alter, Krankheit und Tod. Dieser Text ist im Mittelalter der Knigge und Brockhaus für jeden und wird auch im Unterricht vielfältig eingesetzt. In fast allen Volkssprachen existieren Bearbeitungen davon. Dies gilt auch für den *Sidrac*, der zwar aus französischem Hofmilieu stammt, doch später genauso verbreitet und viel gelesen ist wie das *Elucidarium*. Dass Versionen beider Lebenslehren in der Londoner Handschrift neben Cocagne-Text L vorkommen, beweist einmal mehr, wie eng diese pragmatischen, selbst als Schulstoff verbreiteten Paradiesvorstellungen mit den Phantasien von Cocagne verbunden sind.

Die Bäume tragen jederzeit reiche Ernte und liefern jede x-beliebige Frucht, groß oder klein, in jeder Farbe, Geruchs- und Geschmacksrichtung. Doch weiter wagt man in der Ausschmückung des irdischen Paradieses nicht zu gehen. Alles läuft dort immer wieder auf Früchte hinaus, während das Getränkeangebot meist auf Wasser beschränkt bleibt, nur ausnahmsweise einmal erweitert um die Milch und den Honig aus den Gelobten Ländern im Allgemeinen. So liegt es denn auch gar nicht in Cocagnes Absicht, diese verlorenen Welten wiederzubeleben und mit irdischeren und vor allem aktuelleren Genüssen auszustatten. Denn gibt es nicht auch noch das Paradies im Himmel? Und eignet sich dieses nicht viel mehr für eine sinnlich-irdische Ausstaffierung?

* In de middewaert vandien, / Soe plante Hi des levens hout, / Dat heeft die cracht ende die wout, / Dat het groten vrucht mach geven, / Gesonde ende lange leven.

3 Himmlische Belohnungen

Dem Himmel gehörte die Zukunft. Dieser Ort war im Prinzip jedem zugänglich, wenn auch erst nach dem Tod. Dafür konnte man sich mit der zentralen Botschaft des Christentums trösten, dass das wahre Leben erst dann beginnen würde. Es ging »nur« darum – keine leichte Aufgabe übrigens –, das Recht auf die ewigen Freuden nicht während des kurzen Erdendaseins zu verspielen. Erreichte man so schließlich unangefochten seine Todesstunde, musste man nur noch den Jüngsten Tag erwarten, ab dem man die himmlischen Herrlichkeiten voll genießen konnte.

Über die Zeit bis dahin jedoch herrschten im Mittelalter große Meinungsverschiedenheiten. Wurden die Guten und Gerechten schon vorher ein wenig belohnt? Bekamen die Bösewichter gleich nach dem Tod ihre ersten Strafen? Gern stellte man sich die Gerechten im irdischen Paradies vor, wo sie das definitive Urteil für alle abwarteten. Papst Johannes XXII. hatte diese Vorstellung im Jahre 1329 als Ketzerei verdammt, was die Massen in der Praxis jedoch kaum davon abhielt, weiter daran zu glauben.

Jedenfalls mussten für die Braven im Himmel ewige Belohnungen bereitliegen, und auch die weniger Braven wurden nicht ausgeschlossen, nur würden sie etwas später ankommen, nach der obligatorischen Reinwaschung im Fegefeuer. Irdische Unterstützung in Form von Seelenmessen und natürlich die Art der Sünden selbst entschieden darüber, wie lange die Behandlung dauerte. Auf jeden Fall hatte das Fegefeuer nur einen Ausgang, und der führte geradewegs in den Himmel.

Stellte man sich das irdische Paradies in erster Linie als Naturpark vor, so besaß sein himmlisches Gegenüber die Form einer Stadt. Dieser Unterschied beruhte zunächst auf dem Wunsch, die unterschiedlichen Bedeutungen der beiden Lustorte in einer jeweils eigenen Gestalt auszudrücken. Und so bezeichnete man letzteres Paradies gern als das »Himmlische« oder »Neue Jerusalem« – unter anderem aufgrund des christlichen Bedürfnisses nach einem wahrlich wieder erstandenen Zion, das die von den Untaten der Juden verfluchte Stadt ersetzen sollte. Denn waren ihre Mauern und Häuser nicht zu Recht immer wieder verwüstet und dem Erdboden gleichgemacht worden? Der Gedanke an einen realen Wiederaufbau sollte dann vor allem die Kreuzzüge beherrschen, wobei häufig Visionen entstanden, die das neue irdische Jerusalem mit seinem himmlischen Pendant eng verknüpften oder sogar identifizierten. Hatte Papst Urban im Jahre 1096 in Clermont bei seinem Aufruf zum Kreuzzug nicht selbst verkündet, dass Jerusalem der Nabel der Welt sei, inmitten eines unvorstellbar fruchtbaren Landes?

Die direkteste Grundlage jedoch für diese Verschmelzung von himmlischem Jenseits und Jerusalem lag in den heilsgeschichtlichen Erwartungen des Judentums, die vor allem im Buch Jesaja zum Ausdruck kommen. Dort verheißt Gott seinem Volk mehrmals ein Gelobtes Land in Form eines Neuen Jerusalem, das aus den größten Kostbarkeiten errichtet sein werde: »Siehe, ich will deine Grundfesten aus Malachit bilden und deine Fundamente aus Saphiren. Ich will deine Zinnen aus Rubinen machen und deine Tore aus Karfunkeln und deinen ganzen Wall aus köstlichem Gestein.« An anderer Stelle wird das Neue Jerusalem als Ende aller irdischen Leiden in unvorstellbarer Herrlichkeit gepriesen. Dabei liegt ein auffallender Akzent auf den kulinarischen Tröstungen, die permanent aus einem wahren Füllhorn mütterlichen Überflusses gespendet werden:

Freuet euch mit Jerusalem und jubelt über sie alle, die ihr sie lieb habt! Seid von Herzen fröhlich mit ihr (...). Dass ihr euch labet und satt werdet an der Brust ihres Trostes, dass ihr schlürfet und euch erquicket an ihrer reichen Mutterbrust. (...) Wie einen seine Mutter tröstet, so will ich euch trösten; ihr sollt in Jerusa-

lem getröstet werden. Wenn ihr es seht, wird euer Herz froh-
locken, und eure Gebeine werden sprossen wie junges Grün.

Doch die wichtigste Quelle der mittelalterlichen Jenseitsvorstellun-
gen war die Darstellung des Himmlischen Jerusalem in der Offenbarung des Johannes. Dieses wohl kryptischste Buch der ganzen Bibel
gab das gesamte Mittelalter hindurch – und auch später noch – Anlass zu den verschiedensten Interpretationen seiner heilsgeschichtlichen Erwartungen und der damit zusammenhängenden Zeichen auf
Erden. Jedenfalls sieht der Apostel Johannes darin von einem hohen
Berg aus die heilige Stadt Jerusalem vom Himmel herabschweben.
Sie strahlt und glitzert und besteht ganz aus Edelsteinen. Die Mauern besitzen zwölf Tore mit den Namen der Stämme Israels, bewacht
von ebenso vielen Engeln, während die zwölf Grundsteine die Namen der Apostel tragen.

Die himmlische Stadt folgt einem idealen Bauplan auf Grundlage
der Zahl Zwölf, wobei Länge, Breite und Höhe überall gleich sind. Die
Mauer ist von Jaspis, die Tore bestehen aus Perlen und die Grundsteine aus zwölf verschiedenen, namentlich genannten Edelsteinen.
Die Stadt selbst ist aus reinem Gold. Und niemals herrscht dort
Nacht, denn das Licht Gottes strahlt ewig. Unter dem Thron des Vaters und des Sohnes entspringt ein Fluss, der durch die gesamte Stadt
strömt, an seinen Ufern die Bäume des Lebens, die zwölfmal pro Jahr
Früchte tragen und deren Blätter Genesung bringen. Leid, Tod, Tränen und Geschrei werden nicht mehr existieren.

Das Himmlische Jerusalem ist eine Sublimation des irdischen Paradieses, dessen Eigenschaften es weitgehend übernommen hat, erweitert jedoch um allerlei konkrete Belohnungen, wie die mittelalterliche Gesellschaft sie sich wünscht. Überall herrscht perfekte
Harmonie. Gerade an letztere Wünsche kann Cocagne mit seinen
weitaus irdischeren Träumen von einem paradiesischen Land ideal
anknüpfen. Jungbrunnen, unerschöpfliche Nahrungsversorgung und
Getränkeflüsse, silberne Schalen an den Ufern und viele andere Details korrespondieren direkt oder indirekt mit biblischen Vorstellungen von himmlischem Lohn.

Selbst der verirrte Karfunkel oder Rubin aus Text B könnte aus der Architektur des Neuen Jerusalem stammen. Auf jeden Fall ist die in B etwas kryptische Mitteilung »Dit lant is lanck ende wyt« (wörtlich: »Das Land ist lang und breit«; 93) nun viel verständlicher: Offensichtlich müssen wir diese Zeile – wie in der deutschen Übersetzung – als »grad so lang wie breit« auffassen und damit als eine irdische Entsprechung der idealen Proportionen des Himmlischen Jerusalem.

Die stets so bewunderte Harmonie des Himmels wird in Cocagne zu einer recht irdischen, aber umso herzlicheren Freundschaft und Hilfsbereitschaft, die jeder Bewohner dem anderen zuträgt. Feindschaft existiert nicht mehr, und auch das absolute Entgegenkommen in sexuellen Dingen könnte (mit) von den unablässigen Sympathien inspiriert sein, die im Himmel herrschen. Hier kommt noch hinzu, dass das irdische Paradies nach Ansicht von Kirchenvater Augustinus sehr wohl Sex gekannt hätte, wenn Adam und Eva nicht so schnell – schon nach sieben Stunden – aus dem Paradies vertrieben worden wären. Doch wäre alles nach Plan verlaufen, hätten sie sich im Garten Eden ganz normal vermehrt – ohne Einmischung des Teufels, versteht sich, der die menschlichen Geschlechtsteile erst nach dem Sündenfall in Instrumente der Wollust verwandelt hatte. Solch ein paradiesisches Sexualleben übernimmt Cocagne natürlich gern.

Enthält die Einladung zu einem »fruntelick slapen« (»freundliches Schlafen« oder »Schäferstündchen«) in B etwa eine Anspielung auf diese lustlose Form des Beischlafs? Auch in Cocagne will man es gern »freundlich« miteinander treiben – wie es sich gehört, ohne die brutale Raserei, die der Teufel in die Sexualität gebracht hatte. Und auf jeden Fall mit Freunden, denn jemandem mit anderer Gesinnung begegnet man im Himmel oder in Cocagne ohnehin nicht. Wer glaubt, dass diese sexualtherapeutischen Auffassungen etwas »Modernes« haben – Respekt voreinander – kann sich von dem Brügger Rederijker Anthonis de Roovere bestätigt fühlen. Zur selben Zeit, als die Cocagne-Texte entstehen, betont er in einem Gedicht, dass der Mann den Liebesakt sanft und liebevoll ausführen solle, wobei auch er das Wort »freundlich« als generelle Charakterisierung benutzt. Übrigens geht es ihm offensichtlich nicht darum, die Sexualität lediglich in akzeptablere, himmlische Sphären zu entrücken. Vielmehr empfiehlt er die Sanftheit der Frau gegenüber, da die Freuden des Beischlafs dann beträchtlich zunehmen würden. Und das macht das »freundliche Schlafen« auch für Cocagne interessant.

Die Quellen für die mittelalterlichen Beschreibungen des himmlischen Paradieses bilden sowohl der Garten Eden als auch das Neue Jerusalem. Dabei verlangte man umso mehr nach plastischen Darstellungen des Himmels, als, wie einige behaupteten, auch das irdische Paradies – wie alles auf Erden – dem Verfall unterworfen war. Äußerst beliebt in allen Beschreibungen ist die Negationsformel, die eine Aufzählung allen irdischen Elends gibt, das im himmlischen Paradies nicht mehr existiere:

Dort sind weder Heuchelei noch Täuschung, weder Betrug noch Schmeichelei, Zwist noch Uneinigkeit, Hass, Neid noch Missgunst. Niemand leidet Hunger oder Durst, Hitze oder Kälte, Krankheit oder Schmerz, Qual, Angst oder Sorge, weder Bedrückung noch Leiden.

So steht es in *Des coninx summe*, einem populären Beichtbuch und Fürstenspiegel jener Zeit, dessen Formulierungen wir überall wieder finden, manchmal noch etwas reißerischer verpackt wie etwa im *Sterfboeck* von 1491: »Auch ist dort weder Lahmer noch Krüppel, noch Blinder noch Schielauge oder Stummer, noch Krätze- oder Pickelleider noch Missgeburt, sondern ist jeder vollkommen schön an allen Gliedern.«

Die konstatierte Osmose zwischen irdischem und himmlischem Paradies findet sich schon in der apokalyptischen Literatur des Judentums um 200 vor Christus. In dieser wird erstmals der Gedanke entwickelt, dass der Garten Eden den verstorbenen Gerechten als Aufenthaltsort diene, sei es als Wartezimmer bis zur Auferstehung, sei es als ewige Ruhestätte. Auch in anderen Kulturen ist eine solche Verschmelzung zwischen Jenseits und verlorenem Paradies zu beobachten. Im ägyptischen Totenreich etwa verweilen die Geister der Verstorbenen auf der Milchstraße, einem fröhlichen Ort, wo Sonne und Mond zugleich scheinen und daher strahlendes Licht herrscht. Zudem gibt es eine gewisse Verwandtschaft zur Architektur der himmlischen Paradiese, denn man wird von dicken Mauern gegen Dämonen geschützt, und in der Mitte der Milchstraße steht ein prächtiger Palast. Daneben jedoch wehen dort sanfte Winde, und man fährt die herrlichsten Ernten ein, was wieder mehr an ein irdisches Paradies erinnert.

In der Bibel wird diese Vermischung an zahlreichen Stellen gefördert. Im Buch Ezechiel etwa beklagt der Prophet den Menschen in Gestalt des Königs von Tyrus, der den Garten Eden durch seine Sünden verspielt habe, und erinnert ihn: [Dort] »warst du, warst bedeckt von allerlei Edelsteinen: Karneol, Topas und Jaspis, Chrysolith, Soham und Onyx, Saphir, Rubin und Smaragd, und von Gold war die Arbeit der Fassung und der Vertiefungen an dir [d. h. Ohrringe und des Perlenschmucks].« – Alles Baustoffe, die später das Himmlische Jerusalem kennzeichnen sollen.

In volkssprachigen Texten laufen die Beschreibungen beider Paradiese oft völlig durcheinander: Die himmlische Stadt wird dann zunehmend von Natur überwuchert, wie etwa in einer Predigt des Johannes Brugman aus dem Jahre 1470. In dieser präsentiert er sich als Berichterstatter über alle bekannten und unbekannten Gegenden des Himmels. Auf der Suche nach den Seelen verstorbener Mönche und Nonnen findet er sie schließlich mitten in der Natur: »Und ich sah sie dort sitzen in einem gar schönen Obstgarten, darin mancherlei Blumen wuchsen. Dort standen die allerschönsten Akeleien, wie sie auf Erden nimmer zu finden sind; und das allerschönste waren die Lilien.« Das Sterfboeck von 1491 verwandelt den Himmel vollends in einen botanischen Garten, voll köstlicher Blumen und Kräuter, immer reifer Früchte und ewigem Grün. Doch es geht auch andersherum: Dann wird die Quelle des irdischen Paradieses zu einem mächtigen Springbrunnen, der im Spätmittelalter immer mehr die Gestalt einer aufwendigen Stadtarchitektur annimmt. So präsentiert uns der Prosatext Dit is 't bescrive van den eertschen paradijs (Beschreibung des irdischen Paradieses) mitten im Garten Eden einen gewaltigen Brunnentempel aus Edelsteinen, in dem die gesamte Menschheit aller Zeiten Platz findet. Massen von Edelsteinen werden

Das irdische Paradies als Burg; Detailausschnitt der so genannten Walsperger
Karte von 1448; aus: Verrycken (1990), 99.

aus dem Tempel in die dort entspringenden vier Ströme ge-
schwemmt, und der Boden des Paradieses ist aus reinem Goldstaub.

Auch andernorts scheint die städtische Architektur des Jenseits
ihre Spuren zu hinterlassen: Dies stellen jedenfalls die Mönche des
Heiligen Brandan fest, der mit seinen Gesellen über die Weltmeere
fahren muss, um Gottes Wunder auf Erden zu bezeugen. Dabei besuchen sie auch das irdische Paradies. Zunächst fahren sie über einen
goldenen Meeresgrund voll strahlender Karfunkel. An Land sehen
sie eine Burg mit vergoldeten Mauern und Toren, ebenfalls aus Karfunkel, doch der Rest besteht wieder aus der üblichen Parkausstat-
tung des Garten Eden. Schließlich gelangen sie zu einer zweiten
Burg, noch schöner als die erste: Dort wird ihnen enthüllt, dass sie
sich im irdischen Paradies befinden. Dennoch erinnert das Ganze
eher an die vertrauten Darstellungen des Himmlischen Jerusalem.

Diese Begrünung des himmlischen Stadtbilds wurde zweifellos
vom negativen Bild der Stadt in der Antike und im Mittelalter beeinflusst. Der erste Gründer einer menschlichen Siedlung (der Stadt
Henoch) war der Brudermörder Kain, und Gleiches trug sich auch bei
der Gründung Roms zu, als Romulus seinen Zwillingsbruder Remus
ermordete. War die Stadt nicht die Brutstätte allen Übels, voll enger
Straßen und Gassen, wo man sich vor Gottes Blick sicher glaubte?
Schon Tacitus verdammt die Stadt als Senkgrube alles Übels der
Welt, das dort auch noch bejubelt werde – eine Einsicht übrigens, zu
der ihn der zunehmende Erfolg des Christentums gebracht hatte.

Auch Wüstenväter und Eremiten flohen aus der Stadt, da sie ihnen
den reinen Anblick Gottes zu rauben drohte. Ein spätmittelalterlicher
Reimtext aus Brügge bringt diese Angst in einem Dialog zwischen einem Eremiten und einem Jüngling sehr direkt auf den Punkt. Begeistert ruft letzterer aus:

Dem Fasten, Herr, komm ich nicht nach;
Und auch mein Lesepult steht meistens brach –
Doch zechen mit Freuden, sei's Nacht, sei's bei Tag,
Das sind Offizien, die ich mag.
(...)
Vater, ich wohne halt in der Stadt,

Wohnt' – so wie ihr – weit draußen ich,
Könnt' leicht vor all'm ich hüten mich.*

Angesichts dieser Verführungen gibt auch der Abt Rupert von Deutz
im zwölften Jahrhundert entschieden seine Meinung kund:»Gott
liebt keine Städte und Burgen.«
Flüchtig und bescheiden hatten die Wohnungen des Menschen auf
Erden zu sein, keine hochmütig-großen, auf Dauer angelegten Stein-
höllen. Stand die Bibel nicht voll von verdorbenen Städten wie Henoch, Jericho, Babylon, Assur, Ninive, Sodom und Gomorrha? Einen
Brand in Deutz im Jahre 1128 interpretierte der genannte Rupert
denn auch als Strafe Gottes, weil die Ortschaft sich immer mehr zu
einem Handelszentrum mit allen dazugehörigen Unarten und Sünden entwickelte.
    Und so finden wir auch im Himmlischen Jerusalem zunehmend
Obstgärten, Blumenwiesen, Bäume, Früchte und Pflanzen, während
die städtischen Aspekte des Himmels den Charakter einer Burg annehmen – nahe liegend in einer Welt, die ihre Phantasien und Vorstellungen noch in hohem Maße an Ritterburgen und Herrensitzen
entzündete. Dass gerade die Burgen in vielen Fällen erst zu Stadt-
gründungen geführt hatten, wurde in diesem Zusammenhang ignoriert.

    Der Himmel wurde auf die Erde gebracht, während gleichzeitig die
Erde das Aussehen des Himmels beeinflusste. Cocagne wird diesen
Paradiesen noch ähnlicher, wenn wir die Himmelsbeschreibungen
der Visionen in unsere Überlegungen einbeziehen. Diese sind aus
dem gesamten Mittelalter in allen westlichen Sprachen überliefert
und verdanken ihre Verbreitung vor allem der Neugier und Sensati-
onslust. Damit begründen sie sogar ein eigenes Genre, doch kommen
sie auch als Teile größerer Texte vor, in der Massenkultur ebenso wie

* Van vastene, heere, dan pleighic niet; / Ic pleghe ooc cume te lezene yet; /
Maer waken, brasseren, gheselscap goet, / Dat es dat mit nu wandelen doet. (...)
Vader, ic wone al binder stat, / Woond' ick er buten alzo ghi, / so zoudix ooc wel
hoeden mi.

in der Literatur der Elite. Höhepunkt und berühmtestes Beispiel der Gattung ist Dantes *Divina Commedia*.

Häufig besitzen die Visionen die Form eines Traumgesichts einer begnadeten Person, die im Schlaf auf Inspektionsreise durchs Jenseits mitgenommen wird. Nach der Rückkehr berichtet er oder sie von den Schrecken der Hölle und des Fegefeuers oder den himmlischen Freuden, was zu ebenso mitreißenden wie warnenden Ausführungen Anlass gibt.

Hinterher konnten sich die irdischen Sünder jedenfalls nicht mehr auf Unwissenheit herausreden, nun, da die Endstationen nebst Umsteigebahnhof Fegefeuer in solch glühenden Farben geschildert worden waren. Da wusste jeder gleich, wie er dran war. Diese populären Schilderungen laden zu deftigen Erläuterungen ein. Da das himmlische Paradies in der Bibel längst nicht so wohnlich und vor allem plastisch beschrieben war wie das irdische, ließ sich hier noch einiges ausmalen und hinzufügen. Wir sahen bereits, dass man hierzu vor allem den Pflanzenbestand des irdischen Paradieses benutzte. Herrlich duftende Blumen und fröhlich bevölkerte Wiesen werden Standard, ebenso wie Musik und Tanz. Schließlich beherbergte dieses Paradies nicht bloß zwei einsame Tattergreise, sondern unzählige Menschenmassen, zu denen noch immer neue hinzukamen. Und all diese mussten mit etwas beschäftigt werden, was nach mittelalterlichen Auffassungen höchsten Genuss verkörperte. Dies ist der Grund, warum im himmlischen Paradies außer Essen auch kultiviertere Vergnügen vorkommen, begleitet von himmlischen Chören und Musikanten.

Vor allem die Frage, wen man da oben so alles wieder sehen würde, beschäftigte die Gemüter. Auch darüber berichten die Visionen gern und ausführlich: Alle gehen in strahlendes Weiß gekleidet; Heilige, Apostel und Märtyrer sind nach Rängen geordnet und sitzen meist zu Tisch. An der höchsten Tafel sitzen Gottvater und Sohn. Das Fußvolk sitzt auf den billigeren Plätzen und genießt den Anblick Gottes, seiner Familie und der Heiligen. Eigentlich befinden die normalen Seelen sich noch in einer Art Wartezimmer, dargestellt als himmlischer Marktplatz, um erst am Jüngsten Tag für immer in den Himmel aufgenommen zu werden. Diese Unterbringung behindert übrigens keineswegs ihre unerschöpflichen Freuden.

Es überrascht nicht, dass auch (bescheidene) Bankette immer öfter zur himmlischen Freizeitgestaltung hinzutreten: Die Obsessionen der Ernährung und die Angst vor Nahrungsmangel schlagen im Mittelalter überall zu, selbst in den Träumen von himmlischen und irdischen Belohnungen. Dies erklärt auch, warum der Himmel so schnell agrarische Aspekte wie etwa die häufigen und reichlichen Ernten aufnimmt. Diese Entwicklung beginnt schon bei frühchristlichen Autoren wie Bischof Papias von Hierapolis in Phrygien (heutiges Westanatolien), der um 135 sein Jenseits mit gewaltigen Mengen an Nahrung und Getränken ausstaffiert.

Auch die heilige Lidwina von Schiedam (1380–1433), hungernd und siechend auf dem Weg zur ewigen Seligkeit, bekommt so ihre Visionen – angesichts ihrer Diät war das wohl schon aus medizinischen Gründen kaum zu vermeiden. Laut Kapitelüberschrift ihrer Vita wird ihr ein Blick ins irdische Paradies vergönnt, doch den beschriebenen Details zufolge muss es sich eher um den Himmel handeln: Sie beschreibt tafelnde Gesellschaften, die zwar nicht gerade prassen, aber doch auf eine permanente Zufuhr rechnen dürfen, von der man auf Erden nur träumen kann. Was hiermit ja auch geschah.

Zu ihrer großen Genugtuung sieht Lidwina all die Almosen, mit denen sie selbst die Armen gespeist hat, nun auf den himmlischen Tafeln stehen. Und die Speisen und Getränke werden nicht weniger, sondern immer mehr, nur dass ihr so großzügig gespendetes Bier nun nicht aus Steinkrügen, sondern aus kristallenen Karaffen serviert wird, zusammen mit dem – ebenfalls von ihr verschenkten – gebratenen Fisch. Ein wenig entfernt sieht sie die Heiligen zu Tisch sitzen, und an diesem Punkt scheint sich ihre Vision in eine Prophetie zu verwandeln: Die Heiligen werden nämlich von ihr selbst bedient, und sie darf hinterher mit ihnen speisen und trinken.

Nicht einmal die ultra-genügsame Lidwina entkommt den Projektionen der mittelalterlichen Esswut. Ihre bizarren Selbstkasteiungen durch absoluten Nahrungsentzug werden mit dem Lohn ihres himmlischen Gegenteils konfrontiert. Dies beweist einmal mehr, wie glühend das mittelalterliche Verlangen nach unerschöpflicher Nahrungsversorgung ist. So muss der Himmel organisiert sein! Johannes Brugman – ein halbes Jahrhundert später übrigens Lidwinas zweiter Biograph – gibt in einer seiner Predigten eine Vorstellung der himmlischen Tischgewohnheiten: Jede Gruppe der Himmelsbewohner besitzt ihre eigenen Gemächer, mit den Patriarchen im Hauptspeisesaal und den Propheten im Weinkeller. Doch gegessen und getrunken wird überall:

Dann sah ich einen schönen Weinkeller. (...) Wie reich war dort der Tisch gedeckt! Und Fässer voll Wein, mit Romeny und Malvasier [!] standen überall. (...) Und Jesus war in ihrer Mitte als Prophet der Propheten. Und er begann freigebig zu zapfen und aus vollen Kannen einzuschenken, dass sie tranken bis zum Platzen.

Auf Brugmans Frage nach ihren Namen und ihrer Herkunft antworten die Propheten, dass Jesus an ihnen nun sein Versprechen einlöse: »Selig sind, die hungern und dürsten nach der Gerechtigkeit, denn sie werden gesättigt werden.«

Solche höchst wörtlichen Interpretationen biblischer Gnadenversprechen als Ess- und Trinkgelage im himmlischen Gasthaus des Herrn kommen in der spätmittelalterlichen Literatur immer wieder vor. Ebenso wie die plastischen Beschreibungen der Eucharistie stammen auch sie aus der Mystik und vor allem deren populäreren Formen. Dirk van Delft, um 1400 Kaplan am holländischen Hof, liefert hierzu ein hochgelehrtes Pendant, das uns lehrt, die Wahrheit solcher Darstellungen vor allem allegorisch aufzufassen. Seinen Ausführungen zufolge deckt Gott im Jenseits den Tisch der Ehrbarkeit mit den Speisen himmlischen Lohns und ewiger Wonne. Von richtigem Essen ist dabei nicht die Rede. Das ist im himmlischen Paradies ohnehin nicht nötig.

Im Volksglauben, der individuellen mystischen Darstellungen des Himmels und seiner Bewohner schon viel mehr Entfaltungsmöglichkeiten bot, nahm das Interesse an den himmlischen Tafelfreuden indes nur noch zu. So spricht ein bekanntes Exempel von einem Ritter im Jenseits, der von seinem noch lebenden Vetter Besuch bekommt. Auch hier wieder wird »irdisches Paradies« genannt, was in Wirklichkeit eine Filiale des Himmels zu sein scheint. Jedenfalls besteht die einzige Attraktion aus einem gewaltigen Gelage, an dem der irdische Gast teilnehmen darf. Er genießt die köstlichsten Speisen und bekennt hinterher, noch nie so herrlich gegessen und getrunken zu haben. Solche Exempel sind sehr verbreitet, nicht nur, weil sie gern weitererzählt und in Predigten benutzt werden, sondern auch, weil sie immer wieder literarische Darstellungen von Format inspirierten.

Ständig wiederkehrende Attraktionen des Himmels sind Musik, Tanz und Gesang. Eigentlich sind hierfür die Engel zuständig, doch gibt es auch unter den Verstorbenen angesehene Musiker, die bisweilen in diese Rolle schlüpfen. So beschreibt Johannes Brugman in seiner Predigt, wie sich während der Mahlzeit der Propheten plötzlich König David recht rüde in den Vordergrund spielt: »Und auf einmal sprang David mit seiner Harfe vor den Tisch, gleich als sei er des Herrn Hofnarr.« Anderen Texten zufolge besitzt König David eine so kräftige und tragende Stimme, dass er im ganzen Himmel zu hören ist.

In seinen *Meditationen über das Leben Christi*, ein weit verbreiteter Devotionaltext auf Latein vom Ende des dreizehnten Jahrhunderts, schmückt deren Autor Bonaventura Davids Rolle noch weiter aus: Als Jesus mit den befreiten Seelen aus dem Vorportal der Hölle das himmlische Paradies betritt, brechen die Seelen in lauten Lobgesang aus. David und einige andere begleiten sie dabei auf Tamburinen und Harfen, und zuletzt beginnt David sogar zu tanzen. Das Ganze endet in einer göttlichen Jamsession aus Musik, Gesang, Händeklatschen und endlosem Jubel.

Zum unverwüstlichen Inventar jeder längeren Paradiesbeschreibung gehört eine detaillierte Aufzählung aller himmlischen Musikinstrumente. So spielen dem *Sterfboeck* zufolge die Engel auf Orgeln, Positiven, Lauten, Geigen, Harfen, Zimbeln, Zithern, Trompeten und Posaunen, und auch bei Malern wie Memling, Van Eyck und Van der Weijden bildet die Darstellung dieses himmlischen Symphonieorchesters einen festen Bestandteil ihres Œuvres.

Doch auch im irdischen Paradies müssen die Seelen auf angenehme Weise beschäftigt werden, zumindest dann, wenn es als Wartezimmer des Himmels dargestellt wird. Wie schon bemerkt, verschmelzen beide Paradiese dann zu einem fast unentwirrbaren Konglomerat. Entsprechende Beschreibungen des Garten Eden berichten von vier Engeln, die mit ihrem Flügelschlag wunderbar süße Laute hervorbringen, wozu zwei andere Engel ihre Posaunen erklingen lassen. Auch Dirk van Delft erzählt von einer solchen Engelsmusik im irdischen Paradies: Spielt der Wind nämlich durch die Blätter des Lebensbaumes, entsteht dadurch ein Geräusch wie von Harfensaiten. In dieser Kunst speziell geschulte Engel verwandeln diese dann in himmlische Klänge. Diese Phantasie ist näher an der Realität, als es vielleicht den Anschein hat. Zur Zeit Dirks von Delft existieren an vielen Orten Mitteleuropas adlige Vergnügungsparks, die als beliebte Spielerei über Metallbäume verfügen, deren Zweige und Blätter über Blasebälge mechanisch in Bewegung gesetzt werden können: Das Ergebnis ist ein wundersames Geklingel, das die Musik des Himmels imitieren soll. Zweifellos hat Dirk von solchen Wunderautomaten gehört, wobei es gut denkbar ist, dass er im Gefolge seines Dienstherrn, des Grafen von Holland, einen Park wie etwa den im nordfranzösischen Hesdin sogar persönlich besucht hat.

Belege für diese musikalischen Ausschmückungen finden sich an zahlreichen Stellen der Bibel: So verbindet Jesaja das Ende der Zeiten mit der Wiederherstellung des Paradieses auf dem verwüsteten Zion und fährt fort:»(...) Freude und Wonne findet man dort, Lobpreis und Liederklang.« Außerdem stand allgemein fest, dass zu den Pflichten der Engel im himmlischen Paradies auch die Musik gehörte, mit der sie Gott und die Heiligen lobpreisten. Auch die weltlichen Liebesgärten nach dem Modell des Hohen Liedes und des *locus amoenus* sind ohne Musik nicht denkbar, allerdings werden die Engel hier durch Berufsmusiker ersetzt. So stattet schon im zwölften Jahrhundert Andreas Capellanus, Autor einer höfischen Liebeslehre, seinen Minnegarten mit allen nur denkbaren Instrumentalisten aus, und auch der *Roman de la Rose* bevölkert sein Liebesparadies mit Flöten- und Kastagnettenspielern, Trommlern, Sängern und Tänzerinnen.

Im wirklichen Leben dagegen galten Tanz und Musik als verdächtig. Nach allgemeiner Überzeugung gehörten sie zu den Lieblingstricks

des Satans, um die Menschen zur Trägheit zu verlocken, vor allem in
Momenten, da sie ihren religiösen Pflichten nachkommen sollten.
Ein besonders eindringliches Beispiel für deren Verletzung nebst
prompter Bestrafung von oben liefert der Delfter Pilger Arent Willemszoon. Dieser kommt auf seinem Weg ins Heilige Land durch ein
Dorf in der Schweiz – zumindest dessen Ruinen. Das Dorf selbst
wurde im Jahre 1517 von Gott vernichtet,

> weil das Volk in der Heiligen Nacht getanzt hatte. Was ist ge-
> schehen? Gott ließ unversehens einen Berg herniederdonnern,
> der alle Bewohner des Dorfes unter sich begrub. Bis auf ein Haus
> wurde das gesamte Dorf vernichtet, und nur diese eine Familie
> blieb am Leben.

Insbesondere Tanzen sei die Mutter aller Sünden. Vor allem der Tanz
der Juden um das Goldene Kalb war ein beliebtes Motiv in Literatur
und bildender Kunst, um dieser Warnung Nachdruck zu verleihen.
Zu diesem Zweck ebenso geeignet war das weltliche Leben der Maria
Magdalena, dessen Darstellung regelmäßig mit Musikern, Trommlern und Tänzern einherging. Doch auch allgemeine Abbildungen der
Todsünden rückten fast immer Musik und Tanz ins Bild, wie wir es
in den Gemälden Jeroen Boschs anhand eines wahren Pandämoniums
teuflischer Figuren so häufig dargestellt finden.

Übrigens wird die Diskussion um Gut und Böse in dieser Frage alles andere als verbissen geführt. Wie so oft im Spätmittelalter kriti-
siert man in Beichtbüchern, Literatur und Malerei – lautstark, vielfältig und durchaus nicht ohne Geschmack – genau jenes Verhalten,
dem man sich hinterher mit umso größerem Vergnügen hingibt.
Nach dieser Doppelmoral musizieren und tanzen Adel, Bürger und
Bauer nach Herzenslust, und zwar sowohl an Feiertagen als auch
dann, wenn es sich gerade so ergibt.

Aus einem Tanzlied des vierzehnten Jahrhunderts strahlt uns die
gleiche Lebenslust entgegen: Es feiert das Ende des Winters und das
Herannahen des lang ersehnten Frühlings. Komm Liesbeth, so ruft
der Geliebte der Freundin zu, stell Stühle und Bänke beiseite! Hol
Flöten, Trommeln und Trompeten, und ruf auch deine Schwestern:

»Com dansen Jajojette, Jannette, Jaquette / Corijn, Josijn, Jacomijn, Pirette.« Lasst uns alle fröhlich sein. Komm, Bette, jetzt ist der richtige Moment! Selbstverständlich gibt es Musik und Tanz auch in Cocagne. Und nicht nur zu besonderen Gelegenheiten – auch das zitierte Tanzlied hat etwas zu feiern –, sondern ständig. Wahrscheinlich handelt es sich hierbei um mehr als bloß einen angenehmen weltlichen Brauch. Vielmehr hat Cocagne beides vom himmlischen Paradies abgeschaut und verschafft den Freuden des Jenseits – wie in vielen anderen Punkten – somit ein weltliches Pendant. Sowohl die Instrumente (Trompeten und Schalmeien) als auch die Wortwahl (»dansen ende reyen« / »Man singt und springt und tanzt den Reigen«) verweisen auf das bekannte himmlische Musiktheater: So verwendet auch die beliebte Sündenenzyklopädie *Des coninx summe* (ein ursprünglich auf Französisch für Philipp den Kühnen zusammengestelltes Beichtbuch) in den Passagen über das himmlische Tanzen immer wieder die Begriffe »dansen ende reyen«.

In Schlaraffenland dagegen ist es still. Musik und Tanz kommen hier nicht vor. Text G stammt aus einer Tradition, die weit von jenen Paradiesvorstellungen entfernt ist, die das mittelalterliche Cocagne so stark prägten. Nicht umsonst fehlt dem Prosatext auch die direkte Anspielung auf das verlorene Paradies, mit der die Cocagne-Texte beginnen. In Text G hat der Garten Eden ausgespielt, doch gehen damit zugleich eine Reihe ebenso weltlicher wie essentieller Vergnügungen verloren. Denn eigentlich dürften Musik und Tanz in Schlaraffenland nicht fehlen. Darum ist es auch möglich, dass die Musik – wie in der deutschen Tradition – einfach vergessen wurde. Auch wenn wir Text G vor allem als Schreibtischprodukt betrachten müssen, bearbeitete der Autor seine Vorlagen zweifellos ziemlich spontan, das heißt: ohne tiefsinnige Reflexionen oder Hinzunahme weiterer Quellen. Dies verbindet ihn mit den Aufzeichnern der beiden Cocagne-Texte. Auch diese arbeiten eher aus dem Bauch und »vergessen« so das eine oder andere, wie beispielsweise die süßen Düfte, die sonst durch jedes anständige Paradies wehen – eine Segnung, die wir in Schlaraffenland wieder sehr wohl genießen können.

Die angenehme Vervielfältigung der Festtage in Cocagne erinnert ebenfalls an eine Eigenschaft des Paradieses. Dort ist die Zeit nämlich aufgehoben, sodass ein Tag wie tausend Jahre und tausend Jahre wie ein Tag sind. So steht es in der Bibel, und die meisten mittelalterlichen Beschreibungen knüpfen an diesen Gedanken an. Auch die Brüsseler Handschrift mit Cocagne-Text B enthält ein kleines Gedicht über dieses wunderbare Versprechen:

> Ach, welche Freud' dort herrschen mag,
> Wo tausend Jahr sind wie ein Tag!
> Auch ist's ein gutes Leben da,
> Wo schon ein Tag ist tausend Jahr!*

Auch in kleineren Details existiert zwischen himmlischem Paradies und irdischem Cocagne manch direkte Übereinstimmung. So meldet Version B, dass in Cocagne schöne Kleidung in Haufen vor der Haustür liege, zusammen mit Hosen und Schuhen, und dass man sich davon einfach bedienen könne. Erinnert dies nicht an die Engel, die die auferstandenen Seelen mit prächtigen Gewändern kleiden?

Bei den schlaraffischen Stiefeln dagegen scheint ein solcher Zusammenhang nicht zu existieren. Schließlich sind diese einzig und allein für die Bauern bestimmt, die dort im Land an den Bäumen wachsen. Da es sich dabei ausschließlich um Schuhwerk handelt, könnte hier eher ein Zusammenhang mit vorchristlichen Bräuchen bestehen, nach denen man den Toten Schuhe mitgab, um ihnen die lange Reise ins Jenseits zu erleichtern. Resten dieser Vorstellungen begegnen wir in populären Visionen und Exempeln, die oft noch recht unbefangen Material auch aus der Volksüberlieferung übernehmen. So führt etwa die Vision des Bauern Gottschalk von 1189 uns direkt ins Reich des Todes. Dort sieht er einen Lindenbaum, dessen Zweige mit Schuhen beladen sind. Hinter der Linde erstreckt sich eine Ebene voller Dornen, die durchquert werden muss. Die Schuhe jedoch wer-

---

* Och, wat vrouden daer wesen maech, / Daer dusent jaer is eynen daech! / Vort is te wesen daer, / Daer eyn daech is dusent jaer!

den nur an jene ausgegeben, die auf Erden genug gute Taten verrichtet haben.

Dass die Bauern in Schlaraffenland ihre Stiefel aus diesem Grunde bekommen, ist jedoch unwahrscheinlich. Schließlich wachsen sie dort zweifellos als kostenlose Arbeitskräfte und fallen somit bei der »Geburt« einfach in die gewünschte Arbeitsausrüstung. Dennoch lässt sich eine gewisse Parallele zu den Reiseschuhen nicht verleugnen. Wie auch das Dornenfeld scheint Schlaraffenland ein gefährlicher Ort der Sünde zu sein, wo man vor allem sieht, was sich *nicht* gehört. Auf diesem moralisch stachligen Boden kommt man – wie die Bauern – nur solide gewappnet voran.

4 Andere Paradiese

Jede Kultur kennt ihr eigenes Paradies, das durch einen Akt von naivem Hochmut verspielt wurde. Schon um 700 v. Chr. spricht der griechische Historiker Hesiod von einem einschneidenden Ereignis, durch das der Mensch seinen Platz in jener idealen Welt verlor. Seitdem halte Zeus das Geheimnis des schönen Lebens vor den Menschen verborgen. Seine Wut gelte dem Raub des Feuers, das Prometheus zum Wohle der Menschen aus dem Olymp entwendet hatte – auch dies eine Form des Hochmuts, für den Zeus das menschliche Leben zu einer ärmlichen Existenz voll Sorge und Pein degradiert habe. Zuvor herrschte reines Glück, es gab weder Krankheit noch Mühsal, und mit einem Tag Arbeit hatte man für das ganze Jahr genug zu essen.

Es ist immer dieselbe Geschichte: Das irdische Elend kann unmöglich der Zweck der Schöpfung sein. Irgendjemand muss einen Fehler begangen haben, der den Himmel in Rage brachte, und dieser Fehler muss wieder gutgemacht werden. Oder: Der Mensch muss büßen, doch als Lohn winkt ein Leben, in dem weder Schmerzen noch Mühsal und Tod ihn je wieder quälen. Um Christi Geburt situiert der griechische Geograph Strabon ein solches verlorenes Paradies in Indien, schon seinerzeit ein exotischer Zaubergarten, von dem man in Europa seit den Kriegszügen Alexanders des Großen berichtete. Damals sei das ganze Land ein einziges Küchenparadies gewesen, mit Feldern und Fluren voller Gersten- und Weizenmehl. Außer dem Wasser der Brunnen flossen reichlich Milch und Honig, Wein und Olivenöl. Doch der Reichtum habe die Menschen hochmütig und gottlos gemacht, worauf Zeus alle diese Vorrechte wieder zurücknahm, sodass man sein Leben nun auch dort in Schmerz und Plagen friste.

Solche Vorstellungen von Sünde, Strafe, Buße und Belohnung sind universell und nicht an Ort, Zeit oder Milieu gebunden. Sie gehören zum mentalen Rüstzeug einer jeden Gesellschaft. Es ist nicht erforderlich, hier überall einen gemeinsamen Ursprung anzunehmen und dann nach möglichen Überlieferungswegen zu suchen. Andererseits lassen sich in vielen Mythen durchaus Parallelen feststellen, die eine Beeinflussung nahe legen, doch treten diese irritierenderweise selbst zwischen Kulturen auf, die zeitlich und geographisch keinerlei Berührungspunkte aufweisen: Die Angst vor Hunger und sinnloser Plackerei ist offenbar zeitlos und erzeugt immer wieder die gleichen oder ähnliche Wunschvorstellungen. Mal handelt es sich um ewigen Frühling, heilkräftiges Wasser, sich selbst zubereitende Nahrung und herrliche Getränke, mal um die völlige Abwesenheit von Leiden und eine perfekte Harmonie im menschlichen Miteinander.

Tradition und spontane Neubildungen sind dabei unentwirrbar miteinander verbunden. Für uns Außenstehende ist dieses Knäuel mehrere Jahrhunderte später erst recht nicht mehr zu entwirren. Nur weil in einigen griechischen Komödien lange vor unserer Zeitrechnung fliegende Kochtauben und wandelnde Spanferkel vorkommen, braucht man noch keine komplizierte Überlieferung anzunehmen, die zwanzig Jahrhunderte später auf dem Schreibpult eines unserer Cocagne-Aufzeichner geendet haben muss. Ebenso müßig ist es, nach noch weiter zurückliegenden indischen Märchen zu suchen, die erklären könnten, wo die griechischen Komödiendichter wiederum ihre Einfälle herhatten. Ganz ausschließen lässt sich eine spontane Übernahme von Mythen und Motiven, die schließlich zu den primären Überlebensstrategien gehörten, natürlich nie.

Wie dem auch sei: Die indogermanischen Kulturen haben eine verblüffende Vielzahl von Paradiesen, goldenen Zeitaltern und Glückseligen Inseln hervorgebracht, die sowohl in ihrer äußeren Form als auch ihren Erklärungsmustern starke Parallelen aufweisen. Und so gibt es immer wieder Forscher, die glauben, zwischen einzelnen Motiven einen zwingenden Zusammenhang nachweisen zu müssen. So wurde etwa wiederholt behauptet, dass das Moslemparadies die direkte Inspirationsquelle für den Cocagne-Stoff gewesen sei: Dieses Paradies kennzeichnet sich durch einen ausgesprochen weltlichen Charakter, der somit gewissermaßen eine Brücke zwischen christlichem Paradies und Cocagne schlage. Zweifellos hat die Jenseitsvorstellung des Islam einen stimulierenden Einfluss auf bestimmte Ausformungen des Cocagne-Materials ausgeübt, doch ist sie sicher nicht die Ursache oder auch nur der Wegbereiter dieser Mythe.

Dies zeigt sich schon an der Rolle der Erotik: Schließlich taucht gerade dieses Element in Cocagne und Schlaraffenland nur am Rande auf. Wo überhaupt, wurde es aufgrund zeit- und milieugebundener Interessen hinzugefügt und gehört nicht zum Kern des Cocagne-Stoffs – überhaupt spielt Sex in westlichen Traumwelten nur eine recht marginale Rolle. Das Gleiche gilt für die christlichen Paradiese, obwohl sich hier das Hohe Lied als Inspirationsquelle eigentlich geradezu aufdrängte. Christlicher Asketismus und Sündenbewusstsein jedoch standen jeder Andeutung einer positiv bewerteten Erotik im Wege. Freie Liebe und Promiskuität gehören in die Traumwelten anderer Kulturen und Religionen, auch wenn diese oft nah mit dem Christentum verwandt sind oder sogar frühe Ausprägungen der christlichen Bewegung darstellen.

Die islamische Jenseitsvorstellung ist im Abendland schon früh bekannt. In lateinischer Übersetzung erreichen Beschreibungen des Moslemparadieses weite Verbreitung, hinzu kommen die Berichte eines wachsenden Stromes von Orientreisenden. Kaufleute, Pilger und Kreuzfahrer hören und lesen von unvorstellbaren Wonnen, machen sich Aufzeichnungen oder erzählen ihre Geschichten zu Hause weiter. Einige haben sogar Nachbildungen dieses Paradieses besucht, wie mancher östliche Potentat sie damals an seinem Hof errichten ließ.

Die Paradiesvorstellungen des Koran sind stark vom frühen syrischen Christentum beeinflusst. Dessen wichtigster Vertreter ist der Prediger Ephräm (306–378), Autor der *Hymnen des Paradieses*, in dem er eine ausgesprochen sinnliche Beschreibung dieses himmlischen Lustorts gibt. Dem Propheten Mohammed wurde häufig vorgeworfen, die himmlischen Freuden lediglich als grenzenlose Befrie-

digung höchst primitiver, fleischlicher Gelüste zu interpretieren. Die
Quelle dieser Vorstellungen jedoch lag im östlichen Christentum, das
damit zwar im eigenen Lager wenig Erfolg haben sollte, umso mehr
jedoch in seiner unmittelbaren geographischen Umgebung.

Petrus Alphonsus, jüdischer Konvertit aus Byzanz, beschreibt um
1106 zum ersten Mal in lateinischer Sprache den moslemischen Garten der Lüste. Das Leben dort sei voll endloser Freuden, Früchte in
märchenhafter Vielfalt hingen an Sträuchern und Bäumen, und kein
Wunsch bleibe unerfüllt. Offensichtlich spielen sinnliche Genüsse
dabei eine wichtige Rolle, wie auch aus der Koranübersetzung hervorgeht, die Petrus Venerabilis im Jahre 1143 veranlasste. Christliche
Spiritualität in irgendeiner Form ist darin seinen Aussagen zufolge
nicht zu entdecken. Den größten Eindruck jedoch macht in Europa
das *Liber scalae* (Buch der Stufen) über Mohammeds Reise ins
himmlische Jenseits, auch bekannt in einer französischen Fassung
von 1264. Nach jener Vision bestehen die Wände des Paradieses aus
Rubinen und die Türen aus Perlen. Verliebte Jungfrauen von unbe-
schreiblicher Schönheit erwarten den Neuankömmling zum Gesang
herrlicher Weisen. Auch gibt es Pavillons aus reinen Edelsteinen wie
(nochmals) Rubinen und Perlen, doch auch aus Smaragden und anderen Juwelen. Springbrunnen spenden kristallklares Wasser – für
Angehörige eines Wüstenvolkes sicher eine Kostbarkeit – und köstlichen Wein. Die Zweige der Obstbäume hängen schwer bis zur Erde,
und gedeckte Tische bieten alle erdenklichen Speisen dar.

Das Moslemparadies erreicht die westliche Welt als ein Cocktail
aus Cocagne und christlicher Jenseitsvorstellung, verfeinert mit einem Schuss sexueller Libertinage, auf die sich sofort das europäische
Interesse konzentriert. Huris heißen die willigen Jungfrauen, die den
gläubigen Männerseelen zugeteilt werden, und auch sonst stellt dieser Lustgarten für den mittelalterlichen Betrachter – anders als das
eigene Paradies, so leuchtend man es auch ausmalt – die völlige Erfüllung aller sinnlichen und materiellen Wünsche dar. Essen und
Trinken, kostbare Kleidung, freier Sex und andere leibliche Genüsse
spielen dabei die Hauptrolle.

Das gleiche Bild zeichnet auch Vinzenz von Beauvais in seiner einflussreichen – und vierzig Jahre später von Jacob von Maerlant über-

setzten – Weltgeschichte *Speculum Historiale* (um 1245). Dabei schenkt auch er den erotischen Attraktionen seine besondere Aufmerksamkeit. John von Mandeville betrachtet diese rund hundert Jahre später unverblümt als Höhepunkt des Moslemparadieses:»Alle besitzen Weiber, die Jungfrauen sind. Die Männer lassen sich täglich mit ihnen ein, aber es bleiben doch Jungfrauen«, wobei die niederländische Ausgabe seines Reiseberichts noch hinzufügt:»Und die Kraft der Männer, mit Lust bei ihren Weibern zu liegen, lässt niemals nach.« – Nicht nur Jungfrauen sind also im Überfluss vorhanden, auch die nötige Potenz, sie immer wieder zu besitzen, wird mitgeliefert, wobei die Jungfräulichkeit der Partnerinnen sich ständig erneuert.

Andere christliche Autoren sind in der Regel zurückhaltender und begnügen sich mit – übrigens kaum misszuverstehenden – Andeutungen der erotischen Genüsse. Im Allgemeinen jedoch berichten sie von Segnungen, die stark an jene Cocagnes erinnern. Doch auch hier muss vor allzu schnellen Schlussfolgerungen gewarnt werden: Schließlich benötigten auch die westlichen (mündlichen oder schriftlichen) Berichterstatter über das Moslemparadies irgendein Beschreibungsmodell, und das war in diesem Fall eben häufig die Cocagne-Überlieferung. (Wir werden noch sehen, dass auch die Entdecker der Neuen Welt in ihren begeisterten Schilderungen des Klimas und des Überflusses jene Gegenden durch die Cocagne-Brille betrachten.) Auch dies macht motivgeschichtliche Schlussfolgerungen aus Ähnlichkeiten mehrerer Traumwelten zu einer heiklen Angelegenheit: Im Grunde wollen die Reisenden (und nicht nur sie) immer das Gleiche entdecken, zumindest solange die äußeren Lebensumstände Europas mehr oder weniger die gleichen bleiben.

Im Jahre 1486 reist der Ritter Grünemberg aus Konstanz ins Heilige Land. Am Ende seines Reiseberichts gibt er einige Informationen über den Glauben der Mohammedaner sowie eine freie Zusammenfassung von Mohammeds Beschreibung des Paradieses: Es sei unermesslich groß und bedeckt mit grünen, blumenreichen Wiesen. Dies muss im Orient übrigens weit größeren Eindruck gemacht haben als im regenreichen Westen: Schließlich hat das ewig grüne Paradies der Christen im Grunde kaum mehr zu bieten als die Wiesen und Wäl-

der Mitteleuropas. Daher muss es ursprünglich die Erfindung eines
Wüstenvolkes sein, das nur vereinzelte Oasen mit sparsamem Grün
kannte. Grünemberg zufolge sieht das Moslemparadies denn auch genauso aus wie das der Christen. Milch und Wein flössen in Strömen,
die Seen seien voller Fische, Trauben und Äpfel könnten das ganze
Jahr geerntet werden. Die Tiere des Waldes seien leicht zu fangen,
ebenso wie die Vögel, die man wegen ihres herrlichen Gesangs jedoch
gern am Leben lasse, um ihnen einfach nur zu lauschen. In den Städten gebe es Essen im Überfluss, das auf gedeckten Tischen mit Trink-
gerät aus Gold und Edelsteinen unter den Bäumen bereitstehe. Aus
den Felsen sprudle Wein, die Waben trieften vor Honig, das Zucker-
rohr sei voller Sirup, und die Gewürze fielen von den Bäumen. Gold,
Silber und Edelsteine türmten sich am Wegesrand. Junge Mädchen
und Knaben tanzten zu den verschiedensten Weisen. Und schließlich
weiß auch dieser Autor von vielfältigen Freuden der Liebe, Lust und
Erotik zu berichten, denn alle seien ständig geneigt und bereit zum
Beischlaf.

Dieses Paradies jedoch kannte eine perfide Imitation, von der mancher Reisende berichtet. Marco Polo ist der Erste, der ausführlich die
Geschichte des »alten Mannes vom Berge« erzählt. Dieser wohnte als
Anführer einer islamischen Sekte aus dem elften Jahrhundert auf einer großen Burg südlich des Kaspischen Meeres. Seine Jünger sahen
in ihm den Stellvertreter Allahs. Um seine Macht zu sichern, hatte er
sich ein Leibkorps von jungen Männern geschaffen, die bereit waren,
alles für ihn und seine Ziele zu tun. Um sie so weit zu bringen, hatte
er einen Paradiesgarten anlegen lassen, in dem mittels eines raffinierten Systems von Röhren und Fontänen die Wunder des glücklichen Jenseits verwirklicht schienen. Überall strömten Wasser und
Wein, Milch und Honig, und bildschöne Frauen sorgten für unge-
kannte erotische Wonnen.

Der alte Mann ging folgendermaßen vor: Er ließ junge Männer
mit Haschisch betäuben und in den Garten seiner Burg bringen, wo
die eigentlichen Genüsse auf sie warteten. Hier gerieten sie in einen
solchen Rausch, dass sie bereit waren, alles für den Alten zu tun, um
nur in seinem Garten bleiben zu dürfen. Er redete ihnen ein, sie seien

im Paradies und würden nach einem heldenhaften Tod auf ewig dorthin zurückkehren. So verlangten sie nach dem Tod und übernahmen begierig jedes von ihnen verlangte Selbstmordkommando. Von diesen mordlüsternen, verführten Jünglingen ist das französische Wort *assassin* abgeleitet: ursprünglich bloße Haschischraucher – *hashshahsin* – im Rausch jedoch angestiftet zum Mord.

Doch existieren auch unschuldigere Nachahmungen des Moslemparadieses, vergleichbar etwa den Vergnügungsparks des Adels im Westen. Der Pilger Joos van Ghistele aus Gent, der ab 1481 eine lange Reise durch den Orient und Nordafrika unternimmt, beschreibt verschiedene dieser Lustgärten. Jedes Mal fühlt er sich an das irdische Paradies erinnert – manchmal sogar von natürlichen Landschaften, wie etwa einem Tal in der Nähe Bethlehems. Dort herrsche ewiges Grün und stünden Bäume, die das ganze Jahr über Früchte trügen. Doch auch hier begegnen wir einem Zirkelschluss: Schließlich waren es die Landschaften des Nahen Ostens, die die jüdisch-christliche Vorstellung vom Garten Eden erst gebildet hatten.

In der Nähe von Boulac in Ägypten endlich stößt Van Ghistele auf üppige Obstgärten mit schattigen Laubengängen. Hier veranstalten reiche Kaufleute und andere Große eine Art mittelalterlichen Club Mediterrané. Manche feiern bis zu zwölf Tagen inmitten von Zelten, Pavillons und anderer Campingarchitektur. Sie halten wahre Schlemmerorgien und vergnügen sich mit unzähligen Frauen. Das Ganze erscheint Van Ghistele wie »das irdische und das himmlische Paradies in einem«, wobei er sein Jenseits offensichtlich um einige (sexuelle) Freuden bereichert hat.

Der Pilger Arent Willemszoon aus Delft stößt bereits in der Nähe von Venedig auf eine solche Nachbildung, die jedoch eher den Charakter eines Freudenhauses im Grünen nebst Spielhölle besitzt. Zusammen mit seinen Reisegenossen besucht er einen prächtigen Garten inmitten von Bäumen und wohlriechenden Kräutern, in dem alle weltlichen Freuden zu haben sind. Zu den Attraktionen des Etablissements gehören auch Glücksspiele, bei denen man kostbare Preise wie Samtstoff, Damast und Seide gewinnen kann. Hierzu spielt man eine Art Stockschießen oder wirft Würfel in ein Becken. Leider verlieren die Pilger jedes Mal ihren Einsatz, doch sie lassen sich gern von

Jünglingen und Jungfrauen wieder ablenken, die zu einem fröhlichen Bankett mit Saiteninstrumenten, Trommeln und Trompeten musizieren. Auch geben sie sich »sinnlichen Genüssen« hin, wie Arent Willemszoon etwas kryptisch (oder errötend?) hinzufügt. Viele tanzen, und im Gebüsch greift jeder die Gelegenheit beim Schopf. Jetzt wird deutlich, was der Autor meint. Er will nichts verschweigen, schreckt aber dennoch vor einer direkten Wiedergabe der ach so appetitlichen Wirklichkeit zurück. Andererseits weist nichts darauf hin, dass er und seine Begleiter die beobachteten Vergnügungen in irgendeiner Weise verurteilen. Das beweist die vollmundige Bemerkung, mit der er seine leidenschaftliche Beschreibung beendet: »Alsoe dat ick se wel hyeten mach vrou Venis Hoff, want ic noyt dierghelijken en gehsach.« (Ich möcht' den Garten geradezu »Frau Venus' Hof« nennen, da ich dergleichen nie zuvor gesehen habe.)

Einige Wunschwelten, glückliche Zeitalter und Paradiese des Westens und Ostens kamen schon en passant zur Sprache. Dies gilt auch für das keltische Paradies, dessen Darstellung sich vor allem aufgrund der klösterlichen Überlieferung fast automatisch den Paradiesen des Christentums annähert. Schon die zitierten Beispiele aus dem *Brandan* haben dies gezeigt: Egal ob in Multum Bona Terra oder auf dem Berg Zion – überall finden die Reisenden verschwenderische Obstgärten, Unmengen fertig zubereiteter Nahrung, Springbrunnen und phantastische Burgen aus Edelsteinen.

Die keltischen Paradiesmythen sind eng mit den Seereisen ihrer Helden verbunden. Immer liegen die Paradiese auf Inseln im Westen, in den offenen und endlosen Weiten des Ozeans. Wenn das irische *Land of Cockayngne* mit der Nennung einer Insel westlich von Spanien beginnt, stellt der Text sich zugleich in diese Tradition. Jenen Mythen zufolge ist das Jenseits über mehrere Inseln verteilt. Dort herrsche ewige Jugend, niemals gebe es Krankheit, Eifersucht, Hass oder Neid, und man lebe in ständigem Frieden. Inmitten von Blumen und Früchten würden Feste gefeiert, werde gesungen und getanzt. Auch gebe man sich der freien Liebe hin. In einem der überlieferten Texte findet sich noch eine – wohl orts- und milieugebundene – Hinzufügung des Kopisten: Die Kühe seien dort nämlich weiß mit roten Ohren, die Pferde dagegen himmelblau.

Bartholomaeus Anglicus, als Brite scheinbar ein Nachbar, nach mittelalterlichen Maßstäben jedoch ebenso weit vom marginalen Irland entfernt wie der Rest Europas, fügt diesem Bild einige Anmerkungen mit wissenschaftlichem Anspruch hinzu. Ganz Irland erscheint ihm als magisches Totenreich, in dem die Grenzen zwischen Leben und Sterben zerfließen. So sei bekannt, dass in Irland die »Toten weder zerfallen noch verfaulen«. Nahe Irland gebe es zudem eine Insel, auf der man nicht einmal sterben könne – eine Eigenschaft, die das Eiland mit dem Paradies teilt.

Irdisches Paradies und Himmlisches Jerusalem in einem, gelegen auf einer Insel im Westen – eine von Gottfried von Viterbo (1125–1192) überlieferte Geschichte macht deutlich, wie sehr solche Vorstellungen im langsam zum Christentum übergehenden Europa des frühen Mittelalters zusammenfließen können: In seinem Bericht machen britische Mönche eine Reise übers Meer nach Westen. Am Ende des Ozeans gelangen sie zu einem goldenen Berg, auf dessen Spitze eine mächtige Stadt thront. Wälle und Häuser sind aus purem Gold, ebenso eine Figur »Unserer Lieben Frau mit dem Kinde«. Zwei alte Männer, Henoch und Elias, erzählen von der Bewachung der Insel durch gut trainierte Engelschwadronen von Cherubim und Seraphim. Auch singende Engel hat die Stadt zu bieten, die Nahrung fällt vom Himmel, und ein Tag dauert hundert Jahre.

Im *Brandan* schließlich ballen sich wirklich alle mittelalterlichen Vorstellungen zum Paradies zusammen: Irisch-keltische Jenseitsmythen, christliche Bildtraditionen des irdischen und himmlischen Paradieses sowie Wunderberichte der Volksüberlieferung verschmelzen zu einer ursprünglich lateinischen Reiseerzählung über den irischen Abt und Heiligen Brandan, der sich auf Anregung eines Mitbruders auf die Suche nach Gottes Gelobtem Land macht. In der mittelhochdeutschen und -niederländischen Tradition des weit verbreiteten Stoffes nimmt diese Suche den Charakter einer Bußfahrt an: Brandan hat an Gottes Wundern gezweifelt und wird verurteilt, all diese mit eigenen Augen zu bezeugen. So nähern sich die Reisenden schließlich einer Insel von geheimnisvoller Schönheit und unerschöpflichem Reichtum. Das Besondere der Insel kündigt sich bereits auf dem Meeresboden an, der durch das kristallklare Wasser hindurchscheint. Er besteht aus feinem Goldsand, in dem zahlreiche Karfunkel und andere Edelsteine schimmern. Schließlich gelangen die Mönche zu einer Burg mit goldenen Sälen und strahlenden Säulen aus Karfunkelsteinen. Einem Springbrunnen entströmen vier Bäche mit Balsam, Sirup, Olivenöl und Honig. Herrliche Bäume stehen inmitten von Weinstöcken und feinen Gewürzen. Bei der zweiten Burg herrscht das bekannte paradiesische Klima: Es gibt weder Reif, Schnee, kalten Wind noch Regen, auch wird es niemals dunkel.

– Und bei wem dieses Durcheinander von Traditionen und Kulturen für Verwirrung sorgen sollte, dem wird am Schluss der niederländischen Fassung versichert: »So was dit d'eertsche paradijs.« (Dies war das irdische Paradies.)

5 Wundergärten und Vergnügungsparks

Man kann das Paradies auch nachbauen: Zuallererst kehrt die Architektur des Himmlischen Jerusalem in Kirchen und Kathedralen wieder. Bisweilen werden sogar Städte nach diesem idealen Muster beschrieben. So vergleicht Abt Philipp von Harvengt im zwölften Jahrhundert Paris ob seiner hohen wissenschaftlichen Blüte begeistert mit Jerusalem. Aus allen Himmelsrichtungen strömten Geistliche herbei, »sodass sie die Laien der Stadt an Zahl bald übertreffen werden. (…) Glücklich die Stadt, die so viele hervorragende Lehrer beherbergt und wo die theologische Wissenschaft auf solcher Höhe steht, dass man sie die Stadt der schönen Künste nennen kann!«

Mehr materialistisch ist die Betrachtungsweise Karls des Großen in *Aymeri de Narbonne*, einer Art Fortsetzung des *Rolandslieds*, in der der Frankenkönig von einem Hügel auf die Stadt Narbonne herunterblickt:

Die Stadt war kräftig umgeben von Mauern und Säulen. (…)
Wohl zwanzig Türme von leuchtenden Steinen ragten in den
Himmel. Im Zentrum der Stadt gewahrte man einen anderen
Turm, der war bekrönt von einer massiven Goldkugel von jenseits des Meeres. Darin schimmerte ein Rubin, der gleich der aufgehenden Sonne strahlte und glänzte.

Solch himmlischen Traumarchitekturen aus Gold und Edelsteinen begegnen wir in der mittelalterlichen Ritterepik immer wieder. In ihr

werden die Macht und höfische Verfeinerung eines Fürsten besonders durch die technischen Wunderwerke charakterisiert, die sein
Hof zu bieten hat. Ähnlichen narrativen Zwecken dient die Burg, die
der Abt Brandan und seine Mönche im Gelobten Land »Multum
Bona Terra« – im mittelniederländischen Text sogar ausdrücklich auf
dem »Berg Zion« – vorfinden: Diese besitzt kristallene Mauern, in die
kupferne und bronzene Tierfiguren eingelassen sind, die sich bewegen und Geräusche hervorbringen. Mitten durch die Burg läuft ein
mächtiger Fluss, und an den Wänden befinden sich wieder bewegli-
che Jagdszenen. Es herrscht blendend-glitzerndes Licht, die Böden
sind aus schneeweißem, goldgesprenkeltem Glas, und in den Bäumen
tirilieren unzählige Vögel. Die Burg zählt mehr als sechstausend
Türme. Überall liegen kostbar bestickte Kissen, und das Ganze wird
von einem Palast aus Edelsteinen im Inneren der Burg nochmals verdoppelt.

Geradezu himmlisch sind auch die Einrichtungen bei König Wunder, die der schwer verwundete Walewein im gleichnamigen mittelniederländischen Ritterroman schätzen lernt. Er wird auf ein Bett
mit goldenen Säulen und einem Rost von Elfenbein gelegt. Daneben
stehen vier singende Engel, ebenfalls aus Gold, deren himmlischer
Gesang mechanisch über ein unterirdisches System von Luftröhren
und Blasebälgen erzeugt wird. Jeder trägt in der einen Hand einen
Saphir, in der anderen einen strahlenden Karfunkel. Das Bett besitzt
eine wunderbar heilende Wirkung, sodass Walewein vollkommen
gesund wieder aufwacht und nun seinerseits dem Gastgeber einen
Dienst erweisen kann. Er soll die schöne Ysabele, in die König Wunder sehnsüchtig verliebt ist, aus dem Schloss des bösen Königs As-
sentijn befreien. Dort sitzt sie in einem paradiesischen Garten mit einem goldenen Baum gefangen. Auf jedem Zweig sitzt ein goldener
Vogel, und an jedem Blatt hängt ein goldenes Glöckchen. Wenn nun
über Wurzeln und Stamm Luft herangeführt wird, beginnen die Vögel zu singen, und die Schellen lassen ihr feines Klingeln hören.

Von ähnlichen Wundern spricht auch der holländische Hofkaplan
Dirk van Delft, allerdings meint er damit die süße Musik des Paradieses, die der Wind in den Blättern des Lebensbaums erzeuge. Selbst
das Grabmal von Floris und Blanchefleur im gleichnamigen Roman

besitzt solche Wunderautomaten. Das (Pseudo-)Grab besteht aus Kristall und Marmor, auf denen mit Edelsteinen Vögel, Tiere und Fische abgebildet sind. Am Kopfende steht eine mit Gold und Silber verzierte Marmorstatue, deren Hand einer Sonnenuhr als Zeiger dient. In der Mitte der Grabplatte befinden sich die goldenen Standbilder von Floris und Blanchefleur selbst. Über Luft aus einem verborgenen Röhrensystem werden die Figuren in Bewegung gesetzt, wodurch die verliebten Kinder sich küssen, umarmen und liebkosen, dass es eine wahre, aber eben doch *inszenierte* Freude ist.

Diese Traumarchitektur aus Elementen des Himmlischen Jerusalem existiert nicht nur in der Literatur. Auch in der Realität schuf man sich von diesem Modell inspirierte Lustorte, die man mit den schon fast obligatorischen Automaten ausstattete. Und auch hier bestand der Zweck darin, bereits auf Erden die ersehnten Belohnungen, den Trost und die Entspannung zu finden, deren man nach eigenem Dafürhalten selbst in höchsten Kreisen noch bedurfte. Übrigens würden wir eher von Freizeitvergnügen sprechen.

Jedenfalls waren diese Naturnachbildungen im Mittelalter ausgesprochen populär. So ist ein Modellbuch des Villard de Honnecourt überliefert, in dem er genaue Anweisungen für die Herstellung solcher Automaten gibt, die er selbst *mirabilia* (»Wunderwerke«) nennt. Nach dieser Anleitung kann man einen Vogel konstruieren, der aus einem Weinbrunnen trinkt, oder einen Engel, der sein Gesicht von selbst immer der Sonne zuwendet. Reale Exemplare solcher Automaten sind kaum erhalten, wir kennen nur die Konstruktionspläne und Anleitungen. Die einzige Ausnahme bilden einige Feuerspeier, die durch ein raffiniertes Röhrensystem heißen Dampf ausstoßen. Einer weiteren Entwurfzeichnung zufolge konnte man den Dampf auch über ein überdimensioniertes Geschlechtsteil entweichen lassen, doch dies kannte man bereits aus den Schriften des antiken Architekten und Ingenieurs Vitruvius Pollio, dessen Entwürfe und Proportionenlehre gerade im Spätmittelalter wieder neues Interesse fanden.

All diese Wunder sollen ursprünglich in der islamischen Welt entwickelt worden sein. Die Literatur gibt reiche Belege für diese These.

So befand das paradiesische Gefängnis der Ysabele aus dem *Walewein* sich in Indien. Bekannter noch ist der Lustgarten des Emirs von Babylon in *Floris ende Blanchefloer*, in dem die gesamte Schöpfung und das Weltall nachgebildet sind, und auch das Grabmal mit seinen wunderbaren Automaten schließlich befand sich an einem orientalischen Hof, dem von Floris' heidnischen Eltern nämlich.

Auch John von Mandeville berichtet von solchen Künsten des Ostens. So erzählt er von Magiern am chinesischen Hof, die dem Betrachter fremde und phantastische Welten vorzugaukeln wissen. Sie lassen Sonne und Mond am Himmel erscheinen, die ein solch helles Licht verbreiten, dass man geblendet die Augen schließt. Auch zaubern sie Trugbilder schöner Frauen hervor, Turniere und Jagden. Mandeville – wie viele andere – nennt ebenfalls das trügerische Paradies des alten Mannes vom Berge. Außer den genannten herrlichen Jungfrauen gibt es nämlich auch dort Nachbildungen von Tieren und Vögeln, die durch einen Luftstrom zum Leben erwachen und verführerisch singen.

Mit diesem dämonischen Paradies korrespondiert eine Vielzahl realer, doch ungefährlicher Wundergärten, von denen der des Kalifen Haroun al Rashid in Bagdad zur Zeit Karls des Großen der bekannteste war. Mitten in einem Teich stand dort ein silberner Baum mit goldenen Zweigen und vergoldeten Vögeln, die sich auf bekannte Weise bewegen und zwitschern. Mancher Kreuzfahrer wird später behaupten, selbst solche Gärten gesehen zu haben. Über den sizilianischen Hof Friedrichs II. soll diese automatisierte Gartenarchitektur den Westen erreicht haben.

Doch hören wir zuerst den Bericht über einen Besuch des Grafen Willem II. von Holland im Jahre 1249 bei Albertus Magnus in Köln, seinerzeit dem wohl berühmtesten lebenden Gelehrten Europas: Zunächst lässt Albertus die hohe – seit Willems Wahl zum deutschen Monarchen sogar königliche – Gesellschaft im Empfangssaal des Klosters warten. Zum großen Ärger von Willems Gefolge herrscht dort klirrende Kälte – schließlich ist es mitten im Winter. Kurz darauf erscheint der große Albertus in Sommerkutte und barfuß und teilt den erstaunten Gästen mit, dass die Mahlzeit im Garten serviert werde. Die Empörung der Besucher ist nun perfekt, da ihnen dies als

eine ebenso unangenehme wie aufdringliche Demonstration über-
triebener Askese erscheint. Im Klostergarten jedoch ist es warm wie im schönsten Sommer!
Blumen blühen, das Obst hängt schwer an den Bäumen und Vögel
zwitschern fröhliche Weisen. Dank dieser paradiesischen Umstände
schmeckt das Essen herrlich, und die Gesellschaft geht entzückt von
dannen, geschmeichelt von diesem wahrhaft königlichen Empfang.
Offensichtlich verfügte Albertus über damals noch wenig bekannte
Heiztechniken aus dem Osten, wie sie später an vielen adligen Höfen
Eingang finden sollten. Für Lodewijk van Velthem scheinen diese
kaum fünfzig Jahre später schon nichts Besonderes mehr, wenn er
von ihnen als einer »spellijcheit« (Spielerei) spricht, von der er bereits öfter gehört habe.

In den Niederlanden am berühmtesten war jedoch seit Ende des
dreizehnten Jahrhunderts der eingangs schon erwähnte Park von
Hesdin in der Grafschaft Artois in Nordfrankreich. Himmel und
Erde, Paradies und Himmlischem Jerusalem – all diesen begegnen
wir in äußerst raffinierten Konstruktionen, die zuallererst dem humorvollen Spektakel dienen. Damen bekommen überraschend eine
Dusche von unten, Zerrspiegel geben einen in den lächerlichsten Formen wieder, ausgestopfte Affen springen von der Decke und bewegen sich an Schnüren wie Marionetten, und natürlich besitzt auch
dieser Park einen Orgelbaum mit zwitschernden Vögeln. Lebens-
große Puppen versetzen dem Besucher plötzlich eine Ohrfeige, und
im nächsten Moment ergießt sich ein Regen von Mehl oder Holz-
kohle über ihn. Lässt man sich dann vom überraschend einsetzenden
Hagel, Donner oder Blitz ablenken, bricht auf einmal eine Brücke unter einem zusammen und man landet in einem Fluss, der den ganzen
Park durchströmt, oder eine sprechende Holzpuppe teilt einem im
Namen des Schlossherrn mit, dass man den Park nun zu verlassen
habe, worauf Hofnarren einen über eine Brücke jagen, die ebenfalls
unter dem Gewicht zusammenbricht, sodass alle im Wasser landen.
Zur Erholung gibt es danach noch einen Saal mit azurblauem Ge-
wölbe, übersät mit goldenen Sternen und silbernen Engeln. An den
Wänden hängen prächtige Historiengemälde und Bildteppiche. Die
Fenster sind mit Gold eingefasst.

Festlichkeiten in Binche anno 1549; Essen auf aus der Wand vorbeigleitenden Tischen; Getränke aus Springbrunnen in der anderen Wand; farbige Federzeichnung; Brüssel, Koninklijke Bibliotheek, Stichekabinett.

Dieser Wundergarten wird in Europa so berühmt, dass er zuletzt selbst die Neugier des englischen Schriftstellers und Druckers William Caxton erregt: Nach Anfängen als Kaufmann und Handelsagent seines Landes in Köln und Brügge gründet er um 1473 in letzterer Stadt eine imponierende Druckerwerkstatt, mit der er vor allem die englische Elite mit von ihm selbst übersetzten und bearbeiteten Versionen der aktuellen Erfolgsliteratur der französischen Aristokratie beliefert. Im Vorwort seines *Jason* von 1477 mit den – vor allem beim

burgundischen Adel – beliebten Geschichten vom Goldenen Vlies
erinnert er sich an seinen Besuch in den Gärten von Hesdin. Er hat
sich die Augen ausgestarrt. Besonders, so schreibt er, hätten ihn die
Blitz-, Schnee- und Gewittermaschinen beeindruckt, doch zweifellos
wird er sich beim Abfassen seines Vorworts auch an die Wandteppi-
che mit den Ritterszenen erinnert haben: Unter den dortigen Bilder-
folgen befand sich nämlich auch eine über den Raub des Goldenen
Vlieses.

Eng verwandt mit den Attraktionen dieses adligen Lunaparks – im
Jahre 1553 übrigens von Karl V. dem Erdboden gleichgemacht – waren die Wunder des Lustschlosses von Binche im Hennegau. Auch
diese verschwanden ein Jahr später durch Kriegseinwirkung, nun sei-
tens der Franzosen. Kurz zuvor jedoch hatte man das Schloss – für
ein rauschendes Fest in der Nacht vom 30. zum 31. August 1549 –
noch einmal vollkommen in einen Palast der Wunder verwandelt.
Diese bestanden vor allem in den Spektakeln des so genannten »Ver-
zauberten Saals«, die man dem Gefolge des späteren Philipp II. in jener Nacht vorführte. Über ein nachgebildetes Himmelsgewölbe be-
wegten sich in Prunkwagen Sternbilder und Planetenallegorien.
Überall brannten Lampen mit duftenden Ölen. Außerdem gab es
reich gedeckte Tafeln, die an unsichtbaren Seilen von der Decke her-
abschwebten. Wirkliches Essen, das sich selbst darbot! Darauf folgte
ein künstlicher Sturm mit Blitz und Donner, und danach regnete es
Zuckermandeln – wie in Schlaraffenland – sowie Orangenblüten und
andere Düfte. Zuletzt konnte man sich von langsam vorbeigleitenden
Tischen mit Essen und Trinken bedienen. Verschiedene Weine strömten aus einem Felsen in der Wand sowie aus Springbrunnen.

Solchen Megainszenierungen des Adels gegenüber schneiden bürgerliche Imitationen wie die des reichen Privatmanns Jacques Duché
aus Paris eher mager ab. Um 1400 errichtet er sich dort einen Privat-
palast. Die Wände seines Studierzimmers sind mit Edelsteinen ein-
gelegt und mit wohlriechenden Gewürzen imprägniert. Überall liegen Pelze, goldbestickte Laken und Teppiche, und in allen Räumen
stehen vergoldete Statuen.

Angesichts des hochadligen Automatentheaters wirkt dieses Bür-
gerparadies vielleicht eher rührend, doch zeigt es deutlich, dass man

sein Cocagne und Schlaraffenland nicht nur in der Phantasie suchte, sondern auch vielerlei Wege erdachte, es in die Wirklichkeit herüberzuholen. Immer neue irdische Zerstreuungen wurden entworfen, die – nach dem Modell des Himmlischen Jerusalem – doch alle nur versuchten, die paradiesischen Versprechen von Freude und Überfluss zu realisieren. Zentrale Punkte hierbei waren vor allem Essen und Musik. Die geschmackvolle Verwirklichung dieser Träume war zweifellos der Elite vorbehalten, mit vereinzelten bescheidenen Imitationen in Bürgerkreisen. Diese Versuche mögen uns heute fremd erscheinen: Wir benutzen andere – und vor allem vielfältigere – Mittel und Wege, unsere Cocagnes und Schlaraffenländer zu realisieren. Jene Vorstellungen jedoch schöpften alle aus ein und derselben Quelle, der des verlorenen Paradieses nämlich. Dabei dürfte klar sein, dass all diese Nachahmungen von der Kirche schlicht als Teufelswerk betrachtet wurden.

6 Erträumte Ewigkeiten

D as Paradies ist nicht wirklich verloren. Nach der Reinigung im Fegefeuer kann man es im Himmlischen Jerusalem wieder finden. Doch selbst das irdische Paradies brauchte nicht so vollkommen verloren zu sein, wie viele Texte immer behaupteten. Hatte außer dem Großen Alexander nicht auch Seth, Adams Sohn, einen Blick ins Paradies werfen dürfen? Schließlich hatte sein sterbender Vater ihn dort hingeschickt, um ein heilendes Öl für ihn zu holen. Doch der Wachengel hatte ihn nicht eingelassen. Immerhin durfte er kurz durch das Tor schauen und sah die Wunder des Gartens und roch die himmlischen Düfte. So erzählt es *Dat boec van den houte* (Geschichte vom Holz des Kreuzes Christi), und zwar so lehrreich und eindringlich, dass man es seither immer wieder dem Großmeister solcher Texte zuzuschreiben versuchte, nämlich Jacob van Maerlant.

Als Vorschuss auf die ewigen Wonnen entwickelte man in Kreisen der Devotio Moderna (»Neue Frömmigkeit«) Meditationsübungen zum Schauen des himmlischen Paradieses. Im Rahmen eines längeren Werks gibt Gerard Zerbolt van Zutphen (1367–1398) seinen Ordensbrüdern hierzu eine Anleitung auf Latein, deren mittelniederländische Übersetzung folgende Inhaltsangabe enthält: »Allgemeine Methode, sich Vorstellungen vom Reich des Himmels zu bilden, um davon recht durchdrungen zu werden und danach zu verlangen.« Im Text wird das bekannte Bild des Himmlischen Jerusalem beschworen und den Mönchen empfohlen, sich dieses Endziel ständig vor Augen zu halten. Dies erzeuge tiefe Befriedigung, vor allem, wenn man sich die Freuden der ewigen Schau Gottes vorstelle, im Kreise seines Sohnes, Marias und der Engel, der Erzväter, Propheten und all der Apostel und Märtyrer. Die Anleitung endet mit der Versicherung, dass jedes irdische Elend im Himmel ein Ende habe. Niemals brauche man mehr zu befürchten, die ewige Seligkeit zu verlieren, da man – einmal im Himmel – nimmermehr hinausgeworfen werden könne. Auch werde man nie mehr von fleischlichen Lüsten geplagt, eine wahre Beruhigung in jener dicht gedrängten Gemeinschaft ehrgeiziger junger Männer. Der Teufel und seine Verführungskünste erhielten keine Chance mehr. Es herrsche vollkommene Freiheit, Unschuld und vor allem Freude, nebst Eintracht, Ehre und Liebe: »Was du begehrst, wirst du bekommen, und was du nicht begehrst, das wirst du nicht bekommen.« In jenem Paradies ist der Mensch fast wie Gott, denn die Natur gehorcht seinem Willen, wobei er nicht befürchten muss, durch seine Wünsche die eines anderen zu behindern. Im Paradies kommt jeder auf seine Kosten.

All diese Paradiesvorstellungen reflektieren vor allem zeitgenössische Wünsche und Vorlieben: Es wird reichlich getafelt, es gibt Musik, Tanz und Gesang, und Jesus fungiert als freigebiger Gastgeber, der allen am Tisch vorschneidet und einschenkt – ein himmlisches Cocagne eigentlich. Das Jenseits muss ein Schlaraffenland sein, auch wenn das hedonistische Schwelgen in keiner Darstellung je wirklich die Oberhand gewinnt. Außer in Beschreibungen für Kinder. Ende des sechzehnten Jahrhunderts empfiehlt der lutherische Prediger Johannes Mathesius, Kindern das ewige Leben in Termini des Schlaraffenlands nahe zu bringen, hierzu gewiss inspiriert durch einen Brief Luthers an seinen kleinen Sohn Hans aus dem Jahre 1530. Mathesius zufolge müsse man Kindern erklären, dass sie – wenn sie im Leben fromm gewesen seien – im Himmel in einen lustigen Garten kämen. Dort wüchsen an den Bäumen Mandeln, Zucker und noch viele andere Leckereien, und aus den Brunnen gluckerten – pädagogisch im Grunde bedenklich – klarer Wein und Malvasier und »die Heuser sein alle mit Fladen gedeckt, da werde auch ein jegliches sein klein Pferdlein haben vnd ein Gülden Röcklein; etc. Also pflegen vnnd [sic] müssen wir Kindern vom ewigen Leben lallen.«

Himmel und Schlaraffenland sind endlich miteinander verschmolzen. Für Kinder. Doch den Weg zur didaktischen Lehranstalt
hatte Schlaraffenland schon zuvor und von sich aus eingeschlagen.

Leider bediente auch der Teufel sich dieser angenehmen Vorstellungen. Zu seinen abgefeimtesten Tricks gehörte die Verwirrung der
menschlichen Sinnesorgane. Dadurch glaubte man Dinge zu sehen,
zu hören, zu fühlen, zu riechen und sogar zu schmecken, die nicht
Gottes Regie entsprangen, sondern vielmehr teuflischer Herkunft
waren. Schon Augustinus sprach von dieser Spezialität des Satans, im
Menschen nämlich » sei es im Wachen oder Schlafen – die unterschiedlichsten Phantasiebilder zu erzeugen«. Zu diesen Sinnestäuschungen konnten auch Visionen vom Paradies gehören: Mit ihnen
werde der Mensch zu den größten Unkeuschheiten verführt, da er
dann im Wahn verkehre, seine ursprüngliche Unschuld wieder gefunden zu haben, also nicht mehr sündigen zu können und damit
endlich belohnt zu werden.

Auch Kommentare zum ersten Gebot warnten vor diesen teuflischen Visionen. Nähere Beispiele fand man in zahlreichen Exempeln mit wilden Geschichten über allerlei angeblich leicht erreichbare
Lustorte. Einige Katechismen und Beichtspiegel teilten darum kurzerhand mit, dass Gott verboten habe, an Träume zu glauben, da sich
der Teufel in ihnen als so geschickter Betrüger erwies. Fragen nach
dem Glauben an Träume wurden daher auch wiederholt in der
Beichte gestellt.

Vielfältig ist in jenen Exempeln von einem Venusberg (als geolo-
gischem Ort, versteht sich) die Rede, in dem jedes menschliche Verlangen gestillt werde. Doch seien dies alles Betrügereien des Satans,
der die Menschen ins Verderben stürzen wolle. Ein anonymer Ritter
erfährt dies am eigenen Leibe: Wiederholt betritt er in seinen Träumen einen Venusberg, wo Frauen ihn mit ihrem Körper und anderen
Annehmlichkeiten verwöhnen. Als er einmal jedoch vorzeitig er-
wacht, bemerkt er zu seinem Abscheu, dass er sich in einer Grube bei
einem scheußlichen Tierkadaver befindet. Erst in dem Moment be-
greift er, dass er einem Trug des Teufels aufgesessen ist.

Auch der Volksprediger Stephan von Bourbon warnt nachdrück-

lich vor solchen Finten des Satans und seiner Kumpane. Wie die
Wilde Jagd schweifen sie umher und geben sich als die Seelen verstorbener Vorfahren aus, die angeblich noch etwas auf Erden zu re-
geln hätten. Diesen bei einfachen Menschen offenbar auch in Frankreich stark verwurzelten Glauben versucht der Prediger entschieden zu bekämpfen: Was sich als Verwandte ausgebe, seien in Wirklichkeit nur Dämonen. Als warnendes Beispiel erzählt er von einer
teuflischen Schar, die sich bezeichnenderweise als »König Arthurs
Gefolge« ausgab: Sie behaupten, dass der große Arthur noch immer im paradiesischen Avalon lebe, und locken so einen einfachen
Bauern in eine Höhle des Mont Chat in Savoyen. Dort landet er »in
einem riesigen, vornehmen Palast, wo die Herren und Damen spielten und tanzten und sich von höchst edlen Speisen bedienten«. Kurz
darauf jedoch stellt sich alles als ein Trugbild des bösen Feinds
heraus.

Ein anderes Exempel, diesmal aus der Sammlung *Der sielen troest*
(Der Seelen Trost), erzählt vom Wettstreit zwischen einer Schar Dämonen und einem frommen Klausner. Gerade solche Asketen inspirierten den Satan immer wieder zu Demonstrationen der höchsten
Verführungskunst. Diese teuflische Truppe versucht es mit Sex. Unter falschem Vorwand locken sie den heiligen Mann in einen wun-
dervollen Garten. Dort singt die Nachtigall, und Blumen verbreiten
die herrlichsten Gerüche. Inmitten des Hains steht ein prunkvolles
Himmelbett, auf dem die Widersacher den Eremiten festbinden. Daraufhin erscheint eine schöne, nackte Frau und beginnt, ihn unkeusch
zu berühren. Da merkt der Heilige, in wessen Klauen er gelandet ist,
und mit letzter Willenskraft spuckt er der Frau seine abgebissene
Zunge ins Gesicht.

Die größten Erfolge jedoch verbucht der Satan, wenn er den Menschen vorspiegelt, dass sie sich im himmlischen Paradies befänden.
Angesichts der zahlreichen frommen Visionen war man nur allzu
leicht geneigt, diesen Vorspiegelungen zu glauben. Im *Biënboec*
(Vom Gemeinwesen der Bienen), einer populären Exempelsammlung nach dem lateinischen Original des Thomas von Cantimpré,
wird von einem Dominikaner erzählt, der – auch hier wieder – zu
einem kleinen Ausflug eingeladen wird. Als Mann Gottes riecht er

den Braten natürlich, doch geht er gern auf den Wettstreit mit dem
Teufel ein. Als Waffe nimmt er vorsorglich eine Hostie mit. In einer
Berghöhle zeigt man ihm einen glitzernden Palast, der ihn sofort an
das Himmlische Jerusalem erinnert. Die Inneneinrichtung ist aus reinem Gold, und auf prächtigen Sitzen thronen vornehme Personen in
strahlendem Licht. Der Dominikaner jedoch traut ihnen nicht über
den Weg und hält ihnen seine Hostie vor:

>Das Licht erlosch, und sofort wurde es so dunkel, dass der Bru-
der kaum den Ausgang des Berges wieder finden konnte.«

Diese Warnungen dringen bis in die Ritterepik. So lassen in dem
populären Volksbuch *Margarieta van Lymborch* Dämonen aus Wolken eine Burg entstehen, wobei sie vermutlich auf Assoziationen mit
dem Herabschweben des Himmlischen Jerusalem spekulieren. Im Inneren des Schlosses scheint Margarietas Vater das Zepter zu schwingen, doch in Wirklichkeit handelt es sich um einen verkleideten Teufel. Dazu erklingt himmlische Musik von Harfen, Lauten und Flöten,
mit der die höllische Hofhaltung die Titelheldin verführen will.

Margarieta, die mit einem Kaufmann in der Gegend umherirrt,
hört die wunderbare Musik schon von weitem. Und auch der Krämer,
der beim ersten Anblick der Burg noch zurückschreckte – nicht nur
Gott, auch Kaufleute mögen keine Burgen – ist nun nicht mehr zu
halten. Ohne anzuklopfen laufen sie hinein, im Bann der süßen
Klänge. Margarieta hält den verkleideten Dämon tatsächlich für
ihren Vater und lässt sich herumführen. Alles scheint ihr wunderschön, ein wahrhaft »irdisches Paradies«. Erst als sie und der Kaufmann vor Tisch noch kurz beten wollen, löst sich der teuflische
Zauber:

>Doch als sie die Tafel zu segnen begann, ergriff die Widersacher
ein gewaltiges Entsetzen. Die einen nahmen die Fackeln, die anderen Speis' und Trank, und sie fuhren mit gewaltigen Gestank aus
der Burg, dass man meinte, aller Unrat der Welt klebe an ihnen.«

Das eine Paradies ist nicht wie das andere. Wie wir sahen, werfen viele volkssprachigen Texte Garten Eden und Himmlisches Jerusalem lustig in einen Topf und nennen dies dann das (irdische) Paradies. Dort finden wir traumhafte Natur und Wunderarchitektur durcheinander, Bankette mit zahllosen Dienern und vegetarische Selbstbedienung, viel Musik und noch mehr Menschen. Andere Texte betonen die Möglichkeiten zur Selbstgestaltung der ewigen Wonnen, und Visionen zeigen, wie man dorthin gelangt. Gleichzeitig werden Anleitungen gegeben, wie man sich auch geistig auf das Jenseits vorbereitet. Die vielen unterschiedlichen Versprechen und der große Andrang zwingen beinahe zum Entwerfen eines eigenen himmlischen Glücks. Etwas näher vor der Haustür darf es auch liegen. Manche bauen es sich sogar im eigenen Garten, bis hin zu regelrechten Vergnügungsparks. Aber jeder sucht sein eigenes Cocagne. Material dafür findet man genug. Vor allem im Himmel.

Die Suche nach einem Paradies auf Erden oder im Geist gehört zweifellos zum Urverhalten der Gattung Mensch, wie zeit- und milieugebunden diese Traumorte auch immer konstruiert sein mögen. Doch nur die Formen sind verschieden. Die heutige Gesellschaft kennt eine Vielzahl an Paradiesen, die leicht zu erreichen sind und einander mit den unterschiedlichsten Verjüngungskuren, Freizeitvergnügen und Attraktionen um Gäste konkurrieren.

Auffallendster Punkt der verlorenen oder versprochenen Paradiese des Mittelalters ist dagegen gerade deren relative Eintönigkeit. Grob gesagt, gibt es im Grunde nur zwei Typen, die einander nicht zufällig diametral entgegengesetzt sind: Keiner von ihnen kommt in Reinform vor, doch kann die Abstrahierung einer Klärung der Gedanken dienen: Einerseits gibt es den religiös inspirierten Traum der vollkommenen Befreiung von allem Irdischen in einer Existenz äußerster Genügsamkeit und Askese. Deren Belohnung ist der Himmel, wo jede teuflische Versuchung ein Ende hat. Demgegenüber steht die Phantasie der unbegrenzten Erfüllung aller – selbst sinnlichster – irdischen Wünsche, als manchmal höchst aggressiver Protest gegen das Elend des täglichen Lebens. Zwischen beiden Extremen liegt die Praxis einer endlosen Anzahl von Gelegenheitskonstruktionen, die aus dem eurasischen Material von fünfundzwanzig Jahrhunderten schöpfen, das – es sei nochmals betont – auffällige Parallelen aufweist.

Erst das Aufbrechen der Welt in der frühen Neuzeit und die Einrichtungen des modernen Wohlfahrtsstaates bereiten diesen relativ identischen Träumen ein Ende. Die heutigen Paradiese werden zunehmend nach den Wünschen des individuellen Konsumenten gestaltet. Im Ansatz scheint dieser Gedanke jedoch schon in einigen Paradiesdarstellungen des Mittelalters vorhanden zu sein: Man könne das ewige Leben nach eigenem Geschmack einrichten. Doch der Himmel ist hoch und das Paradies weit entfernt und zudem alles andere als sicher. Auch dies verstärkt den Drang, sich nach Paradiesen und eventuell noch existierenden goldenen Zeitaltern an den Rändern der Welt – und selbst jenseits davon – auf die Suche zu machen. Angefeuert von Reiseschriftstellern wie John von Mandeville – und bisweilen buchstäblich mit seinem Werk in der Hand – schwärmt man aus. Und findet, was man finden will.

V Die Phantasie auf Reisen

1 Traumwelt-Geographie

In unseren beiden Reimtexten wird Cocagne als ein reales Land vorgestellt, das irgendwo auf der Erde zu finden sein müsse. Sowohl L als B lassen in ihren nahezu identischen Textanfängen einen Ich-Erzähler mitteilen, dass er in einem Land gewesen sei, das ihm fremd und unbekannt war. Dort hätten sich wunderbare Dinge zugetragen, die er offenbar selbst gesehen und erlebt habe. Durch die Bezugnahme auf »Wunder« wird übrigens sofort ein Zusammenhang mit den berühmten *mirabilia* des Orients hergestellt, von denen schon im klassischen Altertum die Rede ist. Noch oder gerade im Spätmittelalter lässt sich mit Berichten über diese Wunder das Interesse einer breiten Öffentlichkeit gewinnen.

Nur Text B greift den Gedanken an eine Reise am Schluss noch einmal auf. Dies geschieht zunächst dadurch, dass als Informationsquelle auch andere Reisende genannt werden, »dye vandaer komen« (die von dort kommen; 115), und danach durch die Ermunterung an alle Nichtsnutze, sich nach diesem reichen Land aufzumachen. Diese Reiseparodie arbeitet Text G in der noch jungen Tradition zeitgenössischer Nachrichtenblätter oder so genannter »Neuenzeitungen« (von »Nachricht«) heraus, die zu dem Zeitpunkt für die westeuropäischen Verleger eine immer lukrativere Einnahmequelle werden. Gleich im Titel wird daher mitgeteilt, dass Schlaraffenland im Jahre 1546 »gefunden« und somit entdeckt worden sei. Dies geschieht mit dem Instrumentarium der Lügenliteratur, indem die einzelnen Bestandteile dieser Jahreszahl durch entsprechende Mengenangaben schmackhafter Speisen dargestellt werden. Auch im weiteren Verlauf des Textes bleiben die parodistischen Techniken übrigens stark von den Gestaltungsprinzipien der Lügenliteratur geprägt.

Beide Textsorten, die der Nachrichten- und die der Lügenliteratur, verbinden sich im Einleitungssatz des eigentlichen Textes, wenn dieser sich selbst als »unwahrhaftige Zeitung« charakterisiert – damit ausgerechnet an der Stelle, wo andere Berichte von Entdeckungsreisen sich sonst so gerne als vollkommen »wahrhaftig« anpreisen. Anschließend wird – ganz in der Tradition der Lügentexte – die Reiseroute beschrieben, zusammen mit den Entbehrungen, die man auf sich nehmen müsse, um dorthin zu gelangen. Am Schluss findet sich – B hierin nicht unähnlich – die Empfehlung an »verlorene Kinder«, sich unverzüglich in dieses Land zu begeben.

Alle bis jetzt beschriebenen Traumwelten, einschließlich des irdischen und des himmlischen Paradieses, weisen einen geographischen Aspekt auf. Bei den christlichen Paradiesen entsteht dieser durch die Vorstellung des menschlichen Lebens als einer Pilgerreise vom Garten Eden zum himmlischen Jerusalem. Ob man nun aus dem Paradies verstoßen ist, es wieder sucht oder glaubt, es sich verdienen zu können – das Resultat ist jedes Mal eine mehr oder weniger zielgerichtete Irrfahrt, deren heiß ersehntes Ziel man sich als einen konkreten Ort Ausschau vorstellt. Diese Überzeugung wird durch die populären Visionen auf Latein und in den Volkssprachen noch bekräftigt, welche von Besuchen im Himmel, in der Hölle und im Fegefeuer berichten und damit als eine spezielle Art von Reiseliteratur mit unverkennbaren Zügen einer Zeitungsnachricht erscheinen.

Vor allem der Weg ins Jenseits wird gern als Reise dargestellt, bei der die Hinterbliebenen den Verstorbenen nicht nur mit Gebeten und Messen, sondern auch durch Grabbeigaben wie Schuhe und andere Reiseutensilien unterstützen können. Zwar stammen letztgenannte Bräuche eher aus vor- und nichtchristlichen Traditionen, doch haben sie sicher auch in bestimmte Formen der Volksfrömmigkeit Eingang gefunden, wie sich besonders an der Exempelliteratur erkennen lässt. Eine klare Unterscheidung zwischen den hier behandelten Reiseberichten und den Beschreibungen der bisher genannten Traumwelten ist denn auch ziemlich willkürlich und in gewisser Weise eine Folge neuzeitlicher Projektionen. Spätestens bei der Betrachtung des irdischen Paradieses wird diese Trennung zum Problem: Zwar hat man sich das gesamte Mittelalter hindurch eifrigst bemüht, den Garten Eden allegorisch auszulegen, doch hat dies – wie wir gesehen haben – keineswegs verhindert, dass gleichzeitig fest an die Existenz seines irdischen Standorts geglaubt wurde. Mochte das Paradies als Anfang und Ende der Schöpfung inzwischen auch endgültig für die Nachkommen von Adam und Eva verschlossen sein, so galt doch als sicher, dass es irgendwo auf der Erde noch in ursprünglicher Form fortbestehen musste. Und darum musste es im Prinzip auch immer noch zu erreichen sein, und sei es zur Besichtigung auf Distanz.

Dennoch lässt sich eine gewisse praktische Unterteilung auch historisch durchaus rechtfertigen, wenn wir die Darstellung der fremden (Traum-)Welten einmal näher betrachten: Eine beträchtliche Zahl dieser Gegenden wird als reale Orte eingeführt, die irgendwann von einer namentlich benannten Person entdeckt und/oder beschrieben worden sind. In den meisten Fällen wird dann sowohl im Hinblick auf das betreffende Land als auch den Entdecker oder Berichtenden suggeriert, dass die Beschreibung auf voller Wahrheit beruhe. Dabei braucht es sich keineswegs nur um paradiesische Orte zu handeln. Fremde Länder können positiv oder negativ betrachtet werden, und nicht selten finden sich beide Perspektiven innerhalb einund desselben Textes. Relativ neutrale Beschreibungen kommen dagegen kaum vor.

Nicht jede Reiseerzählung wurde ohne weiteres für bare Münze genommen – ja, bisweilen verdächtigte man die Autoren sogar grober Verfälschungen. Die üblichen Versicherungen der Verfasser, nichts als die reine, ungeschminkte Wahrheit zu schreiben – schon fast ein Topos dieser Literatur –, sind hierfür ein Indiz. Bereits das klassische Altertum kannte solche Zweifel, was sich unter anderem aus dem Spott ersehen lässt, den man so gern mit diesem Genre trieb. Lukians klassisch gewordene *Wahre Geschichte* aus dem ersten Jahrhundert nach Christus ist hierfür ein Beispiel. Dieser Text nimmt jede phantastische Beschreibung fremder Völker so gründlich und treffsicher aufs Korn, dass jeder derartige Bericht seitdem eher an Lukians Parodie als eine wie auch immer geartete Wirklichkeit denken lässt.

Obgleich weniger spektakulär, lassen sich Beispiele für solchen Spott auch im Mittelalter finden. Es ist nicht auszuschließen, dass auch der Cocagne- bzw. Schlaraffenland-Stoff dazu gedient hat, die manchmal allzu bunt und phantasievoll ausgeschmückten Reiseerzählungen zu verspotten oder zu parodieren. Trotzdem haben die Zeitgenossen vieles von dem, was sich uns heute als reine Phantasie (um nicht zu sagen: Betrug) darstellt, als bedrückend wahr angenommen: Als Wahrheit über eine Welt, die sich – für viele beunruhigend – in rasantem Tempo immer mehr ausdehnte. Ein ständig wachsendes Publikum verschlang die ebenso weitschweifige wie aufregende Erzählung John von Mandevilles über seine Reise ins Heilige Land und weiter nach Afrika (damals eine Bezeichnung für den Osten, die auch Asien umfasste) als begehrte Information über die unbekannten Dimensionen der Welt – an eine flache Scheibe, von der man herunterfallen konnte, glaubte beinahe niemand mehr.

Heute sind wir davon überzeugt, dass Mandeville seine Reise – erstmals publiziert wohl um 1356 – nicht wirklich gemacht haben kann. Einige behaupten sogar, dass Mandeville gar nicht sein richtiger Name gewesen sei und man vielmehr vom Pseudonym eines gewieften Kompilators sprechen müsse, der eine Anzahl populärer Reisegeschichten aneinander gereiht und zu einer Abenteuererzählung über wundersame Verhaltensweisen am anderen Ende der Welt zusammengebraut habe. Mandeville zeige dabei ein außergewöhnliches Gespür für die Bedürfnisse des zeitgenössischen Marktes, nämlich nach Darstellung von größtmöglichen Kontrasten zur eigenen oder gewünschten Lebensweise – Gegenbilder, die sich für verschiedene Zwecke benutzen ließen. Unstrittig ist, dass Mandeville schreiben kann, und zwar so suggestiv, dass keine Übersetzung oder Bearbeitung dem etwas Nennenswertes hat anhaben können. Der Text ist ab dem vierzehnten Jahrhundert in allen Sprachen verbreitet und wird bis weit ins sechzehnte Jahrhundert immer wieder gedruckt.

Damit steht Mandevilles Erzählung also – zusammen mit vielen anderen Reisetexten – in Verdacht, ein bloßes, bewusst zusammengeflicktes Phantasieprodukt zu sein. Doch vielleicht verdient dieses Werk eine andere Betrachtungsweise. Möglicherweise zeigen wir zu wenig Verständnis für eine Textart, die zwar nach unserer Vorstellung dem (stillschweigenden) Kopieren anderer Quellen und der Informationsübernahme vom Hörensagen allzu bedenkenlos gegenübersteht, den Zeitgenossen aber ein Aufsehen erregendes, neues Genre bot: das Geographiebuch anhand einer (teilweise vorgetäuschten) Reise. Moderne Untersuchungen legen eine solche Einschätzung nahe, wobei nicht zu Unrecht Dantes *Divina Commedia* zum Vergleich herangezogen wird. Dort lässt sich der Verfasser durch die Landschaften des Jenseits führen, und der Leser lernt Lüste, Lasten und Bebauung der anderen Welt gründlich kennen. Obwohl diese Welt für das anvisierte Publikum eine Realität – buchstäblich der höchsten Ordnung – darstellte, dürfte allen klar gewesen sein, dass der Dichter seine Reise nur im Traum gemacht haben konnte.

Nach dieser verlockenden Hypothese hätte Mandeville (oder wer auch immer sich hinter diesem Namen verbirgt) auf seine Weise durchaus eine »realistische« Darstellung der Welt verfasst, vorgetragen von einem belehrenden Ich-Erzähler, dessen Erfahrungen nicht unbedingt mit denen des Autors übereinstimmen müssen. Auf jeden Fall liefert Mandeville ein auf vielen mündlichen und schriftlichen Quellen basierendes Kompendium an Weltwissen, das im ersten Teil (der Weg durch den Nahen Osten ins Heilige Land) auf eigenen Erfahrungen beruht. Im zweiten, von Afrika berichtenden Teil, sind es noch immer eigene Erfahrungen, doch sind sie mehr literarischer Natur und beruhen eher auf einer »Reise« durch seine Quellen.

Damit bleibt das Ganze dennoch ein persönliches Unternehmen, von dem er aus Besorgtheit über die Versäumnisse des Christentums berichtet. Diesem gelingt es seiner Meinung nach nicht, den Weg aus den Irrtümern des Sündenfalls zurückzufinden. Schlimmer noch, der westliche Mensch irre immer weiter ab. Indem Mandeville die Leser zunächst mit dem Heiligen Land und dann mit den zahlreichen und unterschiedlichen Zivilisationen ferner Weltgegenden konfrontiert, will er ihnen bewusst machen, wie weit man bereits vom rechten Weg abgekommen sei.

Die gezeigten Kontraste zur eigenen Zivilisation lassen grob gesagt zwei verschiedene Grundmuster erkennen. Einerseits gibt es Völker, die, da die Christen ihre Bekehrungspflicht vernachlässigen, ständig weiter in grenzenlose Rohheit und damit ins Tierische absinken. Ihr Schicksal wird wohl sein, in der Endzeit Handlanger des Antichristen zu werden. Auf der anderen Seite begegnet Mandeville aber auch Menschen, die sich ihre natürliche Reinheit vom Anfang der Schöpfung bewahrt haben. Sie sind (noch) nicht vom Hochmut und der dubiosen Bücherweisheit verdorben, welche die Christenländer immer mehr in einen Sündenpfuhl verwandelt haben. Spontan vermeiden sie jegliche Sünde, und auf ebenso natürliche Weise halten sie größte Mäßigung im Essen und Trinken, dem Äußern von Gefühlen und allen anderen menschlichen Verhaltensweisen, die in Mandevilles Augen zu verwerflichen Exzessen führen. Wiederholt beschreibt er ein Volk wie das der Brahmanen. Dort kenne man keine Mörder, Diebe oder Prostituierte. Täglich werde gefastet, und man brilliere im Befolgen der Zehn Gebote, denn die Todsünden seien ihnen unbekannt. Unterstützt werden sie dabei von den äußeren Gegebenheiten. Unwetter und Stürme gibt es nicht, ebenso wenig wie Pest oder Hungersnot. Alle sind gleich, Reichtum existiert nicht. Man stirbt an Altersschwäche, nicht an Krankheiten.

Diese Mixtur aus westlichem Paradies und goldenem Zeitalter, auf einen äußersten Winkel der Erde projiziert, wird von Mandeville als erlebte Wirklichkeit dargeboten. Für Menschen des Mittelalters sind Himmel und Erde unzertrennlich miteinander verbunden, ebenso wie Endlichkeit und Ewigkeit, Leben und Sterben. Mandeville hat ein Lehrbuch über die Möglichkeiten zur Rettung des Menschen geschrieben, in diesem Fall anhand der Erdkunde. Alles ist Realität, nur die der Erde ist greifbarer, da den menschlichen Sinnesorganen prinzipiell zugänglich. Daher ist in der Untersuchung von Traumländern und fernen Welten eine Unterscheidung zwischen Orten, die vom mittelalterlichen Menschen als prinzipiell erreichbar betrachtet werden, und gleichfalls realen, aber zeitlos-überirdischen Welten (das irdische Paradies inklusive) nicht nur möglich, sondern auch gerechtfertigt.

Wie passt in diesen Zusammenhang nun aber der Bericht über das Land des Priesters Johannes, der gleichfalls in Mandevilles (zur Hälfte am Schreibtisch entstandenen) Reiseerzählung aufgenommen wurde? Der Text wurde ab dem zwölften Jahrhundert auch selbstän-

Titelseite einer niederländischen Buchausgabe über das Reich des Priesters Johannes (Pape Jan), um 1506; Brit. Libr., C.32 h.6.

dig in vielen Sprachen verbreitet und erreichte später mühelos die
Weihen des Buchdrucks. Welche Quellen liegen diesem Bericht zugrunde? Oder sollten wir lieber sagen: Wunschträume? Die geäußer-
ten Zweifel an der Existenz dieses idealen Christenreiches im Dunstkreis des Paradieses bleiben jedenfalls auch in diesem Fall äußerst
gering. Angesichts des gewaltigen moralischen Impetus dieses ethi-
schen Lehrbuchs in Gestalt einer Landesgeographie musste sich jeg-
licher Argwohn einfach in nichts auflösen. Einer jedoch ließ sich davon nicht imponieren. Vielleicht ging es
Willem van Rubruck aber auch einfach nur zu weit. Jedenfalls hält
dieser Franziskaner, der von 1252 bis 1255 von Palästina aus Mittel-
asien bereiste, die Geschichten über das Land des Priesters Johannes
für maßlos übertrieben. Die Zahl ebenso bedeutender Verfechter des
Buches ist aber ungleich größer. Selbst ein seriöser Reisender wie der
Patrizier Joos van Ghistele aus Gent nimmt sich noch 1481 vor, nach
dem Besuch des Heiligen Landes das Reich des Priesters Johannes zu
suchen. Und auch die Druckfassungen seines ausführlichen Berichts,
die mit großem Erfolg ab 1557 erscheinen, lassen nicht erkennen,
dass man den Sinn dieses wüsten Plans mittlerweile in Zweifel ziehen würde.

Das Vorhaben der Genter Reisegesellschaft war sicher keine fixe
Idee. Im Hinblick auf ihr Reiseziel hatten die Reisenden von zu
Hause kostbare Ringe und Juwelen mitgenommen, die sie zuvor in
Köln persönlich an den dort aufbewahrten Überresten der Heiligen
Drei Könige blank poliert hatten. Van Ghistele hatte nämlich gehört,
dass Christen aus den Niederlanden, die solche aufgewerteten Kostbarkeiten mit sich führten, bei Priester Johannes höchst willkommen
wären. Doch wie sollte man das Reich dieses Erzpriesters und Vor-
kämpfers eines rein gebliebenen Ur-Christentums kurz vorm Äqua-
tor nun finden?

Irgendwo in Afrika oder in der Gegend von Äthiopien sollte es liegen; mehr wussten sie nicht. Und Äthiopien bedeutete mitunter auch
Abessinien, was einigen zufolge wiederum Afrika entsprach, mit dem
die meisten gleichzeitig Asien meinten. Mangels topographischer
Normierung können sich Weltreisende am Ende des Mittelalters in
ganzen Kontinenten vergreifen. Wirkliche Berühmtheit erlangte je-

doch nur der Irrtum des Kolumbus, als er feststellte, dass Indien in Amerika liege und überdies von kupferfarbenen Indianern bewohnt sei. Diese Rothäute jedenfalls waren – anders als erwartet – nicht dunkelhäutig, wie er mit einer gewissen Erleichterung mehrmals notiert. Das allerdings setzte dem terminologischen Durcheinander nur noch eins drauf. Der Pilgerbericht des Barbiers Arent Willemszoon aus Delft aus dem Jahre 1525 wird durch diesen Wirrwarr nahezu unverständlich. Nur für uns? Wenn er die sieben christlichen Konfessionen der Grabeskirche in Jerusalem aufzählt, nennt er als Letzte die der »Indianer oder auch Abessinier... Und diese Indianer sind so schwarz wie die Mohren«.

In geographischer Hinsicht musste das Land des Priesters Johannes buchstäblich eine umgekehrte Welt sein. Es sollte exakt unter den Füßen der Christen der westlichen Welt liegen. So stand es im Lehrbuch Mandevilles. Breche man von England nach Jerusalem auf, so steige man aufwärts. Von diesem Mittel- und zugleich höchsten Punkt der Erde an beginne der Abstieg. Und schließlich komme man aus genau entgegengesetzter Richtung wie zum Ausgangspunkt zurück, »denn Land und Meer haben runde Form«. Und genau am anderen Ende der Welt liege das Land des Priesters Johannes. Es ging also demnach einfach darum, von Jerusalem aus immer der Nase nach weiterzulaufen. Doch wie konnte man wissen, ob man noch bergab oder schon wieder bergauf ging?

In Mesopotamien angekommen, befragt Ghisteles Reisegruppe einen Kaufmann, der aus dem Osten gekommen ist: Wie könnten sie am besten nach »Abassien« gelangen, wo der Priester Johannes herrsche? Sie erhalten eine detaillierte Wegbeschreibung – leider ohne den gewünschten Erfolg. Doch führt Van Ghistele das keineswegs auf das illusorische Reiseziel zurück. Uneinigkeit und Missgeschick hätten die Reisenden davon abgehalten, ihr Ziel zu erreichen, und möglicherweise habe bei einigen auch ein beflecktes Gewissen dem krönenden Abschluss dieser Spurensuche nach dem reinen Christentum im Wege gestanden.

Die Frage nach dem Realitätsgehalt solcher Reiseziele und Berichte ist kaum mehr als der Ausdruck eines modernen Skeptizismus, der zu spirituellen Reisen auf der Suche nach einer entschwundenen

es poit la chofe
mucut entendre z pl'
dermenc poucz vous
prendre. i autre essam
ple. Se la terre estoit par
tree pmi le milieu droit.
Si que len trist pmi le

Macht man sich in entgegengesetzter Richtung auf den Weg, kommt
man doch wieder zusammen: Die
Erde ist rund; Miniatur in Handschrift des *Image du Monde*,
14. Jahrh.; Paris, Bibl. Nat., ms. f.
fr. 574, fol. 42 recto.

Ethik auf Distanz gegangen ist. Selbst die Echtheit einer der größten Entdeckungsreisen aller Zeiten, der von Marco Polo, ist unlängst in Zweifel gezogen worden. Die Gründe dafür liegen auf der Hand: Sein Bericht ist auf äußerst dubiose Weise zustande gekommen (angeblich durch einen Kanzleischreiber im Gefängnis), vor allem aber wurde die Reiseliteratur damals langsam zu einer so beliebten Gattung, dass solche Texte geradezu am Fließband – und auf entsprechend wahrheitsunbekümmerte Weise – zu entstehen begannen.

Diese literarische Massenfabrikation greift lieber auf das Material traditioneller Traumwelten zurück als auf schwer zu verifizierende Tatsachenberichte, die von den vorgefertigten Bildern zudem in störender Weise abweichen können. Und nicht selten werden Beobachtungen von Weltreisenden bei der Verschriftlichung einer literarischen Behandlung unterzogen, die die exotischen Berichte mit den aktuellen Wunschträumen und Zivilisationsidealen in Einklang bringen muss. Mehr noch: Die westlichen Vorstellungen vom idealen Leben, das in der Vergangenheit verspielt worden sei, doch in der Zukunft zurückgewonnen werden könne, beeinflusst bereits die Beobachtungen der Reisenden, die fest damit rechnen, Spuren eines solch reinen Lebens noch irgendwo auf der Erde vorzufinden. Den besten Beweis dafür liefern die großen Übereinstimmungen in den Beschreibungen von Paradiesen, goldenen Zeitaltern, anderen Traumwelten und fernen Ländern, die sich dann wiederum gegenseitig beeinflussen.

Auch Cocagne scheint sich an diesem Spiel der Wahrnehmungen zu beteiligen, wenn Reisenden zufolge zahlreiche Attraktionen dieses Traumlands anderswo auf der Erde auf einmal ganz selbstverständlich anzutreffen sind. Kein Europäer des vorindustriellen Zeitalters, dessen Sinne nicht in den Bann des jahrhundertealten Traums von Cocagne geraten, wenn er in der Fremde einen lauen Wind auf seiner Haut fühlt, Obstbäume sich unter der Last ihrer Früchte durchbiegen sieht, fremde Vögel singen hört, den Geruch von Gewürzen aufschnuppert oder exotisches Essen schmeckt. Cocagne scheint in vielen Reiseberichten einfach zu existieren – oder sollen wir besser sagen: aus dem Boden gestampft zu werden? Zwischen der Wahrnehmung exotischer Gegebenheiten und der

Veröffentlichung eines Berichts gibt es viele Gelegenheiten zur Anpassung und Veränderung. Das Zustandekommen der publizierten Texte mutet im Allgemeinen immer dubios an. Oft fehlt es an anderen zeitgenössischen Quellen, die die berichteten Herrlichkeiten belegen könnten – zumindest solchen, die nicht ohnehin in der gleichen literarischen Tradition stehen. Die Berichte entstammen, so wird in der Regel mitgeteilt, der Bearbeitung eines oder mehrerer Briefe des Entdeckers an seinen Auftraggeber, bereits verbreiteten Zusammenfassungen seiner Tagebücher oder Logbücher oder einfach einem aufgezeichneten Bericht aus seinem Munde. In allen Fällen darf bezweifelt werden, ob solche Auskünfte tatsächlich voll und ganz zutreffen; die Anpassungen tendenziöser Art sprechen im Grunde schon für sich. Am Ende des fünfzehnten Jahrhunderts schließen sich hier die gedruckten Nachrichtenblätter und »wahrhaftigen Beschreibungen« an, die sich auf das gleiche Quellenmaterial berufen. Als sich der Buchdruck schließlich dieser Reiseberichte bemächtigt, gibt es kein Halten mehr: Aufgepeppt mit entsprechenden Holzschnitten werden die Texte zu spektakulären Sensationsgeschichten aufbereitet.

2 *Wirkliche Paradiese*

Die Traumwelten und Paradiese der Reiseberichte unterscheiden sich von den anderen dadurch, dass sie in Raum und Zeit auf der Erde mehr oder weniger lokalisierbar sind. Jemand hat sie entdeckt, berichtet im Westen darüber und ermöglicht es somit anderen, den beschriebenen Ort zu (be)suchen. Die im IV. Kapitel behandelten idealen Orte und Zeitalter dagegen sind weniger greifbar, nicht so leicht (oder überhaupt nicht) zu betreten und liegen weit zurück in der Vergangenheit.

Trotzdem blieb das irdische Paradies auch nach dem Mittelalter noch regelmäßiges Ziel von Expeditionen. Den Anstoß dazu gab neben der Überzeugung, dass es noch irgendwo auf Erden existieren müsse, vor allem die wachsende Zuversicht, seinen Zugang doch noch zu entdecken; dafür sprachen sowohl die Überlieferungen von Henoch und Elias (die dem Vernehmen nach dort in Reserve gehalten wurden, um als Unsterbliche in der Endzeit gegen den Antichrist zu kämpfen) als auch die Vorstellungen vom Paradies als einem herrlich eingerichteten Wartezimmer für die Seelen rechtschaffener Verstorbener.

Verschiedene Reisende des Mittelalters wie etwa der Priester Jan Witte van Hese aus Utrecht, der sich 1339 auf den Weg ins Heilige Land macht, werden berichten, an der turmhoch bemoosten Mauer des Paradieses gestanden zu haben. Es gab sogar einen legendären Reisebericht über eine mühsame, aber schließlich doch von Erfolg gekrönte Fahrt dorthin: Dieser *Iter ad Paradisum* über die Reise Alexanders des Großen fand seinen Weg von selbst in die fast überall

emporschießende Alexanderliteratur des Mittelalters. Nach vielen
Mühen gelangt Alexander dem Bericht zufolge schließlich ins Paradies, nachdem er durch das Donnern des lautesten der vier Paradiesströme – den man natürlich stromaufwärts hat durchwaten müssen
– beinahe taub geworden ist. Als Beweis für diesen Weg durchs Wasser führt er seither einen funkelnden Edelstein mit sich, der zu
schwer ist, um von einem der Flüsse ans Ufer gespült worden zu sein.
Doch waren auf dem Weg ins Paradies auch Trostpreise zu verge-
ben. Dem Vernehmen nach erfreute sich nämlich schon dessen unmittelbare Umgebung paradiesischer Zustände, bestand zwischen Paradies und dem Rest der Welt doch eine natürliche Verbindung. Die
vier Ströme umspülten mit ihren zahllosen Seitenarmen die ganze
Erde und sorgten dafür, dass auch anderswo Fruchtbarkeit und Leben
erblühten, und für jeden stand außer Frage, dass sie außerdem auch
Edelsteine mitführten, ebenso wie Samen, Pflanzen und Gewürze, die
man an den Ufern der Flüsse in rauen Mengen einsammeln könne.
Mit diesen vier Strömen identifizierte man im Allgemeinen den Euphrat, den Tigris, den Nil und den Ganges (manchmal auch die Do-
nau). Je mehr man sich nun ihren Quellen näherte, umso näher
glaubte man sich dem Paradies und desto reicher würde die Ernte an
Gewürzen, Gold und Edelsteinen. Stand nicht schon im Buch Genesis, dass der Paradiesstrom Pison das Land Hawila umströmte, und
dass solch Edelmetall dort zu finden war?

Der Gelehrte Dirk van Delft, Kaplan am holländischen Hof zu Den
Haag, erklärte seinem Laienpublikum, dass der Pison und der Euphrat außer Edelsteinen auch Heilkräuter aus dem Paradies heran-
brächten. Dabei führe der Euphrat vor allem die Aloe mit sich, die als
ein ebenso heilkräftiges wie berauschendes Mittel bekannt war.
Durch Genuss dieses Pflanzensaftes geriet man in einen Taumel, in
dem man sich unsterblich fühlte. Darum befiehlt der sterbende Adam
seinem Sohn Seth (einem apokryphen Bericht der Bibel zufolge),
diesen aufbauenden Balsam an der Pforte des Paradieses für ihn zu
holen.

Die durch die Bibel verbürgte Sicherheit, dass Tod und Krankheit
im Paradies nicht existierten, scheint man Laien gern anhand paradiesischer Exportartikel wie dieses Krauts und anderer verjüngender

und heilender Mittel anschaulich gemacht zu haben. Diese segensreichen Nebenprodukte würden von den Paradiesströmen direkt von der Quelle unterm Lebensbaum herangeführt. Entsprechend meint auch Jan van Boendale, der sich mit seinem um 1330 erschienenen *Der leken spieghel* an ein noch größeres Laienpublikum wendet, dass den dort mitgeführten Edelsteinen besondere Kräfte innewohnen. Wie gesagt, stand nämlich für viele fest, dass das Paradies sein mildes Klima, seinen Reichtum an für alles Mögliche verwendbaren Früchten und sogar den dort herrschenden Geist unverdorbener Reinheit – die Bösewichte waren ja aus dem Paradies verbannt – auch der näheren Umgebung zuteil werden ließ. Hier hatte die Zivilisation mit all ihrer Verdorbenheit sich noch nicht breit machen können. So entstand der Gedanke, dass man auf dem Weg nach Osten (auch über den westlichen, südlichen oder nördlichen Umweg zu erreichen) der Harmonie, dem Überfluss und dem ewigen Frühling entgegenreiste, welche sich nach und nach von selbst einstellen würden.

Man kann sich heute kaum vorstellen, dass Kolumbus auf all seinen Reisen von dem Gedanken besessen bleibt, in Indien das Paradies zu finden oder ihm zumindest nahe zu kommen. Dies jedoch war und blieb – auch aufgrund des Auftrags, den er direkt von Gott empfangen haben wollte – sein unabänderliches Vorhaben. So fährt er auf seiner dritten Reise im Jahre 1498 den Orinoko hinauf, geradewegs in den Urwald hinein – vollkommen sicher, dass dies einer der Ströme des irdischen Paradieses sein müsse. Sobald er sieht, dass die Wälder von nackten Wilden bewohnt werden, beginnt er einen Lobgesang auf die Unschuld und natürliche Güte dieser Menschen, die offenbar noch nicht von der Kultur verdorben sind und folglich aus ihrem reinen Zustand ohne weiteres dem Christentum zugeführt werden können. Zugleich sieht er ihre Anwesenheit als ein Zeichen, dass man sich dem Paradies nun unmittelbar nähere.

Kolumbus ging davon aus, dass innerhalb der nächsten hundertfünfzig Jahre das Ende der Welt anbrechen würde, vorausgesetzt, dass folgende drei Bedingungen sich erfüllt hätten: die Entdeckung Indiens von Westen her, die Bekehrung aller wilden und ungläubigen Völker sowie die Eroberung Jerusalems. Und ihn habe die göttliche Vorsehung dazu bestimmt, diese Bedingungen zu erfüllen. Indien meinte er bereits dank der Führung des Heiligen Geistes gefunden zu haben. Dadurch war der Weg zur Predigt des Evangeliums geebnet, und darum war ihm auch die Bekehrbarkeit der Eingeborenen so wichtig. Immer wieder preist er die große natürliche Güte der Ureinwohner, obwohl sie keiner bestimmten Religion anzugehören scheinen. Deshalb werde es ein Leichtes werden, sie zu bekehren. Außerdem ließen sich hier enorme Reichtümer für einen neuen und letzten Kreuzzug gewinnen, der zur endgültigen Befreiung Jerusalems führen müsse. All diese Schätze lägen hier – in Indien, in unmittelbarer Nähe des Paradieses – zum Greifen nah, man brauche sie nur aufzuheben. Auch darum strebt Kolumbus danach, dem Paradies noch näher zu kommen: weil das Einsammeln der Edelsteine dann immer leichter würde. Diese glitzernde Fata Morgana eines Paradieses sollte in Erwartung ganzer Goldländer zu einem regelrechten Goldrausch führen.

Tatsächlich nimmt der klassische Mythos vom goldenen Zeitalter in der frühen Neuzeit derart konkrete Züge an, dass die wildesten Expeditionen gestartet werden. Die Reiseberichte sind voll davon. Eingeläutet wird dies mit Kolumbus' Schilderung seiner ersten Reise, in der sich die fixe Idee, Gold zu finden, auf nahezu jeder Seite wiederholt. Antonio Pigafetta, der 1519–1522 im Gefolge des ersten Weltumseglers Magellan mitreist, scheint gegen Ende der Reise auf den Philippinen nicht mehr an sich halten zu können:

Der Stammeshäuptling erzählte uns, dass man auf seiner Insel Goldklumpen finde, groß wie Nüsse und mitunter so groß wie Eier; mit Hilfe eines Siebs würde man sie aus der Erde holen. Er teilte uns mit, dass sämtliche Trinkbecher, Fässer und Schmuckstücke seines Hauses aus Gold gemacht seien.

Überall beginnt Pigafetta nun Gold zu wittern: Ein Mann bietet ihm eine Schale Reis und Feigen an, lehnt die dafür angebotenen Golddukaten aber ab und wählt stattdessen ein Messer. Ein anderer Einwohner tauscht einen großen Stab aus massivem Gold gegen sechs Glasperlenketten. Sofort stürzt Magellan herbei, um diesen Tauschhandel zu unterbinden – damit die Einheimischen nicht merken, wie versessen die Neuankömmlinge auf das viele Gold sind. Auf Borneo bekommt Pigafetta Stielaugen angesichts all des Gelbmetalls und der Edelsteine, mit denen die Krieger ihre Körper dort schmücken. Sie tragen Gürtel aus Goldbrokat, vergoldete Dolche mit eingelegten Perlen und Edelsteinen sowie zahlreiche Ringe an den Fingern.

Schon lange vor Kolumbus jedoch ist das berühmteste Land in unmittelbarer Nähe des Paradieses (das bereits genannte, sagenhafte Reich des Priesters Johannes). Durch dieses Christenreich verläuft ein Fluss aus dem Paradies, der kostbare Edelsteine mit sich führe. Des Weiteren gebe es dort Ströme von Milch und Honig, eine Behauptung, die wohl unmittelbar auf alttestamentarischen Paradies-Prophezeiungen beruht. Außerdem ist die Eigenschaft des Gartens Eden, Gewürze hervorzubringen, auch auf dieses Reich übergegangen, liefern doch die Wälder Unmengen an Pfeffer. Und dann ist da noch ein Jungbrunnen, der jede Krankheit verhindert und für ein immer gleich bleibendes Alter von zweiunddreißig Jahren sorgt. Nahrung gibt es im Überfluss, Fische bieten sich spontan zum Verzehr an, Sünden sind unbekannt, es herrscht vollkommene Harmonie. Überragt wird das Land von einem glänzenden Palast aus Gold, Kristall, Karfunkel und anderen Edelsteinen.

All die abgebrochenen, vollendeten oder vorgetäuschten Entdeckungsreisen des Mittelalters und der frühen Neuzeit transportieren Träume von Trost, Reichtum und Erlösung, die entweder das verlorene Paradies zurückbringen oder einen Weg zur himmlischen Erfüllung bahnen sollen. Nicht selten gehen diese Sehnsüchte ineinander über, wie bei Kolumbus. Ein derartiger Tatendrang aus Trostverlangen beflügelt die Phantasien vieler Reisender. Darüber hinaus verraten diese Unternehmungen einen ansteckenden Optimismus, da man sich nun wieder zum eigentlichen Leben unterwegs weiß. Abgesehen von den in der Fremde zu erwerbenden Schätzen könne man von den dortigen Wilden vor allem lernen, wie man sich auf der gefahrvollen Reise durch das irdische Leben zu verhalten habe.

Vor allem in der Neuen Welt lässt sich das Paradies in natura besichtigen. Dort leben die Menschen noch im reinen und natürlichen Urzustand, in vollkommener Harmonie mit einer großzügigen Natur, die geradewegs aus dem Paradies versorgt wird. Doch immer wie-

der lässt die Gier nach unvorstellbaren Reichtümern all diese schöne
Ideologie in Vergessenheit geraten. Im sechzehnten Jahrhundert
betrachtet man die Neue Welt als ein gewaltiges Lagerhaus voll
märchenhafter Schätze, das nur darauf wartet, von effizientem Kauf-
mannsgeist gezielt ausgebeutet zu werden.

Die Kostbarkeiten, die Cortez 1519 in Mexiko von Kaiser Monte-
zuma zum Geschenk erhält, werden im darauf folgenden Jahr von
Karl V. in Brüssel ausgestellt. Auch Albrecht Dürer sieht sie anlässlich seiner Reise durch die Niederlande und macht in seinem Tagebuch detaillierte Aufzeichnungen über die Schätze des neuen Gold-
lands: Eldorado. Vor allem aber in der Handelsmetropole Antwerpen
vertritt man mit Nachdruck die Auffassung, dass eine edle Kauf-
mannschaft sich dieser Reichtümer annehmen müsse. Beim »Land-
juweel« von 1561, einem mehrtägigen Dichterwettstreit, bei dem
Vereinigungen der so genannten Rederijker aus ganz Brabant das Lob
des Kaufmanns singen, weist das Vorspiel der Brüder aus Diest gezielt auf solche Expansionsmöglichkeiten hin: Vespucci und Kolumbus hätten den Weg gewiesen, und die Kaufleute Antwerpens seien
ihnen gefolgt, sodass »gheheel Europa nu blickt van silver en gout«
(ganz Europa nun blinket von Silber und Gold).

Durch all diese hoch gesteckten Erwartungen von Reichtum und
Rettung, Hoffnung und Trost wollen und können die Reisenden (und
die Bearbeiter ihrer Texte) kaum etwas anderes sehen als Projektionen ihrer eigenen Wunschbilder. Man entdeckt, was man erwartet,
man beschreibt, was man zu sehen hat (oder was von einem erwartet
wird) – zur Not lassen sich die Kopisten oder Herausgeber noch etwas dazu einfallen. Hinzu kommt, dass die unsichere und dürftige
Ernährungslage, wie auch der oft monatelange Verzicht auf die üb-
licheren Formen sexueller und anderer Genüsse die Wahrnehmungen von Pilgern und Schiffsbesatzungen nachhaltig trüben und in
mitunter stark kompensatorische Richtung lenken können. So ist au-
genfällig, wie oft und auf fast karikaturistische Weise in diesen Texten Nahrungsmittelüberfluss und willige Frauen auftreten.

Der ideologische Rahmen für diese Traumgeographie einschließlich der regionalen Ausführungen und Varianten liegt zuallererst in
den zahlreichen mittelalterlichen Paradiesbeschreibungen. Die Farbe

der Brille, durch die man bewusst oder unbewusst blickt, wird dabei auch von Milieu und Bildung beeinflusst. Dennoch beschreiben eine Vielzahl Chronisten der frühen Neuzeit die Neue Welt ziemlich übereinstimmend in Termini eines paradiesischen goldenen Zeitalters. Es ist gut möglich, dass hierbei auch die Traumvorstellungen von Cocagne eine Rolle spielen. Denn sonst lässt sich nur mühsam erklären, warum Cocagne – wenn auch unter wechselnden Namen – immer wieder irgendwo auf der Erde entdeckt wird. Dabei gibt es Übereinstimmungen selbst in charakteristischen Details. So kommt Alexander der Große – der des Romans, versteht sich – auf seinen wundersamen Reisen in einen Wald, wo eine Verkehrte Welt herrscht, die selbständig Nahrung liefert. Dies geschieht nun aber nicht wie in den Paradiesmythen oder im goldenen Zeitalter, sondern in der aus Cocagne bekannten Weise: Die Fische schwimmen nämlich im Feuer und kochen sich im Wasser.

Verbreiteter und daher nicht ausschließlich auf Cocagne zurückzuführen sind Marco Polos von jedoch gleichfalls sehr weltlicher Bedürfnisbefriedigung zeugende Beschreibungen von Stämmen, die Ehebruch und öffentlich gelebte Promiskuität mit willigen Frauen betreiben. Ihm zufolge gibt es gar einen Stamm, der Frauen dann als Braut am höchsten schätzt, wenn sie sich vor ihrer Hochzeit im Beischlaf als möglichst variantenreich erwiesen haben. Und er empfiehlt Jünglingen zwischen sechzehn und vierundzwanzig, dieses Land wegen der dortigen Möglichkeiten zu einem Praktikum mit einem ausgiebigen Besuch zu beehren. Dies wirkt geradezu wie ein Aufhänger für die moralisierenden Schlüsse von Text B und G. Besonders Verstext B zielt ja auf junge Nichtsnutze, die sich gerne dem »Lotterspiel«, also dem Lotterleben hingeben – eine eindeutige Anspielung auf sexuelle Ambitionen.

Doch ist eine unmittelbare gegenseitige Beeinflussung der Texte nicht sehr wahrscheinlich – oder besser gesagt: gar nicht nötig. Zwar ist Marco Polos Text um 1500 in Europa relativ verbreitet – durch den Buchdrucker Gerard Leeu aus Gouda übrigens auch in lateinischer Sprache – doch gehören solche Hinzufügungen, seien sie ironisch gemeint oder nicht, zum festen Rüstzeug aller Beschreibungen von Traumländern und frivolem Verhalten ganz allgemein. Fast immer lässt sich dabei eine moralisierende Tendenz feststellen. Viel wichtiger ist jedoch, dass – unabhängig von der Absicht des Verfassers – die Leserschaft in solchen Reiseberichten immer wieder Cocagne als den über verschiedene konkrete Orte verteilten, ultimativen Erfüllungsort aller denkbaren Sehnsüchte wieder erkennt.

Kolumbus' Erfahrungen auf seiner dritten Reise 1498–1500 geben ein gutes Beispiel für die Wirkungskraft dieser Cocagne-Obsession. Im Werk seines Bewunderers Bartolomé de Las Casas finden sich lange Passagen aus seinen verloren gegangenen Briefen an den König. Daher wissen wir, dass dieses »Cocagne«, in dem er nun anscheinend gelandet war, Kolumbus ernste Sorgen bereitete (wie auch aus Las Casas' Kommentar hervorgeht). Er bittet nämlich den König um die Entsendung speziell geschulter Missionare; allerdings nicht, um die Indianer zu bekehren, sondern um die Weißen auf dem rechten Pfad zu halten.

Denn anstatt den Eingeborenen nun in heiligem Glaubenseifer ihre Religion zu predigen, übernehmen sie selbst die Verhaltensweisen und Hirngespinste dieser Indianer. Die jedoch leben nach europäischen Maßstäben – und erst recht nach denen des Fanatikers Kolumbus – in verwerflichem Überfluss und Sünde. Nahrung gibt es in Hülle und Fülle, nicht nur Fleisch und Brot, sondern auch Getreide, Hühner und Schweine. Nur Wein und Kleidung fehlen:

Sonst ist das hier aber das reinste Cocagne! (…) Ich bin alles andere als erfreut über die lokalen Sitten und auch über die Gewohnheit, samstags Fleisch zu essen, und all die anderen schlechten Bräuche, die wahrer Christen unwürdig sind.

Jeder Weiße in seinem Gefolge hat sich mittlerweile zwei bis drei indianische Knechte und ebenso viele Jagdhunde zugelegt. Die Frauen sind bezaubernd schön. Wie man mit ihnen umgeht, verschweigt Kolumbus (oder Las Casas) diskret. Es kann für Kolumbus nur einen Grund geben, die Frauen – in einem Brief an den König, wohlgemerkt! – »bezaubernd schön« zu nennen: Ihre teuflische Schönheit bedeutet für das Seelenheil seiner Männer offenkundig eine ernste Gefahr.

Dieser negativen Bezugnahme auf Cocagne fügt Las Casas noch erklärend hinzu, dass Kolumbus in diversen Briefen immer wieder behauptet habe, hier das reichste und fruchtbarste Land vorgefunden zu haben. Leider sei es dadurch für ein Leben in tausend Freuden derart geeignet, dass es zugleich eine unwiderstehliche Anziehungskraft auf Sünder und Nichtsnutze ausübe. Wieder fällt hier die Verwandtschaft mit den moralisierenden Schlüssen von Text B und Text G ins Auge. Paradiesische Orte sind zur Erziehung da. Doch darüber später mehr.

Der Norden der Neuen Welt soll auch zu Zeiten der Vereinigten Staaten noch wiederholt als Schlaraffenland beschrieben werden. Dieses Bild prägen bereits die ersten Auswanderer: In ihren Augen ist das Land ein wahrer Garten Eden, den sie in der Beschreibung mit all ihren primären Bedürfnissen und Wunschträumen ausstatten. Die Rebhühner seien so voll gefressen, dass sie nicht mehr fliegen könnten, und die Truthähne seien so fett wie Schafe. Letzteres versucht man noch immer durch jene hochgezüchteten Truthähne zu beweisen, die jedes Jahr wieder zum Glanz des nationalen Thanksgiving-Festes beitragen dürfen.

Erfüllt von solchen Ideen von Paradies, goldenem Zeitalter und menschlichem Urzustand im Allgemeinen, beschreibt Amerigo Vespucci seine Erkundungen an den Küsten Surinams und Brasiliens von 1499 bis 1502. Ständig durchwehen auch seinen Text milde Cocagne-Lüfte, die seine Leser im unruhigen Europa mit großer Freude aufschnappen. Überall sieht er liebliche Landschaften, übersät mit hohen Bäumen, die nie ihre Blätter verlieren, herrliche Düfte verbreiten, sich unter der Last reifer Früchte biegen und ebenso genießbar wie heilkräftig sind. Auch erstrecken sich dort stattliche Wiesen, deren Blumenpracht mit süßen Gerüchen gleichfalls die Nase umschmeichelt. Und überall zwitschern Unmengen von Vögeln der verschiedensten Arten. Er müsse wohl in der Nähe des Paradieses sein. Und das schreibt er denn auch hin.

Unter solch idealen Umständen würden die Menschen viel älter als im abgelebten Europa. Vespucci schätzt ihr mittleres Alter auf hundertdreißig bis hundertfünfzig Jahre. Die Menschen der Neuen Welt seien selten krank, und die reine Luft übertrage keine Ansteckungen.

Sollte doch einmal etwas schief gehen, verfügten sie über die besten pflanzlichen Heilmittel. Pigafetta, der schreibende Begleiter von Magellan, kommt zu einer ähnlichen Alterseinschätzung für die Indianer Brasiliens, nämlich auf hundertfünfundzwanzig bis hundertvierzig Jahre. Seine Erklärung macht noch einmal deutlich, in welch striktem Referenzrahmen diese Reisenden denken: Die Eingeborenen hätten es verstanden, sich etwas vom ursprünglichen Zustand der Unschuld Adams und Evas zu bewahren.

3 Wunder des Ostens und des Westens

Die Vorgeschichte der Geographie des erfüllten Versprechens ist lang: Der erste Weltreisende, der im Mittelalter Furore macht, ist kein Geringerer als Alexander der Große. Unverhohlen begrüßt man ihn als perfekte Verkörperung dessen, was erst die spätere Zeit gerne wieder bemäntelt: Entdecker *und* Eroberer; in letzterer Eigenschaft gilt er dem Mittelalter als Repräsentant des notwendigen Bekehrungswerks, das für Alexander schlicht »zivilisieren« bedeutet. Mit seinen Augen bestaunen wir in der Alexander-Literatur die Wunder des Orients, die aus Indien während des Mittelalters einen in immer detailreicheren Geschichten und Bildern beschriebenen Zaubergarten machen.

Dort im äußersten Osten habe Alexander den Rand der Welt erreicht, in unmittelbarer Nähe zum Paradies, das er schließlich auch betreten sollte. Diese Randzonen der Welt gestatteten der Natur aber offenbar auch ohne den bereits erwähnten Abglanz des Paradieses schon größere Freiheiten. Gerade dort entwickelten sich die exotischsten Wunder wie von selbst, wie der gelehrte Franziskaner Ranulf Higden in seinem *Polychronicon* mit Nachdruck feststellt:

> Wisse, dass gerade an den entferntesten Enden der Welt sich neue und rätselhafte Wunder vollziehen, als ob die Natur im Geheimen, dort am Rande der Welt mit größerer Freiheit zu Werk gehen könne als hier bei uns in aller Öffentlichkeit.

Für Jacob van Maerlant, den renommierten Verbreiter vielfältiger, auch für Laien bestimmter Kenntnisse, ist Indien das erste von Menschen bewohnte Land. Zweifellos meint er damit, dass Adam und Eva sich nach ihrer Vertreibung gewissermaßen gleich nebenan niedergelassen hätten. Jedenfalls teilt auch er mit, dass Indien in unmittelbarer Nähe des Paradieses liege: Das Land sei unermesslich groß und unvergleichlich reich. Silber, Gold und Edelsteine gebe es im Überfluss, ebenso eine üppige Fauna und Flora. Zweimal jährlich könne man ernten. Aber man denke nicht, dass es keine Städte gäbe – im Gegenteil: Ein Sachkundiger habe berechnet, dass es wohl an die fünftausend sein müssten. Noch die kleinste unter ihnen zähle mindestens neuntausend Einwohner, was im Mittelalter dem Umfang einer normalen Großstadt entsprach. Und nochmals: Es wimmele dort von den wunderlichsten Tieren wie etwa den dreihundert Fuß langen Aalen und vor allem den gefährlichen Schlangen.

Alle Weltenzyklopädien des Mittelalters – egal, ob nun auf Latein oder in den Volkssprachen – sind mit einer Abteilung »Exotika« oder »Fremde Völker« ausgestattet, in denen den so genannten »Monster-Rassen« besondere Aufmerksamkeit geschenkt wird. Auch die Weltchroniken lassen sich diese reizvolle Möglichkeit zur Spannungserhöhung nicht entgehen: Der entsprechende Abschnitt findet sich meist am Beginn des Buches, nach Behandlung der Schöpfung und der Aufteilung der Erde unter die drei Söhne Noahs nach der Sintflut. Dabei fällt auf, dass die missgestalteten Völker allesamt ohne Geschichte und damit in ähnlicher Weise dargestellt werden wie die ebenfalls zeitlosen Tiere. Aufgrund ihres natürlichen Urzustands bleiben sie hoffnungslos im Bösen verstrickt (oder gerade dadurch davor bewahrt), auf jeden Fall aber außerhalb jeder Geschichtlichkeit. Daher können sie auch am Anfang eines Übersichtswerks so statisch beschrieben werden. Nur Europa hat eine Geschichte, die danach ausführlich behandelt wird. Dort ist dank der machtvollen Botschaft der Erlösung das Böse wenigstens in Bewegung (doch wie lange noch?).

Übrigens hat man in Europa lange vor Kolumbus' und Vespuccis Unternehmungen in der Neuen Welt bereits eifrig von den Wundern des Westens gesprochen. Das erste Beispiel hierfür liefert das schon den Antiken bekannte, geheimnisvolle Atlantis, eine gewaltige Insel im Westen weit draußen auf dem Ozean. Wie die Seligen Inseln und die weiter nördlich gelegenen Hesperiden habe man dort alle Segnungen eines goldenen Zeitalters genossen, umgeben von lauter glücklichen Menschen.

Doch als Ort – oder besser gesagt: Himmelsrichtung – wundersamer Dinge und Ereignisse erhält der Westen erst in den Paradiesen der keltischen Reiseerzählungen Gestalt, die mit den Geschichten von St. Brandans Meerfahrt in ganz Europa bekannt werden. Dies führt zu einer allgemeinen Aufwertung des abgelegenen Irland. Bis ins frühe Mittelalter ist Irland nämlich das typische Beispiel einer negativ beurteilten Randlage. So drückte der antike Geograph Strabon den Iren den Stempel auf, inzestuöse Kannibalen zu sein, die in einem rundweg tierischen Zustand lebten. Doch allmählich, sicher auch aufgrund der ebenso frühen wie märchenhaften Christianisierung des Landes und der daraus hervorgegangenen Missionierung des übrigen Europa, schlägt dieses Bild um. Nun beschreibt man Irland als das soundsovielte Land von Milch und Honig, mit einem so gemäßigten Klima, dass die Tiere im Winter dort nicht in den Stall bräuchten.

Auch gebe es in ganz Irland keine einzige Schlange, diese verfluchten Nachkommen der Erzverführerin aus dem Garten Eden. Der Gedanke, dass sich dort eine Filiale des Paradieses befinden müsse, setzt sich so sehr durch, dass viele schon zu behaupten wagen, dort sei auch ein Jungbrunnen zu finden. Diese positive Verzauberung wird später vor allem den kleineren, der Küste vorgelagerten Inseln nachgesagt. Dort gebe es sogar eine, auf der man nicht sterben müsse. Dennoch bleiben auch die negativen Konnotationen in den volkssprachigen Bearbeitungen antiker und frühmittelalterlicher Quellen weiter vorhanden.

Wie bereits angemerkt, stellt der irische Cocagne-Text seine »Selige Insel« bewusst in die Tradition dieser westlichen Traumländer. Mittlerweile mag deutlich geworden sein, dass dies keineswegs nur als Parodie auf die bekannten Lokalisierungen des Paradieses im Osten zu verstehen ist. Das Land, heißt es im irischen Text, liege weit im Meer jenseits des westlichsten Teils Europas – nämlich Spanien. Durch seine westliche Lage würde sich somit auch das nach mittelal-

Wunderliche Menschenrassen, dargestellt in Hartmann Schedels *Buch der Chroniken* von 1493; London, Brit. Libr., IC. 7458.

Wunderliche Menschenrassen in Maerlants *Der naturen bloeme*; Hs. um 1325; London, Brit. Libr., ms. Add. 11390, fol. 3 verso.

terlicher Vorstellung weit in den Ozean hineinragende Spanien
schon im unmittelbaren Einflussgebiet jener Wunder des Westens
befinden und daher geheimnisvolle Freuden zu bieten haben.

Diese prominente Lage hatte schon der Brite Bartholomaeus Anglicus aus der Etymologie des Landesnamens abgeleitet: Spanien sei
nach dem Abendstern Ysperia benannt, der – wie sein mittelniederländischer Übersetzer schreibt –»westelic staet« (im Westen steht).
Es bilde überdies eine Art Brücke zwischen Europa und Afrika, wodurch allein schon die Segnungen des Paradieses heranrücken. Dort
sei allzeit klarer Himmel, der Boden sei fruchtbar und reich an Gold,
Silber, Edelsteinen und Metallen - Informationen, bei denen Bartholomaeus sich teilweise auf Plinius beruft.

Diesem märchenartigen Klischeebild hat es Spanien zu verdanken,
dass es noch im Spätmittelalter zu Vergleichen mit Cocagne herangezogen wird. Beide Verstexte versuchen gleich zu Beginn eine Vorstellung von ihrem Traumland zu geben, indem sie bemerken, dass
schon die Hälfte dieses Landes ganz Spanien übertreffe. Auch andere
Hinweise belegen, dass Spanien auf diese Weise Bestandteil der kollektiven Phantasie ist. Sowohl im Französischen als auch im Niederländischen taucht ab dem vierzehnten Jahrhundert ein Sprichwort
auf, in dem von »Burgen in Spanien« – wir würden heute sagen:
»Luftschlösser bauen« – die Rede ist; damit wird ein ultimatives
Traumland voll phantastischer Attraktionen bezeichnet, wodurch
Spanien für einen Vergleich mit dem imaginären Cocagne sehr geeignet erscheint.

Viel sagend ist auch der Name eines Karnevalisten in einer Tafel-
belustigung des späten sechzehnten Jahrhunderts. Er heißt Hansken
van Spangien und befindet sich mit Hansken van Ceullen (= Keu-
len/Köln) und Fransken Bordeus (Bordeaux) allem Anschein nach in
guter Gesellschaft. Zunächst wird hier das beliebte Spiel doppeldeutiger Herkunftsnamen – meist auf erotischer oder analer Ebene – gespielt. Das andere Hänschen kommt daher nicht nur aus Köln, sondern auch aus »cullen«, einer »Klöten-« (oder wie wir sagen würden:
Scheiß-)Stadt, während Fränzchen zu verstehen gibt, dass sein Bordeaux zugleich als Bordell fungiert. Die Bedeutung von »Spangien«
in diesem Zusammenhang ist etwas undeutlich, doch dass es sich da-

bei um ein Land handeln muss, in dem man sich sexuell famos vergnügen kann, geht unmittelbar aus dem Kontext hervor: »Hanneken
van Spangien, die is suet in den mont, / die wensch ick de vroukens,
ik seg' t u goet ront / tot elcker stont sij wat soet begheren« (Das
Hänschen von Spanien ist süß gar im Mund / den wünsch ich den
Frauen, ich sag's frei heraus: / zu jeder Stund' sie sein Süßes begehren). Dieses Hänschen legt einem also etwas Süßes in den Mund, wonach sich die Frauen sehnen. Steht dort mehr, als dass er in süßen
Worten mit ihnen spricht? Jedenfalls muss man dafür schon aus Spanien kommen.

Wie schon gesagt, sind die Intentionen dieser Beschreibungen von
Exotika aus Ost und West recht offensichtlich: Stets geht es um die
Wiedergabe bemerkenswerter Kontraste mit dem Ziel, das Charakteristische der eigenen Zivilisation hervorzuheben und die Öffentlichkeit zur Besinnung und Besserung aufzurufen. In den Beschreibungen fremder Völker wirkt dieses Streben auf den modernen Leser
fast schon wie ein Automatismus. So teilt John von Mandeville beispielsweise mit, dass in einer Gegend irgendwo in Indien gewaltige
Trauben im Überfluss wüchsen. Doch nur die Frauen tränken den daraus gewonnenen Wein, die Männer blieben völlig abstinent. Dies
lenkt nun die Gedanken zwangsläufig auf das Verhältnis von Mann
und Frau, das gerade am Ende des Mittelalters im Hinblick auf die
neue Aufgabenverteilung innerhalb der Familie zu vielerlei Kom-
mentaren Anlass gibt.

Positive Ursprünglichkeit kann als direktes Vorbild dienen; jedoch
lassen sich die eigenen Ideale und Vorsätze vielleicht noch besser verdeutlichen, indem man sich mit deren Entgegengesetztem in Gestalt
der (tatsächlichen oder vermeintlichen) Barbareien am Rande der
Welt beschäftigt. Dennoch: Modellvölker als positives Beispiel tauchen in allen Reiseberichten und anderen Beschreibungen auf. Dies
beginnt schon im frühen Mittelalter mit den Berichten über die irgendwo in »Afrika« lebenden Camerini, die ohne eigene Mühen direkt vom Himmel und der Erde ernährt würden. Sie leben vollkommen natürlich und kennen kein Übel. Restlos glücklich hauchen sie
– schon in ihrem Sarg liegend – alle mit hundertzwanzig Jahren ihr

Leben aus, sodass niemals irgendein Elternteil den vorzeitigen Tod eines Kindes zu betrauern braucht. Außerdem sei ihr Land mit Edelsteinen nur so übersät, was zugleich ihre Tugendhaftigkeit erkläre: Denn kostbares Edelgestein sporne dazu an.

Die Phantasie erregen besonders die bereits erwähnten Brahmanen in Indien. Schon Alexander der Große hat auf seinem großen Feldzug von ihrer Existenz erfahren, was ihn dazu bewegt, einen Schriftwechsel mit ihrem König Didimus aufzunehmen. Dieser setzt ihm nun die Lebensweise seines Volkes auseinander, um deutlich zu machen, dass an einer »zivilisatorischen« Einmischung durch Alexander kein Bedarf bestehe. Wenn auch nicht überall, so wird im Mittelalter zumindest in diesen Geschichten immer wieder vor den negativen Auswirkungen der so genannten Kultur und Gelehrsamkeit gewarnt. Diese führten automatisch zu Hochmut, an dem – nach Adam und Evas schlechtem Beispiel – die menschliche Gattung letzten Endes zugrunde gehen werde.

Die Brahmanen würden weder Reichtum noch Luxus und ebenso wenig Handel oder Krieg kennen. Sie seien keusch, äßen nur Früchte und Honig und erreichen ein hohes Lebensalter. Würde man sie taufen, wären sie sofort die vorbildlichsten Christen, die je gelebt haben. Im Mittelalter prägen sie das Bild des edlen Wilden par excellence, der instinktiv ein Ur-Christentum der reinsten Sorte praktiziere. Die Brahmanen würden nicht arbeiten, denn Arbeit erzeuge nur Habsucht. Sie lebten stattdessen gänzlich von und mit der Natur, ohne je etwas an ihr zu verändern. Warum auch sollte man in die Natur eingreifen? Rhetorik, Philosophie – ja, selbst ganz gewöhnlichen Unterricht gebe es nicht, denn solche Beschäftigungen übten auf die natürlichen Verhältnisse nur einen verderblichen Einfluss aus.

Es erscheint auf den ersten Blick merkwürdig, einer solchen Geschichte – und dann auch noch in bewunderndem Sinne – selbst bei einem ausgesprochenen Schulmeister der niederländischen Literatur wie Jacob van Maerlant zu begegnen. Was mag dieser Vorkämpfer des Laienunterrichts wohl dabei gedacht haben, als er um 1285 die entsprechenden Zeilen aus Vinzenz von Beauvais' lateinischer Weltgeschichte für seinen *Spiegel historiael* übersetzte? Trägt also auch der Unterricht zum Übel in der Welt bei? Wahrscheinlich glaubt man in der westlichen Welt, bereits zu tief gesunken zu sein – Maerlant wird nicht müde, dies immer wieder zu betonen –, und daher kann der einzige Weg zurück nur im systematischen Erkennen dessen liegen, was auf dem Weg nach unten alles schief gelaufen ist. Wissen bedeutet für diese Lehrer ausschließlich: leben zu lernen nach Gottes Gebot, und zwar anhand der langen Folge von Irrwegen und Fehlschlägen der Vergangenheit. Die Brahmanen nun hatten solche Rückbesinnung nicht nötig, weil sie nie die Notwendigkeit empfunden hatten oder in Versuchung gekommen waren, durch Wissen Macht über ihresgleichen oder andere auszuüben.

Jeder Reisende oder Geschichtsschreiber hat Beispiele eines solch reinen, ursprünglichen Lebens parat, das eigentlich christlicher genannt werden müsse als alles, was die Angehörigen der Mutterkirche dafür durchgehen ließen. So spricht Mandeville mit Bewunderung von indischen Pilgern, die bei der Anbetung ihres Gottes sich selbst zu kasteien beginnen. Es finde sich wohl kein Christ, fügt er hinzu, der auch nur ein Zehntel dieser Liebe zu seinem Erlöser aufbringen würde.

Maximilianus Transsylvanus lässt in einem Brief an den Kardinal von Salzburg einen vergleichbaren Neid erkennen, wenn er über Magellans Entdeckung der Molukken 1522 berichtet. Die Menschen dort verteidigten sich nur, wenn sie angegriffen würden. Und auch dann noch flehten sie so schnell wie möglich um Frieden, was als ehrenvolle Tat angesehen werde. Es sei geradezu eine Schande, wenn jemand nicht um Frieden bitte, und das gelte selbst dann, wenn er ohne Grund überfallen worden sei. Außer ihren Gewürzen besäßen sie nichts. Doch herrsche allzeit Ruhe und Friede unter ihnen. Dem stellt er die habgierigen Christen gegenüber: »Uns [dagegen] treiben doch nur Habsucht und die Gier nach kostbaren Gewürzen in diese unbekannte und friedliche Welt.« Das wahre Christentum aber verkörperten die Molukker, die schon von Natur aus die andere Wange hinhielten.

Auch die bildende Kunst hält kräftig mit. Mitte des sechzehnten Jahrhunderts malt Jan Mostaert eines der ersten Gemälde über die Neue Welt. Wenn die Interpretation auch umstritten ist, so scheint es in erster Linie doch um den Angriff christlicher Seefahrer auf eine

Jan Mostaert, *Episode aus der Eroberung Amerika*s, um 1520–1530; Haarlem, Frans Halsmuseum.

primitive, ursprüngliche und positiv bewertete Gesellschaft zu gehen. Nackte Indianer werden von schwer bewaffneten Soldaten überfallen. Eine Frau versucht ihren Mann vom Kampf abzuhalten. Ahnungslose Kühe und Schafe grasen unbeeindruckt weiter und verstärken vor einem Hintergrund von Kanonen das friedliche Bild eines unverdorbenen Paradieses, das durch eine hochmütige Zivilisation zugrunde gerichtet zu werden droht.

Musste man nicht zugeben, dass die indianischen Gesellschaften den unseren in vielerlei Hinsicht schlicht überlegen waren? Nicht zuletzt aufgrund solcher Zweifel und Relativierungen der eigenen Kultur entstanden im Laufe des sechzehnten Jahrhunderts zahlreiche politische Utopien, die grundlegende Reformen und radikale Änderungen der traditionellen Normen und Werte einfordern. Dabei wirkte nach wie vor das Bewusstsein, dass die christlich organisierte Gesellschaft in vielerlei Hinsicht – und in jedem Fall zu oft – zu schlechtem und sündigem Verhalten anstifte. So ärgert sich der französische Reisende Jean de Léry bei seinem Aufenthalt in Brasilien im Jahre 1557 zwar über die Nacktheit der Wilden, doch fragt er sich im gleichen Atemzug, ob die modischen Perücken und Dekolletés der europäischen Frauen nicht letztlich viel aufreizender seien. Auch der Kannibalismus ist ihm ein Dorn im Auge. Aber sind die Wucherer seiner alten Heimat nicht im Grunde viel schlimmer? Die saugten den Witwen, Waisen und armen Leuten doch das letzte Blut aus, um sich dann quälend langsam über die noch lebenden Gerippe herzumachen. Sei es da nicht besser, einen Menschen gleich zu töten und aufzuessen?

Mit solch heftigen Zweifeln an der christlichen Gesellschaft wie auch den ernsthaften Utopien eines besseren Zusammenlebens haben Cocagne und Schlaraffenland wenig bis nichts zu tun, wenn sie damit auch bisweilen in einen Topf geworfen werden. Beide Traumländer existieren nicht und wollen auch nicht existieren. Das wusste jeder Leser oder Zuhörer. Sie bieten lediglich geistige Kompensationen für die geballten Unannehmlichkeiten, denen sich der Mensch gegenübersah oder die er sich durch eigene Schuld selbst aufhalste. An der Schöpfung als solcher aber sollte nichts geändert werden. Die war ja gut. Der Mensch war es, der versagte. Auch das geben Cocagne und Schlaraffenland uns an einigen Stellen ironisch zu verstehen.

Viel eher besteht eine Verwandtschaft unserer Texte zu den zahlreichen Enzyklopädien, Erdkundebüchern, Pilgerführern und Reiseberichten: Auch in diesen wird in der Regel versucht, die Glaubwürdigkeit der Traumgeographie zunächst dadurch zu erhöhen, dass man die exotischen Bewohner des jeweiligen Landes selbst per Brief von ihren idealen Lebensumständen berichten lässt. Auf diese Weise kommen die Brahmanen zu Wort, und so spricht auch Priester Johannes zu uns. Doch sie schreiben nur das, was die Ängste, Frustrationen, Träume und Lüste der Bewohner Europas ihnen diktieren. »In unserm Lande«, lässt Priester Johannes uns wissen, »herrscht Überfluss an Wein, Brot und Fleisch nebst allem, wonach der Leib verlanget«. Alles Essen kommt ohne Zutun der Speisenden: »Und wenn wir uns an die Tafel gesetzet haben und der Speise begehren, so ist daselbst Speise bereitet durch den Heiligen Geist.« Somit dürfte klar sein, warum Mangel und Nahrungsprobleme, gleich welcher Art, in seinem Reich Fremdworte sind.

Fachkundige Schlachtung europäischer Eindringlinge durch Kannibalen der Neuen Welt; *Divi Caroli. V victoriae* (1556), Abb. nr. VI von 1530; London, Brit. Libr., G.2674.

Im Grunde geht es immer um einfache Wünsche und ziemlich simple Träume; so simpel, dass sie sich mühelos mit Hilfe einer erträumten Landeskunde befriedigen lassen, die sich lediglich auf die Versicherungen imaginierter Bewohner stützt. Die Briefform finden wir später auch in den Berichten der ersten Reisenden in die Neue Welt wieder. Kolumbus und Vespucci schreiben ihren Fürsten in persönlichen Briefen, was sie für sie erobert und entdeckt haben. Zwischen den ursprünglichen Rapporten und den schließlich in vielen Sprachen herausgebrachten Briefen, die die Öffentlichkeit zu lesen bekam, ergaben sich viele Möglichkeiten zu manipulierenden Eingriffen – was denn auch wiederholt geschah. Hinzu kommt noch, dass die Berichte ja schon selbst unter dem Einfluss europäischer Wahrnehmungsmuster zustande gekommen waren, Sichtweisen also, die später von Sekretären, Kopisten, Schriftsetzern und Verlegern wie auch Freunden und Familienangehörigen möglicherweise noch einmal verstärkt wurden. Vor allem an Vespuccis Berichten wurden nachweislich erhebliche Änderungen vorgenommen. In der 1507 erschienenen niederländischen Ausgabe des Antwerpener Druckers Jan van Doesborch wurde sogar die Briefform aufgegeben und der Name Vespuccis komplett gestrichen. So lautet der Titel bei Van Doesborch einfach: *Van der nieuwer werelt* (Von der Neuen Welt).

Wie schon erwähnt, konnte die monatelange Isolation auf hoher See oder in den endlosen Weiten von Steppe und Wüste die Sehnsüchte und Frustrationen der Reisenden in mitunter erheblicher Weise anheizen. Wilde Phantasien von ungewöhnlicher Erotik und brennende Begierde nach (sowie Angst vor) willigen Frauen finden sich in diesen Berichten immer wieder. Oder sind dies eher die Akzentuierungen geldversessener Verleger, die um 1500 eine gierige Nachfrage nach spektakulären Reiseberichten zu wecken verstanden? Immer aufs Neue thematisiert *Van der nieuwer werelt* die ungehemmte Genusssucht der Eingeborenen. Sie leben nur ihren Trieben und widmen sich eher der Befriedigung fleischlicher Gelüste als dem Ausüben eines Handwerks oder der Beschäftigung mit Wissenschaft, Kunst oder Kultur. Allzeit laufen sie nackt herum, ständig bereit, ohne großes Aufhebens unverblümt miteinander zu kopulieren. Und das ohne Ansehen der Personen, denn es herrscht völlige Promiskuität und Inzest. Vor allem die Frauen sind von zügelloser Sexgier befallen. Und dazu muss der Autor – zu seinem tiefen Bedauern – gleich noch etwas Erschröckliches mitteilen:

Auch gibt es da noch einen hässlichen und schändlichen Brauch, der nichts Menschliches mehr hat. Weil die Frauen dort von Natur aus sehr hitzig und unkeusch sind, verstehen sie es trickreich, mit Hilfe von Schlangengift das Geschlecht der Männer enorm lang und dick anschwellen zu lassen, und wenden die Männer

Die repſe vā Liſſebone om te varē na ò:eviādt
ſflaguaria in groot Jndien gheleghen
voo: biCallicuten eñ Gurſchi dair
òpe ſtapel is vander ſpecerie
Daer ons wonderlijcke dï
gē weduaren tĝ.eñdair
wpucelgheſiē heb
bē/als hier na
gheſcreuē
ſtaer.
Welcke repſe gheſchiede
doo: dē wille eñ ghebode des alder
doo:luchticghſtē Coñs vā Po:tegale,Emanuel

Titelseite des Berichts über Bartholomeus Springers Expedition an die West-
küste Indiens; Jan van Doesborch, Antwerpen 1508; London, Brit. Libr.,
C.23.f.26.

kein Heilmittel an, verlieren einige ihr Glied; es fällt ab und sie
sind entmannt. Die eben genannten Frauen tun das allerdings
nicht, um die Männer zugrunde zu richten, sondern allein, um
ihre hitzige Natur besser zu befriedigen und auf ihre Kosten zu
kommen.

Der Autor kann gar nicht mehr aufhören. Seine Verklemmtheit verrät er vor allem dadurch, dass er dann doch wieder versucht, diese Furcht einflößenden Frauen anziehend zu machen. Hierzu stattet er sie sogar mit einem gewissen westlichen Sittlichkeitsgefühl aus:

Diese Frauen, laufen sie auch sehr hitzig, unkeusch und nackt umher, haben doch gepflegte und reine Körper. Man könnte nämlich denken, dass sie ihrer Dicke wegen hässlich seien, doch ist es eher so, dass gerade dadurch ihre Weiblichkeit weniger auffällt und bedeckt bleibt.

Nicht die geringste Spur zurückliegender Schwangerschaften ist an ihrem Körper zu entdecken:

Auch wenn sie Kinder geboren haben, zeigen sich bei ihnen weder schlaffe Hängebrüste, noch Falten, Brüche oder dergleichen mehr. Sie sind von Jungfrauen nicht zu unterscheiden. An allen Stellen ihres Körpers gleichen sie ganz den Jungfrauen, worüber weiter zu schreiben ich aus Gründen der Sittlichkeit unterlasse. Und sobald es diesen Frauen gelingt, zu uns Christen zu kommen, fällt alle weibliche Scham von ihnen ab und sie suchen Befriedigung ihrer Lüste, wo immer sich ihnen die Gelegenheit dazu bietet.

Gegenüber diesen wiederholten Wunschträumen nehmen sich die anderen Projektionen beinahe wie Pflichtübungen aus: angenehmes Klima, Überfluss an Essen, Gütergemeinschaft, wenig Krankheiten, hohes Alter.

So erfahren wir auf dem Rücken der Eingeborenen vor allem etwas über den Autor, seine Kumpane, Textbearbeiter und die Sackgassen der westlichen Ideologie. Zur christlichen Befangenheit zählt übrigens auch ein grandioser Optimismus hinsichtlich der Bekehrbarkeit der Wilden. Wir lernten das schon bei Kolumbus kennen. Diese hoffnungsfrohe Erwartung dient wahrscheinlich eher dazu, eigene Berührungsängste herunterzuspielen, als dass sie auf tatsächliche, erfolgreiche Kontakte zurückschließen ließe. So wird der be-

Einziger Text auf der Titelseite des Berichts über Vasco da Gamas Reise nach Calicut; Willem Vorsterman, Antwerpen, um 1504; London, Brit. Libr., C.32.f.37.

obachtete Kannibalismus – fester Bestandteil jeder Beschreibung von Naturvölkern – aufs Schärfste verurteilt. Und siehe da! – schon stellt sich der Erfolg ein:

> Wir haben uns alle Mühe gegeben und sie ernsthaft ermahnt, diese unmanierlichen Sitten doch bleiben zu lassen. Und sie gelobten, dass sie's tun würden.

Offensichtlich sind es die ständig wiederholten – und somit irgendwann auch wahrgenommenen – Vorstellungen von einer natürlichen Anlage der Wilden zur Sittlichkeit, die diesen Optimismus ermöglichen. Und natürlich erscheinen dadurch die Frauen – und vielleicht auch die Männer – in den Augen des Westens erheblich begehrenswerter. Die niederländische Ausgabe des Berichts von Vasco da Gamas zweiter Indienreise von 1502 bis 1503, im Jahre 1504 in Antwerpen brandaktuell unter dem Titel *Calcoen* (Calicut) auf den Markt gebracht, berichtet unablässig von der Nacktheit an den afrikanischen Küsten. In Quiloa an der ostafrikanischen Küste sei man da glücklicherweise schon etwas weiter:

> Der König und all das Volk laufen nackt (Männer wie Frauen), doch sie halten ihre Scham bedeckt und waschen sich alle Tage im Meer.

Im Gegensatz zu vielen anderen, noch nicht so entwickelten Stämmen haben sie wenigstens einen sauberen Körper und stellen ihn nicht völlig zur Schau – je unbekleideter, desto primitiver. In Guinea wird nichts verhüllt, und daher kann es dort noch geschehen, dass Frauen die Männer dominieren und sie wie Haustiere (Äffchen) halten. Oder einfacher gesagt: Diese Nudisten kennen keinen Unterschied zwischen Gut und Böse.

Allerdings bleibe es fraglich, ob die Eingeborenen überhaupt begriffen, warum es anständig sei, so ein Schamläppchen zu tragen. Schließlich seien sie zum größten Teil, wenn auch nicht alle, bar jeder Vernunft. Kolumbus dagegen sieht es durchaus positiv:

Männer und Frauen bewegen sich nackt, so wie sie aus dem Schoß ihrer Mutter geboren wurden; nur die Frauen tragen ein kleines Baumwollläppchen, gerade groß genug, ihre allerintimsten Teile – aber auch nicht mehr – zu verbergen. Doch betragen sie sich sehr sittsam.

Doch Pigafetta weiß anderes zu berichten: Auf seiner Weltumseglung mit Magellan beschreibt er einen Stamm in Mittelamerika, der nur einen Gürtel von Papageienfedern als Kleidung trägt. Damit werde jedoch nur das Hinterteil bedeckt, »was uns dazu brachte, sie auszulachen und zu verspotten«. Es bleiben eben Wilde, wenn sie sich auch manchmal sichtlich die allergrößte Mühe geben.

Mit der Traumgeographie dieses Typs haben Cocagne und Schlaraffenland nun sehr viel zu tun. In den genannten Berichten scheinen sie schier tausendfach vorzukommen, was auf die Cocagne-Phantasien jedenfalls sehr stimulierend wirkt. Außerdem erhält der jahrhundertealte Cocagne-Stoff auf diese Weise neue Akzente, die einer (mehr oder weniger) realen Wirklichkeit entnommen sind. Dabei orientiert sich die Ausstattung Cocagnes vor allem an den Wundern des Ostens. Dies zeigt sich nicht nur an der Vielfalt jener wunderbaren Herrlichkeiten, sondern auch an Details, wie den mit Gewürzen gepflasterten und mit Tierhäuten überspannten Straßen, auf denen man sonnengeschützt flanieren kann. Gerade letztere Einrichtung prägt das Bild der Pilger und anderer Reisender von einer

Stadt im Nahen Osten, während Gewürze eher den Gedanken an die Welt des Islam im Allgemeinen hervorrufen.

Dabei ist auffällig, dass mit den Gewürzen in unseren Texten unmittelbar das Spiel der Nahrungsarchitektur eröffnet wird, während die bei den Tierhäuten unterbleibt: Hier bricht eher ein gewisser »orientalischer Realismus« durch, der aber schon für sich märchenhaft genug ist, Cocagne als Ausstattung zu dienen. So erzählt auch eine im Spätmittelalter in Latein und den Volkssprachen weit verbreitete Geschichte von den Heiligen Drei Königen, dass es in Bethlehem solch eine überdachte Straße gegeben habe: »Denn man pflegte sie wegen der Hitze der Sonne zu überspannen, wie es in dem Lande üblich ist.«

Ansonsten verlaufen die Einflüsse zwischen Wundern des Ostens und dem Cocagne-Material vornehmlich nur in einer Richtung. Die am Rande der Welt angesiedelten Länder mit ihren positiven und negativen Modellen spielen bei Entwurf oder Konkretisierung von Cocagne-Vorstellungen kaum eine Rolle. Umgekehrt beeinflussen diese aber, was man auf der Reise so alles zu sehen wünscht. Ein schwaches Echo dieser kontrastiven Nutzbarmachung fremder Welten findet sich in Schlaraffenland gleichwohl. Gleich zu Beginn weist Text G durch die Ortsbestimmung »hoecklandt« (fernes Land) auf die Randlage dieser »Zivilisation« hin. Es zeigt sich, dass dieser Kontrast auch innerhalb des Landes selbst existiert: Auch dort gibt es wilde, entlegene Gegenden, wo sich all das Böse konzentriert, das aus der eigenen Mitte verbannt worden ist. Doch in Schlaraffenland bleibt alles milde Ironie, nur das Schema ist übernommen: Jemand, der viele Schulden gemacht hat, wird für ein Jahr »in eine entfernte Gegend des Landes« verbannt. Später darf er dann wieder »in des Landes Mitte« zurückkehren.

Ansonsten sind die Parallelen ziemlich oberflächlicher Natur: viel schönes Wetter, Überfluss, Faulenzen und »Nie mehr Sterben!«. Das tierhaft Fremde kommt in Cocagne nicht vor, auch nicht in ironisierter Form. Dies gilt mit Einschränkungen auch für das Konzept des reinen Ur-Christentums, dessen rigide Mäßigung und Keuschheit über das Prinzip der Verkehrten Welt in gewissem Sinn allerdings doch wieder hereinkommt. Doch davon später mehr.

Unter den Wegen vom irdischen zum himmlischen Paradies stellt Cocagne eine Sackgasse dar. Die anderen – mit den Haltestellen goldenes Zeitalter, Selige Inseln, den Wundern Indiens und der Neuen Welt – werden im Mittelalter von Menschen jeder Couleur fieberhaft erkundet. Vielleicht ist es darum so angenehm, einmal an einem Ruheort der Phantasie zu verschnaufen. Auch dort verliert man das gesuchte Heil ja nicht aus den Augen. Und manchmal hat es gar den Anschein, als bekäme man von Cocagne aus die trüben Wirklichkeiten verlorener und entlang immer hektischerer Traumparcours wiederzugewinnender Paradiese sogar weit besser in den Blick.

4 Spielerische Bezüge

Schon einige Mal war davon die Rede, dass Cocagne und Schlaraffenland mit der mittelalterlichen Flut von Paradies-, Goldener-Zeit- und Reisebeschreibungen (auch) ihren Spott treiben könnten. Die Parallelen sind mitunter so auffällig, dass es unvermeidlich gewesen sein dürfte, diese Texte nicht auch als Parodien aufzufassen. So ist denn auch nicht zu übersehen, dass weder der mittelalterliche Cocagne- noch der Schlaraffenland-Text des sechzehnten Jahrhunderts irgendeinen Anspruch darauf erheben, als Tatsachenberichte angesehen zu werden. Demgegenüber stehen die lautstarken Wahrheitsbeteuerungen jener anderen Texte, die an sich schon – vor allem in Prosatext G – zu spöttischer Nachahmung Anlass geben. Bei so viel (Quasi-)Übereinstimmungen muss sich dem Leser oder Zuhörer der Gedanke an Satire oder Parodie geradezu aufgedrängt haben.

Nun ist das sicher nicht die einzige Entstehungsursache für den Cocagne-Stoff und dessen Realisierungen. Wie sehr jedoch der Gedanke an eine parodistische Absicht dem Publikum gegenwärtig gewesen sein muss, zeigt sich an den Parallelen zu einer Vielzahl (angeblicher) Reise- und Paradiesbeschreibungen, die vorrangig satirischen Zwecken zu dienen scheinen. Alle drei niederländischen Texte zeigen zudem Merkmale einiger miteinander verwandter Textarten, die in der europäischen Literatur des klassischen Altertums, des Mittelalters und der Neuzeit die Tradition der Lügendichtung begründeten: die Fatrasie, die Ballade à l'impossible und das Lügengedicht. Vor allem die Rederijker übten sich in solchen Lügen- und Unsinnstexten. Sie schließen damit an eine Tradition vehementer Zeitklagen an, in denen eine harte Wirklichkeit beschrieben wird, als sei diese erlogen, was auf vollkommenen Unsinn in Reim oder Prosa hinauslaufen konnte.

Versucht man, sich einen Überblick über die europäischen Wunsch- und Traumlandparodien zu verschaffen, die seit dem klassischen Altertum immer wieder entstanden, so zeigt sich, dass – unter welchen Namen auch immer – Berichte über Schlaraffenländer von Anfang an zum literarischen Spiel von Parodie und Satire gehören. Gesellschaftskritik oder Zeitklage, ob sie nun zu den ursprünglichen Intentionen gehören oder nicht, spielen dabei offensichtlich schnell mit hinein.

Jedenfalls ist das Spiel mit einem eindeutig nicht existenten Traumland schon so alt wie die Literatur selbst. Und das muss bedeuten, dass der Traum vom süßen Leben zu den ältesten Erzähltraditionen gehört; sonst wäre er nicht fast als Erstes aufgezeichnet worden, sobald man die Feder zu führen begann. Die frühesten Spuren seiner Verschriftlichung finden sich in den attischen Komödien des Pherekrates und des Telekleides aus dem fünften Jahrhundert vor Christus. In den erhalten gebliebenen Fragmenten kommen die zentralen Motive vor, die auch für die Gestaltung Cocagnes und Schlaraffenlands bestimmend sind: In beiden Komödien ist von Traumländern die Rede, in denen völliger Friede herrscht und weder Angst noch Krankheit den Menschen jemals quälen.

Zudem gibt es dort alles, was das Herz begehrt, im Überfluss. Nahrung bietet sich von selbst an, und in den Bächen fließt Wein. Helles und dunkles Brot kämpfen vor den Mündern der Menschen um die Gunst, als Erstes hineinschlüpfen zu dürfen. Fische dringen in die Häuser ein, braten sich selbst und servieren ihren appetitlich zubereiteten Körper. Ein unaufhörlicher Suppenstrom führt auf seinen Wellen Fleischbrocken und Schöpflöffel mit. Die Zufuhr pikanter Soßen ist durch ein Kanalsystem geregelt. Gebratene Vögel und Feingebäck fliegen einem von selbst in den Mund oder machen es sich auf dem Kinn bequem, um zu warten, bis sie an der Reihe sind. Aus Essen ist auch das Spielzeug der Kinder, das samt und sonders aus Delikatessen besteht. Jede Lebensmittelknappheit ist ausgeschlossen, weil alles, was man isst oder trinkt, sich augenblicklich verdoppelt.

Dieses frühe Schriftzeugnis eines bereits komplett eingerichteten Schlaraffenlands ist ein wichtiger Beleg dafür, dass solche Phantasien vom Überfluss zu den Ur-Träumen des Menschen gehören müssen. Deren Bestandteile in Gestalt halber und ganzer Erzählbausteine, loser Motive und fester Themen gehören zu einer weit verbreiteten Erzählkultur, die bis in unsere Tage reicht. Dabei leben einige Details selbst in der geschriebenen Literatur immer wieder auf, die – gegebenenfalls in Wechselwirkung mit der mündlichen Überlieferung – auch eigene Traditionen bildet. So schreibt der römische Satiriker Petronius im ersten Jahrhundert nach Christus von einem Glücksland, in dem die Schweine gebraten herumlaufen. Und das scheint zu seiner Zeit schon beinahe ein Gemeinplatz zu sein.

Diese These wird durch die ein Jahrhundert später entstandene Satire des griechischen Autors Lukian bekräftigt, die unter dem Titel *Wahre Geschichte* mit einer offensichtlich weit verbreiteten Kultur des Schwelgens in wunderbaren Reisegeschichten und verlockenden Traumlandphantasien respektlos Schlitten fährt. Sein Werk ist übrigens ein typisches Produkt der geschriebenen Literatur. Das wird schon in der Einleitung deutlich, in der er die Entspannung verteidigt, der auch die Intellektuellen bedürften. Der zweifelsohne als Parodie auf die ebenso zahlreichen wie phantastischen Reisegeschichten gedachte Text gerät zugleich zu einem Modell für die Lügenliteratur im Allgemeinen. Humanisten wie Erasmus von Rotterdam werden in der Renaissance gern wieder darauf zurückgreifen, doch es ist durchaus möglich, dass er bereits im Mittelalter ab dem zehnten Jahrhundert in gewissem Umfang erneut Verbreitung fand.

Ziel der Reise in Lukians Geschichte ist eine der Glückseligen Inseln. Unterwegs droht ein Ungeheuer das Boot zu verschlingen, doch glücklicherweise gelangt man in das ruhigere Fahrwasser eines Milchsees. Auf der schließlich erreichten Insel weht ein süß duftender Wind. Überhaupt hat die Natur dort ein wahres Paradies geschaffen: Blumenwiesen wechseln mit Wäldern voll singender Vögel, man labt sich an reich sprudelnden Quellen mit Wasser und Honig, und ständig herrscht dort heller Frühling.

In der Mitte der Insel erhebt sich eine goldene Stadt mit Mauern von Smaragd und Straßen aus Edelsteinen und Elfenbein. Dreizehnmal jährlich kann man dort ernten; nur die Weintrauben an den Rebstöcken können bloß einmal im Monat gelesen werden. An den Getreidehalmen wächst frisch gebackenes Brot, und kristallene Bäume tragen Schalen verschiedenen Inhalts. Man kann auch Becher pflücken, die sogleich mit Wein voll laufen. Insgesamt gibt es 365 Wasserquellen, sieben Milch führende Ströme und acht Flüsse mit Wein. Ständig und überall kann man Musik hören und tanzen, und in puncto Erotik kommen sowohl Homo- als auch Heterosexuelle auf ihre Kosten.

Hier gibt es alles und noch dazu einen doppelten Boden, der Gebildeten sicher nicht entgangen sein wird. Vorstellungen von goldenem Zeitalter und Seligen Inseln, aber auch vom himmlischen Paradies werden auf die Schippe genommen und noch einmal von den wahnwitzigsten Überflussphantasien in den Schatten gestellt. Auffallend ist dabei die Anpassung an bestimmte typisch griechische Wunschträume. Das erklärt das über die Versorgung mit anderen Getränken gestellte Vorhandensein so vieler Wasserquellen und vor allem die Möglichkeiten grenzenlosen homosexuellen Vergnügens.

Eine so ausführliche und umfassende Darstellung wie bei Lukian gibt es im Mittelalter zwar nicht, doch die Reise- und Traumlandparodie entwickelt sich dennoch – in Form des Schwanks, der Spottpredigt oder des Lügentextes – zu einem festen Bestandteil der satirischen Literatur.

Ganz im Stil der Lügenliteratur präsentiert sich der rätselhafte Unsinnstext *Das Wa[c]htelmaere*, der sich einer gewissen Verbreitung erfreute und unter anderem in einer Handschrift von 1393 überliefert ist. Dieser Text, der die bizarrsten Unmöglichkeiten aufzählt, zeigt einmal mehr, wie stark der Zusammenhang zwischen Nonsensliteratur und der phantasievollen Ausgestaltung eines Traumlandes ist (hier eines Schlaraffenlands mit den bekannten Cocagne-Zügen). In dem dort vorgeführten Land nämlich sind die Häuser mit Obstfladen gedeckt und von Zäunen aus Würsten umgeben. Gebratene Gänse laufen mit einem »Messer im Schnabel und Pfeffer im Nabel« umher. Und die Schwalben fliegen gebraten in die geöffneten Mäuler. Eng verwandt damit ist der etwas jüngere, im fünfzehnten Jahrhundert anzusiedelnde Text *Vom packofen*. Der Überlieferung nach gehört dieser Text in erster Linie in den Bereich des Karnevals, dessen wichtigstes Merkmal schließlich die Errichtung eines zeitlich begrenzten Spottreichs ist, in welchem sich alles ins Gegenteil verkehrt. Die Cocagne-Vorstellung passt schon deswegen so gut dazu, weil hier wie dort die Hauptattraktion in hemmungslosen Fressorgien besteht. Daher ist es höchst wahrscheinlich, dass all die Texte über Cocagne, Schlaraffenland und vergleichbare Orte in vorgetragener oder gespielter Form bei diesen Festen eine besondere Verwendung fanden, wenn jene nicht gar zu neuen Ausprägungen der Texte selbst führten.

Dass *Vom packofen* in dieses Umfeld gehört, unterstreicht schon die gewählte Form der Lügenpredigt, *dem* Vortragsgenre aller Umkehrungsfeste. Und auch hier taucht ein Schlaraffenland auf, diesmal heißt es »Kuckormürre«. Gänse werden dort von selbst dick und fett. Sobald sie so weit sind, verspeist zu werden, springen sie mit einem Messer im Schnabel und (auch hier wieder:) Pfeffer im Nabel umher. Es ist fast schon selbstredend, dass die Häuser mit Obstfladen gedeckt sind.

Wichtiger ist es, hier festzustellen, dass im westeuropäischen Luftraum des Spätmittelalters die Motive des Cocagne-Stoffs offenbar nur so herumschwirrten; bei jeder Konkretisierung nimmt der Text wie selbstverständlich ein gewisses Lokalkolorit an. Liefern die deutschen Gänse zuvorkommend gleich den Pfeffer mit, so bieten ihre französischen Kolleginnen dem Hungrigen leckere Knoblauchsoße, während sich die niederländischen darauf beschränken, ihre gegrillte Keule anzubieten. Doch es geht um dasselbe Motiv, das – wie die Dächer aus Fladen und die Zäune aus Würsten – zur kollektiven Vorstellungswelt des präindustriellen Menschen gehört; daraus lässt sich endlos schöpfen, variieren und etwas hinzufügen.

Dieser befreiende Spott mit Traumländern, der in den unzähligen Reiseberichten immer greifbarer und leichter lokalisierbar zu wer-

den scheint, nimmt in mehreren französischen Drucktexten ab circa
1500 einen breiten Raum ein. Hierzu werden immer wieder Motive
des Cocagne-Materials benutzt, sodass diese Texte zugleich die diversen Cocagne- und Schlaraffenland-Texte lächerlich zu machen
scheinen. Doch lässt sich nur schwer entscheiden, ob das geborgte
Material, mit dem eigentlich andere Ziele getroffen werden sollen,
auch selbst karikiert wird. Dabei ist zu berücksichtigen, dass das ursprüngliche, in der kollektiv-europäischen Phantasie des sechzehnten Jahrhunderts noch sehr präsente Cocagne schon selbst eine humorvolle Karikatur war, die für immer unterschiedlichere Zwecke
eingesetzt werden konnte: So bot sie neben heilsamer Kompensation
auch hinreichend Gelegenheit zur Vermittlung moralisierender Inhalte und – in diesem Zusammenhang besonders wichtig: – zu Sei-
tenhieben auf all die Wahrheitsbeteuerungen der populären Reisegeschichten, die inzwischen auch den Buchdruck erobert hatten.
Nicht zuletzt ging es dabei auch um die Verspottung einer Leserschaft, die all die Wundergeschichten für bare Münze nahm und von
der gedruckten Sensationsliteratur nicht genug bekommen konnte.

Einer dieser französischen Spott-Texte, *Le Disciple de Pantagruel*
von 1538, verweist durch seinen Titel direkt auf Rabelais' berühmten
Roman. In jenem Werk sollte man an verschiedenen Stellen die Beschreibung eines groß angelegten Cocagne erwarten, was aber nicht
erfolgt. Dabei zeigt sich Rabelais mit dem Material – auch im
Detail – durchaus vertraut. So erzählt er an einer Stelle von einem
halbparadiesischen Ort, wo man sowohl fürs Schlafen als auch fürs
Schnarchen belohnt wird. Dieses Motiv ist uns bereits aus den französischen und niederländischen Cocagne-Texten bekannt, deren
schriftlich fixierte Fassungen der Autor übrigens keineswegs gekannt
zu haben braucht: Solche Motive zählen im Spätmittelalter und der
frühen Neuzeit zum europäischen Gemeingut.

Mit dem Text von 1538 aber scheint eine solche Beschreibung im
großen Stil nachgeholt zu werden – wohl eher von einem Nachah-
mer unter Ausnutzung des Titels von Rabelais' erfolgreichem Werk
als von ihm selbst geschrieben. Ohne den Namen explizit zu nennen,
schildert *Le Disciple* ein gigantisches Cocagne. Über den zentralen
Gegenstand des beschriebenen Traumorts kann kein Zweifel beste-

hen, denn die Szenerie wird von riesigen Bauwerken aus Speisen beherrscht. Die Leser lernen einige vom anhaltenden Kampf gegen Ungeheuer erschöpfte Helden kennen, die dank der Segnungen dieses von der restlichen Welt völlig abgeschlossenen Archipels endlich ihre wohlverdiente Ruhe genießen können.

Zur Beschreibung der himmlischen Freuden auf diesen Inseln hat sich der Autor all jener allbekannten Zutaten bedient, die das Publikum spätestens seit Mandeville mit fremden Ländern und Völkern am Rande der Welt in Verbindung brachte: Sie sind schwer zu erreichen, besitzen wundersame Bäume und ein herrliches Klima, versorgen die Einwohner unmittelbar mit Nahrung, garantieren ewige Jugend und vieles mehr. Der Autor fährt dabei schwerste satirische Geschütze auf und beruft sich auf Autoritäten wie Plinius, Lukian, Strabon und Mandeville, was seine parodistischen Absichten nochmals unterstreicht.

Alles in diesem Text steht im Zeichen des Essens; überall wächst und sprießt es, sodass dieses Schlaraffenland buchstäblich von Nahrung überwuchert erscheint. Gleich bei der Ankunft auf der ersten der Seligen Inseln sehen die Reisenden einen gewaltigen Butterberg, der von einem Milchfluss umspült wird. In der Ferne ist ein Berg aus Mehl zu erkennen. Auch einen Brunnen gibt es, aus dem sich ein Fluss heißer Erbsen mit Speck und gesalzenen Kaldaunenwürsten ergießt. Die neben dem Fluss wachsenden, immergrünen Bäume tragen riesige Hülsenfrüchte, die mit gebratenen Blutwürsten und Soßen gefüllt sind. Im Milchfluss schwimmen Aale, Neunaugen und andere Fische. Die Insel wird von den Bewohnern selbst das »Land der Coquardz« genannt, ein Schimpfwort für Landstreicher, in dem auch der Name Cocagne durchzuklingen scheint.

Damit steht das Modell für die weiteren Beschreibungen: Alles aus Cocagne findet sich mehrfach und zudem in noch weit groteskerer Form. Auf den anderen Inseln wachsen warme Pastetchen, Torten und kleine Puddinge an den Sträuchern. Lerchen fliegen einem gebraten in den geöffneten Mund. Woanders sind es gegrillte und mit Speck gefüllte Kraniche, die man sich einfach aus der Luft greifen kann. An den Bäumen hängen Kuchen, Brezeln, Rosenkohl, verschiedene Sorten Käse und auch Flaschen, um den Wein aus den vorbeifließenden Flüssen auffangen zu können. Regen, Hagel und Schnee bestehen aus allen nur denkbaren Süßigkeiten, Feingebäck, Butterkuchen, Fisch, Geflügel und Wild. Der Boden der beschriebenen Traumländer ist dermaßen fruchtbar, dass alles dort gewaltige Dimensionen annimmt: Die Bäume tragen Früchte so groß wie Eselsköpfe, und ins Zentrum von Paris verpflanzt, würden die Salatköpfe und Rosenkohlstöcke die ganze Stadt überschatten.

Dies ist keine spontane Niederschrift und auch kein fernes Echo ebenso vertrauter wie erprobter Motive, die schon seit Jahrhunderten die Ängste vieler in befreiendem Lachen auflösten. *Le Disciple de Pantagruel* ist ein eindeutiges Schreibtischprodukt.

Diese gedruckten Reiseparodien begründen eine literarische Tradition, an die letztlich auch der Schlaraffenland-Text von 1546 anschließt, und sei es auf deutschem Umweg. Eine der ersten dieser Parodien präsentiert sich als eine Art alternatives Nachrichtenblatt, und zwar in Anlehnung an die bereits geprägte Genrebezeichnung »nouvelles« für unterhaltsame Prosageschichten begrenzten Umfangs. Die Rede ist von den *Nouvelles admirables* von 1495: Der Rest des Titels teilt mit, dass die Beschreibung von einer Galeerenmannschaft handelt, die vom Wind zu unbekannten Inseln und Gegenden abgetrieben wurde. Dort sehen sie Kühe, die Wein geben, Hühner, die schon fix und fertig gekochte Eier legten, Schafe, die gegrillt vom Himmel fallen und dergleichen spontane Nahrungssegnungen mehr. Auch hier macht sich der Einfluss Lukians geltend, was einmal mehr auf die Tradition geschriebener Literatur verweist, die mit den meist mündlich weitergegebenen Geschichten von Cocagne nicht allzu viel gemein hat.

Wegbereiter dieses Genres ist zweifellos eine Novelle aus Boccaccios *Decamerone*, einer Sammlung von Erzählungen, die – auch in Übersetzung – durch den Buchdruck schnelle Verbreitung fand. Fast pflichtmäßig inszeniert er darin nach antikem Vorbild eine Reiseparodie in Gestalt der Predigt des Fra Cipolla (Bruder Zwiebel). Dieser bricht – auf der Suche nach Reliquien – von Venedig nach Indien auf. Boccaccio treibt seinen Spott vor allem mit den wild wuchernden Erzählungen einer wachsenden Zahl von Reisenden (nicht zuletzt Mönchen), die von ihren Fahrten die phantastischsten Geschichten mitbrachten. Dieses Genre wird noch das ganze sechzehnte Jahrhundert hindurch (und selbst danach) vor allem in Form zahlreicher Novellen populär bleiben.

Mit dieser neuen Textart verwandt ist die schon einmal kurz genannte *Grande confrairie des soulx d'ouvrer et enragez de rien faire* (Die große Bruderschaft der Arbeitsscheuen und vom Nichtstun Besessenen). Dieser zwischen 1520 und 1540 in Lyon gedruckte Text steht in einer anderen Tradition, nämlich der des satirischen Hirtenbriefs und der Klosterparodie. In diesem Genre figuriert eine Art Orden oder Bruderschaft, anhand deren auf ironische Weise aktuelle Missstände der Kirche an den Pranger gestellt werden. Solche Darstellungen, gespielt oder vorgetragen, waren bei den kirchlichen Narrenfesten und später in den städtischen Fastnachtsbräuchen sehr beliebt. Beispiele hierfür lassen sich bereits in den *Carmina Burana* des zwölften Jahrhunderts finden, aber auch im mittelniederländischen Spielrepertoire mit Texten wie *Van den convente* und dem über die »Gilde van de Blauwe Schuit« (Die Gilde des Blauen Kahns).

Ähnlichkeiten zu den Reiseparodien ergeben sich, wenn die Sitten und Gebräuche dieser sauberen Brüder zur Sprache kommen. Nicht selten versetzt der Erzähler sie dabei in seltsame Weltgegenden. Dass trotz unterschiedlicher Herkunft Reise- und Klosterparodie problemlos in einem Text verschmelzen können, zeigt sich am irischen *Land of Cockayne*, wo das Schlaraffenland im Leben eines Mönchsordens auf einer abgelegenen Insel verwirklicht scheint.

Die gefräßigen Saufbrüder des französischen Textes haben als Schutzpatron einen gewissen »Sainct Lasche«, einen Narrenheiligen, den wir als »Sankt-Kümmer-dich-nicht« oder »Sankt Lotter« auffassen können. Dieser fromme Mann lebt auf einer Insel in einer Burg mit Mauern aus fettem Käse. Zinnen und Fensterrahmen sind aus frischer Butter, Käse und Zucker, die Zugbrücken bestehen aus panierter Sülze, während die Ketten aus Kaldaunenwürstchen und fetter Blutwurst geflochten sind. Und so weiter.

Die überschäumende Phantasie findet beinahe kein Ende, wobei auch Edelsteine, Seide, Damast und andere Herrlichkeiten wie Düfte und Musik architektonische und dekorative Aufgaben erfüllen. Diese

Beschreibenskunst ist zu einem literarischen Spiel an sich geworden, das kaum noch auf wie auch immer geartete, außerliterarische Wirklichkeiten und Gefühlszustände referiert. Der Autor versucht mit Meisterleistungen an Erfindungsgabe rund ums gewählte Thema zu brillieren. Er bietet sein ganzes Darstellungsvermögen auf, um alles an irdischem und himmlischem Paradies, lieblichen Orten, goldenem Zeitalter und Seligen Inseln in einer einzigen wilden Orgie zu parodieren. Obwohl er dabei den Schwerpunkt auf groteske Übertreibungen legt, kommen diese bei näherem Hinsehen doch weniger vor, als man erwarten dürfte. Vieles nämlich ergibt sich bereits aus den gewählten Modellen selbst. So scheint auf dieser Insel nur ein einziger Tag zu vergehen, wenn man in Wirklichkeit ein Jahr lang dem elysischen Instrumentarium an Orgeln, Tamburinen, Flöten und anderen Musikinstrumenten gelauscht hat; eine recht gängige Demonstration der himmlischen Zeitrechnung, die auch in ernster gemeinten Berichten immer wieder auftaucht.

Auch die Niederlande haben – wenn auch in bescheidenerem Umfang – ihren Beitrag zum Genre der Reise- und Traumlandparodien geliefert. So etwa ein Refrein auf die Mottozeile »Woude ic liegen, ic soude wel duysentmael meer zeggen« (Würd ich lügen, würd ich tausendmal mehr erzählen), der im Jahre 1597 zusammen mit zwei anderen Refreinen unter dem Titel *Drie Eenlingen* (Drei Einzelgänger) publiziert wurde. Der Refrein beruft sich auf den auch damals noch sehr populären John von Mandeville, dessen Publikum sich jedoch mittlerweile von Stadtintellektuellen auf breitere Bevölkerungsschichten verschoben hatte und dessen Reisebeschreibung als Kolportageliteratur sogar auf dem Land verkauft wurde. Schon die recht einfache Ausgabe und die schlampige Textedition weisen darauf hin. Mit einer Anspielung auf Mandeville eröffnet der Autor seinen Text, um sofort zu betonen, dass seine Weltkenntnis noch weit größer und spektakulärer sei. So sei er etwa auch im Paradies gewesen – wir erinnern uns an Mandevilles traurige Mitteilung, dass ihm dies nicht gelungen war –, noch dazu auf dem Rücken eines Grashüpfers. Dort, im Paradies, habe er Henoch und Elias getroffen, die ihm warme Weizenbrote angeboten hätten. Auch der Priester Johannes sei ihm begegnet, der gerade mit zwölftausend Bischöfen, Kardinälen, Äbten, Priestern und Diakonen getafelt habe.

Einer ähnlichen Reiseparodie begegnen wir auch im Tafelspiel *Twee Bedelaers* (Zwei Bettler) des reformationsfreundlichen Rederijkers Lauris Janszoon aus Haarlem. Die beiden Berufsbettler wechseln ihre Erfahrungen über die besten Ausübungsorte für ihr Gewerbe aus. Der erste kommt geradewegs »aus Italien, wo ich meinte, die Häuser wären mit warmen Pfannkuchen gedeckt und umzäunt mit Würsten«. Das habe sich jedoch schnell als grandioser Irrtum erwiesen. Lauris Janszoon benutzt hier das alte Sprichwort, dass die ‹Dächer eben *nirgends* mit Pfannkuchen gedeckt sind, welches damals im Umfeld des Cocagne-Materials schon lange bekannt ist. Mehr auf die Gegenwart bezogen ist die satirische Darstellung Italiens (oder Roms) als Ort der Lustbarkeiten, wie sie vor allem bei Anhängern des Erasmus und der Reformation beliebt war, um damit den Betrug der Kirche an den Pranger zu stellen. Denn wie jener Bettler müsse an Ort und Stelle jeder feststellen, dass von dem in Aussicht gestellten Reichtum und Überfluss – außer für die Prälaten – nichts zu finden sei.

Im gleichen Sinne wird Italien im eben besprochenen Lügenrefrein aus den *Drie Eenlingen* dargestellt:

Von dort segelten wir nach Italien, wo die Gänse sprachen.
Dort sah ich die Leute aus Wetzsteinen Papageien machen,
Und aus Walfischen feingüldene Berge bauen,
Das Gold lag auf den Straßen, in Gassen, in Lachen,
Wie Schlick in Amsterdam für Männer und Frauen.
Affen sah ich dort das Land bebauen.
Und an Sträuchern, da wuchsen die Milch und der Wein.*

---

* Vandaer seylden wy naer Italien, daer die gansen spraken. / Daer sach ick van wetstenen papegayen maken, / Van walvissen bergen fijn van gouwen. / 't Gout lach daer by straten, by hulcken en braecken, / Ghelijc 't slijc 't Amsterdam voor mannen en vrouwen. / Scheminkelen sach ic daer landen bouwen. / Melck en wijn lach daer op die heggen.

Nebenbei, jedoch ohne reformatorischen Seitenhieb, kommt Schlaraffenland auf ähnliche Weise in einem anderen Tafelspiel aus der Mitte des sechzehnten Jahrhunderts vor. Unter dem später hinzugefügten Titel *De sotslach* (Das Narrenlachen) wird die Unerzogenheit (»Narrheit«) wieder einmal satirisch anhand einer Bauernkarikatur definiert: Ein Bauer will sich zum Narren schlagen lassen, als er von einem Vertreter dieses Berufsstands und dessen Gehilfen hört, welche Vorteile damit verbunden sind. Jene behaupten nämlich, überall in hohem Ansehen zu stehen und auf rauschende Feste eingeladen zu werden: »Wir wissen wohl, unsre Bäuche zu mästen« (Wi weten te meesten onsser beijder buijcken sat). Auf die Frage des Bauern nach ihrer Herkunft antworten sie:

Wir sind beide aus einem Nest entstiegen
Da lässt sich nichts biegen und auch nicht verfluchen.
Unsre Häuser sind gedeckt all' mit Pfannenkuchen
Und – willst du's versuchen? – mit Würsten umzäunt.*

Als der Bauer einmal in den Orden der Narren eingeweiht ist, will er Karriere machen, zunächst, indem er sich einer Narrenkappe und der zugehörigen Ämter bemächtigt. Wo aber liegt der Hof des Narrenreichs? Die Antwort des Narren: »In Dummhausen der Stadt, recht weit von hier / ungefähr eine Meile vom Schlaraffenland weg.« (Tot Bothuijsen de stadt, seer wijt ontspreyt / ick raem sij leyt, een mijl van Luijleckerlant.) Die Intention ist deutlich: Wie das Italien Lauris Janszoons ist auch dieses Narrenreich ein Schlaraffenland vom Hörensagen und geeignet höchstens für Luftschlösser.

Von ganz anderer Art sind die (begrenzten) Verwandtschaften Cocagnes mit den politischen Utopien des sechzehnten Jahrhunderts und deren Satiren. Wir hatten oben im Grunde bereits festgestellt, dass Cocagne und Schlaraffenland mit solchen Phantasien einer besseren

---

* Wij syn beijde gebroet in eenen nest, / daer en loopt geen request meer op te soecken. / Ons huijsen syn al gedeckt met pancoecken / en aen alle hoecken met worsten ingewronghen.

und vor allem gerechteren Welt wenig zu tun haben. In der auf Plato zurückgehenden Tradition der Staatstheorien lassen sich Ernst und Ironie allerdings auch nicht immer unterscheiden. Einen Vergleich erschwert zudem der Umstand, dass Humor in der spätmittelalterlichen Literatur eine ernsthafte Absicht keineswegs ausschließt, sondern mit viel Bedacht eingesetzt wird, um einem breiten Publikum die Botschaft auf angenehme Weise zu vermitteln. Den Kern solcher Utopien bilden jedoch immer Vorschläge für eine andere Organisation der Gesellschaft. Ob sie nun als Zeitklage oder Satire gegen die bestehende Ordnung daherkommen oder nicht, stets wird mit Begriffen operiert, die die Notwendigkeit einer revolutionären Veränderung deutlich machen. Dies nun lässt sich sicher nicht von Cocagne behaupten, wo der Schwerpunkt keineswegs in neuen Gesetzen oder einer anderen Gesellschaftsordnung, sondern im allumfassenden Überfluss und Nichtstun innerhalb des bestehenden Systems zu suchen ist. In den Utopien ist solch eine Situation allenfalls als Folge erst zu errichtender anderer Strukturen denkbar, deren Grundrichtlinien dann wohl eher Genügsamkeit, Mäßigung und Keuschheit sein dürften.

In Cocagne und Schlaraffenland jedenfalls geht es weniger um Satire – und schon gar nicht um Revolution –, sondern um Kompensation aktueller Ängste innerhalb der bestehenden Ordnung, ohne dass man diese deswegen gleich abschaffen möchte. Im Gegenteil, das tägliche Joch wird durch das Angebot eines zeitlich begrenzten Fluchtszenarios eher erträglich gemacht, womit bewiesen scheint, welche Bedeutung diesen Phantasien für viele bei der Bewältigung des täglichen Lebens zukommt. Das Gleiche gilt, wenn Cocagne und Schlaraffenland als Lehrschule für erwünschtes Verhalten fungieren: Die bestehende Ordnung nämlich wird eher bestätigt, wenn durch die spielerische Darstellung einer Gegenwelt für einen Moment das totale Chaos als deren Konsequenz vor Augen geführt wird. Im Grunde streben Utopien und Cocagne/Schlaraffenland völlig entgegengesetzte Ziele an.

Dass es dennoch einige Parallelen gibt, liegt an der gelegentlichen Wahl ähnlicher Rezepte für das gleiche Problem. Die Utopien schlagen zur Lösung von Missständen strukturelle Veränderungen vor, während Cocagne diese mit der Einführung einer zeitlich beschränkten Gegenwelt zu kompensieren versucht. Als Beispiel hierfür lassen sich die Abwesenheit von Privatbesitz und die Promiskuität anführen. In Cocagne sind das lediglich angenehme Ideen im Rahmen des allgemeinen Genusskultes, der das Traumland beherrscht. Die Bewohner können über »alles« verfügen, was sie sich an Gütern, Vergnügen und Versorgungsleistungen wünschen, inklusive der wildesten Sexphantasien. Die in den Utopien angestrebten neuen Gesetze dagegen wollen Ungleichheit und Ehebruch als Ursachen aller irdischen Übel gerade Einhalt gebieten. Besitz – auch der einer Frau – korrumpiere. Leider, so findet man, sei Eifersucht zum Bindemittel der Gesellschaft geworden, und mit Neid wird auf das goldene Zeitalter verwiesen, als die Menschen auf persönliches Eigentum noch keinen Wert legten.

Die Utopien zählen im Lateinischen und in den Volkssprachen zur Elite-Literatur. Sie orientieren sich im Wesentlichen an der Antike, nehmen aber durch Thomas Morus' *Utopia* einen neuen, ungekannten Aufschwung. Dieser 1516 in Löwen gedruckte Text gibt einem Genre den Namen, das im achtzehnten Jahrhundert noch einmal zu großer Blüte gelangen sollte, um danach von der modernen Sciencefiction an den Rand gedrängt zu werden. 1562 erschien eine vermutlich schon 1550 einmal herausgegebene und kaum untersuchte niederländische Übersetzung dieses Buchs.

Diese antike Tradition, die über Trogus Pompeius, Valerius Maximus, Vinzenz von Beauvais und die *Gesta Romanorum* ins Mittelalter gelangte, ist noch in einem Exempel aus dem Werk *Dat kaetspel ghemoralizeert* lebendig. Dieser lehrreiche, als Allegorisierung einer damals bekannten Sportart der Elite auftretende Text wurde 1431 von dem Juristen Jan van den Berghe verfasst und in mehreren Handschriften und frühen Drucken verbreitet, woraus sich schließen lässt, dass der Text in den Niederlanden bis in die Mitte des sechzehnten Jahrhunderts relativ bekannt war. In diesem erlässt ein Edelmann strenge Gesetze, die er selbst gewissenhaft befolgt, die das Volk aber als viel zu schwer empfindet. Als jenes nun immer nachdrücklicher auf die Abschaffung jener Gesetze drängt, ersinnt der Edelmann eine List. Er sagt, dass die Gesetze nicht von ihm, sondern von

Apollo stammten. Allerdings sei er gern bereit, das Orakel in Delphi
zu befragen, ob sie nicht aufgehoben werden könnten. Solange er fort
sei, müssten sie jedoch unbedingt in Kraft bleiben, um zu zeigen, dass
man die Gebote des Gottes ohne Wenn und Aber respektiere. Das
Volk hält sich an diese Verabredung. Der Edelmann aber kehrt wohl-
weislich nicht mehr zurück und sorgt – um ganz sicher zu gehen –
sogar dafür, dass seine sterblichen Überreste dem Meer übergeben
werden. Und so bleiben die Gesetze uneingeschränkt bewahrt.
Was nun besagten die Gesetze eigentlich? Sie verlangen äußerste
Genügsamkeit: Um Eifersucht und Habgier zu begegnen, besteht ein
Verbot, Gold und Silber zu preisen. Krieg und Handel sind frommen
und weisen Mitgliedern des Staates vorbehalten, die sich nach dem
Modell der parlamentarischen Demokratie als Volksvertreter beraten. Nicht zuletzt um unerwünschten Neid klein zu halten, gibt es
eine strenge Kleiderordnung, und Kinderarbeit ist ebenso verboten
wie die Verheiratung von Töchtern aus Gewinnsucht. Auch ist man
gehalten, alte Menschen um ihrer Weisheit zu ehren, und nicht Reiche aufgrund ihres Besitzes.

Eine ideale Gesellschaft wie diese ist Ausdruck des Strebens nach
einem christlichen Heilsstaat auf Erden im Geiste dessen, was man
als Verwirklichung eines reinen, ursprünglichen Christentums betrachtete. Die wichtigsten Merkmale bilden dabei äußerste Genügsamkeit und Schlichtheit. Von Übereinstimmungen mit Cocagne
kann keine Rede sein, außer dass es in beiden Fällen um fiktive Länder geht, die auf zeitgenössische Gefühle der Unzufriedenheit mit
dem eigenen Dasein eine Antwort geben. Während das Exempel aus
dem *Kaetspel* diese jedoch in strukturellen Reformen im Sinne eines
imaginären Urchristentums sucht, bietet Cocagne eher ein Forum für
spontane Lustbefriedigungen weltlicher Art.

Daher ist ein weiterer Vergleich mit Morus' *Utopia* auch wenig
sinnvoll. Dieser Text will vor allem die Missstände des alten Europa
attackieren und versucht, sie mit einem völlig neuen politischen
System in den Griff zu bekommen (das allerdings auf sehr ironische
Weise vorgestellt wird). Will der Autor damit andeuten, dass ihm
durchaus bewusst ist, dass seine Vorschläge in Wirklichkeit keinerlei
Chancen auf Verwirklichung hätten? Die Ähnlichkeiten mit Cocagne

wie der Überfluss, die Gratisversorgung und die Gütergemeinschaft sind eher zufällig. Ansonsten aber lautet Utopias Grundgesetz: Mäßigung und Genügsamkeit, was einer Hingabe an materielle Genüsse von vornherein enge Grenzen setzt.

Allenfalls ließe sich von einer gewissen literarischen Mode sprechen, ein imaginäres oder unbekanntes Land am Rande der Welt ins Leben zu rufen, das dann der Zeitklage und Satire auf die eigene Gesellschaft dienen kann. Auch dieser literarische Trend wird übrigens selbst wieder zur Zielscheibe von Spott und Parodie, wie das 1597 erschienene deutsche *Lalebuch* beweist, das schon ein Jahr später zu *Die Schildbürger* umgearbeitet wurde. Diese heiteren, anekdotischen Prosatexte beschreiben ursprünglich die Erlebnisse der Lalen aus Laleburg, einem Teil des Königreiches Utopia. Deren anfängliche Weisheit schlägt jedoch bald in närrische Verrücktheit um, was zu ihrem Untergang führt.

Höchstwahrscheinlich reagieren diese Texte auch auf Versuche, die Gesellschaft tatsächlich zu reformieren, wie sie im gesamten sechzehnten Jahrhundert in ganz Europa unternommen wurden. Das intellektuelle Schreibtischspiel der politischen Utopie, die wirklichen Reformversuche und der literarische Spott mit beidem geben den Anstoß zu einer anhaltenden Blüte der Utopie, die im achtzehnten Jahrhundert einen neuen Höhepunkt erreicht. Das ist ein ganz anderer Weg als der Cocagnes und Schlaraffenlands, der unerbittlich in die Provinz und schließlich ins Kinderzimmer führt. Auch darum sind – anders als die Utopien – diese Vorstellungen in der modernen Zeit nicht mehr ernst genommen worden. Trotzdem steckt eine Menge Aufsässiges in diesen so nachdrücklich antirevolutionären Texten. Aufsässig bis fast zum Ketzerischen.

VI Ketzerische Exzesse

1 Das Tausendjährige Reich

Beide Cocagne-Texte enthalten an einigen Stellen eindeutige Anspielungen auf die Beteiligung Gottes und des Heiligen Geistes an Entstehung und Erhalt dieses Traumlands. Wenn es heißt, Gott habe den Einwohnern dort auferlegt, das genaue Gegenteil dessen zu tun, wozu er Adam und Eva verurteilt hatte – zu Müh und Plage nämlich –, dann rückt Cocagne damit fast zwangsläufig in den Kontext biblischer und populärer Vorstellungen vom Paradies. Die Bewohner Cocagnes nämlich dürfen weder arbeiten noch sich anstrengen, womit sonst alle Nachfahren des ersten Menschenpaares für den Sündenfall büßen müssen. Ist so etwas nicht eigentlich Blasphemie? Reden nicht beide Texte einem verwerflichen Hedonismus das Wort? Es ist unbestreitbar, dass die verlockenden Beschreibungen dieses ungebremsten Lusterlebens etwas höchst Einladendes haben. Oder ist das eher warnend gemeint? Es könnte ja auch sein, dass der offensichtliche Spott über Gottes Absichten in erster Linie darauf abzielt, dieses cocagnische Verhalten für die Wirklichkeit zu diskreditieren. In diesen Zusammenhang gehört auch die Bemerkung, Gott liebe dieses Land wie kein anderes, sowie der Wunsch, dass man Cocagne in Gottes Namen erreichen möge. Jedoch darf man diese Formulierungen nicht überbewerten: Sie sind ziemlich klischeehaft und lassen kaum darauf schließen, dass man dabei tatsächlich an eine Anwesenheit des höchsten Wesens in Cocagne denkt.

Die Nennung »eines« Jordans als Jungbrunnen in Fassung L schließlich lenkt den Blick geradewegs auf Christi Taufe im heiligen

Fluss, doch sollte man auch diesem Scherz nicht allzu viel Bedeutung beimessen. Wie wir bereits im vorangegangenen Kapitel sahen – und des Weiteren noch sehen werden –, erfolgten solche scheinbar blasphemischen Scherze oft in bester Absicht und waren ein wichtiger Bestandteil jener Festbräuche, bei denen vermutlich auch die Cocagne-Texte vorgetragen wurden.

Schwerer dürfte es fallen, die gleiche Unschuld für jene Passage zu beanspruchen, in der der Heilige Geist genannt wird. In Text L steht, dass er über Cocagne herrsche, in B sogar, dass er das Land geschaffen habe. Hierbei handelt es sich nicht um ein Klischee, sondern um unzweideutige Aussagen über Entstehung und Regierung dieses Landes. Dessen Leitung, so heißt es, liege in den Händen des Heiligen Geistes. Was hat der nun aber in diesem Zusammenhang verloren? Und ist es nicht außerordentlich blasphemisch, ihm die Herrschaft zuzuschreiben?

Diese Fragen gewinnen noch an Brisanz, wenn wir feststellen, dass dieses Motiv in den verwandten französischen Texten nicht vorhanden ist. Wir sehen uns hier offensichtlich mit einer Besonderheit der niederländischen Schriftfassungen konfrontiert, die in diesem Punkt eine eigene Tradition gebildet haben, die allerdings nicht weiter reicht als diese beiden Reimversionen. Prosatext G nämlich präsentiert sein Schlaraffenland ohne jegliche Anspielung auf einen Schöpfer oder göttlichen Patron; von den Herrlichkeiten des Paradieses ist kaum mehr als ein Nachhall zu vernehmen. Dies lässt sich nicht nur darauf zurückführen, dass das gedruckte Wort in der Schriftliteratur weitaus endgültiger und damit riskanter ist; es ist auch das Resultat veränderter religiöser und politischer Umstände.

Das Jahr 1546 fällt in Sachen doppeldeutiger oder blasphemischer Anspielungen auf religiöse Dinge in eine besonders problematische Periode. Vor allem in der Literatur sucht und ahndet man schon die geringsten Abweichungen von der kirchlichen Orthodoxie, was für Rederijker und andere Männer des Wortes lebensgefährliche Folgen haben konnte. Die als verdächtig reformatorisch betrachteten Äußerungen in den allegorischen Moralitäten des Genter Rederijkerfestes von 1539 lieferten die Handhabe für weit reichende, von höchster Stelle angeordnete Beschränkungen der freien Meinungsäußerung.

Nicht nur bekannte Dichter, auch Straßensänger hatten sich religiöser Themen und allem, was daran erinnerte, zu enthalten.

Wird nun der Heilige Geist als Architekt oder Verwalter irdischer Genüsse genannt, dann ist damit für den Zeitgenossen eine unmissverständliche Beziehung zu den bedrohlichsten Ketzereien des Mittelalters hergestellt: dem Millenarismus oder auch Chiliasmus. Darunter ist keine konkrete Bewegung oder anderweitig subversiv wuchernde Sekte zu verstehen, wie im Mittelalter (und auch später noch) viele glaubten. Die Bezeichnungen eignen sich eher als Oberbegriffe für zahlreiche, regional auftretende Gruppierungen, die unter verschiedenen Namen leidenschaftlich den Glauben an die baldige Herankunft eines tausend Jahre währenden Reiches von Harmonie und Überfluss verbreiten. Immer wieder versuchen sie, ihre Überzeugungen in die Tat umzusetzen, wobei sie diese Versuche nicht nur als Antizipationen begreifen, sondern mit ihrer Hilfe dieses Reich bereits selbst ins Leben rufen wollen.

Dieser Glaube stützte sich auf die Offenbarung des Johannes (oder auch Apokalypse) sowie die zahlreichen Erläuterungen und Kommentare, die dieser äußerst kryptische Bibeltext wiederholt provozierte. Unter den schon auf Erden realisierbaren Heilserwartungen steht ungezügelter Genuss dabei an erster Stelle, und von Anfang an wird dieses Reich mit dem Heiligen Geist in Verbindung gebracht. Diese Verknüpfung wird im Verlauf des Mittelalters immer enger und geht schließlich so weit, dass einige Gruppen ihn schlicht als Herrscher über das Tausendjährige Reich betrachten, womit sie sich den höchsten Argwohn der Kirche zuziehen. Wird daher ein Land unbegrenzter Wonnen wie Cocagne dem Regiment des Heiligen Geistes unterstellt, erhalten die Texte für das Publikum den ebenso pikanten wie riskanten Beigeschmack der Ketzerei. Zumindest in den südlichen Niederlanden scheint man für ketzerisches Gedankengut dieser Art empfänglich gewesen zu sein. Demnach weisen die beiden Cocagne-Texte über die eingangs vermutete Blasphemie weit hinaus. Oder muss man doch eher von einer Spielerei sprechen, die solche Ideen gerade verspottet?

Der Offenbarung des Johannes zufolge wird ein Engel vom Himmel herniederschweben, um den Teufel für tausend Jahre anzuketten. Die Erde wird sich in ein messianisches Königreich verwandeln, wo Christus inmitten der Märtyrer und Heiligen thront, denen so ein Vorgeschmack auf das ewige Glück zuteil wird. Nach diesen tausend Jahren jedoch kommt der Teufel wieder frei und versucht ein letztes Mal die Menschen zu verführen, was aber in seiner endgültigen Niederlage endet, denn er verbrennt zusammen mit den schlechten Völkern, die ihm gefolgt sind, in einem von Gott gesandten Feuersee. Nach dem Jüngsten Gericht brennen sie für alle Zeiten in der Hölle. Die Gerechten dagegen finden eine Ruhestätte voller Liebe und Freuden im Neuen Jerusalem, das vom Himmel herabschweben wird und in dem sie (den Worten einer zeitgenössischen südniederländischen Bibel zufolge) unter Führung des Heiligen Geistes auf ewig leben werden:»Ende de Heilege Geest sal met hen woenen, ende hi sal sijn hare God ende si selen sijn sijn volc.« (Und der Heilige Geist wird in ihrer Mitte wohnen, und er wird ihr Gott sein und sie sein Volk.)

Streng genommen wird hier zwischen einem zeitlich begrenzten und einem ewigen Reich des Genusses unterschieden, wobei nur das Letzte (das himmlische Paradies oder Neue Jerusalem) mit dem Namen des Heiligen Geistes verbunden ist. Aber durch die Rätselhaftigkeit des Textes und vor allem das parallele Motiv des Herniederschwebens sowohl des Engels als auch des Neuen Jerusalem wurden beide Heilsstaaten immer wieder durcheinander gebracht und als eins betrachtet. Fast alle auf diesen Vorstellungen beruhenden religiösen Bewegungen sind denn auch dadurch gekennzeichnet, dass ebenso ungeduldig wie aggressiv nach einem Heilsstaat auf Erden gerufen wird. Überdies sollte dieses Königreich der Heiligen nicht nur Märtyrern vorbehalten sein, sondern jedermann oder – wie manche meinten – sogar speziell den Armen.

Bei den Propheten des Alten Testaments finden sich wiederholt Voraussagen über die Wiederkehr eines paradiesischen Zustands auf Erden. Nach einer Phase der Bestrafung und Reinigung durch Hunger, Durst, Krieg, Pest und Gefangenschaft werde eine vollkommene Zeit des Überflusses anbrechen, in der an Essen und Trinken jeglicher Art kein Mangel sei und Freude und Heiterkeit herrschten. Auch hierdurch sah man sich in einem bestätigt: dass nämlich das von Gott versprochene bessere Leben noch vor dem Tod möglich sei. Notfalls musste man es eben erzwingen.

Nun kann es nicht die Absicht des Verfassers der Apokalypse gewesen sein, solche hoch gesteckten Erwartungen zu nähren. Daher versucht bereits Augustinus alle buchstäblichen Auslegungen über ein nahendes Gottesreich auf Erden zu bekämpfen. Es heißt, er habe die spirituell-allegorische Interpretation deswegen so nachdrücklich vertreten, weil er damit den Millenarismus seiner eigenen Jugend bekämpfen wollte, von dessen Anziehungskraft er sich unterschwellig nie ganz habe befreien können. Seiner Auffassung nach hatte das Millennium mit der Geburt des Christentums begonnen, um dann im Rahmen der Institution Kirche realisiert zu werden. Diese Einschätzung blieb bis zum Ende des Mittelalters mit großem Nachdruck die offizielle Lehrmeinung der Kirche.

Dies konnte jedoch keineswegs verhindern, dass immer wieder echte oder freiwillige Besitzlose ihre Stimme erhoben, um mit den biblischen Prophezeiungen in der Hand das Gottesreich auf Erden auszurufen und herbeizuzwingen. Unvermeidlich bahnten sie damit einem ebenso leidenschaftlichen wie törichten Tross von selbst ernannten Propheten und Erlösern den Weg, die teilweise über ungemein charismatische Gaben verfügten, mit denen sie die Massen in jede gewünschte Richtung lenkten. Diese ließen sich zudem von den Weissagungen beeindrucken, die mit großer wissenschaftlicher Autorität Joachim von Fiore in der zweiten Hälfte des zwölften Jahrhunderts vortrug. Dieser italienische Mönch, dessen echte und ihm zugeschriebene Schriften noch Jahrhunderte nach seinem Tod im Jahre 1202 in ganz Europa kursierten, verkündigte mit der Arroganz eines wahren Gelehrten, er habe den Schlüssel zur Deutung der biblischen Zukunftsprophezeiungen gefunden.

Mit Hilfe des bereits erwähnten, auch als Typologie bekannten Prinzips, wonach alttestamentarische Ankündigungen sich im Neuen Testament bewahrheiteten, lasse sich detailliert bestimmen, was die Zukunft bringen werde oder sich in der Gegenwart schon erfüllt habe. Joachim zufolge ließ sich hieraus eine Einteilung der Geschichte in drei aufeinander folgende Epochen ableiten, die jeweils

Ankettung des Teufels; dahinter: Ein Engel zeigt Johannes das Neue Jerusalem; Holzschnitt von Albrecht Dürer (1498); aus: W. Kurth, *The Complete Woodcuts* (1963), 120.

von einem Repräsentanten der Heiligen Dreieinigkeit regiert würden. Die erste Epoche sei die des Vaters; sie entspreche der Zeit des Alten Gesetzes. Ihr folge das Zeitalter des Sohnes oder des Neuen Bunds, und zuletzt – in naher Zukunft – das des Heiligen Geistes, welches – verglichen mit den beiden vorangegangenen Epochen des Winters und des Frühlings – den vollen Sommer darstelle. Aufgrund sorgfältiger Berechnungen hatte Joachim festgestellt, dass diese letzte Periode exakt im Jahr 1260 anbrechen werde. Diese schon bald anbrechende Epoche wird von Joachim überschwänglich bejubelt. Positiv setzt er sie gegen die Dunkelheit des ersten und die Unsicherheit des zweiten Zeitalters ab, in dem die Menschheit momentan noch lebe. Herrschte unter dem Alten Gesetz nur Angst und Sklaverei und unter dem Evangelium nur Glaube und Unterwerfung, so würde das kommende Zeitalter des Heiligen Geistes von Liebe und Fröhlichkeit erfüllt sein, die dem Menschen endlich die verdiente Ruhe schenkten. Die Welt würde ein einziges Kloster werden, in dem der Mensch sich als kontemplierender Mönch ausschließlich der mystischen Ekstase und dem Lobpreis Gottes hingebe. Dieses Reich der Heiligen werde andauern bis zum Jüngsten Gericht.

Sogleich fühlen wir uns an den irischen *Cockaygne*-Text erinnert. Einmal mehr wird deutlich, dass hier ein gebildeter Autor am Werke ist, der mit größter Leichtigkeit keltische Seefahrten, Reiseparodien, die Klostersatire und nun auch noch die Vorstellungen des Joachim von einem heiligen Reich der Wonnen mit dem Cocagne-Material verbindet. Auch die Insel »Cockaygne« wird schließlich von Mönchen in einem wunderschönen Kloster bewohnt, womit der Text die millenaristischen Träume aufgreift, ohne jedoch wörtlich den Heiligen Geist zu nennen oder sich anderweitig auf ihn zu beziehen. *The Land of Cockaygne* ist ein vergnüglicher Puzzle-Text für Intellektuelle, der seinen spielerischen Ansatz bereits durch den Gebrauch der Volkssprache erkennen lässt.

Joachims Vision schlug umso mehr ein, als es ihm gelang, einen Zusammenhang zwischen diesen optimistischen Zukunftserwartungen und der schreienden Misere seiner Zeit herzustellen. All das Elend und die Verzweiflung seien hoffnungsvolle Anzeichen dafür, dass das Tausendjährige Reich nahe sei. Denn jeder der drei Epochen gehe eine Zeit weltweiter Katastrophen voraus, die die notwendige Reinigung bewirke. Dass die Kirche korrupt sei und den Menschen in seinem Trachten nach dem Irdischen eher noch bestärke, zeige nur, wie nahe dieses dritte Zeitalter schon gekommen sei.

In den Niederlanden ist Jacob van Maerlant der Hauptpropagandist solcher Gedanken. Mit dem Werk Joachims braucht er deswegen nicht unbedingt vertraut zu sein. Dessen Gedankengut (oder was man dafür hält) ist mittlerweile bereits von weiten Kreisen übernommen worden. Möglicherweise genügt Maerlant als Quelle schon der Apostel Paulus, auf dessen zweiten Brief an Timotheus er sich wiederholt bezieht:

Das aber wisse, dass in den letzten Tagen schlimme Zeiten eintreten werden. Denn die Menschen werden selbstsüchtig sein, geldgierig, prahlerisch, hochmütig, schmähsüchtig, den Eltern ungehorsam, undankbar, gottlos, lieblos, unversöhnlich, verleumderisch, unenthaltsam, roh, dem Guten Feind, verräterisch, verwegen, aufgeblasen, mehr die Wollust liebend als Gott.

Mehrmals bringt Maerlant die Barbarei seiner Epoche mit der nahenden Endzeit in Verbindung, am nachhaltigsten in seinem Prolog zu *Sinte Franciscus Leven* (Das Leben des heiligen Franziskus), in dem er das erwähnte Paulus-Zitat direkt verarbeitet. Damit knüpft er nahtlos an den Millenarismus an, der auch unter den Utrechter Minderbrüdern vom Orden des heiligen Franz von Assisi leidenschaftliche Anhänger hatte. Der spirituelle Zweig der Franziskaner bekannte sich zum Ideal extremer Armut, um zu den Ersten zu gehören, die der Herrlichkeiten des Tausendjährigen Reiches teilhaftig würden.

Wie jene Franziskaner geht Maerlant von der dritten Epoche als einer Periode göttlicher Harmonie aus, welche man in völliger Entsagung und Kontemplation verbringen werde. Alle Genussversprechen sind denn auch rein spiritueller Natur. Die Welt habe sich zum Schlechten gewandelt, weil die Menschen nur noch irdischen Genüssen nachjagten. Die Welt – eine Art Cocagne also (Maerlant verwendet diese Bezeichnung nicht), wo ein jeder so ausschließlich den schmutzigen Geschäften des Körpers diene, dass die Seele darüber völlig vergessen werde. Daher beginnt er die Biographie auch mit den Worten:»Diese Welt geht dem Ende entgegen, und, wie mir dünkt, mit großer Schande.« In ihrer Torheit seien die Menschen dabei, nur mehr sich selbst zu lieben und mit dem Anhäufen von Gütern und Besitz ihre Zeit zu vergeuden:

> Zwei Dinge lieben wir allermeist',
> Das lehrte uns der böse Geist:
> Unsern Körper nämlich und unser Gut;
> Wohl gekleidet und gut beschuht,
> Gut zu essen, trinken, sanft zu schlafen,
> Das lieben Laien, wie auch Pfaffen:
> So lieben wir uns selber nur.*

Die spirituellen Belohnungen des Tausendjährigen Reiches, die von Joachim von Fiore bestätigt und propagiert wurden, finden sich in gewissem Sinne schon bei Augustinus, der – wie gesagt – dem Millenarismus anfangs durchaus positiv gegenüberstand. Doch auch bei ihm sind solche Versprechen in erster Linie als Abwehr der mehr handgreiflich-sinnlichen Interpretationen des Tausendjährigen Reiches zu verstehen. Schon zu Augustinus' Zeiten begriffen viele jenen Zustand als ein ewig währendes Fest mit Essen und Trinken in gewaltigem Überfluss. Solche materiell geprägten Wunschträume nehmen nach Augustinus immer noch zu, sodass Joachim gewissermaßen eine zweite Offensive starten muss. Denn auch ihm ging es ausschließlich um geistige Freuden.

Trotzdem greifen die Armen des Mittelalters diesen Sprengstoff aus der Offenbarung begierig auf. Zusammen mit dem Abschaum aus Stadt und Land sowie heruntergekommenen Mönchen und verkrachten Studenten setzten sie sich immer wieder in Bewegung, um

---

* Twee dinghen minnen wi alremeest, / En dat leert ons die quade geest: / Dat's ons vleesch ende ons goet, / Wel gecleet ende wel ghescoet. / Wel eten, drinken, zochte slapen, / Dit minnen leke metten papen: / Dus minnen wie ons selven dan.

das Tausendjährige Reich – notfalls mit Anarchie und Revolution – zu erzwingen. Immer neue Führer oder Seher mit messianischen Allüren stehen in ihrer Mitte auf. Sie entstammen durchweg der niederen Geistlichkeit. Ihren aufpeitschenden Reden zufolge werde das Reich des Überflusses schon bald anbrechen, nach Meinung einiger stehe es sogar unmittelbar bevor; alle aber sind sich darin einig, dass dieses Reich die Befriedigung auch – oder gerade – der irdischen Bedürfnisse bringen werde. Dies werde sich ganz bestimmt auf Erden ereignen, und nicht in irgendeinem himmlischen Winkel. Immer wieder ertönt der Ruf, das Tausendjährige Reich mit Gewalt zu erkämpfen. Aufgeheizt wird diese Aggressivität wahrscheinlich von Prophezeiungen, wonach Reichtum und Überfluss erst nach einer Periode von Katastrophen und Unheil eintreten würden. Schon ein gewisser Commodianus, ein lateinischer Dichter vermutlich des fünften Jahrhunderts, spricht davon, dass man zu den Waffen greifen müsse, um dieses Reich zu errichten. Und nicht zufällig tauchen solche Erlöser und Propheten vor allem in Zeiten von Naturkatastrophen, Epidemien und Hungersnöten auf. Im Rheingebiet sind sie besonders – und noch bis in die Neuzeit hinein – erfolgreich. Doch auch die südlichen Niederlande und Nordfrankreich scheinen bis ins fünfzehnte Jahrhundert für solche spektakulären Wahnideen von schneller Bedürfnisbefriedigung ein fruchtbarer Nährboden zu sein.

In letztgenannter Region erlebte die Bevölkerung ein sprunghaftes Wachstum, was mit einschneidenden sozial-ökonomischen Veränderungen verbunden war. Dadurch gerieten schon bei geringsten Erschütterungen gleich ganze Gruppen in existentielle Not, die ihnen – subjektiv oder real – keine andere Wahl ließ, als auf der Landstraße ihr Glück zu suchen. Dieses in Bewegung geratene Landproletariat drängte dann regelmäßig in die Städte. Zwischen dem elften und vierzehnten Jahrhundert wuchs so eine schwer quantifizierbare Unterschicht, die sich in einem dauernden Zustand der Angst und Frustration befand. In einem solchen Klima konnte jeder kleinere Krawall Anlass zu einem großen Aufstand werden. Dabei hielten sich die Empörer nicht selten für Auserwählte, die unter Führung ihres Messias die biblischen Heilserwartungen in einem irdischen Reich ungekannten Überflusses verwirklichen würden.

Dies geschah bei Hungersnot und Pest, dem Tod eines Fürsten, aber auch bei Aufrufen zu einem Kreuzzug. Diese sprachen – ganz wörtlich oder ideell – von der Errichtung eines Neuen Jerusalem, das nicht nur ewig andauern, sondern auch schon bald vom Himmel herabschweben werde. Das ist das Jerusalem, von dem die Armen fest glauben oder sich aufschwatzen lassen, dass es für sie bestimmt sei. Es werde eine Stadt voller Frieden, Gleichheit und Überfluss sein, woran es ihnen nun noch so schmerzlich mangle. Und als Pilger oder Soldaten brechen sie nach Palästina auf, die Heilige Stadt zu suchen, wo der Erlöser schon einmal Schuld und Leiden der Menschheit auf sich genommen hat. Schließlich kann jeden Moment das Neue Jerusalem seine Pforten öffnen!

Diese verheißene Stadt werfen die ratlosen Armen mit dem bestehenden Jerusalem meist in einen Topf. Trotz aller kirchlichen Verbote des ketzerischen Glaubens an einen irdischen Heilsstaat pochen die Armen, bestätigt vom anhaltenden Strom der Prophezeiungen aggressiver Volksprediger, weiter auf ihr Recht, eine bessere Welt zu erzwingen. Dabei berufen sie sich nicht nur auf die Bibel, sondern auch auf frühchristliche Theologen wie Tertullian. Dieser hatte nämlich Anfang des dritten Jahrhunderts berichtet, dass in Judäa vierzig Tage lang jeden Morgen eine mauerbewehrte Stadt am Himmel gesehen worden sei, die im Laufe des Tages allmählich immer wieder verblasste. Dies musste ein untrügliches Zeichen dafür sein, dass das Neue Jerusalem an diesem Ort herniederschweben werde; was zweifellos in Kürze zu erwarten sei. Da war man sich sicher.

Tausend Jahre nach Christi Tod, im Jahre 1033 also, scheint der Moment gekommen, den Heilsstaat zu erwarten. Oder auf den Weg zu bringen? In ganz Europa ziehen Haufen Mittelloser (*pauperes*) über die Landstraßen Richtung Jerusalem, besessene Pilger, felsenfest davon überzeugt, dass ihre Leiden in unvorstellbaren Herrlichkeiten ein Ende finden würden. Dieses Potential an ebenso ungeduldigen wie militanten Glücksuchern nimmt am Ende jenes Jahrhunderts das Ausmaß einer wahren Volksbewegung zur Befreiung des Heiligen Landes an. Um an Reisegeld zu kommen und sich in Stimmung zu bringen, werden vor allem im Rheingebiet zunächst einmal die jüdischen Gemeinden ausgerottet. Nur wer zum christlichen Glauben übertritt, wird verschont. Für die anderen Nachfahren der Mörder Christi jedoch ist in dem neuen Heilsstaat kein Platz mehr.

Voll Ungeduld und Übermut lassen sich die Armen ein Zeichen auf die Schulter nähen, wodurch sie sich schon als auserkorene Bewohner des Neuen Jerusalem fühlen, das sie mit der Vertreibung der Heiden selbst errichten wollen. Bei jeder Stadt, die am Horizont erscheint, rufen sie:»Ist das jetzt Jerusalem?«Und unablässig erzählen sie einander von einer mysteriösen Stadt am Himmel, die von gewaltigen Heerscharen bestürmt wird. Doch die meisten kommen nicht weiter als bis zum Balkan. Sie fallen unterwegs der Erschöpfung, Epidemien, Nahrungsmangel, gegenseitigem Mord oder den Anschlägen der lokalen Bevölkerung zum Opfer. Die wenigen, die zuletzt wirklich das Heilige Land erreichen, sind für die dort herrschenden Seldschuken keine ernst zu nehmenden Gegner mehr. Sie sterben mit dem Schimmer Jerusalems auf der Netzhaut, dennoch selig, dass das heidnische Krummschwert sie gerade an diesem Ort direkt ins himmlische Jenseits befördert.

2 Ketzereien des freien Geistes

Gegen Ende des Mittelalters gewinnen diese so schwer unter-mauerten und leidenschaftlich vertretenen Heilserwartun-gen die Züge einer Geisteshaltung, die man gemeinhin un-ter dem Oberbegriff »Freigeisterei« zusammenfasst. Man kann diese Haltung – oder besser gesagt: Mentalität – vielleicht am besten als eine außer Kontrolle geratenene, demokratisierte Form der Mystik beschreiben. Schließlich zielte auch jene im Kern auf die persönliche Verschmelzung mit dem Göttlichen, wobei die traditionellen Metho-den der Kirche nur noch eine untergeordnete oder überhaupt keine Rolle mehr spielten.

Die Anhänger des Freien Geistes glaubten inbrünstig daran, einen Zustand geistig-religiöser Vollkommenheit erreichen zu können. Wem dies gelinge, der sei außerstande zu sündigen und könne im Grunde alles tun, was die Natur ihm eingebe. Christliche Normen und Wertvorstellungen seien nur für Sünder bestimmt. Doch damit nicht genug: Um deutlich zu machen, dass man zu den Vollkomme-nen gehörte, trat man all jene sittlichen Vorschriften und Gebote so-gar absichtlich mit Füßen. Das galt vor allem für die sehr rigiden Auf-fassungen der Kirche zu Sexualität und Keuschheit. Für den antimoralischen Standpunkt der »Vollkommenen« wurde die Pro-miskuität zu einer Sache des Prinzips.

Dabei beriefen sie sich vor allem auf den Zustand Adams und Evas vor dem Sündenfall im Paradies. Auch für sie existierte dort ja kein Unterschied zwischen Gut und Böse, sodass sie in aller Unschuld ihren natürlichen Trieben folgen konnten, inklusive einer freizügigen Sexualität – wenn sie noch dazu gekommen wären: Nach mittelalterlicher Berechnung verbrachten sie nämlich nur sieben Stunden zusammen im Garten Eden. Der Sündenfall hatte ihre reinen Seelen besudelt, sodass der Teufel es seither verstand, sie und ihre Nachkommen immer wieder zu verführen. Fortan mussten sie in einer sündigen Welt leben, der zu entfliehen nur mit Hilfe der göttlichen Gnade und des christlichen Bußesystems möglich war. All diesem jedoch fühlten die Vollkommenen sich weit enthoben, da sie für sich in Anspruch nahmen, den paradiesischen Zustand ursprünglicher Unschuld wieder erreicht zu haben. Moralische oder ethische Normen ließen sich auf sie schlichtweg nicht anwenden, weil sie nicht sündigen konnten, was immer sie auch anstellten.

Der perfekte Mensch ist also wie Gott und ganz von ihm erfüllt. Eine Bestätigung ihrer Freiheit von Sünde und ihrer sorglosen Hingabe an die Triebe fanden die Anhänger der Freigeisterei im ersten Brief des Johannes mit den Schlüsselsätzen:

> Jeder, der aus Gott gezeugt ist, begeht keine Sünde, weil dessen Lebenskeim in ihm bleibt; und er kann nicht sündigen, weil er aus Gott gezeugt ist.

Dem wahren Kind Gottes war also alles erlaubt; die Parteigänger der Freigeisterei nun sollen dies vor allem als Freibrief für hemmungsloses Paaren interpretiert haben – wie ihnen im Mittelalter zumindest immer wieder vorgeworfen wurde. Darum hat man Jean de Meungs Fortsetzung des *Roman de la Rose* auch wiederholt als feuriges Plädoyer in diesem Sinne verstehen wollen. Dort wird schließlich verkündet, dass man bedingungslos dem Ruf der Natur folgen solle, ohne sich den unnatürlichen Beschränkungen zu unterwerfen, die der Befriedigung der sexuellen Lüste von der Ehe auferlegt wurden.

Wie dieser Zustand der Vollkommenheit erreicht werden konnte, stand auf einem anderen Blatt. Der Prozess ließ sich vor allem dadurch fördern, dass man die Armut akzeptierte oder sich bewusst für sie entschied. Dies führte mitunter zu Formen extremer Weltentsagung. Man quälte den Körper bis zum Äußersten und versuchte, mit einer minimalen Nahrungsration am Leben zu bleiben. Geißelungen und Selbstverstümmelungen machten in kurzer Zeit aus dem Körper ein Wrack und führten zu Halluzinationen, die leicht dazu beitragen konnten, sich vorzugaukeln, man habe den so heiß ersehnten Zustand der Perfektion bereits erreicht. Gelangte man schließlich durch diese barbarische Askese in einen Zustand völliger Armut und des Verfalls, so war man jeder Sünde ein für alle Mal enthoben. Je ärmer man war, desto unbesorgter konnte man sich der erotischen Lust hingeben, hierin bestärkt von der Überzeugung, dass den Reichen dieser Erde ohnehin die ewige Verdammnis blühe.

Um das Jahr 1230 tut sich in Antwerpen ein gewisser Willem Cornelis hervor, der solchen Ideen zugetan ist, sie verbreitet und auch in die Tat umzusetzen versucht. Dieser nämlich behauptet, sich ausschließlich von der Befriedigung seiner Triebe leiten zu lassen. Vor allem aber ist er vom Ideal der Armut besessen. Er glaubt, durch die Selbstzüchtigung der Armut jeder Sünde den Boden entziehen zu können. Daher sei eine arme Hure besser als eine tugendhafte, reiche Dame. Fleischliche Lust bedeute für Arme überhaupt keine Sünde. Darum dürfe eine Frau, die sich aus Armut prostituiere, auch niemals als Sünderin angesehen werden.

Es ist durchaus denkbar, dass auch ein beispielhafter Text wie die Reimerzählung von der Nonne *Beatrijs* aus der Mitte des dreizehnten Jahrhunderts mit solchen Ideen spielt. Würden diese nicht am ehesten verständlich machen, warum die gefallene und irregeleitete Titelheldin beschließt, sich zu ihrer und ihrer Kinder Unterhalt zu prostituieren? So geht sie für ihre Seele das geringste Risiko ein und entspricht gleichzeitig dem göttlichen Auftrag, dem Schöpfer auf Erden zu dienen. Solche Vorstellungen kursierten jahrhundertelang unter den Beginen und Laienschwestern Brabants und wurden zudem immer wieder von rührigen Priestern abgesegnet.

Die Geschichte von Willem Cornelis' schändlicher Ketzerei wird noch im *Biënboec*, einer populären Exempelsammlung des fünfzehnten Jahrhunderts (nach dem lateinischen Original des »Gemeinwesens der Bienen« von Thomas von Cantimpré), ausführlich beschrieben und in Handschriften und Wiegendrucken vielfältig verbreitet. Darin findet sich auch die Willem zugeschriebene Kernaus-

sage der Freigeisterei überhaupt:»Wie das Feuer den Rost verzehrt,
so werden vor Gott alle Sünden ausgelöscht, die in Armut begangen
wurden.«

Angesichts der Geschichten über das Auftreten eines gewissen
Tanchelijn im Jahre 1110 in Antwerpen ist es ein verführerischer Gedanke, für die Schelde-Metropole eine frühe millenaristische Tradition anzunehmen. Vielleicht jedoch handelt es sich hier nur um eine
Tradition der Gerüchte, denn wie so oft ist das Quellenmaterial beschränkt und stammt durchweg aus dem gegnerischen Lager. In diesem Fall gibt es lediglich einen Brief der Utrechter Kanoniker an den
Kölner Erzbischof. Nun würden die Geistlichen dem Rheinischen
Oberhirten natürlich nicht schreiben, wenn sie nicht etwas Spekta-
kuläres zu berichten hätten, und zwar von besagtem Tanchelijn, der
als aufwühlender Volksprediger mit seinen Anhängern durch Flandern, Brabant und Seeland ziehe. Insbesondere habe er es auf Antwerpen abgesehen. Der Geistlichkeit, dem Gottesdienst und den
kirchlichen Gnadenmitteln schwört er ab. Er nennt sich gottgleich,
weil er die Fülle des Heiligen Geistes empfangen habe. Des Weiteren
widmet er sich mit Feuereifer dem Beischlaf, wo immer sich die Möglichkeit dazu bietet, was seiner Verlobung mit einem Bildnis der
Mutter Gottes jedoch offensichtlich nicht im Wege steht.

In diesem Selbstverständnis nebst zugehöriger Handlungen lässt
sich – zumindest im Ansatz – vieles von dem wieder finden, was auch
die Bewegung des Freien Geistes kennzeichnet. Dies gilt vor allem
für die von Tanchelijns Jüngern (angeblich) praktizierte Promiskuität. Sein engster Vertrauter, der Schmied Manasses, gründet eine
aus zwölf Männern bestehende Bruderschaft, die sich »Die Gilde«
nennt und deren Mitglieder sich als Apostel verstehen. Auch sie haben sich in ihrer Mitte eine Maria auserkoren, die reihum mit ihnen
schläft. Ihr Gott ist Tanchelijn, den sie so sehr verehren, dass sie sogar sein Badewasser unter der Anhängerschaft verteilen. Das sei
nämlich heilsamer als die Sakramente.

Vor allem jedoch ist Tanchelijn Millenarist. Seiner Lehre zufolge
werde sehr bald ein Tausendjähriges Reich des Überflusses und der
Gerechtigkeit anbrechen. Gerade hierin erweist er sich als Volksprediger, der unzählige Arme und Bedürftige zu verführen weiß.

Zu den Galionsfiguren der Freie-Geist-Bewegung gehört auch die Begine Margareta Porete aus Valenciennes, die 1310 in Paris als Ketzerin verbrannt wurde. Wie ein Chronist meldet, hatte sie verkündet, dass eine Seele, die der Liebe Gottes teilhaftig sei, jedem Verlangen des Körpers folgen dürfe, ja sogar folgen müsse. Alle moralischen Gesetze waren damit außer Kraft gesetzt. Und damit nähern wir uns dem zentralen Anliegen der angeblich so ketzerischen Freigeisterei. Im Grunde wehren Gläubige wie Margareta Porete – und sie ist längst nicht die einzige – sich gegen die krämerhafte Vorstellung, man könne sein Sündenregister durch eine bestimmte Zahl guter Werke und die Zurschaustellung äußerlicher Tugenden quasi abrechnungsgenau reduzieren. Man versuche, sich so einen guten Platz im Himmel zu erkaufen, was nur allzu leicht in Neid, Heuchelei und Selbstgefälligkeit entarte. Kritik an einer solchen Haltung wurde offenbar von vielen geübt. Jedenfalls ist auffällig, dass der Text, der schließlich zu Margaretes Verurteilung zum Tod auf dem Scheiterhaufen führte, schon eine ganze Weile ohne ihren Namen kursiert hatte, ohne dabei je als ketzerisch Anstoß zu erregen.

Aufgrund ihm zugeschriebener Predigten und sonstiger Texte wurde der große Mystiker Meister Eckhart wiederholt als Vater der Freigeisterei bezeichnet. Auch Jan van Ruusbroec scheint dieser Meinung zugetan, angesichts der Tatsache, dass sein eifriger Schüler und Hausgenosse Jan van Leeuwen den deutschen Mystiker besonders heftig attackiert. Dennoch muss man sich fragen, wie begründet solche Verdächtigungen sind, zumal viele Texte Eckharts in mittelniederländischer Übersetzung eine zweifelhafte Authentizität besitzen. In dieser Form jedoch bestätigen sie in der Tat die Annahme einer ausgeprägten Freigeisterei.

Die zahlreichen Texte, die unter Eckharts Namen in den Niederlanden kursieren, demonstrieren, wie man auf dem Weg selbst gewählter Erniedrigung zu mustergültiger Vollkommenheit gelangen kann. In verschiedenen Exempeln wird dieser religiöse Kunstgriff den Lesern schmackhaft gemacht: So besucht in einem jener Texte ein Laienbruder einen Einsiedler, den er durch seine große Vollkommenheit in maßloses Erstaunen versetzt. Auf dessen Fragen hin erklärt der Bruder, diese durch völlige Armut und grenzenlose Demut erreicht zu haben. Er kenne nun keine Gebrechen mehr und sei gänzlich in Gott aufgegangen: »Ic hebbe mynen wil also verenicht mitten godliken wille, dat God niet werken en mach sonder my.« (Ich habe meinen Willen so sehr mit dem Gottes vereinigt, dass Gott ohne mich nicht wirken kann.) Es sind solche – nota bene als Predigt-Intermezzi gedachte – Texte, die Meister Eckhart den Vorwurf der Ketzerei einbringen.

Wahrscheinlich ist es die völlige Missachtung der kirchlichen Gnadenmittel, die der Kirche als Institution am meisten Bauchschmerzen bereitet. Wichtiger jedoch ist in diesem Rahmen festzuhalten, dass die Freiheit des Geistes, wie sie die höhere Mystik verspricht, alles andere als gemeine Ausschweifungen im Sinn hat. In der Praxis zielt jene meist auf etwas ganz anderes. Von einzelnen Ausnahmen abgesehen, liegt die Betonung nämlich stets auf Weltentsagung und dem Abtöten aller irdischen Bedürfnisse. Enthaltsamkeit und nicht das Eintauchen in irdische Genüsse kennzeichnet die orthodoxe Mystik, der es eher um spirituelle Vollkommenheit als um ketzerische Exzesse geht. Nun haben die Plädoyers für etwas mehr sexuelle Freizügigkeit, die wir – wie schon erwähnt – auch in der Literatur vorfinden (und dort nicht nur im *Roman de la Rose*), durchaus eine praktische Seite: Nicht von ungefähr vertraten die Averroisten, Schüler des im 12. Jahrhundert lebenden spanisch-arabischen Philosophen Averroes, die im Jahre 1277 vom Pariser Bischof als Ketzer verurteilt wurden, immer wieder die Auffassung, dass völlige sexuelle Enthaltsamkeit in einer sündigen Welt die Tugend erst richtig in Gefahr bringe, indem sie sie in geradezu unmenschlicher Weise auf die Probe stelle.

Die Bewegung des Freien Geistes war alles andere als eine straff organisierte Vereinigung, die über ganz Europa verbreitet gewesen wäre. Die Annahme einer solchen »Gemeinschaft« beruhte vielmehr auf einer Liste so genannter ketzerischer Lehrmeinungen, die jeder neuen unorthodoxen Bewegung kurzerhand zugeschrieben wurden. Auf diese Weise kommt es in den Beschreibungen ketzerischer Bräuche in den verschiedenen Regionen Europas zu großen Übereinstimmungen. Diese sind jedoch eher Resultat eines standardisierten

Fahndungs- und Sündenkatalogs als ein Beweis für die übergreifende Vernetzung dieser Gruppen. Es ist sehr fraglich, inwieweit all die genannten Personen und Gruppierungen tatsächlich die ihnen zur Last gelegten Ausschweifungen praktizierten. Eher ist es so, dass die Kirche jeder Form religiöser Abweichungen, die sie als Angriff auf ihre Autorität betrachtete, das Etikett der Freigeisterei anheftete. Dies gilt auch für die Anschuldigungen gegen Margareta Porete und Meister Eckhart, die Gründer und geistige Inspirationsquelle dieser Bewegung gewesen sein sollten.

Die vermeintlichen Anhänger der Freigeisterei wurden meist als Beginen, Begarden oder Lollarden bezeichnet und damit im Wesentlichen den semi-religiösen Laienbewegungen zugerechnet. Zweifel an der Ehrbarkeit ihrer Absichten hatte es von Anfang an gegeben, da sie nicht nach einer von Rom anerkannten Ordensregel lebten und sich auf diese Weise jeder Kontrolle entzogen. Vor allem beschuldigte man sie des ungezügelten Herumvagabundierens und der Betrügerei. Aus diesem Vorwurf leitet sich der Name »Lollard« ab, der auf ein englisch-niederländisches Schimpfwort für das Geschwätz zurückgeht (»lullen« = schwafeln, einlullen), mit dem die Wanderprediger gutgläubige Bauern und Bürger unter Berufung auf ihre Armutsideale angeblich zu täuschen versuchten. Darüber hinaus verdächtigte man sie unaufhörlich der ausgeprägten Lüsternheit.

Vor allem das so genannte *Ad nostrum*-Dekret aus dem Jahre 1311 in Vienne wirft den Beginen und Begarden des deutschen Sprachraums weit reichende Ketzereien vor: Sie würden den Kern der Bewegung des Freien Geistes bilden. Das Dekret nennt acht Irrlehren, an denen sich Ketzerei ganz allgemein erkennen lasse. Der erste Lehrsatz ist gleich der bedeutendste: der Glaube an die eigene Vollkommenheit. Danach könne der Mensch auf Erden einen solchen Grad an Perfektion erreichen, dass er außerstande sei zu sündigen. Fasten oder Beten seien dann nicht mehr nötig, da alles, was er tue, vollkommen sei. Darum dürfe dieser erleuchtete Mensch sich auch all seinen Wünschen und Trieben hemmungslos hingeben (zweiter Lehrsatz).

Das Prinzip menschlichen Gehorsams sei danach ebenso überflüs-

Lollarden-Geschwätz; Übersetzung: »Lollarden lullen dich ein, das ist ihre
Masche, damit füllen sie sich ihre Tasche. / Wie Reineke Fuchs die Hühner, so
haut der Lollard die Fraun übers Ohr«; Holzschnitt aus einem Horoskop für
das Jahr 1488; aus: *Truwanten* (ed. 1978), 96.

sig wie das Befolgen der kirchlichen Gesetze. Dabei würden sich die
Ketzer – natürlich zu Unrecht – auf jene Bibelstelle berufen, die be-
sagt: »Wo aber der Geist des Herrn ist, da ist Freiheit« (Lehrsatz drei).
Das Gebot der Tugend richte sich nur an die Unvollkommenen; ihm
zu folgen sei ein Zeichen der Sündigkeit. Die Perfekten dagegen folg-
ten nur ihrer Natur, so wie es auch im Paradies üblich gewesen sei.
Einer Aussage der Straßburger Inquisition aus dem Jahre 1317 zufolge hinderten die »Freien Geister« gesunde und starke Männer so-

gar daran, körperliche Arbeit zu verrichten. Schließlich sei Arbeit die Strafe für jene (Erb-)Sünder, die das Paradies verspielt hätten; zu diesen aber wollten sich die vermeintlichen Mitglieder der Bewegung nicht mehr zählen. Diese Auffassungen bestimmten jahrhundertelang das Bild der Freigeisterei in ganz Europa, das durch Aufsehen erregende Prozesse gegen Beginen, Begarden und andere auf der Grundlage des Vienner Dekrets immer wieder erneuert wurde. Auch die Literatur trägt zur Verdächtigung ganzer Gruppen und zur Klischeebildung bei, sowohl durch – vorsätzliche oder implizite – Unterstützung jener ketzerischen Ideen (siehe *Roman de la Rose*) als auch durch unzählige Anschuldigungen sowie Hohn und Spott, die man vor allem gegen Beginen richtete. Dadurch wird die »Bewegung« des Freien Geistes gegen Ende des Mittelalters für viele zu einer erwiesenen Realität, die jeden Moment wieder an einem anderen Ort zuschlagen kann.

3 Genießen wie Adam

Vollkommenheit auf Erden ist also möglich – im Grunde kann jeder einen Zustand der Sündlosigkeit erreichen; viele haben es sogar bereits geschafft. Es ist wichtig festzuhalten, dass im Mittelalter an diese Möglichkeit ebenso fest geglaubt wurde, wie wir heute davon ausgehen, dass es sich dabei vor allem um Einbildung handelte. Dieser Vorstellungsmechanismus weist große Ähnlichkeiten mit dem der einsetzenden Hexenverfolgungen auf, die ab Ende des fünfzehnten Jahrhunderts systematisch betrieben wurden: Man beweist, was man glauben will, und folglich *gibt* es nach Meinung weiter Bevölkerungskreise – einschließlich der Gebildeten – tatsächlich Hexen.

Völlige Immoralität kennzeichnet nach allgemeiner Auffassung die Geisteshaltung dieses Ketzertums, dessen Anhänger sich als gottgleich empfinden. Ein in diesem Zusammenhang immer wieder gehörter Vorwurf ist der, dass sie ihr »natürliches« Verhalten als Freibrief benutzten, nur ihrem Vergnügen zu leben. Persönlicher Besitz existiere nicht für sie; also nähmen sie sich, was sie brauchten, wo immer sie es fänden. Eine ihrer populärsten Redewendungen sei denn auch: »Was das Auge sieht und begehrt, muss die Hand greifen.« Angesichts ihrer Propagierung paradiesischer Sexualität liege eine besondere Verehrung des Erzvaters Adam natürlich auf der Hand. Immer wieder ist in den Berichten von Nudismus die Rede, der nicht selten in erotische Orgien ausarte.

Hierbei wird deutlich, dass die Gegner die ketzerischen Vollkommenheitsideale mit solchen Geschichten vor allem ins Zwielicht zu

Genieße wie Adam 375

rücken versuchten. Aus Angst und Besorgnis, Frustration und rigider Orthodoxie meldet man ab dem elften Jahrhundert überall in Europa adamitische Umtriebe, die stets in stark gleich lautenden Worten an den Pranger gestellt werden. Sie liefen nackt herum, versuchten das Paradies wieder auferstehen zu lassen und gäben sich in nächtlichen Orgien völlig promiskem Sex hin. Ein spezielles Modell für das Erkennen von Adamianern konnte man schon bei Augustinus und Isidor von Sevilla finden, nach deren Beschreibungen das ganze Mittelalter hindurch und selbst später noch adamitische Gruppen dingfest gemacht wurden. In der gleichen Tradition äußert sich Eduard de Dene, wenn er in seinem *Testament rhetoricael* von 1561 bei der Behandlung der Völlerei über die »Adamiten vruchtpluckers« (adamitische Schmarotzer) schimpft. Für ihn sind diese Zöglinge Adams Genusssüchtige par excellence, die über den irdischen Verführungen das Jenseits vergessen.

Trotz der ideologischen Einseitigkeit all dieser Verdächtigungen und Pseudo-Beweisführungen nach dem Muster der *self-fulfilling prophecy* sowie der klischeehaften Darstellungen in der Literatur lässt sich doch davon ausgehen, dass die beschriebenen Verhaltensweisen im Rheingebiet, in Nordfrankreich und den südlichen Niederlanden tatsächlich und wiederholt vorgekommen sein müssen. Einen konkreten Hinweis hierauf bildet eine Bewegung (niederer) Geistlicher und Patrizier in Brüssel, die um 1400 unter dem Namen *Homines intelligentes* von sich reden macht. Diese »Erleuchteten« versuchen das Rad der Geschichte seit dem Sündenfall zurückzudrehen, indem sie das irdische Paradies im Hier und Jetzt in die Tat umsetzen. Dabei richten sie ihr Augenmerk besonders auf das paradiesische Sexualleben.

Mit Hilfe der ortsansässigen Beginen beginnen die Brüsseler frohgemut das Aufrichten ihres Gliedes zu trainieren, wobei sie ihren Partnerinnen glaubhaft versichern, dass ihre Jungfräulichkeit davon unberührt bleibe. Von Sünde oder Lust konnte vor dem Sündenfall nach dem noch immer maßgeblichen und von der Kirche mitgetragenen Urteil des Augustinus schließlich keine Rede sein. Das ausführliche Protokoll des 1411 gegen die Gruppierung geführten Prozesses gibt Auskunft darüber, an was diese Menschen glaubten, wie sie sich verhielten und wozu sie sich bekannten. Auch hier bleibt vieles ungeklärt, was jedoch nicht verhindern konnte, dass nach Meinung vieler nach diesem Prozess die den Erleuchteten zugeschriebenen Praktiken eindeutig erwiesen waren. Im Übrigen ging die Sache eher glimpflich aus: Die Hauptschuldigen wurden verbannt, und die Beginen erhielten eine öffentliche Verwarnung.

Es verwundert schon ein wenig, wie frohgemut die beiden niederländischen Cocagne-Texte von der ersten Verszeile an mit diesem doch so stigmatisierten Gedankengut spielen. Dies geschieht zunächst durch das Anpreisen eines Landes, in dem – auf Gottes Gebot! – jede Arbeit verpönt sei, und gleich darauf durch den Hinweis auf die Galionsfigur des materiellen Millenarismus als Herrscher dieses Landes: den Heiligen Geist. Im weiteren Textverlauf sieht es so aus, als ob der Lebensstil Cocagnes voll und ganz dem entspricht, was man den Ketzern immer wieder vorhielt: vom Schwelgen im Überfluss über die Abwesenheit von Privatbesitz bis hin zur auch dort ungezügelten Promiskuität.

Die wichtigste Parallele zwischen Cocagne und der millenaristischen Freigeisterei sind die Regentschaft und Verehrung des Heiligen Geistes.

In seiner Funktion als inspirierendes Vorbild lässt sich der Heilige Geist besonders bei den bereits erwähnten Brüsseler *Homines intelligentes* nachweisen. In den Prozessakten von 1411 jedenfalls spielt er die Hauptrolle. Einer der Anführer der Sekte war der schon etwas ältere Aegidius Cantor, ein – wie es heißt – ungebildeter Laie, der seinem Namen zufolge jedoch durchaus als Chorleiter eine Rolle im kirchlichen Leben gespielt haben könnte. Möglicherweise wird er nur deswegen als Laie geführt, weil es zu den üblichen Ketzereien der Freigeister gehörte, sich als bar jeden Besitzes und jeder Bildung darzustellen. Dieser Aegidius glaubte, vom Heiligen Geist erleuchtet zu sein, wodurch er meinte, sich den schockierendsten sexuellen Exzessen hingeben zu müssen. Er, Aegidius, befinde sich bereits im Tausendjährigen Reich oder dem dritten Zeitalter, das Joachim von Fiore prophezeit habe. Und in diesem Zustand perfekter Sündlosigkeit habe er nun die Aufgabe, das Gegenteil der kirchlichen Lehren von Armut, Mäßigung und Gehorsam zu verkünden.

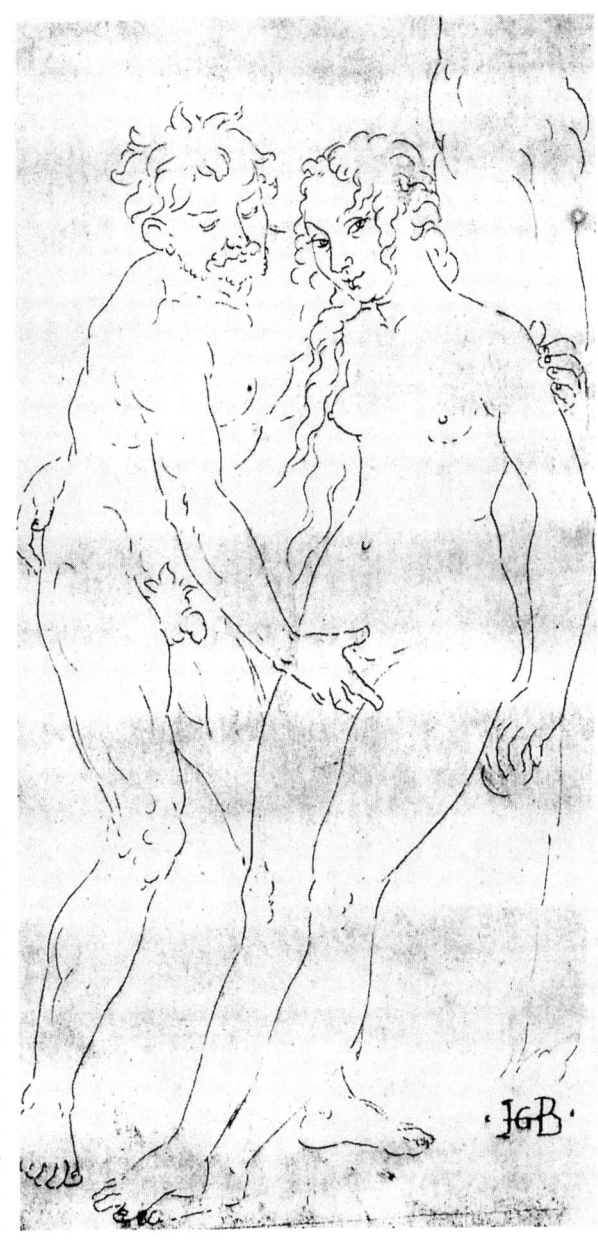

Sex zwischen
Adam und Eva
im Paradies;
Zeichnung
nach einem
Stich von
Hans Baldung
Grien, erste
Hälfte d.
16. Jahrh.; aus:
M. Bernhard,
*Hans Baldung
Grien* (1978),
283.

Der andere Anführer der Brüsseler Sekte, Willem van Hindernissem, streitet anfangs jede Beteiligung ab. Später äußert er sich – will man den Prozessakten folgen – jedoch ganz und gar in der Sprache dieser radikalen Mystiker. Auch er nennt dann den Heiligen Geist immer wieder die Quelle der geistigen Freiheit, der er teilhaftig geworden sei.

Vor allem im Spätmittelalter wird der Name des Heiligen Geistes vor allem mit Trost, Inspiration und Erleuchtung verbunden, die den Blick auf reiche Belohnungen in naher Zukunft und Ewigkeit eröffneten. Bis dahin werden mit seinem Namen schon einmal wohltätige Einrichtungen wie Armentafeln und Hospitäler benannt, die die akute Not der Bedürftigen bereits im Diesseits lindern.

Auch im Gebrauch der Volkssprache beschreiten Ketzerei und Cocagne ähnliche Wege. Die Vertreter der Inquisition werden nicht müde, auf die raffinierte Propaganda unter breiten Bevölkerungsschichten hinzuweisen, die ihren Erfolg gerade der Verwendung des Alltagsidioms verdanke. Hierbei muss man sich vergegenwärtigen, dass die Vermittlung solcher Texte damals eine öffentliche Angelegenheit war. Inmitten einer Gruppe Interessierter wurde lauthals vorgetragen, was man zu sagen hatte. Die Verbindung von Volkssprache und religiösen Themen – die Verbreitung geweihten Gedankenguts unter die Massen also – galt als höchst suspekt. Selbst das Übersetzen eines heiligen Textes wie der Bibel rief größten Argwohn hervor. Darüber beklagte sich etwa Jacob van Maerlant anlässlich der Bearbeitung von Petrus Comestors Historienbibel zu seiner berühmten *Rijmbijbel* (Reimbibel; um 1270). Ungefähr zur gleichen Zeit schrieb umgekehrt der Franziskaner Gilbert van Doornik an den Papst, diese Übersetzungs- und Verkündigungswut habe dazu geführt, dass nun auch Frauen sich mit den Glaubenssätzen befassten und sie dabei unvermeidlich in ketzerischer Weise verdrehten.

Die mittelniederländischen Cocagne-Texte, die – wie ihre moralisierenden Implikationen erkennen lassen – auch ernste Absichten verfolgen (davon später mehr), spielen denn auch mit dem noch immer virulenten Millenarismus ein gewagtes Spiel. Gut möglich ist auch, dass dabei zugleich die rigiden millenaristischen Auffassungen des spirituellen Zweigs der asketischen Franziskaner des dreizehnten

Jahrhunderts aufs Korn genommen werden. Diese Armuts-Fundamentalisten – sie wollten noch weniger besitzen als die ärmsten Bettler – fassten das Tausendjährige Reich als Herrschaft des Heiligen Geistes auf, unter der, auf der Grundlage selbst gewählter Armut, eine in vollkommener Harmonie lebende Menschheit sich dem Gebet und der mystischen Kontemplation hingebe. Verglichen damit ist Cocagne als angebliche Schöpfung des Heiligen Geistes eine verkehrte Welt, die mit ihrem Reichtum und ihren Ausschweifungen dieses Ideal der Franziskaner verhöhnt. Darüber hinaus könnte so mancher es auch als Entlarvung der Scheinheiligkeit dieser Bestrebungen aufgefasst haben, denn wenn man den zahlreichen zeitgenössischen Quellen Glauben schenken darf, klafften auch bei manchem Ordensbruder zwischen Wunsch und Wirklichkeit Abgründe.

Dennoch stellt sich die Frage, welche Rolle die Cocagne-Texte und andere unbekannte Realisierungen des Stoffes in dem Prozess gespielt haben, den man vielfach als Umschlagen der Sehnsucht nach dem goldenen Zeitalter in jene Versuche bezeichnet hat, ein solches – ausgehend von den Prophezeiungen über ein unmittelbar bevorstehendes Tausendjähriges Reich – tatsächlich wieder zu realisieren. Für diese Entwicklung werden häufig die Jahre um 1380 genannt, in denen die Städte Flanderns, Brabants und Nordfrankreichs von einer ungewöhnlich heftigen Welle aufständischer Gewalt heimgesucht wurden. Es ist jedoch fraglich, ob sich der Zeitpunkt einer solch massenhaften Mentalitätsveränderung je so genau bestimmen lässt.

Cocagne jedenfalls – das steht fest – ist zu keiner Zeit als eine revolutionäre oder zum Aufstand ermunternde Phantasie betrachtet worden und hat auch nie in dieser Richtung gewirkt. Cocagne will nicht existieren, weder in der Vergangenheit noch in der Zukunft. Es bleibt eine spielerische Wunschvorstellung, die den verschiedensten Zielen dienen kann. Vielleicht wirken die verschiedenen Funktionen des Spotts, der Kompensation und Moralisierung bei manchem Rezipienten auch alle gleichzeitig. Eine revolutionäre Zielsetzung jedoch lässt sich eben aufgrund des gleichermaßen humoristischen wie fiktionalen Charakters dieser Vorstellung mit Sicherheit ausschließen.

Wahrscheinlicher ist es, dass die mittelniederländischen Reimtexte dem altbekannten Cocagne-Stoff einen aktuellen satirischen Aspekt hinzufügen, indem sie das Land als Schöpfung des Heiligen Geistes präsentieren. Auf diese Weise werden all die Phantastereien über ein Tausendjähriges Reich und einen alles erlaubenden Zustand komplett sündloser Unschuld mit einem Federstrich ins Lächerliche gezogen. Die schriftlich fixierten Cocagne-Texte stehen vor allem im Dienst von Satire und Moral. Dies äußert sich unter anderem in einer scharfen Kritik an jedweder Sittenlosigkeit, die von sich behauptet, Vorgeschmack der ewigen Wonnen des Jenseits zu sein. Die erotischen Passagen der Erzählung zielen in die gleiche Richtung. Wie bereits angemerkt, wirken sie am Textende etwas verloren und gehören sicher nicht zum Kernmaterial des Cocagne-Stoffes. Gerade hinter dieser Hinzufügung zu den jahrhundertealten Themen des Schlemmens und Faulenzens verbirgt sich aktuelle Satire. Den damaligen Zuhörern dürfte klar gewesen sein, dass es sich hier besonders um Anspielungen auf die allgemein vorausgesetzte Promiskuität der Beginen und Begarden – beziehungsweise der Brüder und Schwestern des Freien Geistes – handelte. Gerade die von keiner Ordensregel gebundenen Laienschwestern galten als ständig geil und bereit, mit jedem, der sich ihnen andiene, ins Bett zu steigen.

Ketzerei mit exzessiver und abseitiger Sexualität zu assoziieren, war weit verbreitet. Schon Bernhard von Clairvaux schürte in seinen heftigen Angriffen gegen die Ketzerei solche Vorurteile. Das Vortäuschen eines perfekten Lebens – er verwendet andere Ausdrücke – sei nichts anderes als ein Vorwand zur Befriedigung der schändlichsten Triebe. Die Ablehnung der Ehe führe unvermeidlich zu Promiskuität, Inzest, Selbstbefriedigung, Homosexualität und anderen in seinen Augen scheußlichen Exzessen.

Die angebliche Sex-Besessenheit der Freigeisterei bot einen willkommenen Anlass, auch die Bewohner Cocagnes nach Belieben übereinander herfallen zu lassen. Die Entsprechungen zu den vermeintlich ketzerischen Ansichten in diesem Punkt gehen bis ins Detail. So existierte nach dem »Geständnis« eines Begarden aus dem vierzehnten Jahrhundert namens Johann von Brünn unter den Vollkommenen ein Zeichensystem, mit dem sie einander ihre jeweiligen Bedürfnisse zu erkennen gaben. Ging es dabei um Sex, wurde darauf sofort positiv reagiert; schließlich demonstrierte gerade die lustvolle sexuelle Hingabe die völlige Freiheit des Geistes im Zustand der Unschuld, in dem alles erlaubt war. Darum war man einander unverzüglich zu Willen, selbst wenn der jeweilige Bruder oder die jeweilige Schwester soeben erst von der Kommunion kam. Gerade dann sollte der Bruder umgehend zustoßen, und zwar »kräftig, zwei oder vier Mal«.

An anderer Stelle spricht Johann davon, dass es die vornehmste Aufgabe der Frauen sei, sich von Brüdern des Freien Geistes begatten zu lassen. Dass er dabei im Prinzip an sündlosen paradiesischen Sex dachte, beweist seine Versicherung, die Jungfräulichkeit der Damen bleibe hierbei unangetastet. Mehr noch: Selbst eine Frau, die diesen Zustand eigentlich längst hinter sich gelassen hat, kann damit rechnen, nach Paarung mit einem vollkommenen Bruder wieder absolut unbefleckt zu sein.

Nun gibt es auch in Cocagne viele schöne und bereitwillige Frauen. Ob Mann oder Frau, auf bloßen Zuruf eilt jeder herbei, um gleich zur Sache zu kommen. Fassung B gibt hierzu sogar noch den ausdrücklichen Kommentar: »sonder sunde ende sonder schande« (Und 's ist weder Sünde noch eine Schande). Dies ist die Kernaussage der Freigeisterei – Cocagne und öffentliche Meinung machen hieraus: Frauen sind nach ihrer Natur für den Beischlaf bestimmt. Da der Mensch im erleuchteten Zustand frei von Sünden ist, kann er nichts Sündiges oder Schädliches tun. Ein jeder folge seiner Natur. Damit kommentiert Cocagne auch die weit verbreiteten Auffassungen über die ketzerische Sittenlehre, die man insbesondere den Beginen und Begarden zuschrieb.

Der satirische Zusammenhang zwischen Freigeisterei und Cocagne mag sich denjenigen noch deutlicher mitgeteilt haben, die daran dachten, welch strenge Fastenexerzitien es erforderte, den genannten Zustand der Vollkommenheit zu erreichen. Wie wir schon feststellten, kursierten hierüber die bizarrsten Geschichten – vor allem über Frauen in klosterähnlichen Gemeinschaften. Auch hierauf reagiert Cocagne in karikierender Weise. Für die Bewohner des Landes besteht der größte Genuss darin, sich mit gewaltigen Mengen an Essen und Trinken voll zu stopfen. Das erinnert sofort an eine Verspottung der franziskanischen Armutsapostel, die ihre leidenschaftliche Entsagung ebenfalls mit millenaristischen Ideen begründeten. Auch hier gehen die satirischen Übereinstimmungen bis ins Detail. So spricht Meister Eckhart – als einer der angeblichen Führer der »Bewegung« – in einer ihm zugeschriebenen Predigt von einer besonderen Gnade, die nur erleuchteten Menschen zuteil werde: Gerade durch Faulenzen und Völlerei nämlich kämen sie Gott immer näher. Während die anderen fasteten und wachten, könnten sie futtern und schlafen. Und das sind, wie beide Reimtexte wiederholt betonen, auch die bekannten Hauptbeschäftigungen der Einwohner Cocagnes.

4 Cocagne in Brabant?

Nur das niederländische Cocagne-Material knüpft unmittelbar an die Freigeisterei an, was sich vermutlich aus der großen Verbreitung ketzerischen Gedankenguts gerade in den südlichen Niederlanden und dem Niederrhein-Gebiet erklären lässt.

Tanchelijn, Willem Cornelis und vor allem die in Brüssel wirkenden und schließlich verurteilten *Homines intelligentes* werden überall als Speerspitzen des Freien Geistes betrachtet, ganz zu schweigen von den zahlreichen Einrichtungen der Beginen.

Eine dem weit verbreiteten Beichtspiegel *Des coninx summe* hinzugefügte Passage zeigt, dass die Freigeisterei gerade in Brabant die Gemüter heftig bewegte. Jan van Rode, der dieses Werk 1408 im Karthäuserkloster Zeelhem bei Diest aus dem französischen Original übersetzte, kann sich nicht mehr zurückhalten, als er in seiner Bearbeitung bei der Behandlung der Willensfreiheit und wahren Freiheit des Geistes angekommen ist. Voll Erregung über seine Wahrnehmungen in der Umwelt erweitert er den Text um eine Anklage gegen all jene, die diese Freiheit offenbar vollkommen falsch verstehen. Wie selbstverständlich spricht er von ihnen als »arme, betrogene Lollarden«, wobei er sichtlich davon ausgeht, dass jeder schon wisse, wer gemeint sei. Sie hielten sich für frei im Geiste, weil selbst schmutzige und schwere Sünden für sie nicht existierten. Auch glaubten sie, ihren Körper der abscheulichsten Wollust hingeben zu können, ohne ihren Geist dadurch in irgendeiner Weise zu beeinträchtigen.

Doch nach dieser noch einigermaßen verständnisvollen Einleitung zieht Jan erst richtig vom Leder: Er beginnt zu schimpfen, was das

Zeug hält. Woran diese Einfaltspinsel glaubten, sei eine »böse, hässliche und teuflische Häresie«. Es sei eine Schande, dass man solche »faulen, hinterlistigen Gauner« überhaupt noch im Lande dulde. Gebe Gott, sie kämen schnell in die Hölle (wo sie ohnehin landen werden), dann fielen einfältige Menschen wenigstens nicht länger ihren Betrügereien zum Opfer. Und um seinem leidenschaftlichen Ausbruch noch eins draufzusetzen, beendet er seine Attacke mit einem passenden Vers: »Wer glaubt zu sein vom Freien Geist, / der ist des Teufels selbst zumeist.«* Erst nachdem er sich solchermaßen abreagiert hat, kann Jan sich – der französischen Vorlage wieder brav folgend – weiter mit der wahren Freiheit des Geistes auseinander setzen.

Vor allem im Werk des Brabanters Jan van Ruusbroec (1293–1381) jedoch schlägt die Empörung über die Ketzereien der Freigeister hohe Wellen. Unablässig scheint er gegen deren wirkliche und vermeintliche Anhänger – einschließlich der Mutter Oberin der »Bewegung«, Margareta Porete – zu Felde zu ziehen. Ein gewisser Vorbehalt ist hier jedoch angebracht, weil er an keiner Stelle Namen von Personen oder Titel von Werken nennt. Inhaltlich aber richtet sich seine wiederholt vorgetragene Kritik eindeutig gegen das Gedankengut des Freien Geistes, besonders in jener Form, wie Margareta Porete es vertritt. Den Äußerungen seines Schülers Jan van Schoonhoven zufolge war sein Meister geradezu von der Idee besessen, die in Brabant so erfolgreiche »Sekte vom Freien Geist« mit Stumpf und Stiel auszurotten.

Ruusbroec vermittelt den Eindruck, von etwas Alltäglichem zu berichten, mit dem er unaufhörlich konfrontiert wird. Unerträglich ist ihm vor allem, dass die Anhänger der Sekte sich auf den Heiligen Geist als geistigen Führer berufen. Die Ketzer behaupten ja, nur dieser und nicht etwa Gott sei in ihnen wirksam. Auch missbilligt er aufs Schärfste ihren Glaubenssatz, aufgrund ihrer völligen Armut im Geiste den Kategorien von Gut und Böse endgültig enthoben zu sein. In den nördlichen Niederlanden ist es Geert Grote (1340–1384), der

---

* Dit sijn des duvels eyghen beesten, / al heten si hemselven die Vrye Gheesten.

sich als ein mindestens ebenso eifriger Ketzerjäger hervortut. Auch er hat es vor allem auf die Freigeisterei abgesehen, die aus den deutschen Ländern herüberschwappt und mit spektakulären Prozessionen wilder Tänzer und Flagellanten Aufsehen erregt. Nicht zufällig sind geistliche Lehrer wie Ruusbroec und Grote solch überzeugte Ketzerjäger. Das verlangt schon der Ruf, den sie anstreben oder den man ihnen posthum beizulegen versuchte. Wichtig ist festzuhalten, dass es jedes Mal Ideen des Freien Geistes sind, die sie auf die Barrikaden treiben. Dies macht deutlich, dass solche Obsessionen, ob zu Recht oder nicht, offenbar die Gemüter vieler in Brabant und Umgebung in Unruhe versetzten.

Noch im sechzehnten Jahrhundert setzt Anna Bijns die selbstgewisse Betonung des Heiligen Geistes mit Ketzerei gleich, wenn sie dem verhassten Martin Luther vor die Füße wirft, dass er das richtige Verständnis der Bibel gepachtet zu haben und außerdem »vervult van den Heylighen Gheest« (vom Heiligen Geist erfüllt) zu sein glaube. Freigeisterei ist Ketzerei, und der Ketzer par excellence für Anna ist Luther. Angesichts der Tatsache, dass Annas Weltbild und Begriffsapparat mit denen weiter Teile der (Stadt-)Bevölkerung parallel laufen, lässt sich aus dieser Assoziation von Reformation und Freigeisterei schließen, dass diese Art der Ketzerei die Gemüter in Antwerpen und Brabant nach wie vor stark beschäftigt. Und so können auch die satirischen Konkretisierungen des Cocagne-Materials aus dem fernen Osten Brabants – unsere Texte B und L – um 1500 ihren Spott über diese Freigeisterei bequem an einem noch immer existenten Volksressentiment aufhängen.

Doch wenn Cocagne sich auch noch so sehr über die so enthusiastisch und ausdauernd verkündeten Wunschträume der Freigeisterei lustig macht, so erstrecken Parodie und Provokation sich doch gleichzeitig auf die extreme Selbstkasteiung und Selbsterniedrigung der Bewegung der Devotio Moderna (»Neue Frömmigkeit«). Wir bleiben insofern im gleichen Kontext, als den Freigeistern zufolge der Zustand eines vollkommenen, sündlosen Lebens nur erreicht werden konnte, indem man sich von allem körperlichen und geistigen Ballast befreite. Ganz so weit wollten die »Neuen Frommen«, die Brüder und

Schwestern des Gemeinen Lebens, zwar nicht gehen, doch auch sie träumten in ihrer volkstümlichen Mystik letztlich von Belohnungen, die ihnen in Gestalt himmlischer Seligkeiten des spirituellen Reichtums zuteil werden würden. Die Erhebung in den Stand der Sündlosigkeit geschieht in den Cocagne-Texten durch Schlemmen, Saufen, Faulenzen und Kopulieren. Die Anhänger der Devotio Moderna dagegen versuchen dieses Ziel dadurch zu erreichen, dass sie sich gegenseitig in Enthaltsamkeit und Selbstkasteiung überbieten. In Handschriften mit Lebensbeschreibungen dieser Brüder und Schwestern werden hierüber die unglaublichsten Geschichten erzählt. Das ständige Um-Vergebung-Bitten unter den Frauen – selbst dann, wenn sie zu Unrecht beschuldigt wurden –, das Küssen der Füße aller Schwestern im Refektorium und das Reinigen der Latrinen mit bloßen Händen gehören zum Standardpaket. Will man sich von den anderen unterscheiden, muss man die wiederholten Schuldbekenntnisse schon stark übertreiben oder sich gar erfundener Sünden bezichtigen.

Höchst effektiv ist es auch, als hoch gestellte Person die niedrigste Arbeit zu verrichten. So hilft der Prior von Marienborn seinen Brüdern wiederholt beim Ausheben der Senkgrube. Ausdrücklich gibt er Weisung, dass niemand ihn dabei stören solle. Zufällig aber trifft ihn dann doch einmal der vollzählige Gemeinderat von Deventer bei seiner unappetitlichen Arbeit an. Auf die überraschte Frage, was er dort suche, ruft er freudig zurück: »Das Himmelreich, das Himmelreich!«

Die beeindruckendsten Übungen jedoch bestehen im Zurückdrängen der natürlichen Bedürfnisse nach Essen, Trinken und Schlafen. Die ersten Asketen des Christentums, bekannt auch als Wüstenväter, gründeten ihr Verhalten auf die Überzeugung, dass schon das geringste Zugeständnis an diese Bedürfnisse dem Teufel in die Hände spiele. Zu viel Essen und Schlafen errege die Lüsternheit, was den bösen Feind sofort auf den Plan riefe. Die ersten Eremiten und Mönche versuchten sich durch Demonstrationen äußerster Entsagung gegenseitig zu übertreffen, womit sie während des gesamten Mittelalters als leuchtende und inspirierende Vorbilder galten.

Schwester Liesbeth Gisbers etwa (gest. 1442) war ganz versessen darauf, bei den Mahlzeiten das gröbste und unappetitlichste Essen für sich zu beanspruchen. Glückte ihr dies nicht, weil eine Gesinnungsgenossin ihr zuvorgekommen war, machte sie ein beleidigtes Gesicht, als habe man ihr großes Unrecht angetan. Eine ihrer Aufgaben bestand im Bewachen des Feuers, an dem sich die Schwestern Tag und Nacht wärmten. Zum Schüren griff sie dabei von Zeit zu Zeit mit bloßen Händen in die glühenden Kohlen. Damit hatte sie großen Erfolg, da ihre Mitschwestern jedes Mal darüber erschraken. Doch dann lachte sie fromm und sagte, dass sie nichts fühle, da ihre Hände von der langen und vielen Arbeit hart und ausgedörrt geworden seien. Ein anderes Beispiel ist Bruder Thonis, der gegen sein natürliches Schlafbedürfnis ankämpfte. Er wollte nicht länger als zwei Stunden pro Nacht schlafen. Drohte ihn der Schlaf zu übermannen, so stellte er sich an ein offenes Fenster, und zwar so, dass er leicht hinausfallen konnte. So gelang es ihm, vor Angst wach zu bleiben.

Lidwina von Schiedam, keine direkte Anhängerin der Devotio Moderna, doch ebenfalls Meisterin der Askese, versteht es, während ihres achtunddreißig Jahre dauernden Krankenlagers alle anderen in der Ablehnung irdischer Genüsse zu übertreffen. Nach ihrer Überzeugung bedeutet Nahrungsverweigerung Freiheit von jeder körperlichen Abhängigkeit und irdischer Verstrickung. Sie gerät zuletzt in einen Zustand der »anorexia sacra«, einer heiligen Magersucht. Zudem eitern ihre Wunden auf das Abscheulichste, und unzählige Würmer machen sich über ihren geschundenen Körper her. Ein solches selbst auferlegtes, medizinisches Horrorszenario voll unvorstellbarer Qualen sucht im Mittelalter seinesgleichen. Zweifellos muss es dafür ein Publikum gegeben haben. Aus kaum zwei Jahrzehnten um das Jahr 1500 sind nicht weniger als drei volkssprachige Handschriften und vier Buchausgaben erhalten, die von Lidwinas sakrosanktem Leiden berichten.

Zwischen 1414 und 1421 verweigert Lidwina jedwede Nahrung und schläft im Ganzen weniger als zwei Nächte. Sie erbricht – will man den mittelalterlichen Quellen glauben – Teile ihres Darms sowie von Leber und Lungen. Sie hat riesige Löcher im Körper, die mit Pflastern von Aal- oder Hühnerfett, Honig, Mehl und Rahm bedeckt werden, um die Würmer herauszulocken. Man befürchtet, dass sie sonst bei lebendigem Leibe aufgefressen würde. Die erbrochenen

Darmfragmente hängt sie auf ein Gestell neben ihrem Bett. Und bei alldem bittet sie Gott ständig um weitere Prüfungen.

Solche erschütternden Geschichten von heiligen Heldentaten kursieren gegen Ende des Mittelalters in vielfältiger Weise und fesseln die Massen. Hinter alldem stand die Überzeugung, dass irdisches Leiden Sinn habe und dass Entsagung den rechten Pfad zur Ewigkeit bedeute. Doch steckte auch Hochmut in diesen überzogenen Exerzitien des Fastens und der Selbstkasteiung, was selbst bei den Asketen nicht ohne Kritik blieb, die so wenigstens einmal etwas zu beichten hatten. Dieser Überheblichkeit stellen die Cocagne-Texte unbändiges Saufen und gnadenloses Fressen als ironische Alternativen entgegen. Zumindest könnten beide Fassungen durchaus so aufgefasst worden sein.

Noch enger jedoch ist der Bezug der mittelniederländischen Cocagne-Texte zu den chiliastischen Träumen breiter Bevölkerungsschichten von einem Tausendjährigen Reich der Gleichheit, der Harmonie und des Überflusses. Cocagne untersteht der Schirmherrschaft des Heiligen Geistes. Angesichts einer solchen Regentschaft wird es für viele unvermeidlich zu jenem Traumland, von dem man immer wieder hört; meist zwar von allerhand zwielichtigen Gestalten, doch auch von Priestern und Beginen. So fließen Cocagne und dieses Reich in der Vorstellung fast unentwirrbar zusammen. Den Brüsseler Prozessakten von 1411 zufolge waren die verurteilten Anhänger der Freigeisterei der festen Überzeugung, dass sie in ihrem Reich das genaue Gegenteil der von der Kirche gelehrten Armut, Enthaltsamkeit, Mäßigung, Selbstbeherrschung und des Gehorsams leben müssten. Diese frohgemute Ablehnung aller irdischen Zwänge nun nimmt die verkehrte Welt Cocagnes höchst ironisch auf die Schippe.

VII Lernen, um zu überleben

1 Die Didaktik des Kontrasts

Schon mehrmals haben wir festgestellt, dass die mittelniederländischen Cocagne-Texte und der Prosaschwank über Schlaraffenland auch moralisierende Intentionen aufweisen. Texte
B und G bringen diese unverblümt zum Ausdruck. In der Schluss-
passage fordert Text B seine Zuhörer unverhohlen dazu auf, sich nach
Cocagne zu begeben – doch die Empfehlung gilt nicht für jeden: Nur
diejenigen brauchen sich angesprochen zu fühlen, die weder Arbeit
noch andere Anstrengung mögen, die ihr Geld verprassen und gern
ein Lotterleben führen. Sonst würde es in Cocagne auch zu voll.
Diese Schlussbemerkungen sind offensichtlich ironisch gemeint und
verleihen Cocagne den Charakter einer Verkehrten Welt, die vor allem der Moralisierung und Belehrung dient. Dieses Prinzip ist in der
Literatur und bildenden Kunst des Spätmittelalters äußerst populär
und wird auch im Rahmen der verschiedenen Volksfeste – allen
voran der Karneval – immer wieder gern praktiziert.

In Prosatext G kommt diese Lehr- und Moralisierungsabsicht noch
stärker zum Ausdruck. Schon das zweizeilige Versmotto zu Beginn
lässt an den Intentionen des Textes keinerlei Zweifel: »Faul sein und
gierig, auf niemand zu hören, / Diese drei Dinge ins Unglück stets
führen.« Nun könnte natürlich auch das wieder ironisch gemeint
sein, gäbe es nicht am Schluss jene acht Verszeilen, die die im
Prosatext so fröhlich empfohlenen Exzesse unmissverständlich verurteilen. Damit stellt auch dieser Text sich in die ehrwürdige Tradition der verkehrten Welt, hier im Sinne einer Lehrerzählung für
junge Männer, die sich dem süßen, bequemen Leben hingeben. In

Defen ghedicht is vanden ouden befchreuen
Ende tot onderwijs den jongers ghegheuen
Die lup en lecker leuen ghewent/zijn/
O ng iefchict ende onachtfaem tot allen fijn/
Die beshoortme int Lup-lecker-lant te wijfe
Op datfe haer ongefchickt heyt laten rijfen/
Ende datfe hebben op arbeyt acht/
Want lap en ledigh nopt deught en wracht.

F I N I S.

Schluss des Schlaraffenland-Textes (G) mit achtzeiliger, moralisierender Schlussbemerkung in Versform; *Veelderhande geneuchlijcke dichten* [s. Dichten], fol. G4 recto.

Schlaraffenland sollen sie ihre Nichtsnutzigkeit verlernen, denn dort können sie sehen, dass ihr Schlendrian zu nichts Gutem führt.

Der Schluss des eigentlichen Prosatextes weist in dieselbe Richtung. Dort werden, ähnlich wie in B, die »verlorenen Kinder« dazu aufgefordert, sich nach Schlaraffenland zu scheren – auf jeden Fall, wenn sie ihr Leben weiter so führen wollen wie die Bewohner jener Gegend. Und das heißt: ohne jede Ehre, Tugend, Höflichkeit, Weisheit, Bildung und ohne jeden Anstand; in Schlaraffenland seien sie bestimmt geliebt und geachtet.

In diesen Aussagen ist unschwer die Tradition der Ständesatire zu erkennen, wie sie in vielen Texten und Bräuchen jener Zeit vorkommt; man preist das Umgekehrte dessen an, was man erreichen will, wodurch die Äußerungen und das beschriebene Verhalten automatisch einen ironischen Charakter annehmen. Wenn B und G nun parallel zu diesem satirischen Verfahren die eigentlichen Absichten des Textes nochmals ausdrücklich erläutern, so ist dies ein Zeichen dafür, dass die Autoren befürchten, die beabsichtigte Botschaft könnte in der schriftlichen Textfassung womöglich übersehen wer-

den: Würde man die Geschichte wörtlich vom Papier ablesen oder
vortragen, wäre es denkbar, dass der Leser oder Zuhörer die Ironie
nicht mitbekommen und die geschilderten Exzesse als direkte Hand-
lungsempfehlung oder positives Traumangebot auffassen. Schließlich bleibt die Kompensationsfunktion dieser Phantasie auch in den
geschriebenen Texten noch weitgehend vorhanden, vor allem, wenn
man ohnehin ein Bedürfnis nach Linderung seiner Ängste und
Frustrationen in die Rezeption mit einbringt.

Auch im Rest Europas wird das Cocagne-Material im Spätmittelalter und der frühen Neuzeit zur Moralisierung verwendet. So spielen die französischen Texte mit Bräuchen der Charivari und Verkehrten Welt, die ebenfalls eine stark moralisierende, oder besser:
disziplinierende Funktion besitzen. Eine ähnliche Intention ist auch
auf einem deutschen Stich von ca. 1520 erkennbar – noch vor dem
Schwank von Hans Sachs also, der Text G als Vorlage diente: Die Abbildung zeigt einen lachenden Mann mit allen Attributen eines verdorbenen Nichtsnutz, der seine Zeit mit leichten Frauen im Badehaus
verbringt. Im Begleittext erfahren wir, dass er Hans Lützelhüpsch
(Wenigschön) heiße und aus »Schlaraffenland« komme, wo ausschließlich solche Menschen lebten wie er.

Diese moralisierenden und anderen Neuinterpretationen des Materials erfolgen in erster Linie mit Hilfe der Ironie. Das bedeutet, dass
ein großer Teil des Publikums mit Form und Wirkungsweise der Darstellung einer Verkehrten Welt vertraut sein muss. In den südniederländischen Städten des Spätmittelalters war dies mit Sicherheit
der Fall. Und entstand doch einmal Unklarheit über die Bedeutung
einer Darbietung, eines Textes oder Brauches, so gab es garantiert irgendeinen Vortragenden, Mitzuhörer oder -feiernden, der einen auf-
klären konnte. Eine solche Unterstützung fällt natürlich weg, wenn
man als Leser mit einem handschriftlichen oder gedruckten Text allein ist. Autor oder Bearbeiter können dann nur darauf hoffen, dass
die von ihnen schriftlich niedergelegten Bedeutungssignale ihre Absichten ausreichend verdeutlichen und dass sie Weltbild und ideologischen Bezugsrahmen ihres Publikums richtig eingeschätzt haben.
An Letzteren kann der Aufzeichner wenig ändern, doch die Signale
im Text können bei Bedarf und je nach Wunsch verstärkt oder näher

Hans Lützelhüpsch kommt aus Schlaraffenland, wie auch die Eule und das Bordell auf seiner Nase angeben; aus: Vandenbroeck (1989), 103.

erläutert werden. Genau dies nun scheint jedes Mal zu erfolgen, wenn das Cocagne-Material die mündliche Erzählpraxis verlässt und wie in Fassung B dem Papier anvertraut wird.

Reimtext L bleibt von diesem Erklärungsdrang weitgehend unberührt. Die moralischen Implikationen halten sich hier weitgehend im Hintergrund und müssen vom Vortragenden, Zuhörer oder Leser selbst realisiert werden. B und G dagegen wollen an ihrer Aussage nicht den geringsten Zweifel lassen. Hier kommt noch hinzu, dass die Entstehungszeit von L – um circa 1460 – zugleich die Hoch-Zeit des städtischen Karnevals bildet, während er bei B (um 1510) und G

(1546) durch elitäre Abkapselung, Fastnachtsverbote und eine allgemeine Unterdrückung der Volkskultur bereits stark im Abnehmen begriffen ist. Dies führt dazu, dass das Publikum des sechzehnten Jahrhunderts langsam den Kontakt zu gerade jenen Festbräuchen verliert, in denen man die Wirkung der Verkehrten Welt, der moralisierenden Ironie und verhüllten Kritik am eigenen Leibe erleben konnte. Die Frage, ob das Cocagne-Material selbst schon eine moralisierende Intention besitzt, lässt sich nicht beantworten. Die Wirkung des Stoffs war bei jeder Darbietung oder Niederschrift wieder anders und zudem abhängig von Zeit, Umständen und Publikum. Unsere Analysen können sich lediglich auf die schriftlichen Überlieferungen stützen, und dies impliziert in der Regel eine Anpassung an das Milieu, für das der jeweilige Text bestimmt war. Das bedeutet, dass das mündliche Material immer wieder mit anderen Formen und Vorstellungen vermischt wurde und Veränderungen erfuhr, die dem alten Stoff eine neue und attraktive Gestalt verleihen sollten. Dennoch bleibt vieles der alten Überlieferung auch in den jüngeren Fassungen noch sichtbar und erweist sich als brauchbar für die neuen Intentionen.

Im Prosatext von 1546 führt diese Adaptionsweise zu einer seltsamem Doppeldeutigkeit. Einerseits ist Schlaraffenland eine Verkehrte Welt, in der alles geschieht, was im wirklichen Leben nicht mehr vorkommen soll, wie etwa Saufen, Schlingen, Promiskuität, Rülpsen, Furzen und Faulenzen. Der größte Rüpel ist dort König, während die trübsten Tassen im Wettkampf zu Siegern ausgerufen werden, weil sie beim Laufen als Letzte ankommen oder beim Bogenschießen am weitesten danebentreffen. Der Text schließt mit der Bemerkung, dass junge Leute hieraus lernen können, wie es in der Realität nicht zugehen darf.

Daneben enthält G jedoch auch Elemente, die eine ganz andere Intention nahe legen: In Schlaraffenland herrscht nämlich herrliches Wetter, der Schnee ist aus Puderzucker, die Hagelkörner sind Süßigkeiten, und selbst der Sturmwind duftet nach süßen Veilchen. Dadurch erhält der Text einen merkwürdig widersprüchlichen Charakter, denn die genannten Segnungen machen das Land im Grunde wieder sehr attraktiv, auch für Menschen, denen an Rülpsen, Schlem-

Wettlauf; Holzschnitt aus dem Jahre 1539 von H. Weiditz; aus: W. Endrei, *Spiele und Unterhaltung im alten Europa* (1988), nr. 129.

men, Herumhuren und anderem marginalen Verhalten sonst wenig gelegen ist.

Für unser Verständnis stoßen hier zwei gegensätzliche Intentionen auf recht irritierende Weise zusammen. Wie können all die übertriebenen Karikaturen, die durch befreiendes Lachen Kompensationen für aktuelles Ungemach bieten, nun gleichzeitig ein Ansporn sein, gerade jenes Verhalten zu meiden? Im Mittelalter vertragen solche Funktionen sich jedoch sehr gut, wobei sie sich in der Regel sogar gegenseitig verstärken. Scherz und Belehrung dienen einander – eine Überzeugung, die tief im geistlichen Humor verwurzelt ist, den die Kirche als eine Art Schmiermittel benutzt, um ihre Botschaft so leicht wie möglich auf die breite Bevölkerung zu übertragen.

Die Vermischung des Heiligsten mit dem Banalsten wird seit dem dreizehnten Jahrhundert vor allem von Bettelorden wie den Minderbrüdern erfolgreich praktiziert. Diese beschreiben den Gipfel himmlischer Entrückung immer wieder in Begriffen göttlicher Trunkenheit, die sie in höchst irdische Formen übersetzen. Dann wird Gott zum Wirt, bei dem man ordentlich einen heben kann, bis alle von ihm betrunken sind. Schließlich lässt Gott in der Bibel selbst wissen, dass er manchmal ein wenig beschwipst ist und was für gute Folgen das haben kann.

So stellt es zumindest eine katechetische Handschrift des fünfzehnten Jahrhunderts dar, nicht ganz richtig übrigens, doch beweist dies einmal mehr, wie unbekümmert man mit solchen didaktischen Vulgarisierungen umzugehen pflegte: »Ich bin wie ein Trunkener, wie einer, der übermannt ist vom Wein. Diese Worte spricht unser Herr durch Jeremiam den Propheten.« Das Zitat stimmt nicht, denn an der bezeichneten Stelle (Jeremia, 23:9) ist es der Prophet selbst, der von seiner Ekstase angesichts von Gottes Herrlichkeit und Wort spricht. In der Handschrift jedoch ist es die Trunkenheit des göttlichen Wesens, an der der Gläubige sich ein Beispiel nehmen solle. In diesem Zustand nämlich braucht er die Anschläge des Teufels auf seine Sinne nicht mehr zu fürchten: In seiner Trunkenheit gibt es für ihn weder Gefahr noch Versuchung. Schmerz und Scham verschwinden, während einem das Herz in höchster Großzügigkeit aufgeht. Es lebe die Trunkenheit! Und welch ein Glück, dass sie sich auch noch selbst erhält, denn vom Trinken bekommt man immer neuen Durst!

Vor allem das Wunder der Hochzeit zu Kana, bei der Jesus Wasser in Wein verwandelte, liefert diesen ebenso belehrenden wie humorvollen Popularisierungen der Glaubensmythen einen festen Anknüpfungspunkt. Einen solchen Gast könne jeder sich nur wünschen, oder, wie ein Hochzeitslied des sechzehnten Jahrhunderts es ausdrückt:

Herr Jesus zu der Hochzeit kam;
Aus Wasser macht' er Wein,
Auf dass wir sollten fröhlich sein;
Schenkt ein den Wein, den Wein,
Den Wein nun schenket ein.*

---

* Heer Jesus in der bruyloft quam; / Van water maeckten hij wijn, / Omdat wij souden vrolijck sijn. / Wijnken en nu gaet in, / Nu wijnken en gaet nu in.

Heutigen Menschen mag dieses fromme Sauflied seltsam erscheinen, erst recht, wenn wir hören, dass ausgerechnet so vergeistigte Autoren wie die Mystikerin Hadewijch im dreizehnten und ihr männlicher Kollege Jan van Ruusbroec im vierzehnten Jahrhundert die Trunkenheit als Darstellung höchster Entrückung in die Literatur einführten. Für uns haben Ernst und Humor, vor allem in religiösen Dingen, strikt getrennt zu bleiben, sonst entstehen die größten Missverständnisse. Zwar kann der Ernst bisweilen ein wenig Scherz vertragen und besitzt der Humor manchmal eine so implizit wie möglich gehaltene Botschaft, aber ein gleichberechtigtes Ineinander-Aufgehen derben Humors und erhabener Heilsgeschichte macht auf uns vielmehr den Eindruck reiner, herabsetzender Blasphemie.

Eine beliebte Variante dieser humoristischen Einkleidung moralisch-religiöser Lehren bildet die gleichzeitige Darstellung einer Botschaft mit ihrem extremen Gegenteil. Dabei ist die zweite Komponente oft eine Verkehrte Welt, in der man nach Herzenslust den angenehmsten Sünden frönen kann. Literatur, bildende Kunst und Festbräuche wie die Spottpraktiken der Kirche, Fruchtbarkeitsrituale und der Karneval zeigen, wie sehr dieses Darstellungsprinzip seit dem zwölften Jahrhundert für immer mehr Menschen – vor allem in den Städten – zum Instrument wird, die Welt erträglich zu machen.

Im Laufe des sechzehnten Jahrhunderts jedoch sterben diese kollektiven Feste mehr und mehr aus. Die frühmoderne Gesellschaft spaltet sich in eine Vielzahl unterschiedlicher geistiger und politischer Ordnungsmodelle, wie sich nicht nur an den religiösen Auseinandersetzungen, sondern auch am zunehmenden Interesse an Utopien und den wiederholten Versuchen, diese im Hier und Jetzt zu verwirklichen, belegen lässt. Damit geht der zentrale Bezugspunkt für die spielerische Errichtung umgekehrter Ordnungen wie der Verkehrten Welt weitgehend verloren.

Im Mittelalter dagegen bestand dieser feste Richtpunkt für die allermeisten in der religiösen Lehre und deren Aussagen über die Einrichtung des Irdischen. Gott hatte auf Erden eine statische Ordnung geschaffen, die im gesellschaftspolitischen Bereich in die Praxis der Dreiständelehre übersetzt wurde. Zusammen sollten Bauern, Geistliche und Krieger die geliehene Welt verwalten, unterwegs zum gemeinsamen Ende im Jüngsten Gericht. Danach sei alles Zeitliche – und damit auch die irdische Ordnung – zu Ende und gehe in einer egalitären Ewigkeit auf. Es ist sicher kein Zufall, dass die frühesten Satiren einer Verkehrten Welt im elften Jahrhundert zeitgleich mit der ersten Offensive auftauchen, diese religiös fundierte Ständelehre zu verbreiten. Der Humor, mit dem dies einhergeht, verstellt uns jedoch nur allzu oft den Blick auf die höchst ernsten Intentionen dieser Rituale.

Ein weiteres Problem liegt darin, dass wir viele der spätmittelalterlichen Karikaturen des üppigen Lebens in jenen Verkehrten Welten vorschnell als unverfälschte Wiedergabe einer begehrenswerten oder abstoßenden Wirklichkeit betrachtet haben.

Beliebt und äußerst hartnäckig ist noch immer die Annahme, dass die uns überlieferten Quellen die mittelalterlichen Menschen mitten im prallen Leben ihres Alltags zeigen. Literatur und bildende Kunst sollen darauf aus gewesen sein, dieses Leben so realistisch wie möglich wiederzugeben. Und dank dieser Zeugnisse glauben wir nun zu wissen, dass die Menschen damals ihr Leben viel intensiver lebten als heute: Unverkrampft, ohne moralische Hemmungen, voll Hingabe an das Leben oder an Gott, sich selbst kasteiend oder im Schlamm paarend, wild saufend und den Geboten der Natur folgend, den Rausch ausschnarchend, brüllend vor Schmerzen oder vor Lachen. Diese sinnliche Hingabe an das Irdische erzeugt zwar bisweilen auch Ekel, doch ebenso auch Bewunderung und Neid, vor allem heute, da man sich der zunehmenden Denaturierung und Entfremdung des Menschen von seinen Wurzeln bewusst zu werden glaubt. Doch sollten wir uns fragen, ob wir all diese – am Gängelband unserer eigenen Sorgen so sehr ersehnten – Zeugnisse des mittelalterlichen »Realismus« nicht vielmehr als Karikaturen betrachten müssen, die jene Triebhaftigkeit gerade an den Pranger stellen. Und schöpfen diese Werke nicht zugleich einen lehrreichen Kontrast zu jener gottgewollten Ordnung, die der Mensch immer wieder verfehlte?

Es ist diese Welt niederer Triebe und äußerster Verdorbenheit, die in betrunkenen Bauern, extremer Sexualität, Fäkalfolklore, groben Mannweibern und menschlich handelnden Tieren angeprangert wird

– nicht selten direkt neben den Darstellungen der idealen, himmlischen Welt, in der Liebe und Harmonie regieren. Immer wieder sucht man im Mittelalter den Kontrast der Verkehrten Welt, um die gewünschte Ordnung umso klarer herauszustellen.

Solche Konfrontationen innerhalb desselben Textes oder derselben Vorstellung können uns heute maßlos verwirren. So steht in einem spätmittelalterlichen Gebetbuch direkt neben einem äußerst feierlichen Reim über das Leiden Christi die Abbildung eines Schneemanns – sehr unpassend nach unserem Geschmack, um nicht zu sagen blasphemisch: Er sitzt mit dem Rücken zum Betrachter auf einer Art Schemel und blickt ein wenig betreten in unsere Richtung, vielleicht, weil er seinen nackten Hintern gerade über einem Dreifuß verbrennt. Er trägt eine alberne Kopfbedeckung – sie erinnert an die Hüte, mit denen man im Mittelalter Juden darstellte –, als ob seine derb-komische Erscheinung an dieser Stelle nicht schon schlimm genug wäre.

Schneemänner sind im Mittelalter beliebte Figuren, mehr noch als heute. Sobald ausreichend Pappschnee gefallen war, baute man die ganze Stadt voll mit Schneemännern oder besser gesagt: wahren Skulpturen, die der »normalen« Bildhauerkunst sowohl technisch als auch thematisch in nichts nachstanden.

Verglichen mit jenen ebenso prächtigen wie vergänglichen Plastiken sieht der Schneemann der Handschrift recht primitiv aus. Doch vor allem: Was hat ein solcher Schneemann in einem religiösen Text zu suchen? Das daneben stehende Meditationsgebet handelt von den *arma christi*, den Marterwerkzeugen, die bei der Kreuzigung Jesu benutzt wurden. In der oberen Miniatur ist neben dem Essiggefäß der Schwamm abgebildet, mit dem Christus kurz vor seinem Tod noch verhöhnt wurde, oder, mit den Worten des Textes:

O Herr, kurz darauf ließest du das Leben,
Und sagtest du:»Es ist vollbracht.«[*]

---

[*] Heere, cort daerna lietty u leven, / Doen ghi spraect:›Het 's al voldaen.‹

Schmelzender Schneemann neben frommem Reimgebet; Den Haag, Kon. Bibl., hs. KA XXXVI, fol. 78 verso.

Und daneben nun ist der erschrocken wegschmelzende Schneemann abgebildet.

Wieder werden wir hier mit einer Belehrungs- und Rührungstechnik konfrontiert, die uns in hohem Maße fremd geworden ist, nämlich der schockierenden Kombination von frommem Ernst und plattem, alltäglichem Humor. Doch kann religiöse Belehrung ganz allgemein sich schon der profansten Mittel bedienen, so hat es mit diesem Randornament doch noch eine besondere Bewandtnis: Der idealen, von Gott gewollten Welt, für die er seinen eigenen Sohn opferte, wird in Literatur und bildender Kunst nur allzu gern die irdische Vergänglichkeit entgegengesetzt – und hierfür ist der Schneemann das ideale Sinnbild.

Diese Konfrontationstechnik führt zu oft bizarren Darstellungen. Wir erleben diese etwa in Kirchen und Kathedralen, in denen die Gargouilles (Wasserspeier) in Form boshafter Monster und Ungetüme, die sich der Schöpfung bemächtigt haben, auf uns herabgrinsen. In den Innenräumen ist das Chorgestühl mit Abbildungen sündiger Handlungen und grotesker Situationen geschmückt, wobei man auch vor Erotik und Fäkalien nicht zurückschreckt.

Noch näher verwandt mit den kontrastiven Bordürenillustrationen der Handschrift sind Kapitellornamente wie die eines Klosters in Toulouse: Dort wird nach dem Bericht des Apostels Matthäus dargestellt, wie Christus den Jüngern seine Göttlichkeit offenbart, doch darüber stehen wie in einem Comicstrip Abbildungen von Menschen beim Ringen, Hochspringen, Würfeln, Tricktrack-Spielen und Musizieren. Auch in den Körperhaltungen besteht ein extremer Kontrast zu den lang gestreckten und sittsamen Figuren darunter. Damit wird die Welt irdischer Vergnügen dem idealen Klosterleben gegenübergestellt. Hier wie auch sonst handelt es sich jedes Mal um die Darstellung einer verderbten Welt, die das Umgekehrte von Gottes Absichten verkörpert und in der der Teufel dem schwachen Menschen immer neue Fallstricke legt.

In diesem Rahmen offenbart sich der schmelzende Schneemann der Gebethandschrift – direkt neben der Beschreibung des wohl heiligsten Moments der irdischen Geschichte, dem Kreuztod Christi – als Abbildung der äußersten Vergänglichkeit. Anspielungen auf

Anal kopulierende Affen unter frommem Reimgebet; Den Haag, Kon. Bibl., hs.
KA XXXVI, fol. 69 recto.

Schnee und Frost in diesem Sinne kommen in Literatur und Bibel-kommentaren häufig vor.

Möglicherweise wird der Kontrast zwischen dem ewigen Leben und der vergänglichen Existenz auf Erden in eben genannter Gebet-handschrift noch verstärkt, indem man den Schneemann einen Judenhut tragen lässt. Dies erinnert an den Gegensatz zwischen »Ecclesia« und »Synagoge«, der im Mittelalter oft dazu benutzt wurde, den wahren Glauben scharf gegen das vermeintliche Heiden-tum der Juden abzugrenzen.

Diese Gegenüberstellungstechnik scheint auch auf anderen Seiten der Handschrift zu den Hauptgestaltungsprinzipien zu gehören. Man verdeutlicht die heiligen Höhepunkte der Passionsgeschichte durch die gleichzeitige Darstellung ihres bizarrsten Gegenteils. Am stärksten zeigt sich dies an einer Stelle, an der die geistige »Minne« beschrieben wird, die Gottvater, Sohn und Heiligen Geist zur Drei-einigkeit verbindet. Am unteren Rand der Seite sieht man zwei anal kopulierende Affen, womit die höchste Form der Liebe mit der nach damaliger Auffassung niedrigsten extrem konfrontiert wird: ret-tungslos vertiert und homosexuell – sündiger geht's nicht.

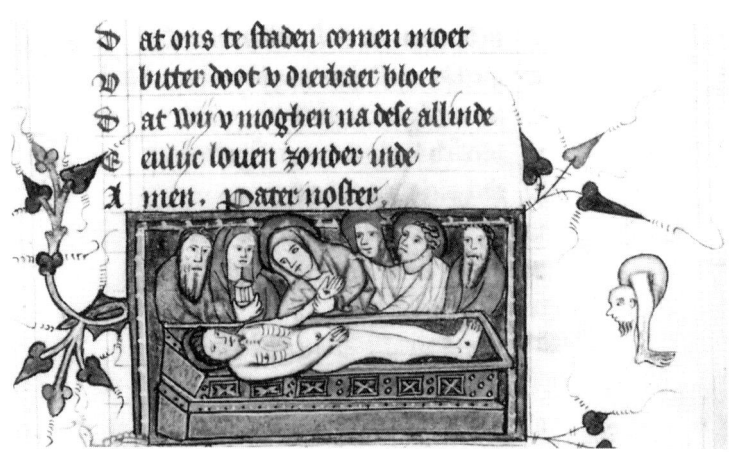

In sich zurückgekrümmte Gestalt neben Christi ausgestrecktem Körper; Den Haag, Kon. Bibl., hs. KA XXXVI, fol. 98 recto.

Eine andere Miniatur zeigt den lang gestreckten Körper Christi im Grab, dem – wieder am Blattrand – eine drollig verdrehte Figur gegenübergestellt wird, die gewissermaßen in sich selbst zurückkehrt. Diese Opposition der Körperhaltungen lässt sich als Darstellung höchster Hingabe des Erlösers zum Wohle der Menschheit gegen die irdische Selbstbezogenheit seiner sündigen Geschöpfe interpretieren. Auf einem anderen Blatt mit einem Text zum Heiligen Kreuz starrt eine verwunderte Gestalt den Leser um den Rand der Miniatur herum mit großen Augen an. Ist dies nicht der ultimative Ausdruck der menschlichen Unfähigkeit, das Mysterium von Jesu Opfertod zu begreifen?

Viele Bordürenillustrationen, sowohl in dieser als auch in anderen Handschrift(en), lassen sich weniger direkt auf den jeweiligen Text beziehen. Doch alle verkörpern sie eine Gegenwelt voll platter Alltäglichkeiten und grotesker Handlungen, die auf eine Verkehrte Welt verweisen. In der Literatur ist diese Belehrungstechnik schwerer zu erkennen, da die gottgewollte Ordnung dort nicht dargestellt, sondern nur implizit vorhanden ist oder global bezeichnet wird. So bleibt schließlich nur noch das Porträt einer Gegenwelt übrig, das so leicht zum Missverständnis einer realistischen Darstellung mittelalterlichen Lebens führt.

2 Verkehrte Welten

Das Kontrastieren der ursprünglichen Schöpfungsabsichten Gottes mit der realen Gegenwelt, in der der Teufel und seine Trabanten das Zepter schwingen, gehört zu den wichtigsten Gestaltungsprinzipien der mittelalterlichen Literatur und Kunst. Das Modell hierzu findet sich schon bei Augustinus. In seiner Gegenüberstellung von *civitas terrena* (dem irdischen Staat) und *civitas dei* (dem Gottesstaat) vertrat er die Ansicht, dass eine Erkenntnis der Herrlichkeiten des ewigen Lebens nur aus einer entsprechenden Darstellung der irdischen Verdorbenheit möglich war. Gott wusste von dem Bösen, das auf Erden entstehen würde, also hatte es eine Bedeutung. Nur durch das Übel konnte die Schönheit der Schöpfung sich in ihrer ganzen Pracht entfalten, oder anders gesagt: Ohne das Böse wäre das Schöne unsichtbar. Und sagte die Bibel nicht selbst: »Denn es müssen auch Parteiungen [Ketzereien] unter euch sein, damit die Bewährten offenbar werden unter euch«?

Diese Auffassung über die Wirkung von Kontrasten entlehnt Augustinus der klassischen Rhetorik, der Kunst der Beredsamkeit, mit der er von frühester Jugend an vertraut war. Ihre Konzepte bilden die Grundlage all jener Beschreibungen realistisch wirkender Exzesse sowie der skabrösen Karikaturen, die dazu dienen, ihr Gegenteil umso strahlender hervortreten zu lassen. Oder in Augustinus' Worten:

Durch die Gegenüberstellung solcher Gegensätze entsteht in der Erzählung eine höhere Schönheit. Ebenso entsteht auch Schönheit in der Beschreibung der Weltgeschichte, wenn man

Darstellung der Verkehrten Welt anhand von Tieren, die menschliche Handlungen verrichten; Stich aus Gotha, um 1533; aus: Geisberg (1974), G.1195.

gegensätzliche Dinge nebeneinander stellt: Es ist eine Art der Beredsamkeit mit Ereignissen statt mit Worten.

Die Modelle für diese Gegensätze, die er zur Darstellung von Schöpfung und Ewigkeit benutzte, fand Augustinus zuallererst in der Bibel. Besonders das Buch der Richter geht ausführlich auf die praktische Notwendigkeit der Gegensätze in Gottes Schöpfung ein. In ihnen bewegt sich alles Vergängliche auf die Ewigkeit zu:

> Alles hat seine bestimmte Stunde, und jedes Ding unter dem Himmel hat seine Zeit: Geborenwerden hat seine Zeit, und Sterben hat seine Zeit; Pflanzen hat seine Zeit, und Ausreißen hat seine Zeit; Töten hat seine Zeit, und Heilen hat seine Zeit; Einreißen hat seine Zeit, und Bauen hat seine Zeit; Weinen hat seine Zeit, und Lachen hat seine Zeit; Klagen hat seine Zeit, und Tanzen hat seine Zeit [...] Lieben hat seine Zeit, und Hassen hat seine Zeit; Krieg hat seine Zeit, und Friede hat seine Zeit.

Mit diesem Konzept nun lässt sich die Vorstellung der *concordia discors* (Einheit in Zwietracht) der antiken Rhetorik hervorragend verbinden. Die Natur erzeugt aus sich heraus ständig Gegensätze, denn nur im Kampf mit seinem Gegenteil kann sich das Gute beweisen und so zur Ordnung und Schönheit des Ganzen beitragen. Und trotz der andauernden Zwietracht bleibt die alles überspannende Einheit erhalten.

Die Suche nach Antithesen ist geradezu der Kern der klassischen Redekunst: Schließlich geht der Redner immer von einem Gegner aus, den es mit Contra-Argumenten zu überzeugen oder zu widerlegen gilt. In Anknüpfung an Bibel und Rhetorik weisen die mittelalterlichen *artes poeticae* (Dichtungslehren) denn auch auf die speziellen Möglichkeiten der Darstellung Verkehrter Welten hin, zu der sich die Literatur besonders eigne:

> Kunst [...] kann beinahe zaubern und weiß alles auf so schöne Weise darzustellen, dass das Letzte das Erste wird, die Zukunft Vergangenheit, das Entfernte das Nahe, das Indirekte das Unmittelbare; so werden bäurische Dinge kultiviert, Alt verwandelt sich in Neu, öffentlich in privat, Schwarz in Weiß und schmutzig in kostbar.

Die Mystikerin Hadewijch liefert hierfür ein exzellentes Beispiel, und zwar in einem 50-zeiligen Reimtext, in dem sie das Wesen der geistigen Liebe auszudrücken versucht. Gerade an dem Elend, das diese immer wieder bei jenen hervorruft, die nach ihr suchen, zeige sich ihre wahre Art. Von Anfang an spricht die Dichterin in Paradoxen, die den gesamten Text durchziehen:

> Das Lieblichste der Minne sind ihre Stürme; im tiefsten Abgrund ist ihre schönste Form; sich in ihr verirren, ist ihr nahe kommen; für sie zu hungern ist herrliche Speise; ihre Verzweiflung ist Sicherheit, ihre schmerzlichste Verwundung ist Genesung; für sie zu sterben heißt weiterzuleben.

Natürlich kann man dieses Modell auch zur Beschreibung der himmlischen Wonnen benutzen, wobei die negative Komponente durch die Verneinung mit den positiven Qualitäten verbunden wird, die da-

durch umso stärker hervortreten. Dies geschieht in mancher mittelniederländischen Paradiesbeschreibung, wie etwa in *Sinte Augustijns
hantboec* (Handbuch des heiligen Augustinus):

> O lebendiges Leben, o ewiges Leben in nimmer endender Selig-
> keit; dort herrscht Freude ohne Betrübnis, Ruhe ohne Arbeit,
> Würde ohne Furcht, Reichtum ohne Verlust, Gesundheit ohne
> Krankheit, Überfluss ohne Mangel, Leben ohne Tod, Ewigkeit
> ohne Vergänglichkeit, Seligkeit ohne Elend.

Diese rhetorische Technik wird in der Lügenliteratur gleichzeitig an-
erkannt und verspottet, indem sie höchst ungewöhnliche Gegensätze
in einen angeblich logischen Zusammenhang stellt. Wie wir bereits
gesehen haben, wurde auf diese Weise auch die Reiseliteratur des
klassischen Altertums und Mittelalters aufs Korn genommen. Dabei
gehörte es zum humoristischen Verfahren, die Kontraste zwischen
der eigenen Welt und der der fremden Völker in absurden Gegensätzen zu parodieren.

Noch wichtiger vielleicht für die mittelalterlichen Anwendungen
dieser Technik ist die Tradition, die auf der Offenbarung des Johannes und seiner Kommentatoren beruht: Gegensätze sind darin das alles beherrschende Strukturprinzip, um so plastisch wie möglich den
Endkampf zwischen Gut und Böse darzustellen. Dabei wird das Böse
immer wieder als die Negation des Guten oder dessen vollkommene
Abwesenheit beschrieben. Unter Hinweis auf Augustinus bestätigt
auch Thomas von Aquin diese Auffassung: Das Schlechte hat seinen
festen Platz in der Ordnung der Dinge, um das Gute umso besser hervortreten zu lassen:

> Viele guten Dinge würden verschwinden, wenn Gott das Böse
> nicht zuließe. Denn Feuer würde nicht aufflammen, wenn die
> Luft nicht verpestet werden dürfte, und ebenso wenig würde
> ohne den Tod des Esels der Löwe am Leben bleiben. Auch könnte
> man Gerechtigkeit und Geduld eines Opfers niemals loben,
> wenn es keine Ungerechtigkeit gebe.

In der Literatur äußert sich die Verkehrte Welt vor allem in Form der Zeitklage. Nach diesem verbreiteten Genre ist die Schöpfung seit dem Sündenfall zu einen Tollhaus entartet, das zur völligen Dominanz des Teufels zu verkommen droht. Dann jedoch werde Gott definitiv eingreifen. Inzwischen konnte jede irdische Eigenschaft oder Handlung – schließlich immer Ausdruck der vergänglichen, um ihrer Sünden gestraften Welt – im Sinne von Augustinus' *civitas terrena* die Verkehrte Welt repräsentieren. So erscheint diese Gegenwelt in der Bildtradition des hart sein Land bestellenden Bauern oder schwer arbeitenden Städters. Allerdings ist gerade im Spätmittelalter bei der Interpretation solcher Darstellungen Vorsicht geboten. Zweifellos wurzeln diese Abbildungen in der Tradition der Arbeit als göttlicher Strafe für den Sündenfall. Doch mehr und mehr spielt hier auch eine positive Sichtweise hinein, und zwar im selben Maße, wie Arbeit und Natur positiver bewertet wurden.

Dass die bildende Kunst sich für die Darstellung des irdischen Tollhauses gern der Satire bediente, sahen wir bereits bei den drolligen Bordürenillustrationen der Handschriften, den Gargouilles sowie den Gestühl- und Kapitellornamenten der Kirchen. Doch auch Graphiker bedienen sich dieser Technik. So nimmt der Moralprediger Hans Vintler im Jahre 1486 in die gedruckte Ausgabe seines *Buches der Tugend* Holzschnitte auf, die seine Lehren mit einer Reihe witziger Beispiele aus der Verkehrten Welt verdeutlichen sollen: Ein Bischof spielt mit einem Kreisel, ein Mönch reitet hoch zu Ross und übt mit einer Armbrust, Nonnen fahren in einem Wagen zum fürstlichen Hof, ein Mann sitzt am Spinnrad, ein Kind tötet einen Bären, und Knechte reiten auf stattlichen Pferden, während ihre Herren hinterherlaufen.

In der Literatur existiert dieses Verfahren fast nur in Gestalt der Satire auf reale gesellschaftliche Erscheinungen. Die Komplikationen nehmen jedoch zu, wenn im Rahmen der Karnevalsrituale die existierende Welt in ihren Idealen umgekehrt und das Gegenteil der erwünschten Tugenden und Verhaltensweisen angepriesen wird. Ein frühes Beispiel hierfür findet sich schon in der Darlegung der Aufgaben der drei Stände bei Bischof Adalbert von Lâon im elften Jahrhundert: Ihm zufolge versagten die Menschen nur allzu oft in der Er-

Verkehrte Welt mit auf den Pferden ihrer Herren reitenden Knechten in Hans Vintlers *Buch der Tugend* (1486); aus: Bartsch (1983), nr. 23 713.

füllung ihrer standesgebundenen Pflichten. Die Welt müsse ja untergehen, wenn der Bauer mit einer Krone auf dem Kopf herumlaufe, der Fürst nur noch bete und der Bischof hinter dem Pflug herstolpere. Um dieselbe Zeit behandeln auch die *Carmina Burana* dieses Motiv in mehreren Liedern, was darauf hinweist, dass die Aufrechterhaltung des gegebenen Ständemodells im hohen Mittelalter ein drängendes Problem geworden ist, dessen sich auch die lateinische Satire annimmt. In einem der Lieder mündet die Klage über die Verlotterung der modernen Studenten in die Schilderung einer Welt, die insgesamt ihrem Ende entgegenrast: Der Esel spielt die Harfe, der Ochse tanzt bei Hofe, während die Geistlichkeit das Feld bestellt. Biblische und klassische Figuren ebenso wie Kirchenväter und Päpste verhalten sich entgegengesetzt jeder Überlieferung: Martha liegt faul in den Kissen, während Maria Magdalena sich im Haushalt abrackert. Die keusche Lucretia bietet sich an der Straßenecke den Männern an, und heilige Kirchenväter wie Hieronymus und Gregorius der Große sitzen feilschend und Unsinn redend in der Schänke.

Jedenfalls ist die Präsentation einer Verkehrten Welt, mal allein, mal zusammen mit der Darstellung der idealen Ordnung, in der mittelniederländischen Literatur äußerst populär. Ziel ist jedes Mal die Kritik an der Verdorbenheit der eigenen Umgebung. Ein Lied aus der Brügger Gruuthuse-Handschrift (zweite Hälfte des vierzehnten Jahrhunderts) beginnt mit dem verzweifelten Ausruf: »Ich weiß beim besten Willen nicht, wie ich mich soll verhalten!« und nennt gleich danach den Grund: »Die Welt ist auf den Kopf gestellt / Und Untreu' steigt, wo Treue sinkt.«*

Der Spruchdichter Boudewijn van der Luere liest in seiner Reimerzählung *Van tijtverlies* (Vom Zeitvertreib) der Verdorbenheit seiner Zeit kräftig die Leviten: Die Tugend weiche überall dem Laster, die heilige Kirche sei das Zentrum von Wucher, Schieberei und Ämterkauf, Schande komme vor Ehre, die Jugend spiele sich als Meister auf, und die Geilheit regiere. Dutzende Verse braucht Boudewijn, um alle Sünden seiner Zeitgenossen aufzuzählen, die die Welt gewiss noch in die Verdammnis führten: Gott werde sich nicht mehr mit Warnungen wie Verwüstungen, Naturkatastrophen, Bränden und Epidemien begnügen. Dies alles sei nur ein Kinderspiel im Vergleich zu dem, was sein Schwert der Gerechtigkeit schon bald anrichten werde.

Der Text besitzt fast Modellcharakter. Dies gilt nicht nur für den kontrastiven Aufbau, sondern auch für die Beschreibung der Sünden und der Menschen, die Boudewijns Gegenwart in eine Verkehrte Welt verwandelt hätten. So gibt es treffende Parallelen zu einem strophischen Text aus der Handschrift Jan Pillipszoons aus Leiden um 1470; doch auch sonst kehrt das Muster überall wieder und gehört etwa zu den beliebtesten Themen des Brügger Rederijkers Anthonis de Roovere.

Auch in der Londoner Cocagne-Handschrift findet sich ein solcher Text: Er steht direkt vor dem medizinischen Scherzrezept und der Erzählung von Cocagne, wobei die enge Verwandtschaft dieser drei Texte mittlerweile deutlich sein dürfte: Im ersten dient die Verkehrte Welt zur satirischen Beschreibung der verdorbenen Gegenwart, im

---

* Ic weet bi bilich, hoe gheneren! / De werelt es sosere verdrayt: / Ontrauwe rijst daer trouwe daelt.

zweiten wird sie in die karnevaleske Form des Lügentextes gegossen und im dritten schließlich als ironisch gemeinte moralische Lehranstalt präsentiert. In allen drei Fällen jedoch handelt es sich um eine satirische Gegenwelt.

Der genannte Text präsentiert sich unmittelbar als Zeitklage:

Nun seht, wie voll die Welt von Neid!
Für Gutes ich dir Böses bereit,
Hilfst du mir auf, werf ich dich nieder,
Und ehrst du mich, schänd' ich dich wieder.*

Diese vollkommene Entartung resultiert aus dem Verschwinden von Wahrheit und Gerechtigkeit. Betrug und Unkeuschheit regieren; Glaube, Demut und Sanftmütigkeit haben den Kampf verloren. Hass und Neid entstehen an überladenen Tischen, denn sobald die Speisen verzehrt sind, ist es aus mit der Freundschaft – Geld regiert die Welt.

Dieser Schluss schlägt eine Brücke zu dem Text nach dem Scherzrezept und dem über Cocagne, wodurch die vier Texte zu einer höheren Einheit verbunden werden. Bei Letzterem nämlich handelt es sich um ein satirisches Gedicht auf Latein über die Allmacht des Geldes. So sind Cocagne und das Scherzrezept umgeben von Satiren über die Schlechtigkeit der existierenden Gesellschaft, wobei das Kontrastprinzip der Verkehrten Welt eine maßgebliche Rolle spielt.

Diese ironische Moralisierung findet sich ebenfalls in vielen Fastnachtstexten. Repräsentativ hierfür ist der satirische Hirtenbrief über die »Gilde van de Blauwe Schuit« (Gilde des Blauen Kahns) und die Lügenpredigt über Sint-Niemand. In dieser Art Texte, von denen aus dem fünfzehnten und sechzehnten Jahrhundert einige Dutzend überliefert sind, werden der neuen städtischen Gesellschaft »moderne« Verhaltensweisen nahe gebracht. Dies geschieht in festen Spielritualen, in denen die Menge dazu aufgefordert wird, sich dem dubiosen Orden der Faulenzer, Prasser und Ehebrecher anzuschließen. Das Ritual endet mit der Verbannung dieser sauberen Ge-

---

* Merket hoe die nydighe werlt staet! / Doe mi goet, ick doe di quaet; / Help mi op, ick werp di neder; / Ere my, ick schen dy weder.

Anfang des satirischen Reimtextes über die »nydighe werlt« (ohne Verseinteilung) nach Ende von *Lucidarius boeck*; London, Brit. Libr., ms. Add. 10286, fol. 133 recto.

sellschaft und damit des in der Stadt nicht mehr erwünschten Verhaltens. In einem Wagen, Kahn oder Festzug zieht man nach Narragonia, ins Paradies, die Hölle oder nach Honghereien (das Land des Hungers). Hiermit wird weniger die bestehende Ordnung gefestigt als vielmehr ein neues Normen- und Wertemuster propagiert, vor allem auf dem Gebiet der Selbstkontrolle, persönlichen Verantwortung und Moral.

Die Gilde des Blauen Kahns lädt Schmarotzer und Nassauer aus allen Gesellschaftsschichten (inklusive der Geistlichkeit), ebenso wie alle Verschwender und leichtlebigen Frauen zu sich ein. Ihnen wird versprochen, dass sie ihr Leben aus Saufen und Herumhuren dort in alle Ewigkeit fortsetzen können. Damit werden zugleich die Hilfsbedürftigen der spätmittelalterlichen Gesellschaft angegriffen, denn die so Angesprochenen sind oft ohne eigene Schuld in Not geraten oder drohen ihr zu verfallen. Doch der Text, der gleichzeitig in Form einer Ordensregel gehalten ist, suggeriert schlichtweg, dass die Menschen dies alles selbst zu verantworten hätten, und stellt damit unverblümt fest, dass man in der neuen Gesellschaft vor allem für sich selbst sorgen müsse. Dafür wird die Ironie am Schluss sogar zweimal aufgegeben, um durch eine ausdrückliche Erläuterung der Botschaft keinen Zweifel an der Bedeutung dieser scheinbar so fröhlichen Empfehlungen zum Schlendrian bestehen zu lassen.

Die Mitgliedschaft der Gilde ist Personen aus etablierten Gesellschaftsgruppen vorbehalten, die sich leichtsinnigem und hemmungslosem Verhalten hingeben. Ausgeschlossen sind Mörder, Brandstifter, Diebe, Seeräuber, Verräter, Taschendiebe und Landstreicher. Diese gelten ohnehin als verloren und verkörpern nicht das Verhalten, das die Stadt durch einfache Umkehrung zum Ideal erheben kann. Bei ihnen hilft nur noch Ausrotten. Den angesprochenen Ordensbrüdern dagegen wird versichert, dass sie sich aus der Mitgliedschaft entlassen fühlen können, sobald sie weise geworden sind, in die Ehe treten oder zu den Reichen gehören – womit die neue Ordnung bestätigt wäre. Die angepriesenen Verhaltensformen werden nämlich als Tollheiten charakterisiert und vor allem von jungen Männern ausgeübt, die noch keinen festen Platz in der Gesellschaft einnehmen, deren wichtigstes Versprechen der Reichtum darstellt.

Von der neüwē Welt

vmß welches willē wir dannzemal nit wenig Beluſtiget
geweſen. Von welcher leüt ſitten (da wir ſie haben geſeß
ßen/ hond wir die ſcitmal die Bequemlicheit ſich Begibt/
auch vnderweil herein wöllen ziehen.

Von irē leben vnd ſitten

Unreines Verhalten (öffentliches Wasserlassen, Ehebruch, Kannibalismus) der Bewohner der Neuen Welt; Titelseite des Buchs *Von der
neuwe Welt*, I. Grüninger, Straßburg 1509; London, Brit. Libr., G.6540.

In der Lügenpredigt von Sint-Niemand wird der Feiergemeinde unter anderem Folgendes vorgehalten:

Gebt euch Mühe, zu begreifen, dass der Himmel denen gehört, die sich besaufen. Darum, ihr Lieben, rettet eure Seelen und schonet nicht Besitz noch Erbe, und wenn eure Kinder dabei verhungern. So trinkt drauflos, solang ihr könnt.

Die Botschaft wird von dem Fastnachtsprediger mehrmals wiederholt: Verprasst all euer Hab und Gut und zecht bis zur Besinnungslosigkeit.

An diese Texte, die zum Schluss in einigen Fällen ebenfalls ihre Moral erläutern, knüpfen die über Cocagne und Schlaraffenland direkt an. Sie alle bewahren die Erinnerung an die alten Festbräuche der Verkehrten Welt. Dies gilt sowohl für die Vortrags- als auch die unterhaltsamen (Vor-)Lesetexte, die die ursprünglichen Intentionen dieser Rituale nur noch schwach erkennen lassen. Letzteres zeigt sich besonders an der im Jahre 1600 erschienenen Sammlung *Veelderhande geneuchlijcke dichten*, in der sich auch Prosatext G befindet, in der viele dieser Texte aus dem fünfzehnten und sechzehnten Jahrhundert enthalten sind. Selbst die frühere Ausgabe von G, vermutlich aus dem Jahre 1546, stammt bereits aus einer Zeit, die sich von den Bräuchen der Verkehrten Welt im Grunde weitgehend verabschiedet hat und sie höchstens noch nostalgisch pflegt.

Beispiele Verkehrter Welten im Sinne eines Rollentauschs zwischen den Geschlechtern gibt es unzählige, vor allem in Reiseberichten über die fernen Länder des Ostens und des neu entdeckten Westens. Das bekannteste in dieser Hinsicht war das Reich der Amazonen, dessen Existenz von vielen mittelalterlichen Gelehrten – und natürlich auch unserem Freund Mandeville – wiederholt bestätigt wurde. Die Frauen dort hätten alle Männer verbannt und seien ebenso grausam wie streitlustig. Zum Zwecke der Fortpflanzung träfen sie sich einmal pro Jahr mit den im Nachbarland lebenden Männern auf einer Insel. Die bei diesen Treffen gezeugten Söhne würden sofort erschlagen oder fortgegeben, während die Mädchen bereits in der Wiege zur Kriegerin erzogen würden. Später werde ihnen mit einem glühenden Eisen die Brust abgetrennt, damit sie die Waffen besser führen könnten. Mit ihrer Grausamkeit sei es ihnen gelungen, einen großen Teil Asiens in ihre Gewalt zu bekommen. Das Motiv der Frauenherrschaft zeigt sich ebenfalls in spätmittelalterlichen Satiren der Literatur und bildenden Kunst, die vor der drohenden Macht der Frauen in einer verstädternden Gesellschaft warnen. Auch das herkömmliche Gefühlsleben lässt sich auf den Kopf stellen. So beschreibt John Mandeville, wie auf einer Insel im Indischen Ozean die Frauen trauern, wenn sie ein Kind zur Welt bringen, jedoch in Jubel ausbrechen, wenn es stirbt. Dies möchte der Autor näher erläutern und erklärt das Verhalten mit einer letztlich orthodox-christlichen Auffassung, die in seiner eigenen Welt kaum noch Anhänger findet. Offensichtlich nämlich sind die Inselbewohner der Meinung, dass die Erde ein Jammertal sei und das wahre Leben erst im Jenseits beginne. Damit bestätigt auch Mandeville, dass im Grunde die verdorbene westliche Gesellschaft die verkehrte Welt ist, während unter exotischen Völkern hier und da die ursprüngliche, paradiesische Ordnung und Reinheit erhalten geblieben sind. Hierin können Kulturen am Rande der bekannten Welt dem Westen dann sogar einmal als Vorbild dienen.

Dieser bisweilen bizarren Mischung von Sehnsucht nach dem reinen Urchristentum, Xenophobie und Selbstverherrlichung begegnen wir nicht nur in den oft recht naiv wirkenden Reisegeschichten und Chroniken, sondern selbst noch in den Aussagen frühmoderner Entdecker. So sahen wir bereits, dass Kolumbus sich auf seiner dritten Reise von 1498 bis 1500 ernsthafte Sorgen über die Auswirkungen machte, die der Aufenthalt in jenem soeben entdeckten »Cocagne« auf seine Schiffsbesatzung haben werde. Dieses Land voll Reichtum und Zügellosigkeit eigne sich nur für Sünder und Nichtsnutze! So enden auch Text B über Cocagne und der über Schlaraffenland. Nicht nur auf Papier, sondern auch da, wo es vermeintliche Wirklichkeit annimmt, scheint Cocagne eine Bewahranstalt für Faulenzer und Schlemmer zu sein, die dort bleiben sollen, solange sie nicht einsehen, welch apokalyptisches Chaos ihr gottloses Verhalten zur Folge hat.

3 Hart arbeiten

Macht die Technik der Verkehrten Welt bereits deutlich, dass Cocagne und Schlaraffenland auch als Lehrtexte fungieren können, so muss sich dies auch an individuellen Elementen der überlieferten Versionen selbst nachweisen lassen. Welche Lehren erteilen die Texte im Einzelnen, und wie zeigt sich dies in den spezifischen Beschreibungen der attraktiven Einrichtungen dieser Traumländer?

Zuerst das Faulenzen. Dieses dominiert in Cocagne und Schlaraffenland vollkommen: Man braucht nichts zu tun, um an Essen – und selbst das herrlichste Essen – zu kommen. Dieses Grundgesetz geht implizit schon aus der Eröffnung der Cocagne-Texte hervor: Überall auf der Welt müsse man sich abrackern, um am Leben zu bleiben; an diesen Fluch über den gefallenen Menschen erinnert in ironisch verkehrter Form die Versicherung des Erzählers, dass Gott in Cocagne jede Anstrengung ausdrücklich untersagt habe. Diese famose Umkehrung geht so weit, dass man gerade durch ausdauerndes Schlafen am meisten verdient.

G führt diese Phantasien über die mühelose Nahrungsversorgung noch weiter: An den Bäumen wachsen die verschiedensten Leckereien, gekochte und gegrillte Fische schwimmen absichtlich so nah am Ufer, dass man sie sich nur noch zu greifen braucht. Allerlei Sorten Vögel fliegen gebraten durch die Luft und stürzen sich einem in den Mund, sobald man ihn öffnet; fertig zubereitete Schweine laufen mit einem Messer im Rücken herum, und die Pferde und Esel scheißen Eier und süße Feigen.

Dabei liegt der Akzent weniger auf dem merkwürdigen Verhalten der Nahrung als vielmehr darauf, dass der Konsument (fast) nichts zu tun braucht, sich die Speisen einzuverleiben, und dass Säen, Ernten und Zubereiten absolut unnötig sind. Nur essen muss man noch selber, doch selbst das ist einigen noch zu anstrengend. Unter einem Stich nach Breughels Schlaraffenland-Gemälde von 1567 steht zu lesen: »Der Faulpelz steckt seine Hände unter die Achseln, denn es wird ihm sauer, sie zum Mund zu führen.«

Im Allgemeinen wird das Faulenzen in G noch mehr betont als in L und B, vor allem, weil das Land im niederländischen Original auch noch direkt nach diesem Laster benannt ist: »*Lui*lekkerland« – das Land des faulen, süßen Lebens. Wer dort gern mit eigenen Händen sein Brot verdient, muss mit dem Hass seiner Landsleute und zuletzt gar mit Verbannung rechnen. Die größten Faulenzer dagegen, die immer nur schlafen und tagträumen, gelten in Luilekkerland als Edelmänner.

Solche Phantasien stellen das Prinzip der Arbeit zur Diskussion, und damit zugleich eine der sieben Todsünden, nämlich die *acedia* oder Trägheit. Ursprünglich bezeichnete dieser Begriff ausschließlich die Sünde der Vernachlässigung der religiösen Pflichten, vor allem bei Mönchen und anderen Geistlichen. Da man dies damals jedoch viel schwerwiegender fand als heute, besaß dieses Laster im Mittelalter einen vollwertigen Platz neben den anderen spektakulären Todsünden. Vor allem normale Geistliche liefen Gefahr, infolge ihres ständigen Betens, Studierens und Meditierens schläfrig zu werden und dabei einzunicken. Geschah dies häufiger, drohte man in Melancholie zu verfallen, worauf der Teufel nur wartete, denn in diesem Zustand konnte er den Menschen umso leichter verführen.

Auf diesen Zusammenhang jedoch spielen die Texte offenbar nicht an. Vielmehr geht es in ihnen um die Notwendigkeit harter Arbeit im Alltag. Seit dem vierzehnten Jahrhundert erlebt man zunehmende Versuche, seine Mitbürger hierzu anzuspornen, und zwar besonders mit Hilfe des ebenso witzigen wie effektiven Mittels der Verkehrten Welt. Denn musste man nicht vor allem gegen die noch immer lebende Meinung anpredigen, dass Arbeit und Anstrengung letztlich

Zeichnung der *desidia* oder Trägheit von Breughel (1557); aus: Münz, nr. 133.

nur eine Strafe für den Sündenfall waren? Noch Jan van Boendale vertritt – die Bibel paraphrasierend – nachdrücklich diese Auffassung: »Und Gott sprach zu Adam: Weil du dem Willen deiner Frau gehorchtest und mein Gebot verschmähtest, sollst du ab heut mit Müh' und Schweiß dein Brot verdienen.«

Mit dieser Haltung zur Arbeit jedoch konnte die neue Stadtökonomie nicht vorankommen – folglich musste man Arbeit und Anstrengung in ein positiveres Licht stellen. Zum Glück lagen auch hierfür passende, bis dahin wenig beachtete Bibelstellen parat, und man belegte mit der Schöpfungsgeschichte, dass Gott das erste Menschenpaar im Paradies sehr wohl zur Arbeit angehalten habe: Hatte er Adam nicht aufgetragen, den Garten Eden zu bebauen und zu bewahren, was doch zumindest ein wenig regelmäßiges Graben und Jäten bedeutete? Der *Spiegel der sonden* (Spiegel der Sünden) macht daraus unumwunden das Folgende: »Gott setzte Adam, den ersten Menschen, ins Paradies, damit er arbeite.« Auch der *Dietsche Lucidarius* (Der deutsche – im Sinne von volkssprachige – Lucidarius),

eine Art Enzyklopädie in Dialogform, die als Prosatext ebenfalls in
der Londoner Cocagne-Handschrift enthalten ist, schließt sich dieser
Auffassung an, wenn er versichert, dass Adam die ihm aufgetragene
Arbeit sogar genoss:

Und Gott trug Adam von dem Ort, da er ihn geschaffen hatte,
ins Paradies, da er wollte, dass Adam darin arbeite. Doch nicht zu
dessen Qual und Not, vielmehr zu dessen Freude.

Zuletzt ging es so weit, dass man diese Bibelstelle als Befehl auffasste,
die Schöpfung zu vollenden – eine stärkere Motivation und damit
positivere Bewertung von Arbeit ist wohl kaum denkbar.

Der neuen Lehre zufolge war Arbeit also keine Strafe mehr; der
Fluch für den Sündenfall bestand lediglich in einer Verschlechterung
der sekundären Arbeitsbedingungen. Dies scheint auch die Aussage
der oben zitierten Zeilen aus dem *Dietsche Lucidarius*: Machten
Adam und Eva sich zuvor unter fröhlichem Pfeifen an ihr Tagewerk,
so geschah dies nun unter Blut, Schweiß und Tränen. Doch an der
Notwendigkeit der Arbeit als solcher und ihrer positiven Bedeutung
für die irdische Existenz gab es keinen Zweifel mehr. Um diese Botschaft nachdrücklich zu verbreiten, wird Faulenzen hinfort lächerlich
gemacht. Wer sich so verhält, muss ein Nichtsnutz oder Versager
sein, der nach Cocagne oder Schlaraffenland gehört. Und Trägheit
steht fortan für das Verweigern der Arbeit und für Nichtstun ganz
allgemein.

Wie gesagt, war diese Propaganda für die städtische Gesellschaft
geradezu eine Überlebensfrage. Viele bettelten oder lebten – freiwillig oder unfreiwillig – von der Armenfürsorge; militante Mönche und chiliastische Glückssucher predigten lautstark das Ideal der
Armut, was bedeutete, dass sie zugleich jeder Nahrung schaffenden
Tätigkeit abschworen: Arbeit verderbe den Menschen, da sie zu Besitz und Hochmut führe. Dabei handelte es sich keineswegs um
einen fundamentalistischen Standpunkt. Selbst Moralenzyklopä-
dien wie der bis ins sechzehnte Jahrhundert weit verbreitete *Sidrac*
vertreten noch uneingeschränkt solche Vorstellungen. Alle Versuche, das Paradies auf Erden wiederherzustellen, weisen denn auch

als zentrales Versprechen auf, dass man dann nicht mehr zu arbeiten brauche.

In einem ursprünglich Meister Eckhart zugeschriebenen mittelniederländischen Text wird heftig über diese frommen Unproduktiven geklagt – dabei sei Arbeit doch gesund für den Körper und bewahre zudem vor Sünden. Außerdem sei es notwendig für den Gesellschaftserhalt, dass jeder sein eigenes Brot verdiene. Laien sollten sich darum auf keinen Fall zu sehr der Frömmigkeit hingeben: »Sie sollen nicht den ganzen Tag in der Kirche beten und in Trägheit verfallen, und auch nicht allzu oft zum Abendmahl gehen.«

Auch in anderen Texten finden sich Anspielungen auf die Frömmigkeit als fadenscheinigen Deckmantel für schlichten Arbeitsunwillen, was besonders unter Geistlichen vorkomme. Betrachtet auch Jan van Boendale Arbeit noch primär als eine Strafe, so heißt dies für ihn doch, dass man sie als wahrhaften »Gottesdienst« anzunehmen habe. Und dieser finde nicht so sehr in der Kirche statt als vielmehr im Verrichten der täglichen Arbeit.

Wenn sich ungefähr fünfzig Jahre zuvor der *Roman de la rose* an dieser Stimmungsmache beteiligt, so ist dies ein eindeutiges Zeichen, dass ein wachsendes Laienpublikum einen solchen Standpunkt zu teilen beginnt. Der enzyklopädische Teil des Romans erzählt von Paulus, der den Aposteln deutlich machte, dass für Nahrung und andere Bedürfnisse gearbeitet werden müsse: »Der Bettelstand wurde ihnen verboten, er sprach zu ihnen: Arbeitet mit euren Händen, macht euch durch Armut nicht zu Schanden.« Und einige Zeilen darauf weigert er sich sogar, von seinen Zuhörern Geld anzunehmen: »Gute Leute, behaltet eure Gaben, ich kann von meiner eignen Arbeit leben; meine eignen Hände sind doch stark genug – ich brauche keine Liebesgaben!«

In den gleichen Zusammenhang gehören auch Sprichwörter wie »Ungepflügter Acker trägt selten gutes Korn« (Onghebouwet acker draghet selden goet coren). Diese Redensart wirkt wie ein Allgemeinplatz, doch bezieht sie sich auf am Ende des fünfzehnten Jahrhunderts noch immer verbreitete Wunschträume von einer selbständig Nahrung liefernden Natur und gehört zugleich in die

Offensive gegen die Geringschätzung lebenserhaltender Tätigkeit.
Beide Haltungen rebellieren gegen den jahrhundertealten Zusammenhang zwischen Nahrung und Arbeit: Essen als Krönung und Lohn des Tagewerks, der tägliche Sieg des Menschen über eine bedrohliche Natur und den Tod.

Im Laufe dieser Studie sind wir – nicht nur in Cocagne – allerlei realen und erträumten Ausnahmen von dieser Regel begegnet, vom verlorenen, doch vielleicht wiederzugewinnenden Paradies bis hin zu den neuen Welten des fernen Ostens und Westens. Auf jeden Fall bleibt das gesamte Mittelalter lang ein tiefes Verlangen nach müheloser Nahrungsversorgung lebendig. So beginnt das satirische Gedicht *Van den XII wel dienende cnapen* (Von den zwölf guten Dienstknaben) mit der herausfordernden Behauptung, dass die meisten Menschen doch ohnehin am liebsten faulenzen und ihre Zeit mit gutem Essen verbringen. Arbeiten sie nicht alle lieber mit den Zähnen als mit den Händen?

Arbeit stoße vielen sauer auf, während Essen und Trinken den Körper erhalte und Freude schenke. Dummerweise ist Arbeit für den Erhalt dieser Freude aber nun einmal unumgänglich, und so endet die Einleitung des Gedichts mit dem bereits einmal zitierten Sprichwort von der Katze: Fisch will sie essen, doch die Pfoten ins Wasser stecken noch lange nicht. Es gibt noch mehr Redensarten, die diesem Verlangen Ausdruck verleihen, wie ein Beispiel aus einer im Jahre 1550 in Kampen gedruckten Sammlung zeigt: »Man wird's dir in den Mund stecken und vorkauen« (Men sal 't u in de mont steken ende cauwen 't u). Das ist genau, was die Faulenzer im Breughelschen Schlaraffenland wollen, wenn sie ihre Hände unter die Achseln stecken.

Ein wichtiger Bestandteil der Arbeitspropaganda sind ebenfalls die Warnungen vor Faulenzerei aus Suche nach Entspannung in der Natur. Letzteres wird ja seit Beginn der Renaissance mehr und mehr propagiert: die Natur als Quelle der Freude und Medizin gegen das Übel der Melancholie. Auch dem muss man energisch entgegentreten; ein Beispiel für diese Gegenoffensive ist das 1486 gedruckte *Boeck van den pelghrym* (Buch des Pilgers), das vorher bereits in zahlreichen Handschriften verbreitet war und in dem der personi-

fizierte Müßiggang ebendiese Entspannung im Grünen propagiert:
Auf seiner Reise zum Himmlischen Jerusalem wird der Erdenpilger
von immer neuen verführerischen Sünden und Untugenden ange-
fochten. Der Müßiggang präsentiert sich als schöne Jungfrau am Anfang eines breiten Pfads ohne Hindernisse, im Gegensatz zu dem
schmalen Weg voller Steine, Felsen und Schlaglöcher, der von Frau
Arbeit bewacht wird. Jungfer Müßiggang dagegen stellt sich geradewegs als Tochter der Trägheit heraus:

> Ich bin die Pförtnerin so manches schönen Weges. Ich führ' das
> Volk, das zu mir kommt, in herrlich grüne Auen, wo sie Rosen
> und andere Blumen pflücken. Ich bringe sie an lustige Orte,
> wo sie Entspannung finden und Freude. Dort lasse ich sie singen
> und tanzen zum Klang von Harfen, Lauten und anderen Instru-
> menten.

Die Warnung dürfte deutlich sein: Wir sollen natürlich den steinigen
Pfad wählen, an dessen Anfang die Arbeit steht. Erst im himmlischen
Paradies gibt es Musik und Tanz, denn dort erhalten wir den ewigen
Lohn. Auf Erden jedoch sind solche Vergnügen des Teufels. Diese
Botschaft spricht implizit auch aus den Cocagne-Texten, wo ebenfalls
nach Herzenslust getanzt und musiziert wird.

Letztlich reiht auch der Zusammensteller der Brüsseler Handschrift sich in diese Arbeitsoffensive ein. Recht gravitätisch stellt er
fest – er endet mit einem lateinischen Ausspruch –, dass Arbeit das
Fundament der Gesellschaft zu sein habe (wobei wir immer daran
denken sollten, dass Verse wie diese in direkter Nachbarschaft des
ebenfalls von ihm notierten Cocagne-Textes stehen):

> Beacht dies wohl:
> Wer schläft, wenn man säen soll,
> der erntet nichts, wenn man mähen soll;
> wer schläft, wenn man bitten soll,
> bekommt nichts, wo man geben wollt',
> wer schläft, wenn er sich nähren soll,
> verliert, wenn er verzehren soll;

wer schläft, wenn er arbeiten soll,
muss fasten, wenn man essen soll.
Wer Gott fürchtet, versäumt dies nicht.*

* Notabile. / Wye slaept, als men seyen sall, / dy en heft geyn frucht, als men
meyen sall; / wye slaept, als men bidden sall, / dye wort geweygert, als men geven sall; wye slaept, als hy sich erneren sall / dye mist, als hy verteren sall; /
wye slaept, als hy wercken sall, / dy sall vasten als men eten sall. / Qui timet
deum nihil negligit.

4 Selbstbeherrschung, Ehrgeiz und Moral

Die Empfehlungen zur Mäßigung in Essen und Trinken nehmen in höfischen und städtischen Abhandlungen des Spätmittelalters auffällig zu. Es sei dahingestellt, ob man sich nun daran hielt oder nicht. Jedenfalls ist Beherrschung im Essen, und zwar sowohl nach Menge als auch nach Häufigkeit, ein festes Thema in allen Sünden- und Beichtbüchern, sobald von *gula* – dem Laster der Völlerei – die Rede ist. Damit geraten die schriftlichen Aufzeichnungen des Cocagne-Materials unvermeidlich in das Fahrwasser der Diskussion über Selbstbeherrschung und Völlerei, wobei sie sich in der Stadt des dort bereits bekannten Konzepts der Verkehrten Welt bedienen. Die Attraktionen Cocagnes beziehungsweise Schlaraffenlands werden so automatisch zu Warnungen, die zeigen, wie es sich nicht gehört.

Die Zahl überlieferter Texte zu Völlerei und Trunksucht aus Spätmittelalter und früher Neuzeit ist überwältigend. Auf der einen Seite wird sich voll zu stopfen und besinnungslos zu trinken mehr und mehr verherrlicht, auf der anderen mit vollkommen bestialischer Hemmungslosigkeit assoziiert. Zudem gilt die Völlerei nach mehrheitlicher Meinung als Mutter aller anderen Sünden. Betrunken und voll gefressen gibt man sich allem hin, was Gott verboten hat, und wird zum Opfer der Einflüsterungen des Satans. So konstatiert Thomas a Kempis in seiner *Imitatio Christi* (Nachfolge Christi) kategorisch: »Ist der Wanst voll Speis' und Trank, steht die Unkeuschheit vor der Tür.« Dem Autor des *Ridderboeck* zufolge, einer allgemeinen, zwischen 1412 und 1415 verfassten Lebenslehre, führt die

Wein führt zu Wollust, Zorn, Prasserei und Torheit; deutscher Holzschnitt von 1528; aus: *Die Welt des Hans Sachs* (1976), nr. 28.

Völlerei zu Trägheit im Verrichten guter Werke, nebst Wollust, Zorn und solch verwerflichen Beschäftigungen wie Tanzen, Würfeln und Ballspielen.

In kaum einer Sündenlehre fehlt die Warnung vor dieser unseligen Spirale, die in Bewegung kam, sobald man das Blut durch ein Übermaß an Essen und Trinken in Wallung brachte. Am schockierendsten in diesem Zusammenhang war vielleicht die Geschichte des englischen Eremiten John von Beverley. Sie taucht in verschiedenen Varianten überall in Westeuropa auf, so auch in einem 1512 von Jan van der Noot gedruckten niederländischen Volksbuch. Eremit John – hier natürlich Jan –, Meister der Weltentsagung, wird von Gott für seinen Hochmut bestraft. Ein angeblich von jenem gesandter Engel zwingt ihn, zwischen drei Sünden zu wählen: sich betrinken, eine Frau vergewaltigen oder jemanden ermorden. (Später stellt sich heraus, dass der Teufel dahinter steckt.) Freund Jan entscheidet sich natürlich für den Alkohol. Doch vollkommen betrunken vergewaltigt er darauf seine Schwester, die er zuletzt auch noch ermordet. Damit sind die extremen Gefahren der Völlerei für alle wohl überzeugend dargestellt.

Bereits in der höfischen Gesellschaft gehörte die Selbstbeherrschung zum Kern adliger Tugendideale. In der Stadt nun wurde dieses Streben nach Mäßigung vor allem auf den Nahrungsverbrauch angewandt, der angesichts der ständig drohenden Mangelperioden, die in den dicht bevölkerten Städten schnell zu Katastrophen führen konnten, sinnvoll reguliert werden musste. Außerdem wurde Beherrschung beim Essen mehr und mehr zur Verhaltensweise, mit der die städtische Elite sich vom Gros der niederen Bevölkerung zu unterscheiden versuchte.

Schlemmer wurden häufig als Brecher des ersten Gebotes betrachtet: Dienten sie nicht einem anderen Gott, indem sie ihren Bauch anbeteten, wie schon der Apostel Paulus im Römer- und im Philipper-Brief feststellte? Der holländische Hofkaplan Dirk van Delft baut diesen Vergleich kreativ aus, wobei er nebenbei auch den Gedanken der Völlerei als Mutter aller Sünden mit einflicht:

[...] Das andere ist die Völlerei, wenn jemand seinen eigenen Bauch anbetet: sein Tempel ist die Küche, sein Altar der Esstisch, sein Diakon der Küchenmeister, gesottene und gebratene Speisen das Messopfer, sein Chorgesang sind Keifen, Streiten und Verleumdung beim Mahle.

Die Versuche, den Nahrungsverbrauch zu regulieren und so gesellschaftliche Spannungen zu vermeiden, führen zu Maßnahmen der Obrigkeit, die das exzessive Tafeln – ebenso zu Hause wie in der Öffentlichkeit – als unerwünschte Demonstration der Fresssucht schlichtweg verbieten. So erlässt Karl V. im Jahre 1531 eine Verordnung, um »die grenzenlose Völlerei und Trunksucht, denen man sich in unseren Landen täglich in Schänken, Tavernen und Herbergen hingibt, im Zaum zu halten«. Bei einer Hochzeit darf man nicht mehr als zwanzig Gäste bewirten, und die Festlichkeiten dürfen nicht länger dauern als bis zum Ende des folgenden Nachmittags.

Effektiver als diese Verbote sind jedoch vermutlich die ab-

Detailausschnitt aus Stich mit Darstellung der *gula* von Pieter van der Heyden nach Breughel (1558); Brüssel, Kon. Bibl., Stichekabinett.

schreckenden Beispiele der Fress- und Trunksucht in Literatur, bildender Kunst und Festbräuchen, die ebenfalls deutlich machen, dass diese in einer zivilisierten Gesellschaft nichts zu suchen haben. Doch vor allem in der Verkehrten Welt des Karnevals feiert die Völlerei Triumphe. Essen und Trinken sind die beliebtesten Anlässe für die ausgelassenen Bräuche und Darbietungen. Auch hier stehen Kompensation für die Entbehrungen im Rest des Jahres und unverblümte Moralisierung direkt nebeneinander.

In Jeroen Boschs Gemälde *Das Narrenschiff* ist das Fahrzeug mit Essen und Trinken überladen. Das Weinfass, die Becher und Krüge, der gewaltige Suppenlöffel als Ruder, der Schinken, in den die Schiffsinsassen hineinzubeißen versuchen, sowie der sich übergebende Mann am Achtersteven sind Ausdruck des Überflusses. Hier jedoch setzt der Mast, ein Fruchtbarkeitsbaum der umgekehrten Art, einen bedenklichen Kontrapunkt, denn auf seiner Spitze sitzt Unheil verkündend eine Eule. Darunter hängt ein gerupftes Huhn, wodurch der Mast stark an einen *mât de Cocagne* erinnert. Dieser gehört zu einem ab 1425 in Frankreich bekannten Brauch, bei dem man versuchen muss, allerlei Leckereien von der Spitze eines Pfahls herunterzuholen. Da der Pfahl jedoch mit Talg oder Seife eingeschmiert ist, verlaufen die meisten Versuche der Teilnehmer eher fruchtlos. Mehr Erfolg hat der Mann auf Boschs Gemälde, der in die Nähe des Huhns gelangt ist und nun versucht, es mit einem Messer herunterzuschneiden.

Der Anführer der Fastnachtsgemeinde wird oft als ein mit Nahrung behängter Dickwanst auf einem Bierfass dargestellt, der mit einem Bratspieß voller Fleischspeisen drohend nach einer spindeldürren Allegorie des Fastens ausholt. Den Fettsack als Personifikation der Völlerei gegenüber »Magermann« als Sinnbild des Fastens finden wir ebenso in Breughels Entwürfen für die Stiche der *Mageren* und der *Fetten Küche* aus dem Jahre 1563 (Abbildung im Kapitel III, 1). Verwandt hiermit sind ebenfalls die Stiche des so genannten Petrarca-Meisters aus einem Buch von 1532, die auch später immer wieder benutzt und nachgeahmt wurden. Auf einem sitzen ein sehr dicker

Fettleibigkeit; Stich des so gen. Petrarca-Meisters von 1532; aus: Scheidig, 302.

Vielfraß und Säufer; deutscher Stich von um 1521; aus: Geisberg (1974), nr. 511.

Mann und eine Frau an einem Tisch voller Speisen. Der Mann spielt Gitarre. Im Hintergrund sieht man einen weiteren Dickwanst. Dargestellt wird hier, wie Müßiggang, lockeres Vergnügen und Fresssucht zu abstoßender Fettleibigkeit führen. Daneben sieht man eine Abbildung der Bedürfnislosigkeit (s. Kapitel III, 1) in Gestalt eines dürren Mannes am Tisch, der äußerst einfache Nahrung zu sich nimmt. Nachdrücklich werden dabei die Attribute seines aktiven Lebens als Holzhacker ins Bild gerückt. Sehr grotesk dagegen ist der enorme Weinbauch eines Säufers auf einem deutschen Stich von ca. 1521: Er muss seinen gewaltigen Wanst auf einer Schubkarre vor sich herschieben, während ihm das Übermaß seiner Trunksucht zum Halse herausspritzt.

Auch das lateinische Schuldrama der Humanisten beteiligt sich an dieser Anti-Völlerei-Kampagne: Zum festen Personenbestand dieser Theaterstücke gehört der nach antiken Vorbildern wieder ins Leben gerufene Parasit oder Schmarotzer, der gerade der Jugend zur Warnung dienen soll. Diesem Personenkreis, auch »Weißbrotkinder« genannt, galt im sechzehnten Jahrhundert die besondere Sorge der städtischen Gesellschaft, da die im Wohlstand aufgewachsenen Sprösslinge der reichen Kaufleute und Patrizier zunehmend das Erbe ihrer Eltern zu verschleudern drohten. Mit Texten wie jenen Schuldramen – häufig verfasst nach dem Modell des verlorenen Sohns aus der Bibel – wurden sie streng zur Ordnung gerufen.

Auch die Kunst der Rederijker, schließlich nichts anderes als die humanistische Literatur der Volkssprache, zeigt ein bemerkenswertes Interesse an der Figur des Schmarotzers. Zwei solcher Herrschaften werden in dem Stück *Twee bedelaers* (Zwei Bettler) des Haarlemer Verseschmieds Lauris Janszoon porträtiert. Auch sie stellen sich mit der üblichen Klage über ihren schrecklichen Hunger vor:

O weh! Mein Magen ist ein einzges Loch
Mein Bauch – ein leerer Schlauch,
Ich selbst – nur Haut und Knochen (…)
In meinen Därmen – großes Lärmen; wie sie sich härmen,
Nach Speise rufen und lauthals schrein!*

---

* Gans plaech! mijn maech is heel gespleeten, / Mijn buyck is sluyck, mijn wangen verstrangen, / Mijn beenen vercleenen (…) / Mijn dermen die kermen, 't is niet om weten, / Hoe sy grayen en crayen.

Verwandt hiermit ist die Klage eines armen Hausvaters in dem
Schwank *Van Onse Lieven Heers minnevaer* (Von unsres lieben Herren Minnefahrt) desselben Autors. Die Kinder des guten Mannes haben einen solch enormen Appetit, dass sie ihm die Haare vom Kopf
fressen:

Des Morgens vor Tag schon klafft offen ihr Magen,
Ein Riesenportal wie ein Scheunentor:
Zwei, drei Wecken sind verschlungen wie nichts.
Jedes braucht täglich drei Roggenbrote,
Wollt man ihren Bauch bis oben hin fülln;
Ihr Magen ist nichts als ein grundloses Loch.*

Diese obsessive Beschäftigung mit Völlerei als Bedrohung des ge-
ordneten Zusammenlebens erscheint auch in einigen Passagen der
Cocagne-Texte, in denen uns die detaillierten Vorschriften der Sün-
den- und Beichtbücher in umgekehrter Form wieder begegnen: Beide
Versionen sprechen begeistert von den gedeckten Tischen, die in den
Straßen Tag und Nacht bereitstehen, und fügen hinzu:»Man darf
essen und trinken von Abend bis Morgen« (L: 55; B: 63) – für uns
eigentlich logisch und selbst ein wenig überflüssig. Fassung B wiederholt diese Beteuerung noch einmal bei den Tieren, die ebenfalls
»tot allen nonen« (»Tag und Nacht«) nichts Besseres zu tun haben,
als sich für die Menschen in Bratpfanne oder Kochtopf zu werfen.

Ein spätmittelalterliches Publikum jedoch verbindet diese Bemerkungen unvermeidlich mit einem besonderen Punkt der Völlerei-
Diskussion: der Zahl und Uhrzeit der täglichen Mahlzeiten. Diese ge-
feierte Einrichtung Cocagnes zielt somit unmittelbar auf das
erwünschte, entgegengesetzte Verhalten in der Wirklichkeit.

Gleiches gilt für das Essverhalten des pseudo-realistischen Bauern
im schon einmal genannten *Kerelslied*: Auch dieses ist eine in das
Schema der sieben Todsünden eingebettete, karikierte Umkehrung

---

* 's Morgens, eer 't dach is, es die maech al gespleeten / En soo onstelt, daer sou
een waghen in hollen; / Een broot twee of drie ist soo haest versleeten. / Elcxs
behoefde wel 's daeghs twee of drie roggebollen, / Sout men haer buyck tot bo-
ven toe vollen, / Haer maech moet geen gront hebben (…).

der erwünschten Anstandsformen in besseren Bürgerkreisen. Sechsmal haut uns der Kehrreim um die Ohren, dass dieser »Kerel [...] [de]n ganzen Tag« lang Brot und Käse isst. Zu jeder Tages- und Nachtzeit stopft er sich voll, und gerade das – weniger als die Nahrungsmengen – ist der eigentliche (konstruierte) Stein des Anstoßes. Die Sünden- und Tugendbücher erklärten, dass ein Laie zu festgelegten Zeiten und außerdem nicht mehr als zweimal täglich zu essen habe, wie es im Alltag normalerweise auch der Fall war. Die erste Mahlzeit nahm man gegen Mittag zwischen elf und zwölf ein, die zweite am Ende des (Arbeits-)Tages. Ein Frühstück im modernen Sinne war nicht üblich. Mehr als zweimal pro Tag oder außerhalb des festgelegten Schemas zu essen galt als Sünde. Für Jan van Boendale war man dann nichts anderes als ein Tier, der übliche Vorwurf an alle, die man als bar jeder christlichen Vernunft betrachtete. Einmal essen pro Tag dagegen war ein Zeichen der Entsagung, das höchsten Respekt verdiente:

Wer sich angewöhnt, nur einmal pro Tag zu essen, führt ein heiliges Leben. Wer zweimal isst, lebt menschlich. Doch wer dreimal am Tage isst oder noch öfter, der lebt nicht anders als die Bestie.

Darum legt sich der Titelheld des Ritterepos *Renout van Montalbaen* auch als Buße auf, nur einmal am Tag ein karges Mahl zu sich zu nehmen, während er beim Bau einer Kirche schwere Arbeit verrichtet:

Jeden Tag zur selben Stunde aß er ein Stück Gerstenbrot und sonst nichts; dazu trank er ein wenig Quellwasser.

Wasser und Brot also, »jeden Tag zur selben Stunde«. Diese Selbstdisziplin wird auch im *Boec van het kerstene levene* (Buch vom christlichen Leben) gefordert, das fünf verschiedene Arten der Völlerei unterscheidet. Dabei nennt es gleich als erste: »[...] wenn man vor der dazu bestimmten Zeit isst und trinkt.«

Solche Vorschriften verleihen der ununterbrochenen Nahrungsversorgung Cocagnes den Charakter einer polemischen Herausforderung oder ironisch umgekehrten Warnung. Vieles deutet darauf

Teuflische Personifikation der Völlerei; Detailausschnitt aus Breughels *Dulle
Griet*; Antwerpen, Museum Mayer van den Bergh.

hin, dass diese neue Intention erst bei der schriftlichen Festlegung in
den Text gelangte. Vielleicht lässt es sich sogar noch schärfer formu-
lieren: Erst mit der Verschriftlichung des Materials entstand überhaupt das Bedürfnis nach Explikation bestimmter Botschaften, die jedoch alle im Rahmen der sich entwickelnden Bürgermoral lagen.

Dabei ist es nicht unmöglich, dass die ironische Warnung vor häu-
figem und unzeitigem Essen an eine bereits existierende literarische
Tradition anknüpft. Davon zeugt sowohl das eben genannte *Kerelslied* als auch eine anglo-normannische Klostersatire von um 1300, die
eine gewisse Verwandtschaft mit dem irischen *Land of Cockaygne*

aufweist: Darin befiehlt der Abt seinen Brüdern unter anderem, »dreimal pro Tag gut und reichlich zu essen«.

Im niederländischen Schlaraffenlandtext fehlen solche Details, doch widmet auch er sich ausgiebig dem Problem der Völlerei, mehr noch sogar als die beiden Cocagne-Versionen. Daneben behandelt G noch einige weitere Punkte des städtischen Verhaltensrepertoires wie etwa die neuen Anstandsregeln und die Leistungsethik.

In einer städtischen Gemeinschaft müssen Konkurrenz und Wettbewerb gefördert werden; dies gilt ganz besonders für das Antwerpen des sechzehnten Jahrhunderts, das sich zu jenem Zeitpunkt gerade zu einer internationalen Handelsmetropole emporschwingt. Die Propagierung einer solchen Leistungsmoral steht ganz im Zeichen der schon früher einsetzenden Bekämpfung der *acedia* und positiven Neubewertung von Arbeit im Allgemeinen. Doch letztlich gehen die diesbezüglichen Bemühungen nicht über ein paar Witze aus dem Bereich der gerade beliebten Sportarten hinaus.

Viel stärker liegt der Akzent dagegen auf kultiviertem Verhalten, Moral und Ehrbarkeit, denn in Schlaraffenland macht man Karriere durch die Meisterschaft im Gegenteil dieser Tugenden. Schon ein normaler, leiser Furz liefert einen kleinen Geldbetrag, ein Knallfurz dagegen bedeutend mehr, ebenso wie dreimaliges schallendes Rülpsen. Auch normales Trinken wird belohnt, doch hemmungsloses Saufen umso mehr. Zahlungsunfähige Spieler und andere Schuldner dürfen auf freundliche Behandlung hoffen, und Spötter und Lügner verdienen gutes Geld, je nach Leistung. Diesem Katalog der Liederlichkeit fügt der niederländische Bearbeiter seiner deutschen Vorlage noch die Huren hinzu, die in Luilekkerland in hohem Ansehen stünden.

Weisheit und gesunder Menschenverstand werden in Schlaraffenland verachtet und geschmäht. Mit Ehrfurcht dagegen begegnet man plumpen, unverständigen Grobianen, die nichts Vernünftiges lernen wollen oder können. Den faulsten und gefräßigsten Hallodri und Liederjan macht man zum König. Die weitere Rangordnung wird vom Grad der Grobheit und Trinkfestigkeit bestimmt.

Wie gesagt, wird der Personenkreis, der sich in Schlaraffenland zu Hause fühlen darf, in G fest umrissen: Aufnahme in diese Ehrengalerie unzivilisierter Schnapsnasen findet nur, wer aller Ehrbarkeit, guten Manieren und Weisheit Lebewohl gesagt hat. In Schlaraffenland soll er lernen, dass es sich so nicht gehört – schon gar nicht in einer Gesellschaft, die immer mehr Wert darauf legt, sich durch ihr Verhalten von der breiten Masse zu unterscheiden. Diese Zivilisationsoffensive zeigt sich ebenso in Kunst und Festkultur, wo man vor allem durch den Einsatz von Bauernkarikaturen den eigenen Idealen Profil zu verleihen versucht. In diese Parade abschreckender Antimodelle gehören auch die Bewohner des ebenso beneideten wie verteufelten Schlaraffenlands.

Schon im sechsten Jahrhundert schildert Boethius ein goldenes Zeitalter, das sich durch höchste Genügsamkeit auszeichnete. Der kommentierten mittelniederländischen Übersetzung von 1485 zufolge stillte man damals seinen Hunger mit Früchten und den Durst mit Quellwasser. Handel war unbekannt, man war zufrieden mit dem, was die eigene Erde bot. Durch das Finden von Gold und Edelsteinen jedoch sei Habsucht entstanden, was die Welt in ihren gegenwärtigen Zustand schwerer Sündigkeit gestürzt habe.

Diese Stelle wird vom Übersetzer ausführlich kommentiert, und er vergleicht die maßlose Völlerei der eigenen Epoche mit den idealen Umständen des goldenen Zeitalters: Man esse und trinke weit mehr, als der Körper benötige, zu jeder Tages- und Nachtzeit, und fröne einem abscheulichen Hang zu kostbaren und seltenen Speisen. Auf diesen Ausbruch der Empörung folgt eine lange Abhandlung über die Völlerei: Sie sei Gebärerin aller anderen Sünden und führe unvermeidlich zu einem schrecklichen Tod. Faulheit und Müßiggang seien ihre liebsten Kinder.

Mit einem wahren Sturzbach an Zitaten der damals berühmtesten Autoritäten wollte dieser wissenschaftliche Kommentar auch auf Laien den nötigen Eindruck machen, was schon aufgrund seines beachtlichen Umfangs auch gelungen sein dürfte. Natürlich begegnen wir auch hier wieder dem Pauluszitat von der Abgötterei durch Verehrung des Bauches. Danach verweilt der Autor ausführlich bei der spontanen Nahrungsversorgung durch die Natur, die im goldenen Zeitalter jede menschliche Arbeit überflüssig gemacht habe:

Damals wusste das Volk nichts vom Säen und Mähen; auch kannte man keine andere Nahrung als die Früchte des Feldes. Man hatte noch nie vom Pflug gehört, ganz zu schweigen von Harke, Spaten und anderen Gerätschaften.

Der Kommentator endet mit dem Wunsch, dass diese Zeit einmal zurückkommen und unsere Epoche übler Völlerei beenden möge. Solange wir jenes Laster nicht zu bekämpfen wüssten, können wir Gott nimmermehr behagen. Schließlich sei Habsucht die Mutter aller Sünden – stillschweigend sind Habsucht (*avaritia*) und Völlerei (*gula*) hier zu einer Einheit verschmolzen. Zusammen bilden sie die größte Bedrohung für das Wohlergehen der Menschheit.

Doch der Text gibt noch mehr preis. Wie begierig der Kommentator die Gelegenheit ergreift, nun endlich auch in der Volkssprache einmal wissenschaftlich zu belehren und zu moralisieren, zeigt sich an einer eigenwilligen Wendung, die er seinem Ausgangstext gibt: Dort ist zu lesen, dass die Menschen des goldenen Zeitalters Vegetarier waren, ein Standpunkt, der auch in anderen Texten der Zeit immer wieder vertreten wird. Der Kommentator lässt dies jedoch nur mit Einschränkung gelten. Ihm zufolge aßen die Menschen damals außer Feldfrüchten durchaus auch wilde Tiere, deren Häute sie als Kleidung benutzten.

Dies möchte der Autor näher erläutern. Eine erste Reserve hatte er schon mit seinem Zweifel angemeldet, dass der Verzehr von Fleisch zur Sünde anstachele. Dies werde zwar von keinem Geringeren als Bernhard von Clairvaux in seinem – vom Autor zitierten – Hohe-Lied-Kommentar behauptet, doch befinde der große Kirchenlehrer sich hierbei im Irrtum: Es gehe nicht um die Art der Nahrung, sondern um deren Mengen. Und er untermauert seine Auffassung mit verschiedenen Geschichten aus der Bibel. So habe Adam kein Fleisch vom Baum der Erkenntnis gegessen, sondern eine Frucht, Esau habe sein Geburtsrecht nicht gegen Fleisch, sondern gegen ein Linsengericht eingetauscht, und auch in den Lebensberichten Jonathans, Elias' und Abrahams ließen sich solche Beispiele finden. Die Schlussfolgerung aus all diesem lautet für ihn denn auch, dass man lieber ein wenig Fleisch essen solle als sich mit Gemüsebrei und Haferschleim voll zu stopfen.

Doch wie kommt der Kommentator zu dieser provozierenden Stellungnahme? Nochmals: sein Werk ist eine der frühesten wissenschaftlich-ethischen Abhandlungen in der Volkssprache, wobei indirekt ständig die Autoritäten der lateinischen Gelehrtenwelt (Bernhard von Clairvaux!) herausgefordert werden. Die Erklärung ist vermutlich hierin zu suchen: Der Autor ist ein Pragmatiker, der mit einer gewissen Nüchternheit seine Umgebung dazu bewegen will, nicht weiter im Morast der Völlerei und Habsucht zu versinken; er weiß, dass es aussichtslos ist, das Vegetariertum der Urzeit zu propagieren, und so versucht er es mit Empfehlungen zur Mäßigkeit, dem bewährten Schlüssel zum irdischen Heil sowohl in höfischen als auch in bürgerlichen Verhaltenslehren. Man könne ruhig Fleisch zu sich nehmen – doch in vernünftigen Mengen, bitte schön, und zu festgelegten Zeiten unter Beachtung der Fastentage. So hätten die Vorfahren im goldenen Zeitalter auch gelebt, und darüber sei nie ein Fluch ausgesprochen worden – behauptet er. Vermutlich als Erster.

Im bürgerlichen Umfeld scheint Cocagne gut als moralische Lehranstalt fungieren zu können. Nach zeitgenössischer Auffassung führt die städtische Gesellschaft zu einer Vielzahl an Übeln, allen voran Raffsucht, Wucher, Faulheit und Völlerei. War die Stadt nicht eigentlich selbst ein Cocagne, in dem man im liederlichsten Überfluss schwelgte, und waren ihre Bewohner damit nicht die ersten und eigentlichen Adressaten der mit Hilfe dieser Verkehrten Welt verbreiteten Lehren?

Zudem war das spätmittelalterliche Publikum im Dekodieren solcher Botschaften außerordentlich geschult: Die Technik der Bedeutungsfindung durch Kontrastbildung war bekannt aus der Bibel, von Augustinus gelehrt, in der Literatur propagiert und in städtischen Festbräuchen immer wieder eingeübt. Verkehrte Welt und Gesellschaftskritik gehören zusammen, wie schon aus einer langen Tradition antiker, biblischer und germanischer Überlieferungen hervorgeht. Als die Gesellschaft im Laufe des sechzehnten Jahrhunderts jedoch aufgrund der neuen und widerstreitenden Staats- und Ordnungsmodelle immer mehr auseinander driftet, verliert das Verkehrte-Welt-Prinzip seine Existenzgrundlage und wird in so unschuldige Bereiche wie etwa Bilderbögen für die Landbevölkerung abgedrängt. Diese Formen entfernen sich immer mehr von den gesellschaftlichen Brandherden und sind in unserer Zeit nicht zufällig vor allem noch im Kinderzimmer anzutreffen. Letztlich ist dies auch die Entwicklung Schlaraffenlands, das zuvor bereits selbst den cocagnischen Traum geschluckt hatte.

Es scheint verlockend, die Erläuterungen der Botschaft in B und G mit dem Verfall dieses einst so verbreiteten Kommunikationsprinzips in Zusammenhang zu bringen. Der Drang zur moralisierenden Verdeutlichung würde gut mit der allgemeinen spätmittelalterlichen Tendenz zusammenstimmen, weltliche Stoffe mit einer Moral oder zumindest spirituellen Bedeutung zu versehen. Doch kann hierin nicht der eigentliche Grund für diese Hinzufügungen liegen. Auch Mitte des sechzehnten Jahrhunderts noch lag der gesellschaftskritische Gehalt dieser Traumwelten für die meisten auf der Hand. Zumindest, wenn man von ihnen erzählen hörte oder Aufführungen von ihnen sah.

Viel wahrscheinlicher gehen die Explikationen in B und G daher auf die Verschriftlichung und das neue Lesepublikum zurück, das im stillen und individuellen Verarbeiten solcher Texte noch ungeübt war. Obwohl diese Lesemethode im sechzehnten Jahrhundert vermutlich noch in den Kinderschuhen steckte – vieles weist darauf hin, dass volkssprachige Belletristik noch lange gegenseitig vorgelesen wurde –, fühlten die Drucker sich begreiflicherweise doch dazu aufgerufen, die neue Rezeptionsform mit den nötigen Hilfestellungen zu begleiten. Hierzu gehören auch die Erläuterungen der Moral, die im ironischen Spiel unterzugehen droht, wenn es keine professionellen Vorleser oder Unterhaltungskünstler mehr gibt, die diese auf andere Weise deutlich machen. Und so kommt es zu dem mehr oder weniger sichtbaren Bastardcharakter dieser ehemals mündlich zu vollendenden Texte, die folglich nicht so sehr einem anderen Milieu als vielmehr einer neuen Kommunikationsform angepasst werden.

Ebenso wie das goldene Zeitalter des Boethius bieten auch die Texte über Schlaraffenland und Cocagne Fluchtwege in eine erträumte, bessere Welt. Doch geschieht dort gerade das am laufenden Band, was der Boethius-Kommentar der verderbten Gegenwart so übel ankreidet. Dadurch liefern die beiden umgekehrten Traumländer ein ironisches Bild von Hyperkonsum und totaler Unproduktivität, die so in der modernen Welt nicht mehr vorkommen durften. Beide Verhaltensweisen werden in der noch ungefestigten städtischen Gesellschaft heftig diskutiert, die aus purem Überlebenswillen lernt, einen strikten Kurs von Mäßigkeit und Arbeitsfleiß zu fahren. Der kompensierende Traum von ehedem, in Cocagne noch deutlich erkennbar, scheint sich auch zu didaktischen Zwecken einsetzen zu lassen. Besonders für Reiche-Leute-Kinder und andere Nichtsnutze.

5 Die Notwendigkeit der Fiktion

N un suchen ländliche Kulturen nicht nur nach Kompensation, sondern auch nach Waffen für den körperlichen und seelischen Widerstand. Wenn Hunger eine Strafe Gottes ist, dann sind hemmungsloses Schlemmen und die Phantasien darüber Zeichen von Aufsässigkeit. Man muss – koste es, was es wolle – bei jeder sich bietenden Gelegenheit seinen Magen voll stopfen, schließlich kann jeder Tag der letzte sein. Ein um 1550 aufgezeichnetes Sprichwort erinnert an diese Haltung, die wir bereits in der germanischen Kultur des frühen Mittelalters beobachteten: »Hy vret of hy morgen hanghen sal.« (Er frisst, als müsst' er morgen hängen.) Jene Auffassung verbindet sich mit einer Tradition üppiger Festbankette als Ausdruck von Macht, die sich nicht nur an fürstlichen Tafeln, sondern – zumindest im Karneval – auch auf der Straße selbst feierte.

Es ist ein verlockender Gedanke, die ersten spezifischen Konkretisierungen des Cocagne-Materials im frühen Mittelalter anzunehmen. Schließlich sei das fünfte und sechste Jahrhundert in ganz Westeuropa von anhaltendem Nahrungsmangel heimgesucht worden, und diese Situation hätte unvermeidlich nach tröstlichen Phantasien und moralischer Wappnung gerufen.

Ebenso verlockend ist es, die ersten französischen und niederländischen Konkretisierungen in die Periode zwischen 1000 und 1300 zu verlegen, als die Ernährung vieler Menschen fast ausschließlich aus Brot bestand, was mindestens ebenso laut nach Abwechslung geschrien habe. Damit ließe sich die große Nahrungsvielfalt in Cocagne erklären, als maximaler Kontrast zum erzwungenen monotonen Speiseplan, und es würde deutlich, warum die Abwechslung und nicht der Luxus der Speisen in den überlieferten Texten die Hauptrolle spielt: Vor allem die Periode nach 1315 bis 1317 – die einzige echte und umfassende Hungersnot des gesamten Mittelalters – gilt als idealer Nährboden für fast rachelustige Phantasien über ein Land voll kulinarischem Überfluss.

Dennoch sind dies alles nicht mehr als wilde Vermutungen, die in einer groben geschichtlichen Übersicht vielleicht nicht unangebracht sind, doch hier deutlich einen Schritt zu weit gehen. Cocagne ist eine Phantasie aller Epochen und Zeiten. Selbst der Name verweist nicht unbedingt auf eine spezifisch mittelalterliche Entstehung. Mündliche und schriftliche Überlieferung bedienen sich beide des Cocagne-Materials, beeinflussen einander, doch gehen sie auch häufig eigene Wege. Vor allem in der mündlichen Erzählkultur kommt es zu immer neuen Nebenmotiven, Weiterentwicklungen und Aktualisierungen, was sich teilweise auch wieder in den schriftlichen Versionen niederschlägt, auch wenn jene ansonsten eher festliegen. Damit halten sie das Material zugleich gewissermaßen im Zaum. In diesem Rahmen können auch die Phantasien drogenberauschter Hungerleider ihren bizarren Beitrag liefern, doch bilden sie nicht so sehr den Ursprung Cocagnes als vielmehr einen immer wiederkehrenden Anlass für neue, wilde Konkretisierungen des Stoffes.

Die mittelniederländischen und französischen Texte nun bieten eher einen Blick auf die spezifischen Nöte und Träume der Stadtbevölkerung. Besonders das Interesse an Fragen des Geldes und Geldverdienens – eigentlich unlogisch in einem Land, wo alles ständig gratis zur Verfügung steht – weist darauf hin, dass es sich hier um städtische Sorgen handelt, die sich erst bei der Verschriftlichung der Texte im Material niederschlugen. Einen weiteren Hinweis hierauf bildet die fast übertriebene Aufmerksamkeit für Schuldentilgung – ebenfalls höchst unlogisch – im Schlaraffenland-Text von 1546, in dem auch in anderen Punkten die städtische Interessenlage eindeutig zum Ausdruck kommt.

Bemerkenswert in diesem Zusammenhang ist ebenfalls die Aufmerksamkeit, die Text B der Befriedigung der persönlichen Bedürfnisse in Cocagne schenkt. Alles lässt sich dort nach eigenem Geschmack einrichten. Die Tische sind »nach jedes Wunsch« (62) mit Speisen und Getränken gedeckt, was wohl heißen soll, dass ein jeder nach seinen persönlichen Vorlieben bedient wird. Charakteristisch für Texte aus der oralen Überlieferung ist ebenfalls die kurz darauf geäußerte Wiederholung »ein jeder Mensch nach sei'm Gefug« (70), die nochmals die Möglichkeit individueller Wunscherfüllung betont. Dass diese Details in L fehlen, beweist einmal mehr ihren Charakter als eigene Hinzufügungen des Autors von B.

Doch ungeachtet solcher persönlicher Akzentsetzungen bleibt im Allgemeinen doch das Bild einer eher volkstümlichen Phantasie erhalten, wie sehr diese im Gefolge städtischer Interessen später auch zum Zweck der Belehrung verändert worden sein mag. Doch selbst der erhobene Zeigefinger steht in keinem direkten Widerspruch zu dem überwiegend volkstümlichen Charakter. Schon die Bemerkung der französischen Fassungen, dass Cocagne nicht für die Reichen bestimmt sei, ist in erster Linie eine Genugtuung für die breite Masse, die sich überall aufhalten kann. Im Hintergrund spielt natürlich auch hier wieder die Ironie der Verkehrten Welt eine Rolle, indem Habenichtse in ein nicht-existierendes Land verschickt und so aus der normalen Welt ausgeschlossen werden. Im *Land of Cockaygne,* das diese Zugangsbeschränkung ebenfalls kennt, wird diese gleichzeitig als Satire gegen sowohl die Ausbeuter als auch die faulenzenden Mönche selbst benutzt.

Auch als Kompensation und Fluchtmöglichkeit sind die mittelniederländischen Cocagne-Texte eher Ausdruck der Nöte von Stadt und Land als des Hofes. Dessen Träume verwirklichen sich in echten Lustgärten, in denen man an der Verfeinerung idealer Normen von Selbstzucht, Mäßigung und Schönheit arbeitet und diese immer aufs Neue zelebriert. Die Darstellung kulinarischen Überflusses erfolgt dort ohnehin regelmäßig während der ebenso selbstbewusst wie feinsinnig inszenierten Bankette. Eine solche Welt steht dem cocagnischen Glücksversprechen diametral entgegen, wonach gerade das hemmungslose Schwelgen in bizarrem Überfluss die Ängste vertreiben soll und alles andere sonst egal ist. Über einen Umweg verwirklicht schließlich auch die besser gestellte Stadtbevölkerung ihren

Traum, indem sie mit Hilfe lehrreicher Umkehrungen des bäuer-
lichen Cocagne-Vergnügens die höfischen Verhaltensformen von
Mäßigung und Selbstbeherrschung kreativ übernimmt und in das
Konzept bürgerlicher Leistungsethik einbaut.

Warum brauchen Menschen ein Cocagne? Kompensierende Lehrtexte, die sich mal ernst, mal humorvoll der Verkehrten Welt und
anderer phantastischer Wunschorte bedienen, gibt es im Mittelalter
zuhauf, ebenso wie Paradiesbeschreibungen und Berichte über
exotische Völker und neu entdeckte Länder. Daneben kennen alle
Milieus ihre nachgebildeten Paradiese, ob es sich dabei nun um Darbietungen des Prozessionstheaters oder um fürstliche Bankette und
Vergnügungsparks handelt, und auch die Laienfrömmigkeit macht
sich mit Hilfe riskanter Meditationen immer wieder auf den Weg zu
solchen Traumorten. Manchmal werden diese bereits auf Erden
realisiert oder es wird zumindest versucht, was zu Beschuldigungen
extremster Ketzerei führen kann. Sicherer sind dann doch die Darstellungen in Visionen, die gerade in ihren sensationellen Formen
wieder Anlass zu einem wahren Sturzbach an moralischen Lehren
liefern.

Fluchtwege, Waffen, Kompensationen und fröhliche Belehrung en
masse. Warum dann also noch ein Cocagne, das in so vielen Punkten
mit den Phantasien und Nachahmungen übereinstimmte, die man
sich ohnehin schon schuf? Die Antwort muss im fiktiven Charakter
Cocagnes liegen. Dieses Traumland konnte zur Linderung fast jeden
Ungemachs und zu jedem x-beliebigen Vergnügen angefahren werden – immer mit der Sicherheit, dass es sich hierbei um ein unver-
bindliches Spiel handelte. Die anderen Flucht- und Belehrungswege
waren wahr und wirklich, hatten den Anspruch zu existieren oder
konnten berührt und betreten werden.

Cocagne dagegen war von A bis Z erlogen und wurde denn auch
nirgends unter diesem Namen imitiert, ebenso wenig wie das Schlaraffenland des sechzehnten Jahrhunderts, was für viele eher ein be-
ruhigender Gedanke zu sein schien. Das Paradies, der Himmel, die
neuen Welten – ihnen allen machte »das Wirkliche« zu schaffen, das
einen erdrücken konnte, das Angst auslöste oder abhängig machte.
Cocagne dagegen war eine zu nichts verpflichtende Phantasie. Um

diesen Ort zu erreichen, brauchte man weder zu beichten noch lebensgefährliche Reisen zu unternehmen. Und darum konnte sich dort auch jeder nach Herzenslust tummeln: Es hatte doch nichts zu bedeuten. Cocagne ist nämlich ebenso wenig eine realisierbare Utopie. Solche versprechen schließlich ideale Lebensumstände für alle. Doch kein Mensch scheint an eine baldige Verwirklichung solcher Traumgesellschaften zu glauben. Teile davon werden jedoch immer wieder in Gesellschaftsentwürfe aufgenommen, die durchaus vorstellbar sind und alles andere als unrealistisch wirken. Mehrmals haben wir bereits darauf hingewiesen, dass die Völker der Neuen Welt im sechzehnten Jahrhundert eine wichtige Inspirationsquelle für den Entwurf solcher Utopien bildeten. Auf jeden Fall fungieren sie als gern angeführter Beweis für die Reorganisierbarkeit der eigenen Wirklichkeit.

Gerade der vollkommen fiktionale und irreale Charakter Cocagnes bietet jedem einen Freibrief für die Errichtung seines ganz persönlichen Paradieses. Darum ist der Einfluss dieser Phantasie mit ihren geistigen Waffen und Kompensationen auf das persönliche Wohlbefinden auch so groß. Warum sollte jemand sich am Vergnügen an dieser Traumvorstellung stören? Cocagne existiert doch nicht einmal?! Darum musste man es auch erfinden.

Unverbindliche Phantasien liefern die hartnäckigsten Überlebenswaffen. Sie lassen sich nicht in einem einzelnen Menschen besiegen, denn sie bleiben in tausend anderen bestehen und werden immer weitergegeben. Sie verschwinden erst, wenn der Belagerer sich definitiv zurückgezogen hat. Darum war die Beseitigung des Hungers in der westlichen Welt der frühen Neuzeit für die Cocagne-Phantasie auch ein so schwerer Schlag. Wenn Ritter Joufroi de Poitiers im gleichnamigen Romanschwank als Schlachtruf in einem Turnier »Cocagne!« schreit – dort kommt er angeblich her – zeugt dies von einer in bitterer Humor verpackten Aggression gegen die ewige Bedrohung des Hungers, die erst lange nach Ende des Mittelalters wirklich zum Lachen ist.

Der Preis für diesen Sieg über den Hunger und die Angst davor ist die Vernichtung eines einzigartigen Traums, der das Leben Tausender und Abertausender nicht nur erträglich machte, sondern gleichzeitig humorvoll zu bereichern wusste. Nicht einmal in Gestalt Schlaraffenlands hat Cocagne danach je wieder ein so ideales Publikum finden können.

Quellennachweise

Das Thema dieses Buches wurde von mir seit einigen Jahren in einer Reihe von Artikeln behandelt, die als solche in dieser Studie nicht mehr zu erkennen sind. Nur die ursprüngliche Fragestellung blieb erhalten: Was bedeuten die beiden von mir ausgewählten mittelniederländischen Verstexte über Cocagne (abgekürzt als L und B nach dem Aufbewahrungsort der Handschriften) und der Prosatext über das damit verwandte Luilekkerland / Schlaraffenland (G)? Diesbezügliche Fragen wurden in diversen Seminaren während eines Zeitraums von acht Jahren mit vielen Studenten und Studentinnen an der Universität von Amsterdam behandelt; die größte Belohnung hierbei war, dass sich daraus unzählige neue Problemstellungen ergaben. Einigen dieser Kommilitonen verdanke ich in Einzelfragen wertvolle Hinweise. Das Gleiche gilt für Kollegen, die mir bei Problemen auf die Sprünge halfen, bei denen ich allein nicht weiterkam. Im Namen des Verlags machte Marieke van Oostrom noch eine Reihe kritischer Anmerkungen, oft begleitet von Vorschlägen zur Verdeutlichung oder Verbesserung; ich habe vielfältig und gern davon Gebrauch gemacht.

Zur Einteilung des Buches hier nur Folgendes: Die zwei Ausgangstexte befinden sich sowohl auf Mittelniederländisch als auch in moderner Übersetzung am Anfang von Kapitel II. Dies geschah nicht nur aufgrund ihrer zentralen Bedeutung für das Buch, sondern auch, um ihre mündlichen bzw. schriftliterarischen Merkmale unmittelbar im selben Kapitel erläutern zu können.

Mit Zitaten wurde in der deutschen Übersetzung verschieden umgegangen. Wo die Wiedergabe des mittelniederländischen oder frühneuniederländischen Originals aufgrund seiner zwingenden – und für den Leser hoffentlich interessanten! – Form geboten erschien, erfolgte dies in den (einzigen!) Fußnoten. In der Regel war dies fast ausschließlich bei Reimen der Fall, die sich bei Interesse aufgrund ihrer Zeileneinteilung leicht mit dem Original vergleichen lassen. Hierbei spielte auch das Streben eine Rolle, den *niederländischen* Charakter der Ausgangs- und vieler Quellentexte im Bewusstsein zu erhalten. Kurze

mittelniederländische Prosazitate wurden je nach Verständlichkeit mal un-
übersetzt stehen gelassen, mal mit der deutschen Übersetzung in Klammern
wiedergegeben. Bei längeren Prosazitaten, die im Original zu verfolgen dem
deutschen Leser vermutlich ohnehin zu viel Mühe bereiten würde, wurde auf
dessen ursprüngliche Wiedergabe verzichtet. Fremdsprachige Zitate wurden
ausschließlich in Übersetzung gegeben. Soweit in den Quellenangaben nicht
ausdrücklich anders vermerkt, folgt diese Übersetzung der jeweiligen Form der
Zitate im niederländischen Original; der ursprüngliche Text lässt sich jederzeit
über die Quellenangaben aufsuchen.

Dieses Buch hat keine Anmerkungen. Die Angabe der benutzten Quellen erfolgt per Kapitel und Abschnitt auf den hier folgenden Seiten. Dabei wurde hier
und da die Gelegenheit genutzt, auf zusätzliches Material über das jeweils behandelte Thema hinzuweisen. Von Querverweisen innerhalb des Buches
wurde weitgehend Abstand genommen; diese sind über das Register für jeden
Leser leicht selbst herzustellen.

Bei Titeln, die im Literaturverzeichnis parallel zum fremdsprachigen Original bzw. der niederländischen Übersetzung auch auf Deutsch angegeben werden, bezieht sich die jeweilige Seitenangabe, soweit nicht ausdrücklich anders
vermerkt, immer auf die erste Titelangabe.

I Das verspielte Glück: Ein Anfang

1 Das verlorene Paradies

Edition und Übersetzung der niederländischen Texte in Kap. II, Absch. 1; alle
Angaben dazu in Absch. 2 und 6 desselben Kapitels. Cocagne- und hiermit verwandte Texte aus der europäischen Literatur bis in die Gegenwart finden sich
in deutscher Übersetzung mit Kommentar und Quellenangaben in: Müller und
Richter (1995); ergänzende bibliographische Angaben bei Bolte (1918) und
Wunderlich; der ebenfalls bibliographische Artikel von Kasper (1992/93), ba-
sierend auf Pleij (1991 a), konnte nicht mehr herangezogen werden. Viel Information und zahlreiche Quellenangaben zu Prozessionen und Umgängen in
den Niederlanden bei Ramakers (1996 a); zum Löwener Umgang s. Van Even,
19, 26, 27, 29, 31, 36, 39, 50 + Abb. V mit einer Darstellung des bewussten Wagens; vgl. Boonen, 245; ähnliche Wagen an anderen Orten: Ramakers (1996 a),
über Register; De Burbure, 2, 7; Autenboer, 40; Van Gassen, 135; Van Lantschoot, 22; De Potter, 30, 32, 34, 37; vgl. a. Hummelen (1968), 214. Beim feierlichen Einzug zur Hochzeit Karls des Kühnen mit Margareta von York in

Brügge anno 1468 wurde die Vertreibung aus dem Paradies ebenfalls breit be-
handelt, offensichtlich in bewusstem Kontrast zu den fast unvorstellbaren,
tagelangen Festbanketten bei dieser Gelegenheit: s. Kap. III, Absch. 5, sowie De
Roovere (1866), 26–7. Beispiel einer Folge von Wandteppichen mit diesem
Motiv bei Duverger. Das Zurückweisen der Seelen im Himmel als Folge des
kirchlichen Schismas erläutert der Kanzler der Pariser Universität Johannes
Gerson, kol. 920–1. Zu den *Bliscappen van Maria* s. Ramakers (1996 b) und
Pleij (1988 a), 170–4, 264–5; Zitate nach *Bliscap*, v. 371–4 und 379, sowie der
neuniederl. Übersetzung in *Maria*, 16. Die emotionale Wirkung des (Prozes-
sions-)Theaters bei Ramakers (1991/92); vgl. Pleij (1991/92).

2 Konturen eines Buches

Eine lesbare Auswahl mnl. Paradiesbeschreibungen bieten De Vooys (1906)
und Endepols; kurze thematische Übersicht bei Van de Velde; allgemeine Übersicht westlicher Paradiesvorstellungen bei Delumeau. Kolumbus' Vorstellungen bei Greenblatt, 78, dessen Überzeugung vom Orinoko als einem der vier
Paradiesströme bei Cook, 32. Vorstellungen vom goldenen Zeitalter kurz wiedergegeben bei Delumeau, 15–20; den Germania-Mythos behandeln Silver
und Schama, 75–134, die Batavia-Mythe Tilmans, 121–66. Boendale (1844/48),
I, cap. 31, spricht nach Boethius' Vorbild vom goldenen Zeitalter. Das Himmlische Jerusalem in der Offenbarung des Johannes 21–22; behandelte Passage
im *Sterfboeck*: fol. C2 recto-[C4] recto. Eine Quellenübersicht mittelalterlicher
Visionenliteratur gibt Gardiner; vgl. Aubrun. Eine klassische Studie über den
Millenarismus schrieb Cohn, ebenso Lerner (1972) über die Freigeisterei:
Näheres zu den Brüsseler Adamiten pp. 157–63, 190–5, sowie über den hoch-
mütigen Walter und die deutschen Adamiten pp. 30–1; vgl. Pleij (1988 a),
159–60, 241–2. Die Vollendung der Schöpfung als Auftrag des Menschen bei
Glacken, 213–4, 293–301, 312–3; zu den speziellen Aktivitäten der Zisterzienser auf diesem Gebiet s. Van Oostrom, 89. Anna Bijns' Refrein in (1902), 243–6,
bes. 245. Die Meditationsübungen zum Schauen des Paradieses erläutert Gerard Zerbolt van Zutphen in seinem ursprünglich lateinischen, später ins Mnl.
übersetzten Traktat *Van geestelijke opklimmingen*, in neuer Orthographie herausgegeben in: Zerbolt, 108–13; vgl. Goossens, 229. Umkehrungsfeste allgemein werden behandelt bei Pleij (1992); zu Festen der Geistlichkeit s. Bischoff.
Das überschwängliche Tafeln des Adels ausführlich bei Lafortune-Martel. Zu
Getränkespringbrunnen s. Pleij (1988 a), 117–8, 350–1. Zitat aus dem Prosaroman *Peeter van Provencen* nach der Faksimile-Ausgabe von 1982, fol. [H2]
recto. Über den neuen Umgang mit der Natur s. Pleij (1990), 17–78, zu Tiergärten speziell (1988 a), 249–52. Nähere Angaben zum Wundergarten von

Hesdin in Brunet. Jungbrunnen im Allgemeinen behandelt Rapp (1975). Das *Scep vol wonders*, gedruckt im Jahre 1514 von Thomas van der Noot in Brüssel, behandelt in fast der Hälfte seiner Kapitel (102–180) die sagenumwobene *quinta essentia*, der man besondere Heil- und Verjüngungskraft zuschrieb. Zu *Die buskenblaser* s. *Buskenblaser*. Sinnestäuschungen durch Nahrungsmangel und Alternativnahrung bespricht Camporesi (1989), 17–20, 120–50. Die Meldung über die palästinensischen Märtyrer in der Tageszeitung *NRC Handelsblad* vom 4. März 1996; ihre Geschichten erinnern stark an die über den »Alten Mann vom Berge« im Mittelalter; vgl. Polo, Kap. XLI-XLIII, 60–63, und Mandeville (dt.), 191–194. Das altgriechische »Cocagne« in fragmentarisch überlieferten Komödien aus dem 5. Jh. v. Chr.: Poeschel, 391–4; Bonner; Müller, 29–31. Zu keltischen Seereisen s. Oskamp sowie Einleitung und Kommentar zu *Reis*. Zitierte Bibelstelle: Markus 13:30; vgl. Leupen, 44. Zum Fegefeuer s. Le Goff (1981).

3 Cocagne als Name

Eine kurze Übersicht der Merkmale mündlicher Kommunikation bietet Ong. »Beliren« in Londoner Hs., fol. 139 recto. Zu »Kokanje« bzw. »Kokinje« s. WNT; zu »Luilekkerland« s. De Keyser, De Meyer (1962), 432–40, und WNT. Zu »Cocagne« als Name in den altfranzösischen Fabliaux s. Väänänen; einer der französischen Texte lautet wie folgt:

Fabliau vom Land Coquaigne
(Frankreich, 13. Jh.)

Jetzt gebt Acht, ihr Anwesenden!
Ihr alle sollt meine Freunde sein
Und mich wie euren Vater ehren;
Nur recht und billig ist es, dass
Die große Begabung, die Gott mir verliehen hat, offenbar werde;
Ehe ich die Geschichte zu Ende bringe,
Werdet ihr hier etwas hören können,
Was euch viel Spaß macht.
Ich bin noch nicht allzu alt,
10   Aber deswegen bin ich nicht weniger verständig.
Eines sollt ihr erfahren:
Ein gewaltiger Bart ist noch kein Beweis für Wissen;
Wenn die Bärtigen den Verstand gepachtet hätten,
Müssten Böcke und Ziegen sehr klug sein.
Ihr dürft nicht auf den Bart starren,

Mancher, der einen sehr langen hat, ist nicht einmal halbgescheit;
Die jungen Männer sind dagegen sehr verständig.
Ich zog zum Papst nach Rom,
Um mir eine Buße auferlegen zu lassen;
20 Der schickte mich dann in ein Land,
Wo ich manche Wunder sah.
Hört jetzt, wie die Leute, die
In dieser Gegend wohnen, sich eingerichtet haben.
Mir scheint, dass Gott und alle seine Heiligen
Diese Region mehr gesegnet und geheiligt haben
Als irgendeine andere.
Das Land heißt Coquaigne,
Je mehr man dort schläft, umso mehr verdient man:
Wer bis Mittag schläft,
30 Bekommt dafür fünfeinhalb Sous.
Die Zäune um die Häuser bestehen aus
Barschen, Lachsen und Alsen;
Die Dachsparren sind aus Stören gemacht,
Gedeckt sind die Häuser mit Speck,
Und die Latten sind aus Würsten.
In dem Land gibt es viele Genüsse,
Denn von Braten am Spieß und Eisbein
Sind die Weizenfelder ringsum eingefasst;
Durch die Straßen laufen
40 Die fetten Gänse und braten,
Sie drehen sich um sich selbst,
Und stets folgt ihnen die weiße Knoblauchsauce.
Und ich sage euch, dass man überall
Auf den Wegen und Straßen
Tische aufgestellt findet
Mit weißen Tischtüchern darauf,
Da können alle, die Lust haben,
Reichlich essen und trinken;
Ohne dass jemand Einspruch erhebt oder es verbietet,
50 Nimmt da ein jeder, so viel sein Herz begehrt,
Der eine Fisch, der andere Fleisch;
Selbst wenn er einen Wagen vollladen wollte,
Bekäme er alles nach Belieben –
Hirschbraten oder Geflügel,
Je nach Wunsch gebraten oder gekocht,
Aber sie zahlen nicht die Zeche

Und rechnen nach der Mahlzeit nicht ab,
Wie man es hierzulande tut.
Es ist die reine, erwiesene Wahrheit,
60 Dass in jener gesegneten Gegend
Ein Bach von Wein fließt,
In dem schwimmen die Becher gleich mit ans Ufer,
Und die Gläser
Und die Humpen aus Gold und Silber.
Dieser Bach, von dem ich rede,
Führt bis zur Mitte Rotwein,
Vom besten, den man
In Beaune oder jenseits des Meeres finden könnte;
Und auf der anderen Seite fließt Weißwein,
70 Der trefflichste und allerfeinste,
Der je in Auxerre,
La Rochelle oder Tonnerre wuchs.
Wer Lust hat, geht zu dem Bach,
Er kann mittenheraus und am Rand schöpfen,
Aus der Mitte und von überall trinken,
Ohne Furcht, dass ihn jemand hindert,
Und ohne einen Heller zu bezahlen.
Die Leute da sind keine Tölpel,
Sind wacker vielmehr und höfisch.
80 Ein Monat hat sechs Wochen,
Viermal im Jahr ist Ostern,
Viermal Sankt-Johannis-Fest,
Vier Weinernten gibt es im Jahr,
Alle Tag ist Feiertag und Sonntag,
Viermal feiert man Allerheiligen, viermal Weihnachten
Und viermal jährlich Lichtmess,
Viermal Karneval,
Und nur einmal alle zwanzig Jahre kommt eine Fastenzeit;
Und dabei ist das Fasten so angenehm,
90 Denn jeder bekommt dabei, was ihm behagt;
Schon am Morgen, gleich nach der neunten Stunde,
Isst man, was Gott gibt,
Fleisch, Fisch oder etwas anderes,
Und niemand wagt es den Leuten zu verbieten.
Glaubt nicht, dass ich übertreibe,
Es sei Hoch oder Niedrig
Keinem fällt das Fasten schwer:

Dreimal in der Woche fällt
Ein Platzregen von warmen Fladen,
100 Den sich weder einer, der noch Haare auf dem Kopf hat noch ein Kahlkopf
Entgehen lässt, das weiß ich sicher;
Vielmehr schnappt jeder davon, so viel er will.
Und in dem Land herrscht solcher Überfluss,
Dass Börsen voller Heller
Einfach auf den Feldern herumliegen;
Arabische und byzantinische Goldmünzen
Findet man in Massen – ganz umsonst:
Niemand kauft oder verkauft dort.
Die Frauen in jener Gegend sind wunderschön;
110 Jeder nimmt sich die
Damen und Fräulein, wenn er Lust dazu hat,
Ohne dass sich jemand darüber aufhält;
Dann treibt er es mit ihnen, wie es ihm gefällt,
Solange er will und ganz vergnügt;
Die Frauen werden deshalb nicht getadelt,
Sondern stehen in viel höherem Ansehen.
Und wenn es sich zufällig ergibt,
Dass eine Dame ihre Aufmerksamkeit
Einem Mann zuwendet, den sie sieht,
120 Dann nimmt sie ihn sich mitten auf der Straße
Und macht mit ihm, was sie gern möchte.
So tut eines dem anderen viel Gutes.
Des Weiteren sage ich euch, ungelogen,
Dass es in diesem gesegneten Land
Hochanständige Tuchhändler gibt,
Denn sie verteilen jeden Monat
Gern und bereitwillig
Kleidung vielerlei Arten;
Wenn einer es wünscht, bekommt er ein Gewand aus brauner,
130 Scharlachfarbener oder violetter Wolle,
Aus gestreiftem Stoff von guter Art,
Aus grünem Wollzeug oder ganz aus Groblinnen,
Aus Seidenstoff von Alexandria,
Aus gestreiftem Tuch oder aus Kamelhaar.
Was soll ich euch sagen?
Es gibt so viele verschiedene Kleider,
Mit denen ein jeder sich ausstattet, wie es ihm beliebt,
Der eine mit buntem, der andere mit grauem Pelz;

Und wer gern möchte, bekommt einen hermelingefütterten Rock.
140 Das Land ist so gesegnet,
Dass es da Schuhmacher gibt,
Die ich bestimmt nicht für knickrig halte;
Freude spenden sie im Überfluss,
Denn sie verteilen Schnürstiefel,
Gamaschen und gut gearbeitete Sommerschuhe;
Wer es möchte, bekommt schräg geschnittene Schuhe,
Die eng anliegen und den Fuß gut kleiden.
Wenn er am Tag dreihundert
Und noch mehr davon haben wollte, er würde sie bekommen:
150 Solche Schuhmacher gibt es da.
Man findet dort noch ein anderes Wunder
– ihr habt nie etwas Vergleichbares gehört –,
Denn dort ist der Jungbrunnen,
Der die Leute wieder jung macht
Und auch sonst Gutes bewirkt.
Ich weiß genau, dass es keinen
Mann gibt, er sei noch so alt und weißhaarig
Und keine Frau,
Sei sie noch so steinalt oder weiß,
160 Die nicht wieder dreißig würden,
Wenn sie zu dem Brunnen gelangen können;
Alle, die in jenem Land leben,
Können dort wieder jung werden.
Wahrlich, der wäre ein rechter Narr,
Der den Weg dorthin fände
Und wieder wegginge, wenn er einmal da war.
Ich selbst, das weiß ich sicher,
Kann es am eigenen Leibe spüren;
Für töricht halte ich mich und ich war es auch,
170 Dass ich mich je aus dem Land entfernt habe;
Aber ich kam hierher, um meine Freunde zu holen
Und sie mit mir in jenes Land zu nehmen,
Wenn mir das gelänge.
Aber ich konnte das Land nie mehr
Auf dem Weg, den ich verlassen hatte, erreichen,
Und kein Pfad und keine Straße führte mich wieder dorthin.
Da ich also nicht mehr hineingelangen kann,
Bleibt mir nichts weiter übrig,
Als mich damit abzufinden.

180 Aber etwas will ich euch noch sagen:
Gebt Acht, wenn es euch irgendwo gut geht,
Dass ihr euch um keinen Preis entfernt,
Damit euch nicht auch so ein Unglück passiert.
Denn wie oft habe ich
Ein Sprichwort gehört, das weit verbreitet ist:
Wem es gut geht, der soll sich nicht von der Stelle rühren,
Denn er könnte nicht viel dabei gewinnen;
Das lehrt uns die Schrift.

Fabliau vom Land Coquaigne: V. Väänänen, Le »fabliau« de Cocagne, in: Neuphilologische Mitteilungen 48 (1947), S. 3 ff. – Übersetzung Albert Gier.

Zitierte Stelle in *Aymeri*, Hinzufügung in anderer Hs. nach v. 1788; vgl. Tobler, kol. 510–1; Stellen in *Joufrois*, v. 954, 1009, 1134, 1137 und 1373: Die einzige Hs. stammt von Anfang des 14. Jh.s.; s. a. Adenés, v. 5621: Hs. aus dem 13. Jh. Die Assoziation mit Honigkuchen und ähnlichen Leckereien bei Müller, 11 und Richter (1995), 12–7; Robert, II, 673; WNT unter »Kokinje«. Laut Väänänen kommt »Cuccagna« schon seit 1142 in italienischen Quellen vor, als erkennbares Motiv in erzählenden Texten jedoch erst seit dem 15. Jh. Das lateinische Lied über den liederlichen Abt findet sich in *Carmina* (1930–71), Nr. 222, I/3, 81–2: dort auch die Angabe der beiden anderen Stellen; hier wiedergegeben in Anlehnung an die niederländische Übersetzung in *Carmina* (1959), 90–1; Datierung »circa 1164« von Väänänen, 5; das spanische Zitat bei Bolte (1918), 248. Der irische Text in Robbins, 121–7, 317–9 sowie in dt. Übersetzung bei Richter (1995), 135–40; vgl. De Caluwé-Dor (1978) und (1980) sowie Tigges. Zu Joachim und dem Tausendjährigen Reich s. Cohn, 108–13, sowie Kap. VI, Absch. 1. Der mögliche Zusammenhang mit Aristophanes' *Vögeln* bei De Caluwé-Dor (1977). Für Angaben zu Kokkengen s. Blok, 24; Moerman, 180; Van der Linden, 277; Muller (1959), V, Nr. 2823; Grevenstuk und Manten. Tradition der Spottoponyme bei Pleij (1983 a), 117–25 und passim; vgl. *Water*, 47–51. Zu den Spottnamen aus Doornik s. Clément-Hémery, I, 88, 90. Die Beschreibung Kokkengens aus dem Jahre 1759 bei Grevenstuk. Das Zitat aus Boendale (1844/48), I, cap. 35, v. 79;»Cockijn« als Ableitung vom altfranzösischen *coquin* und lateinischen *coquus* oder *coquinus*: MNW; vgl. Poeschel, 404–9;»cockaert« in einem Schwank bei Leendertz (1907), 119–31, v. 212. Alle genannten Wörter in MNW, Van der Voort van der Kleij und Mak (1959). Zum *mât de Cocagne* s. Müller, 25–6. Zu Cocagne als Familiennamen s. Cockayne.

4 Die Kraft der Literatur?

Außer den Quellenpublikationen ist bisher kaum etwas über die mnl. Reimtexte zu Cocagne sowie den Prosatext über Luilekkerland erschienen: De Keyser macht anlässlich einer kritischen Edition einige Anmerkungen zu den Reimtexten, ebenso De Meyer (1962), 432–40, im Rahmen seiner Untersuchung zu niederländischen Bilderbögen über Luilekkerland. Pleij (1991 a) versucht die Cocagne-Texte mit Paradiesvorstellungen, Reisegeschichten und Ketzerei zu verbinden.

II Texte als Landkarte

1 Die Reimtexte L und B, Prosatext G

L folgt der Londoner Handschrift British Library, ms. Add. 10286, fol. 135 recto-verso; B der Brüsseler Handschrift Koninklijke Bibliotheek Albert I, Hs. II-144, fol. 102 verso-105 recto; G den *Veelderhande geneuchlycke dichten* (Antwerpen, Jan van Ghelen, 1600), fol. G1 recto – G4 recto der Universitätsbibliothek Gent, Res. 504 [s. *Dichten*]. Die Texte wurden für die vorliegende Publikation vorsichtig verändert, etwa durch Auflösung aller Abkürzungen, Hinzufügung einer modernen Interpunktion und Modernisierung des Layouts. Im Falle Ls wurde versucht, die fehlenden Textstellen – vor allem mit Hilfe von Version B – in Klammern zu rekonstruieren. Priebsch (1894) unternahm eine synoptische Edition von L und B; De Keyser, 33–6, versucht, auf Grundlage von L und B einen angeblich verlorenen »ursprünglichen Cocagne-Text« zu rekonstruieren. G herausgegeben in *Dichten*, 142–50, sowie bei De Keyser, 37–8. In der deutschen Übersetzung wurden – wie im neuniederländischen Original – diese Klammern nicht mehr wiedergegeben, nach mittelalterlicher Tradition hinzugefügte Reimfloskeln und Füllwörter jedoch mit geschweiften Klammern markiert. Einzelne, kleinere Freiheiten der Übersetzung rechtfertigen sich aus dem Streben, einen angenehm lesbaren und sich reimenden Text zu liefern. Der Vergleich mit dem mittelniederländischen Original dürfte dem deutschen Leser ohne allzu große Schwierigkeiten möglich sein. Auf einige Unterschiede wird an den entsprechenden Stellen im Buch hingewiesen.

2 *Die beiden Reimtexte über Cocagne*

Die Londoner Hs. mit Text L wird kurz beschrieben in Jansen-Sieben (1989), Nr. L 720; dort auch die bestehenden Ausgaben der verschiedenen Texte: ergänzende Angaben s. unten. Drs./M. A. Jean-Marc van Tol versucht in seiner Magisterarbeit an der Universität von Amsterdam (1995) eine Charakterisierung der Handschrift als Ganzes. Dr. Herman Brinkman erstellte Abschriften des satirischen Textes »Merket hoe die nydighe werlt staet« (fol. 133 recto) und des lateinischen Prosatextes mit einer Satire über das Geld, »Nvmmus que pars Praeposicio« (fol. 136 recto). Andere Angaben u. a. aus der *Bibliotheca Neerlandica Manuscripta* (BNM) in Leiden. Die Identifizierung der weiter hinten im Manuskript eingebundenen Fragmente der Londoner Hs. stammt von Van Tol (s. o.). *Die peregrinacie van iherusalem* dort auf fol. 137 recto – 146 recto, herausgegeben von De Flou, 403–32; der Text ist eine Übersetzung der *Peregrinationes* von Willem van Gouda: s. Carasso-Kok, Nr. 345. Angaben zur sprachlichen Färbung der Texte aus BNM (s. oben) und diversen Artikeln der *Bouwstoffen* (deel X) des MNW, die die verschiedenen Texte der Hs. behandeln. Die Ausgabe des *Sidrac* (1936) nach einer anderen Hs. Teile von *Lucidarius boeck* (in der Hs. fol. 115 recto – 133 recto) herausgegeben in Schorbach, 196–216; das medizinische Scherzrezept »Item hyr mach men vinden eenrehande medicinen« (fol. 134 recto-verso) in De Flou, 206–8, ebenso wie *Sesterhande verwen* (fol. 146 verso-148 verso) 193–200; Angaben zum *Elucidarium* in Delumeau, 33. Zur relativ großen Autonomie mnl. Texte und diesbezüglichem Einfluss des Buchdrucks s. Pleij (1995 a). Van Tol (s. oben) behandelt die vielen Irrtümer des Kopisten sowie deren Verbesserungen. Die eklatanten Fehler im genannten Pilgerführer auf fol. 139 recto und 144 recto. Die Brüsseler Hs. mit Text B wird kurz beschrieben in Jansen-Sieben (1989), Nr. B 950, mit Aufzählung der Ausgaben der verschiedenen Texte: weitere Angaben s. unten; ausführlicher bei Priebsch (1906 und 1907), der auch viele der besprochenen Texte herausgibt. Der Kalender auf fol. 55 verso – 56 verso: Priebsch (1906), 443–4. Venlo kommt vor im Lied auf fol. 82 recto: Priebsch (1906), 464–5; Komrij, 378; ähnliche Lieder ohne Ortsangaben im *Liedekens-Boeck*, Nrn. 191 und 193; *Liederen* (1966), Nrn. 138 und 121. Venlo gehörte damals zum Herzogtum Geldern: Alberts, 4; hiermit stimmt auch das Lied auf fol. 100 recto überein, das einem »dominicus de gelria«, einem Dominikaner aus Geldern also, zugeschrieben wird: Priebsch (1907), 164; ein Paralleltext spricht lediglich von einem »dominicus broeder [Bruder]«: Van Duyse, III, Nr. 613. Ausführliche Darstellung des Umgangs des Zusammenstellers der Brüsseler Hs. mit den gesammelten Texten bei Priebsch (1906 und 1907). Ein plastisches Porträt des Entstehungsumfelds der *Carmina Burana* und anderer Vagantentexte liefert Waddell. Der Text über den Wein in derselben Hs., fol. 22 recto – 26 recto: Priebsch (1906), 318–22; das Makkaroni-

Gedicht auf fol. 39 recto – 40 recto; das Lied »Meum est propositum« auf fol. 58 verso; Loblied auf Studenten: fol. 68 recto-verso: Priebsch (1906), 451. Zu Repertoiretexten im Karneval s. Pleij (1983 a), Kap. III, und (1992); das medizinische Scherzrezept in L herausgegeben von De Flou, 206–8, das in B von Jansen-Sieben (1987).

3 *Schriftliche versus orale Textüberlieferung*

Eine detaillierte Übersicht der Forschungsprobleme bezüglich der Kommunikation zwischen Autor und Publikum sowie der Textgenese im Mittelalter gibt Green. Zu mündlichen Traditionen in der mnl. Literatur s. Spijker, 203–27, und Gerritsen (1992 a); Richter (1994), 64–72, weist auf die starke Partizipation des Publikums hin. Zu den auf dem Cocagne-Stoff beruhenden Sprichwörtern siehe: Harrebomee, I, 344 und III, 410; Suringar, 125–6, 494; Frank (1991), 317–9, behandelt die Sprichwörter bei Breughel. Zu Lügenliteratur s. a. Kap. V, Absch. 4. Vom Zwang des Erzählers zur Variation und deren Beliebtheit beim Publikum spricht Ortutay, bes. 182; die Vorliebe für den Lügenstoff und die »Wettkämpfe« zwischen Vortragskünstlern in *Verfasserlexikon* V, kol. 1044; vgl. Vasvari, 180, sowie Chaucer (1987), 470, v. 953–64. Eine kurze Übersicht der modernen Feldforschung zu epischen Vortragskünstlern und Sängern gibt Ong, bes. 16–27; auf p. 62 die Feststellung der prozentualen Übereinstimmung bei Wiedergabe aus dem Gedächtnis. Alle Information zu den drei altfranzösischen Texten sowie eine kritische Textedition (F) mit Varianten bei Väänänen. Den Terminus »Erzählskelett« übernahm ich von Spijker, 205. Zum Brauch der Charivari s. Rey-Flaud und Pleij (1989). Eine kritische Textedition (F) mit Varianten gibt Väänänen (1947). Parallele bei den gebratenen Gänsen: F 39–42 und B 72; bei erhöhter Festfrequenz: F 80–8, B 98–102, L 77–85. Zu oralen Merkmalen in schriftlichen Texten vgl. Scholz, 84–90, sowie Ong, 57–8, und passim. Das Zitat aus *Natuurkunde*, I, 275, v. 5–8; Kommentar: II, 623–30. Zu oraler Erzähltechnik bzw. Notieren aus dem Gedächtnis vgl. Duggan, 74; Ong, 34–40; Spijker, 217, 226; zu Notationen als Gedächtnisstützen für Vortragende versus wörtliches Auswendiglernen siehe Ong, 57–8, Yates, 27, sowie Carruthers. Wiederholung von »daer« in L: 6, 18, 19, 21, 23, 35, 37, 42, 53, 56, 59, 68, 69, 70, 71, 75, 76, 77, 87, 88, 90, 96, 99. Wiederholung von »ghebacken« in L: 34, 36, 38. Zusätzliche Wiederholung eines Schlüsselsatzes in B: 58 und 82. Weitere Wiederholungen in B: 63–4/83–4; 62/70; 76/89/103/114. Zu den Karfunkeln und der Architektur aus Gold und Edelstein s. a. Kap. IV, 3. Zu spontanen Gedächtnisstörungen vgl. a. Spijker, 217. Die ironische Ständesatire behandelt in Pleij (1983), 177–86; dort auch Information zu *Der sotten ende der narren scip*: Brant (1500).

4 Das vorhandene Potential

Zu Vortragskünstlern in den Niederlanden s. Pleij (1977); Peters, 172–206; Hogenelst (1993); Meder (1996). Hildegaersberch wird ausführlich behandelt in Meder (1991). Zu Angriffen gegen die Straßendichter s. u. bei Boendale. Das Zitat aus dem Deventer Reglement bei Hogenelst (1993), 97; »Snelryem« bei Jonckbloet (1851/55), III, 600; Angaben zu Pieter den Brant und seinem Text in Batselier (1976), 8–11, und De Pauw, 577–80; zu Caedmon: Fry, 42–44. *Van den IX besten* in *Handschrift* (1994), 146–64, v. 1–3 bzw. 14 und 23; die Brüsseler Reimsatire herausgegeben in Cuvelier: zitiert hier v. 1–3; vgl. Pleij (1988 a), 155–8. Boendales Text in seinem *Leken spieghel* (1844/48), III, cap. 15: hier bes. v. 119–82; vgl. Gerritsen (1992 b) und Pleij (1995 c), 161–7. Das Zitat aus »Tristan und Isolde« nach der Bearbeitung von Bédier: *Tristan*, 48; hier übersetzt er eine Passage aus der hochdeutschen Version von Eilhart von Oberge. Auch Chaucer macht einen deutlichen Unterschied zwischen Erzählen aus einer schriftlichen und aus einer oralen Tradition, bei ihm vertreten vom »Man of Law« und dem »Wife of Bath«: zitiert in Mulder-Bakker, 50.

5 Der Prosatext über Luilekkerland: Ein Stoff wird moralisiert

Vgl. Basisinformation in Absch. 1. Zu Kaufempfehlungen und Anpreisungen gedruckter Literatur s. Vermeulen (1986); vgl. Pleij (1995 a); in den *Veelderhande geneuchlycke dichten* kommen diese vor in: *Dichten*, 40, 49, 64, 72, 110, 115, 142, 156, 163, 188, 191, 195, 199. Frühere Ausgaben der Texte von 1600: zu frühen (niederdeutschen) Ausgaben der Aernouttexte s. Frantzen; vgl. Übersetzung und Nachwort in *Schelmen* (1985); zu früherer Ausgabe des Textes über das Leben des Pseudo-Heiligen Laudate s. *Leven* (ca. 1550); von *Jan Splinters testament* existieren mindestens drei verschiedene, frühere Ausgaben: *Genoechlicx* (ca. 1508), in: De Pauw, I, 684–90; *Testament* (1584); *Testament* (ca. 1600). Zu Scherzdatierungen und Ähnlichem in Fastnachtstexten s. Pleij (1983 a), Kap. III; die Repertoirehandschrift von 1517 mit der Speisennotation wird besprochen in Pleij (1983 b); Quellenangaben zum deutschen Fastnachtspiel in *Prozess*, 350–1. Zu jüngeren, bereimten Bilderbögen und Liedern s. De Keyser; De Meyer (1962), 432–40 und (1966); Van Veen, 116–7; s. a.: *Verhael*; *Af-vaaren* (ca. 1700); Kalff (1884), 490–1; Scheltema, 265–6. Alle Informationen zu Hans Sachs' *Schlaraffenland* (im Folgenden: S) und Quellenangaben zu anderen deutschen Texten über das Schlaraffenland bei Bolte (1910), 187–93; weiterhin Sachs, Nr. 4, 8–11; vgl. Wunderlich. Eine moderne deutsche Übersetzung bei Müller, 55–8, Quellenangaben 48–51 sowie Richter (1995), 149–52; zwei hiermit eng verwandte Texte bei Richter (1995), 153–158. Sachs'

Text wurde in einem Bilderbogen des 18. Jh.s auch getrennt ins Niederländische übertragen: De Meyer (1960). Zu den Nachrichtenblättern im 16. Jh. vgl.
Mout, 365; zum deutschen Begriff der »Neuenzeitung« s. Blühm, 18–22, sowie
Wilpert unter ›Neue Zeitung‹. Zur Annahme größerer Wahrheit bei Prosa
im Verhältnis zu Versen s. Scholz, 184–6, sowie mehr im Allgemeinen Lie
(1994). »Item« in (G) [Dichten] Zeilen 22, 33, 52, 102 (dt.: 34, 45, 64, 111). »Verlorene Kinder« oder »Weißbrotkinder« als spätmittelalterliche, städtische
Wohlstandserscheinung behandelt in Pleij (1983 a), 205–10; (1988), 148–50;
(1995 b), 177. Die Beispiele aus Sachs bei Müller, 48–51 und 55–7. Die humorvolle Übersetzung von »Weihnachten« in S [Bolte (1910)] 3 und G [Dichten] 5
(dt.: 17); das Schlafen auf Kissen und die Jagd nach Ungeziefer: S 58–60. Die
genannten Erweiterungen in G 19 (»Gewürznäglein«; dt.: 31) bzw. 31–32
(Zuckerschnee auf Backbirnen; 42–4), 75–79 (Klimaphantasien; dt.: 84), 79–81
(Veilchenduft; dt.: 88–90), 43–45 (Hühner über den Zaun; dt.: 57–8) und 59–69
(Nahrungsmittel scheißende Tiere / Kirschkerne; dt.: 69–79). Geld verdienen:
G 82–86 (dt.: 95–9); Schuldenmachen: G 140–63 (dt.: 97–108); Belohnung für
Zechbrüder: G 86–101 (dt.: 111–7); Belohnung für unanständiges Verhalten
und Verleumdung: G 86–101 (dt.: 94–5, 117–121); Huren: G 182–191 (dt.:
122–8). Zu Antwerpen als Hurenstadt s. Pleij (1993), 83–5; Verlorene Kinder
(s. a. o.): S 101–7 und G 225–237 (dt.: 149–50, 159–65). Zu Das Wahtelmaere s.
Verfasserlexikon IV, kol. 729–30, und Wahtelmaere. Zu den beiden Rederij-
kerschwänken s. Kap. V, Absch. 4.

III Essen, um zu vergessen

1 Essgewohnheiten

Positive und negative Haltungen zur »Natur« bei Pleij (1990), 17–78. Das so
genannte ›Kerelslied‹ und ›Van den kaerlen‹ in Komrij, 222–4 bzw. 171–5; Stijevoort, Nrn. 18 und 66; vgl. Bijns (1902), 335; Liedekens-Boeck, Nr. 213; Boerden, 39, und Macropedius, 53. Zu typischer Bauernnahrung: Montanari, 102,
sowie dt.: 44–5 und 58–9; Bergner (1990), 47–8. Zum Petrarca-Meister vgl.
Scheidig, 204 (mit Abb.), und Raupp, 27–8. Quellenangaben zu den Scherzvor-
hersagen in Water, 68, v. 162; vgl. a. Bijns (1902), 335. Eine reich illustrierte
Übersicht von Monatsbildern in Kalendern u. Ä. gibt Hansen (1984). Einseitigkeit der Ernährung in den Jahren 1000 bis 1300: Van Werveke (1967), 5, und
Montanari, (dt.:) 58–59; reichhaltige Nahrungssituation danach (»das fleisch-
essende Europa«): Montanari, 87–8, (dt.:) 88–95; Jansen-Sieben (1993), 161–3;

Salisbury, 58. Zu den Nahrungsgewohnheiten der Aristokratie: Montanari, 98–105, (dt.:) 100–111; Bergner (1990), 47–8; Bumke, I, 241–6; Lafortune-Martel, 97–8; Schotel, 9–14; Fleisch bzw. Wild als typische Speise des Edelmanns: Salisbury, 57. Wild in Cocagne: L 42–5, B 39–42. Tiere als Nahrung des Menschen / Fleisch als Trost für Unbill nach der Sintflut: Thomas, 16, 304–5; Salisbury, 43. Obst: De Lorris, v. 8177–88; De Roovere (1866), 65. Gewürze: L 67–8, B 85–6, G [*Dichten*] 30–31 und 60 (dt.: 31 und 71); s. Montanari, 77; Laurioux, 206–7; Maerlant (1857/63), III/1/cap. 39, v. 37–8; der Text des Egidius bei Verdam, 286; das Fastnachtsspiel: Hummelen (1968), I N 8, fol. 149 recto; Refrein: Komrij, 1140; Rosenroman: De Lorris, v. 11 712–21. Abwechslung und Durcheinander in Ernährung: De Weert, v. 1308–11.

2 Hunger und Entbehrung

Über die geringe Zahl umfassender Hungersnöte: Van Werveke (1967); Russell, 66; Blockmans, 56, weist auf die geringe Anzahl ausschließlich am Hunger Gestorbener hin; Montanari, 18, 38 (dt.:) 52–3. Abhängigkeit von der Umgebung: Behre (1990), 78–80, 86. Bedürfnis nach Kontrasten zur Gegenwart, die vor allem im Mittelalter gesucht werden, behandelt in Pleij (1990), 220–34, und (1993 b), 7–13, 34–5. Eine Monographie zu mittelalterlichen Hungersnöten existiert bisher noch nicht; die Übersichten zu Hunger und Nahrungsmangel unter dem »ancien régime« von Torfs sind auch für das Mittelalter (I, 145–250, und II, 231–53) sehr unzuverlässig und schlecht belegt; Curschmann behandelt nur die Zeit bis 1315 und ist recht veraltet. Zu den verschiedenen zusammenwirkenden Ursachen und Folgen: Blockmans, 56; Curschmann, 18–23; vgl. Van Cappel. Viele Chroniken sprechen hauptsächlich oder gar ausschließlich von Gottes rächender Hand als Ursache. Velthems Fortsetzung von Maerlants *Spiegel historiael* gibt für die Hungersnot von 1315 bis 1317 eine wundersame Mischung von Ursachen, wie etwa Gottes Rache, Naturkatastrophen und wirtschaftliche Gründe: Velthem, III/6, Cap. 24–5. Vor allem die Pest macht Aussagen über Hungertote äußerst schwierig: Curschmann, 60–2; Montanari, 84, (dt.:) 86–87; vgl. Verhoeven, 9; Lucas (1930), 358, 364–5; Rommel, 66. Außerdem bereiten Unklarheiten der Begriffsdefinition von »Hungersnot« und »Mangel« sowohl in alten Quellen als auch in modernen Interpretationen Probleme. Heuschreckenplage anno 873: Curschmann, 22; vgl. Van Cappel, 21–2. Wetter als Ursache der Hungersnot von 1124–1125: Galbert, 84–9. Wucher: Curschmann, 47–51; vgl. einige Brüsseler Beispiele solcher künstlichen Verknappung bei Vanhemelryck (1984), 169 bzw. 159–61; schon Gregor von Tours nennt Wucher als Ursache einer Hungersnot von 584 bis 591 in Gallien: Gregor, 427; vgl. Montanari (dt.), 40–1; zu Hildegaersberch und Lauris Jans-

zoon s. Meder (1991), 131, 594 Anm. 23, bzw. Marijnissen, 23–4; vgl. zu Janszoon: Kuttner, 218–27. Krieg: Curschmann, 25. Zur Mangelsituation
1000–1300 und drei damaligen Hungersnöten s. Van Werveke (1960), 5; vgl.
Van Cappel, 35, der für jene Periode mindestens sieben Hungersnöte glaubt
nachweisen zu können; Montanari, 54, (dt.:) 52–3, spricht für das 11. Jh. von
26 Mangelperioden. Landwirtschaft lieferte nur ein Drittel bis die Hälfte der
Produktion zu Beginn des 20. Jh.s: Van Cappel, 29. Die Hungersnot von 1315
bis 1317: Curschmann, 33 und 208–17 (mit Quellenübersicht); Lucas (1930);
Van Werveke (1960) sowie (1967), 6; Frank (1990), 96–7 (für England); Boendale (1839), V, cap. 10, v. 779–850: Zitat v. 808–10; Velthem, III/6, cap. 24–5. Die
Anekdote über Ludwig X. bei Torf; (1859/62), I, 176; ob sie wahr ist oder nicht,
spielt keine Rolle: Sie wurde erzählt und geglaubt. Russell, 66, beschreibt die
soziale Kontrolle bei der Nutzung des Ackerlandes. Zunehmende Angst vor
Hunger und Mangelperioden im 14. Jh.: Montanari, 18, 38, 82, 84, 110–1, (dt.:)
86–7; Frank (1990), 88–9. Schwerwiegende Folgen für Familien: Van Werveke
(1967), 5–7; Curschmann, 27, 62–7; Van Cappel, 149; Lucas (1930), 363; Frank
(1990), 95. Tagebuch De Doppere: Rommel, 66. Die Meldung von Gottes Regie
fehlt in fast keiner Chronik: vgl. Curschmann, 12–4; Van Cappel, 20–1. Hungersnöte gehören zur vom Sündenfall pervertierten Schöpfung und werden in
diesem Sinne in der Bibel besprochen: Genesis 12:10, 26:1, 41; Ruth 1:1; 2 Samuel 21:1; 1 Könige 18:2; 2 Könige 6:24–30; Apostelgeschichte 11:28. In den
Evangelien sind Hungersnöte besonders Zeichen der nahenden Endzeit: Matthäus 24:7; Markus 13:8; vor allem Lukas 21:11. Diese Bibelstellen lieferten das
Modell für die zeitgenössische Interpretation von Mangelperioden: s. Galbert,
84–5 (mit Verweis auf Psalmen 105:16); vgl. Gregor, 584; Alpertus, 17; Glaber
in Duby (1993), 120; Sidrac (1936), 64, erläutert den spätmittelalterlichen
Standpunkt für Laien: Hunger ist die Strafe für den Sündenfall.

3 Topoi des Hungers

Galberts Betonung der Ängste als Ursache für Mangel: Galbert, 84–9. Schauergeschichten in Chroniken: Curschmann, 57; vgl. Walker-Bynum, 2; Montanari, 16, (dt.:) 40–1, und die weiteren Beispiele in diesem Absch. Zu Furcht
einflößenden Erinnerungen an große Hungersnöte s. a. *Handwörterbuch*,
unter ›Hunger‹. Zum biblischen Modell einer Hungersnot in Jeremia 14 s.
Frank (1990), 96. Bunte gibt eine vollständige Aufzählung aller mnl. Quellen
bis ins 16. Jh. mit Berichten über die Hungersnot bei der Belagerung Jerusalems anno 70; vgl. *Beschryving* (1741), 359. Zu den Wandteppichen mit diesem
Motiv s. Weigert (1962), 52. Arent Willemszoons erste Gedanken beim Erreichen Jerusalems in *Bedevaart* (1884), 103–4. Die zwei diesbezüglichen Tradi-

tionen in der mnl. Literatur behandelt Braekman in *Boec* (1984), 6–8. Zu Maerlants *Wrake* s. a. Van Oostrom, 254–5, 263. Zu den immer wiederkehrenden Details in den Beschreibungen der Zerstörung Jerusalems s. die ausgewählten Passagen in Bunte; die ihr Kind schlachtende und verspeisende Mutter fehlt in keiner Darstellung; das Modell hierfür in der Bibel, 2 Könige 6:24–30 und Ezechiel 4:16; 5:10; Menschenfresserei an den eigenen Kindern als bekanntes Motiv in Sagen und Legenden: *Handwörterbuch* unter ›Hunger‹, kol. 503. Als Modell für andere Belagerungen s. Kramer, 100, bzw. Maerlant (1857/63), III/6, cap. 31, v. 13–8, und IV/1, cap. 41, v. 41–3; Lucas (1930), 355, 364, 376; Torfs, I, 179; Cohn, 277. Zur Topik des Hungers vgl. a. Montanari, 56, (dt.:) 54–5. Zu Glaber s. Duby (1993), 120–3, und Montanari, (dt.:) 55–6, 63. Bizarre Details: Alpertus, 17; Glaber in Duby (1993), 121–2. Surrogatnahrung / unreine und tote Tiere: Van Cappel, 26, 148, 149; Curschmann, 58; Montanari, 17, 55, (dt.:) 62–64; Lucas (1930), 355–6, 360, 370; Glaber in Duby (1993), 121–2; *Beschryving* (1741), 35, 67; Gregor, 427; *Proverbes*, 70 und Abb. CXXX. Van Cappel, 148–9; Curschmann, 58; *Beschryving* (1741), 67. Strafen für Völlerei in der Hölle ausführlich in *Boeck* (1930), 168. Kannibalismus als typisches Verhalten fremder Völker: Curschmann, 59; Camporesi (1989), 48–53; Pagden, 17–8; Mandeville (1908), kol. 154, 213, 244, (dt.:) 137–41, 146–54, 198–99, 207–10. Zu antiken Bacchanalien s. Pagden, 19–20. Zitat aus *Elckerlijc*, v. 26–9. Als Verhalten bei Hungersnöten: Frank (1990), 97; Glaber in Duby (1993), 120–3; *Beschryving* (1741), 36, 39, 53, 56, 61, 66, 67; Lucas (1930), 355–6, 376; s. a. die oben in diesem Absch. genannten Stellen bei Maerlant und Torfs. Unbegrabene Leichen als Modell in Jeremia 14:16; vgl. Frank (1990), 96–7; *Boec* (1984), fol. L2 verso; Glaber in Duby (1993), 122–3. Gewaltige Mengen an Opfern: (Metz anno 1316) Curschmann, 61–2, und Lucas (1930), 362; vgl. *Beschryving* (1741), 52, 56; Maerlant (1857/63), IV/1, cap. 51, v. 39–42; Boendale (1839), V, cap. 10, v. 832–3; Lucas (1930), 366.

4 Im Rausch des Fastens

Über die Fasten-Exerzitien der Wüstenväter schreiben Brown, 172–6, und Fox, 19; vgl. *Vaderboec*, fol. [A7] recto, G2 recto, G4 recto-verso; vgl. im Allgemeinen Walker-Bynum. Zu Essen als Zeichen des Verfalls s. a. *Sidrac* (1936), 45. Zu Adams Vegetariertum und dem »unnatürlichen« Fleischessen s. Thomas, 304–5; vgl. Bergner (1990), 47–8; Modelle hierfür in der Bibel, etwa Daniel 1:8–16; daher auch ein wichtiges Ideal im Klosterleben, z. B. bei den Zisterziensern: Duby (1989), 67; in der mnl. Literatur besprochen nach Boethius: Boendale (1844/48), I, cap. 24, v. 45–8; cap. 31, v. 1–13; vgl. De Dene (1978/79), II, 40 und 56; stinkende Fleischesser im Grab: Fastnachtspiel Hummelen

(1968), I N 8, fol. 150 recto. Die Anekdote über Franz von Assisi in Maerlant (1954), v. 2211–8. Fasten als Beschäftigung für Verrückte und demonstrative Mahlzeiten der Eremiten bei Walker-Bynum, 2 und 196. Catering aus dem Paradies in keltischen Reiseerzählungen: Oskamp, 139; vgl. *Reis*, v. 469–75, (dt.:) 18. Zu Apfelschnüfflern s. Camporesi (1994), 286–96; sie werden in allen enzyklopädischen Übersichten über fremde Völker genannt; vgl. Mandeville, (dt.:) 203. Die Camerini besprochen bei Boas, 138–9, und Mandeville, (dt.:) 180. Zu extremem Fasten bei Nonnen und anderen Frauen s. Walker-Bynum, 73–129. Lidwinas populäre Lebensbeschreibung mit Übersetzung in *Leven* (1989). Beispiele für Fasten bei Anhängern der Devotio Moderna (Schwestern) in *Verlangen*, 120, 155. Darlegung der Eucharistie in Johannes 6:48–51. Brugmans Predigt in Brugman, 110–46, bes. 114–5; Augustinus' Predigt zitiert von Montanari, 30, (dt.:) 28; Ruusbroecs Text aus seinem *Van den xij beghinen*, cap. 36: (1944/48), IV 85; die Osterhymne in Walker-Bynum, 49–50, die 67–8 auch über die spirituellen Folgen des Verzehrens von Christi Leib und des Trinkens von seinem Blut spricht; die Anschuldigungen der Römer werden behandelt bei Faas, 39–41; p. 93 dort über ihre eigenen Banketttraditionen. Das abgebissene Stück Fleisch von Kreuzfahrer Johan von Montford bei Zeebout (1572), 252; der Text über den heiligen Laurentius (Lorenz) aus *Rinclus*, v. 311–3; Begräbnisgewohnheiten eines fremden Volkes bei Mandeville, (dt.:) 133–7, 143–6, 154–8, 207–10, besprochen von Greenblatt, 44–5; große Angst bei Menschen des Mittelalters, auf freiem Feld von Tieren gefressen zu werden: Salisbury, 71–2; s. hierzu die bewegende Geschichte von Griselda in Chaucers *Canterbury Tales* (1995), v. 8482–8, 8594–7, 9007–10: angesichts der angekündigten Exekution ihrer Kinder ist es ihre größte Sorge, dass ihre Körper unbegraben bleiben und die Beute wilder Tiere werden. Zu Halluzinationen durch Nahrungsmangel s. Camporesi (1989), 127, und Montanari, 150–1, (dt.:) 145–53. Vision herrlicher Speisen für Apollonius: Brown, 174. Europa unter Drogen: Camporesi (1989), 14–5 (Vorwort von R. Porter), 17–20, 122–7; vgl. Camporesi (1994), 38–9, 228–36, 275. Erasmus' Drogen schnüffelnde Torheit in (1959), 41, vgl. a. 29. Zu angeblichem Drogenkonsum der Türken s. *Boeck* (1542), fol. E3 verso; s. Mout allgemein zum Bild der Türken in Flugblättern des 16. Jh.s Hiobs Land bei Mandeville (1908), kol. 131, (dt.:) 120. Zu Visionen im Allgemeinen s. Gardiner und Aubrun. Walker-Bynum behandelt die extreme Selbstkasteiung von Frauen durch Nahrungsentzug. Zu Lidwina s. *Leven* (1989), bes. 90–1.

5 *Fressen aus Notwehr*

Sprichwörter: *Proverbia* (ca. 1484), fol. A1 recto; vgl. Kloeke, 42. Der Angriff gegen Schlemmer bei De Weert, v. 1307; vgl. Van Delf, II, 209, v. 118–21 (ausgehend vom Ersten Gebot); s. a. De Vooys (1902), 362; die Ordensregel der Aernoutsbrüder in *dichten*, 92; der viel gehörte Vorwurf, dass man seinen Bauch als Gott anbete, stützt sich auf Philipper 3:19 und Römer 16:18. Tertullian zitiert bei Faas, 41. Lucas van Leydens Gemälde im Rijksmuseum Amsterdam. Zu Beispielen hedonistischer Schmausereien s. Schmitt, 43 und 144. Panisches Sich-voll-Stopfen bei Galbert, 85–6; *Ulenspieghel*, 101. Zur sakralen Bedeutung gemeinsamer Festmahle s. Althoff, 24–5, und Ariès, 344, 352, 354. Die Namen der verschiedenen Mahlzeiten bei Linskens, 110–1. Essen als Sieg über den Tod betont bei Bakhtin, 281–3, 302; vgl. Walker-Bynum, 2; Montanari, 111, (dt.:) 111–14. Zu den Fressmachos der Franken s. Montanari, 367, (dt.:) 33–4, 36–8, 39–40, (dt.:) 37–8 den Zwiespalt Karls des Großen beim Essen beschreibt; vgl. a. Maerlant (1857/63), IV/1, cap. 2, v. 39–50, und Van Oostrom, 319. Der Fresswettstreit zwischen Loki und Logi bei Sturluson, Absch. 46, 296–300, und Montanari, 37, (dt.:) 34, wo auf p. 71, (dt.:) 73, das *Chanson de Guillaume* besprochen wird; Kontrast hierzu in höfischen Romanen wie dem *Erec*: Bumke, I, 246. Die vielen Fastentage: Montanari, 92, (dt.:) 96; vgl. Jansen-Sieben (1993), 159. Zu Frühlingsfesten und integrierten kirchlichen Narrenbräuchen s. im Allgemeinen Pleij (1992) und dort genannte Literatur. Das Schlemmen in den Klöstern bei Bischoff; *Handwörterbuch*, IV, kol. 745–60; MNW IV, kol. 1622; vgl. Montanari (1993), 37, (dt.:) 35, der ebenfalls den Vorfall in Aachen anno 816 behandelt; vgl. Lafortune-Martel, 33. Zu adeligen Bankettinszenierungen s. ders., 18, 71 und passim; vgl. Duby (1973), 350; Bergner (1990), 47–8; Bumke, I, 242. Auch Maerlant erschien ein solches Verhalten bei Fürsten als notwendig: Van Oostrom, 233–4. Die öffentliche Zurschaustellung des Überflusses gegenüber dem »Volk« bei Montanari, 107 (Bologna), (dt.:) 111–14, und Macropedius, 49. Tafelspringbrunnen mit Getränken bei Lafortune-Martel, 43–4, 1167; vgl. *Style*, Nr. 126 + Abb. CVII; andere Getränkespringbrunnen: Pleij (1988a), 117–8, 350–1; Smit, 318–9; Lafortune-Martel, 49, 116–7 (Brüssel 1409); Guenée, 12, 21; *Kronyk*, II, 109, 110, 111, 225, 230 (Brügge 1440, Gent 1458); De Roovere (1866), 32 (Brügge 1468); Hs. Wien, Österreichische Nationalbibliothek, Cod. 2591, fol. 45 verso (Brügge 1515); Dupuys, fol. [E5] recto (idem); *Triumphe*, fol. [C2] verso (idem). Lafortune-Martel behandelt das Liller Fasanenbankett; vgl. Jansen-Sieben (1993), 164; Ähnliches auch in Bologna 1487: Montanari, 107–8, (dt.:) 112–4.

6 Tafelspektakel und bewegliche Gaumenfreuden

Zu Spektakelstücken bei Tisch s. weiter Camporesi (1994), 85–6; vgl. a. einen Kupferstich von 1585 bei Jockel, 34, und Bumke I, 259–60. Überraschungsgerichte nach Rezepten aus Kochbüchern behandelt Jansen-Sieben (1993),

165–75; das Schwein mit Blutwürsten im Bauch auch bei Lafortune-Martel, 40; der Walfisch in Brügge 1468 in De Roovere (1866), 66; Torten mit Vögeln: Lafortune-Martel, 33, und Montanari, 107, (dt.:) 112; die Arena mit Schlange und Taube bei Lafortune-Martel, 35–7; die Belagerung Jerusalems als Spektakel bei einem Bankett im Jahre 1378 abgebildet bei Bumke, I, 258; die Schiffe bei einem der Bankette von 1468: Lafortune-Martel, 53; vgl. De Roovere (1866), 40–66, der p. 47–8 den Turm von Gorcum beschreibt, sowie 40–66 alle Bankette, wobei jedes Mal Tiere eine prominente Rolle spielen. Zum Vergnügen an anthropomorphen Tieren in einer Verkehrten Welt s. Pleij (1988a), 135–7. Waffen u. Ä. aus Nahrungsmitteln bei De Dene (1976/77), II, 122–3, v. 14–8; für die Bruderschaft der Nichtsnutze s. Confrarie, fol. B1 verso-B2 recto. Adams Herrschaft über die Tiere und deren Verwendung durch den Menschen bei Thomas, 16, 304–5; Salisbury, 43; Maerlants Etymologie: Van Oostrom, 53, 199, 200. Tiere lebend beim Konsumenten: Montanari, 74–5, (dt.:) 76–7; zunehmende Abneigung gegen öffentliches Schlachten: Gedanke der Entstehung eines kompensierenden Traums zum Zeitpunkt, als Schlachthäuser vor die Stadt verbannt werden, von Drs./M. A. Tamara Bos, ehemalige Studentin der Universität von Amsterdam. Zur Eucharistie s. o., Absch. 4. Gratis essen im Paradies und Tiere s. Genesis 1:26, 28, 30; das Sprichwort bei Sartorius, fol. K3 verso; vgl. Stoett, Nr. 523; Petronius zitiert bei Faas, 91; s. a. Petronius, 64 (Kapitel 36); Mandyns Gemälde hängt in Löwen, Stedelijk Museum. Das Bibelzitat aus Exodus 16:13; andere Modelle übernatürlicher Nahrungsversorgung: 1 Könige 17:16; Johannes 6:1–13; zu typologischen Zusammenhängen s. Van Laarhoven, 126; nach dem Muster dieser biblischen Wunder werden vergleichbare Vorfälle aus der eigenen Zeit berichtet: Strauss, Nr. 4; Wickiana, 181; vgl. Torfs, I 153. Alexanders sich selbst bratende Fische bei Verrycken (1990), 150. Mandevilles Geschichte in (1908), kol. 166–7, (dt.:) 142–44; vgl. Beispiel Odorich von Pordenone, in Mandeville (1964), 337; vgl. a. Delumeau, 103; die keltische Reisegeschichte in Oskamp, bes. 149. Bericht über den Aufenthalt bei Kannibalen in Staden, fol. E4 recto, G3 verso-G4 recto und (1995), Kap. 21, 57, Kap. 28, 64–7. Zu spontan wachsender Nahrung s. Mandeville (1908), kol. 163–4, 224, (dt.:) 142–3 (dort heißt die Insel Talamasse oder Paniter); Baumlämmer und Vogelbäume in Casdisle (tatar. Provinz an der Wolga): Mandeville (dt.), 184; vgl. so genannte Baumgänse in Vensters, 15–6, und Uyttersprot, 243, 247. Spontane Nahrungsversorgung im Traumland: Confrarie, fol. B2 verso-B3 recto. Das Sprichwort am Ende eines Textes in Komrij, 112–3.

7 Literarische Mahlzeiten

Zu Fastnachtsbräuchen und -texten allgemein s. Pleij (1983 a) und (1992). Der Küchenhumor bei Bumke, I, 271–4; vgl. Camporesi (1989), 81. Die Fresstexte bei De Dene (1978/79), II, 95–102, bes. 96 und 97. Zu Lügenpredigten im Allgemeinen s. Kayser; Ausgabe des Textes über Sint-Niemand in Pleij (1983), 276–80: Zitate v. 47–9 bzw. 133–43; vgl. Komrij, 1047–55, für die Übersetzung; Namen: 1052–54. Der gebratene Schwan: *Carmina* (1930/71), Nr. 130, I/2, 215; Alijt die Gans in Kalff (1890), 182–5; der Text über den Hering herausgegeben in De Vreese; vgl. Resoort (1975/76), 653; die Pseudo-Dokumente aus dem 18. Jh. bei Braekman, 298–322. Zu den Debatten und Kämpfen zwischen Karneval und Fasten s. Bakhtin, 298; *Jeux*, VII-XIV; Lozinski; vgl. De la Chesnaye, 9, und Molinet, II, 636–48. Das niederländische Fastnachtsspiel bei Hummelen (1968), I N 8: Zitat fol. 148 recto; ein Gemälde von ca. 1600 mit diesem Thema in Utrecht, Catharijnenconvent. Stich mit dem »Kampf zwischen Fisch und Fleisch« in Oxford, Ashmolean Museum: De Meyer (1970), nr. 93. Herr Ghybe wird besprochen in Pleij (1989), 309; vgl. Braekman, 13–55, und Wright, 373; zu Küchengeschirr als Waffe s. a. Bakhtin, 184. Das Breughel zugeschriebene Gemälde mit dem fettleibigen Herrn des Karnevals in Kopenhagen, Staatsmuseum; verwandt hiermit ist das Gemälde aus d. Jahre 1600 in Antwerpen, Museum Mayer-Van den Bergh; die Stiche bei Lebeer, kol. 136–43. Zu den Liedern mit Noten aus Speisen s. Pleij (1983 b); Gemälde »Wirtshausszene« aus der zweiten Hälfte d. 16. Jh.s: Szmodis-Eszláry, Nr. 15 sowie oben im Buch. Zu grotesken Übertreibungen allgemein s. Bakhtin. Die *Gula*-Zeichnung aus d. Jahre 1557 von Breughel in Münz, Abb. 128, Kat. Nr. 131; vgl. Stich bei Lebeer, Nr. 22. S. a. *Ysengrimus*, 30–1. Die Beispiele keltischer und germanischer Fresssucht in *Helden*, 92–103, bzw. Sturluson Absch. 46, 296–300; vgl. Montanari, 23, (dt.:) 19–20, 32–4. Die Beispiele aus der frühmodernen italienischen Literatur und der Picardie über Autophagie bei Camporesi (1989), 37–40. Das Turnhouter Spiel bei Van Ballaer. Zu Spitznamen s. a. Beispiel bei Van Oostrom, 90; vgl. Pleij (1988 a), 112–3. Spottnamen kommen in vielen Texten vor (u. a. denen über die Aernoutsbrüder), etwa in *Dichten*, 87–8, 89, 92, 93, 103, 110, 122–5, 168, 173–82, 183–5, 186, 187–8, sowie Komrij, 1007–08, 1023–28. Nordamerika als Schlaraffenland bei Delumeau, 152.

IV *Ausgeschmückte Paradiese*

1 *Cocagne als Paradies*

Eine Geschichte des Paradieses in der europäischen Überlieferung schrieb Delumeau; Garten Eden im Osten: Genesis 2:8. Das Waten durch Schweinemist im *Land of Cockaygne*: Robbins, 127, v. 177–82, Richter, 135–140; Käseberge werden besprochen bei De Keyser, 19–21. Das Zitat aus der Paradiesbeschreibung und weitere Informationen in De Vooys (1906), 105–6. Zu karger Kost im Paradies s. Kap. III, Absch. 4. Die Zitate aus *Land of Cockaygne*: Robbins, 121, v. 1–2 und 5–16, sowie Richter, 135–140. Parallelen zum Paradies nach Darstellung in Genesis 2:8–25. Zu den wiederholten Straßenspektakeln mit der Vertreibung aus dem Paradies anlässlich von Prozessionen und Umgängen s. Kap. I, Absch. 1. Zu Mandevilles Paradiesbeschreibung s. Deluz (1988) und Mandeville (dt.), 199–201. Zur Unterordnung der Tiere unter den Menschen s. Genesis 1:26, 28, 30; vgl. Jesaja 11:6–10 und 65:25; s. a. Thomas, 16, 304–5. Zu Parallelen mit Cocagne-Texten (sich selbst anbietende Tiere und Herrschaft des Menschen über die Tiere) s. B 39–42 (eventuell auch 72–5), L 42–5; vgl. a. G [*Dichten*] 40–51 (dt.: 49–62). Die vier Ströme und die Edelsteine in Genesis 2:10–14; die silbernen Schalen B 79–80; der Karfunkel B 24; vgl. Ezechiel 28:13. Zu allegorischen Interpretationen der Paradiesmythe s. Augustinus (1972), XIII, cap. 21; Kirschbaum, unter ›Paradies‹; vgl. Boendale (1844/48), I, cap. 21. Zum Einfluss des Hohen Liedes s. Pearsall, 63; »verschlossener Garten«: Hohes Lied 4:12; Einfluss des »*locus amoenus*« bei Raedts (1992), 40; den anderer Traumwelten s. bei Delumeau, 24; zur Ausstattung des Paradieses allgemein s. a. Cioranescu. Bischof Avitus von Vienne bei Raedts (1992), 40–1; der Pseudo-Basilius bei Delumeau, 23; zu Vorstellungen der syrischen Christen s. Benz (1974), 99. Die Kontamination mit den antiken *aurea aetas*-Vorstellungen bei Delumeau, 24; Beispiele für sich überschneidende Traditionen: Boas, 157–8; Benz (1974), 98, behandelt Chrysostomos, Deluz (1982), 146, die Kodifizierung des Paradieses bei Isidor; s. für die weitere Ausgestaltung Bartholomeus (1485), XV, cap. 112. Zu Henoch und Elias s. a. De Vooys (1906), 103–4, 120–1, 127–31; Bibel: (Henoch) Genesis, 5:21–24, (Elias) 2 Könige, 2:11; vgl. Van Delf, II, 36. Zitat aus erster mnl. Paradiesbeschreibung, *Bescrive*, in De Vooys (1906), 107; für Angaben aus der zweiten s. De Vooys (1906), 117; Parallelen zu Cocagne-Version B: 98–102, und L: 77–84; Exotika in De Vooys (1906), 119; vgl. 128. Zu Boschs Interpretation des Paradiesgartens s. Vandenbroeck (1989). Lage des Paradieses in Genesis 2:8; vgl. im Allgemeinen hierzu Verrycken (1990), 46–9, 96–9. Mandevilles Bericht in (1908), kol. 261–3, (dt.:) 199–201. Das Paradies ist auf vielen mittelalterlichen Weltkarten verzeichnet: s. Delumeau, Kap. III; andere Berichte über dessen Lage: De Vooys (1906), 117, 128; Van Delf, II, 36; vgl. Delumeau, 74, und auf Grundlage von Ezechiel 28:13–19 auch West, 532. Angabe aus dem *Sidrac* (1936), 43–4: eine Abschrift dieses Textes kommt wohlgemerkt auch in der Londoner Hs. mit Cocagne-Text L vor; Petrissas Vision in De Vooys (1906), 128–9; sie ist deutlich inspiriert vom Hohen Lied 4:14, 16 und 5:1. Zur Abhängigkeit von stabilen Witterungsverhältnissen vgl. Pleij (1988 a), Kap. I. Boendale (1844/48), I, cap. 21, v. 30–1, beschreibt die Beständigkeit des paradiesischen Wetters. Zu »ewigem Frühling« im Paradies s. Kirschbaum, unter ›Paradies‹, kol. 381; vgl. Boas, 157. Mandevilles Abscheu über die brüsken Witterungsumschwünge bei den Tataren in (1908), kol. 110–1, (dt.:) 105–7; Beispiele für Wetterberichte aus dem Paradies: De Vooys (1906), 105; *Sterfboeck*, fol. C2 verso; Kolumbus' Beobachtungen in (1991), 83, 106, 110, 112, 115, 118, 157, 168. Der ideale Monat Mai in De Vooys (1906), 105, 117; *Levene*, v. 65; *Boeck* (1930), 206; Van Delf, II, 36; das zitierte Sprichwort in Kloeke, 75; vgl. allgemein Hansen (1984). Niederschläge in Cocagne und Luilekkerland: L 75 und 59–60, B 94–5 und 67–8, G [*Dichten*] 31–32 und 75–79 (dt.: 43–44, 85–9). Getränkeflüsse: L 61–6, B 77–84; vgl. G 22–24 (dt.: 34–36). Milch, Honig, Wein u.Ä. im Paradies und anderen Traumorten: Hohes Lied 5:1; Delumeau, 17, 23–4, 103, 112; Endepols, 54; *Pelgrimstocht*, 91; *Reis*, v. 745–9; Oskamp, 141.

2 *Nie mehr sterben*

Der »Jordan« in L 89. Zu Jungbrunnen im Allgemeinen s. Rapp (1975); vgl. Camporesi (1989), 31–2, 282–3; Mezger, 357–73. Angaben zum Text über die Heiligen Drei Könige und über Chrysostomos in *Coninghen*, 129, und Anm. p. 279; Mandevilles Übermut in (1908), kol. 146–7, (dt.:) 84, 131–3. Weitere Berichte über Wasser mit wunderbarer Heilwirkung: Johannes 5:2–4; vgl. *Bedevaart* (1884), 81; Herodot, 183; Oskamp, 163–4; Stephanus, Nr. 80; Willems (1839); Penninc, v. 3586–92; *Verzameling*, 69, 70; Leendertz (1896), 98; Sachs, 321–3; auch im Pilgerführer der Londoner Hs.: De Flou,419; vgl. Delumeau, 71–2. Unsterblichkeit im Paradies auch laut Hohes Lied 4:15 und Johannes 5:2–4; vgl. Van Delf, II, 37. Für das himmlische Paradies: Offenbarung 22:1–2; vgl. Boas, 167. Wasser der Unsterblichkeit schon in babylonischen Legenden: Endepols, 51. Abnehmende Lebenserwartung auf Erden behandelt in *Ridderboek*, 24–5; zu Adams Alter s. Schorbach, 205; zur normalen menschlichen Lebenserwartung: Psalmen 90:10. Beispiele für Verjüngungsmethoden: (Bäcker von Eeklo) Hazelzet; Geisberg, G 1584; Strauss, 1100; Hollaar, 421 (Deventer); Boas, 169–70 (irische Insel ohne Sterben); *'t Scep*, cap. 163 (*quinta essentia*); vgl. hierzu a. Van Gijsen (1993), 134; Bartholomeus (1485), XV, cap. 112, nennt die bewusste irische Insel. Zum frühchristlichen Taufritual s. Leupen, 34–5. Das paradiesische Bächlein in *Huon de Bordeaux* bei Delumeau, 69; Pape Jansland / Reich des Priesters Johannes in Mandeville (1908), kol. 146–7, (dt.:) 186–91; vgl. Delumeau, 103, 109. Zum Nil s. Delumeau (1992), 71; Mandeville, (dt.:) 50–3, 61; Vanhemelryck (1994), 174–81; Schama, 263–7. Zur Lebenserwartung s. *Boeck* (1930), 206, und *Sterfboeck*, fol. C3 recto. Zu Jungbrunnen in Literatur und Kunst(-handwerk) s. a. Delumeau, 177–8; der Nürnberger Jungbrunnen bei Sumberg, 154. Das *Elucidarium* wird zitiert bei Delumeau, 33; die mnl. Reimbearbeitung: *Lucidarius*, III, 12, v. 924–8; vgl. *Sidrac* (1936), 43–4.

3 Himmlische Belohnungen

Das irdische Paradies als Wartezimmer: West, 526. Zum Himmlischen Jerusalem allgemein s. Kirschbaum, unter ›Jerusalem, himmlisches‹, und Raedts (1991). Zitate aus Jesaja 54:11–17; 66:10–14; das Neue Jerusalem in Offenb. 21:9–27; 22:1–5. Parallelen: B 24 (Karfunkel), B 93 (Ausdehnung), L 70 / B 90–2; B 103–7, 111–4 (Bereitwilligkeit zum Sex). Zu Sex im Paradies s. Augustinus (1972), XIV, cap. 24 und 26; vgl. Lerner (1972), 158–9; das »freundliche Schlafen« in B 107; vgl. De Roovere (1955), 256–8, bes. 257, v. 49–50; vgl. Pleij (1990), 28–30. Die Aufzählungen mit der Negationsformel zitiert aus *Summe* (1900), 324, bzw. *Sterfboeck*, fol. C2 verso; vgl. *Hantboec* (1962), I, 66–73, und *Boeck* (1930), 204–10. Zum Ineinander-Übergehen von irdischem und himmlischem Paradies s. allgemein Kirschbaum, unter ›Paradies‹; Van de Velde, 17, weist auf die jüdisch-apokalyptische Literatur hin; das ägyptische Totenreich bei Endepols, 51; Zitat aus Ezechiel 28:13–7. Durcheinander laufende Paradiesbeschreibungen: Brugman, 137, v. 824–33; *Sterfboeck*, fol. C2 verso; De Vooys (1906), 106–8, 117–26; *Reis*, v. 705–11, 737–41, 745–9, 814–7, 861–2; vgl. Boas, 164–7. Zu negativen Auffassungen über die Stadt im Allgemeinen s. Le Goff (1987), 368, und (1989), 102; Orbán, 74; Tacitus' Aussage in *Annales*, XV, 44: (1976), 365; der Brügger Text über den losen städtischen Studenten in *Liederen* (1849), 490, 491; vgl. zitierte negative Äußerungen zu London und Paris bei Camille (1992), 152, und Duby (1989), 148; vgl. a. Schlüter, 57–8. Zum himmlischen Bauplan der Stadt s. Le Goff (1977), 73. Bibliographische Übersicht mittelalterlicher Visionen bei Gardiner; zu Himmelsbeschreibungen in Visionen s. Aubrun; stereotype Merkmale bei Kirschbaum unter ›Paradies‹, kol. 376: dort auch über die Bewohner des Himmels. Zu Papias' Paradiesbeschreibung s. Benz (1974), 94; Lidwinas Vision in *Leven* (1989), 90–1; Brugmans Beschreibung in Brugman, 132–3; vgl. Matthäus 5:6. Zu göttlicher Trunkenheit s. a. Axters, 119–21; vgl. Van Delf, III B, 672. Das himmlische Festbankett des toten Ritters bei De Vooys (1906), 104–5, 131–9; vgl. Tubach, Nr. 780, und Palmer, 402–3. Davids Musik und Possen bei Brugman, 133; Davids Auftritte bilden ein festes

Motiv in den Beschreibungen des musikalischen Empfangs im Himmel: vgl. *Boecxken* (1889), 48; *Levene*, v. 53–4, 60–1, 94; s. a. *Meditations*, 380–1; Aufzählungen von Musikinstrumenten in *Sterfboeck*, fol. [C3] verso. Musik im irdischen Paradies: Delumeau, 74; De Vooys (1906), 110, 121–2; Van Delf, II, 37. Zu adeligen Vergnügungsparks s. Absch. 6. Himmlische Musik in Jesaja 51:3; zu Musik in Minnegärten und *Roman de la rose* s. Vellekoop (1992). Zu Arent Willemszoons Bericht über Gottes Zorn s. *Bedevaart* (1884), 17. Zur negativen Darstellung des Tanzens und Musikmachens von und bei Maria Magdalena s. Linke, 359; De Vooys (1905 b); vgl. Pleij (1990), 42–4; allgemein: *Boeck* (1930), 171–6; Brant (1500), cap. 58; Van der Vet, 140–1; *Spiegel*, 22. Das Tanzlied bei Muller (1906), 24–7. Musik und Tanzen in Cocagne: L 95–7 / B 38, 109–10; vgl. *Summe* (1900), 324 und Anm. 558. Vermehrung der Festtage in L 77–85 und B 98–102; genannte Bibelstelle: 2 Petrus 3:8; zu genanntem Reim s. Priebsch (1906), 447; vgl. *Boecxken* (1889), 48; Verrycken (1992), 74; De Vooys (1926), 35–9, 314–5. Bereitliegende Kleidung in L 47–51 / B 53–6; vgl. G [*Dichten*] 55–56 (dt.: 66–8); zur Einkleidung der Neuankömmlinge im Himmel durch die Engel bei Memlinc s. Kirschbaum, unter ›Paradies‹; zu Schuhen: Dinzelbacher, 71; vgl. Vellekoop (1986).

4 *Andere Paradiese*

Zu Erzählungen über ein verlorenes Paradies und das Versprechen seiner Wiederkehr in verschiedenen Kulturen s. Eliade. Zu Hesiod s. Hesiod, 60–2; vgl. Strabons Aussagen über ein in Indien gelegenes Paradies: Benz (1974), 98; freigebige Natur in Alexanderroman: *Historie*, 103. Poeschel zieht für Cocagne eine Traditionslinie von Indien über Griechenland nach Westen. Delumeau behandelt verschiedene dieser westlichen Traumorte. Metlitzki plädiert für eine direkte Verwandtschaft zwischen Cocagne und Moslemparadies: dort auch alle Basisinformationen; s. a. Van Kooy und Cioranescu, 101; Erotik in syrischfrühchristlichen Vorstellungen vom himmlischen Paradies: Benz (1974), 99. Zum Moslemparadies s. weiter Vanhemelryck (1994), 268; zu syrischem Christentum: Benz (1974), 99; Sex bei Mandeville (1908), kol. 112–3, (dt.:) 107; Grünembergs Bericht in *Pelgrimstocht*, 90–1; vgl. Zeebout (1557), I, cap. 3, 22. Die Paradiesnachahmung des alten Mannes vom Berge ausführlich bei Polo, Kap. XLI-XLIII, 60–63; zu allen Quellen: Okken, 160–70; vgl. a. Mandeville (1908), kol. 235–8, (dt.:) 191–4; Camporesi (1994), 234, 295–9; Delumeau, 112–3. Die Lustgärten in Boulac bei Zeebout (1572), 127 und 174, 205, 267; Arent Willemszoons Erfahrungen in Venetien in *Bedevaart* (1884), 245. *Land of Cockaygne* in Robbins, 121, v. 1–2, sowie Richter, 135–140; zu keltischem Jenseits: Dillon, 91; Noelle, 218–9; Endepols, 54; vgl. *Helden*, 208; vgl. a. die

Traumorte auf Máel Dúins Reise bei Oskamp, 113–5, 121, 131, 133, 139, 141, 149, 155, 163, 165, 173. Bartholomeus (1485), XV, cap. 112, nennt Details zu Irland; Viterbos Geschichte bei Verrycken (1992), 74; zum heiligen Brandan s. *Reis*, v. 705–11, 737–41, 745–9, 814–7, 862 (Zitat) und (dt.:) Einleitung sowie 21–3; vgl. Boas, 158–60.

5 Wundergärten und Vergnügungsparks

Zur wundersamen Architektur von Burgen und Vergnügungsparks im Mittelalter s. die reiche Materialsammlung von Okken. Hervengt zitiert bei Le Goff (1989), 55, *Aymeri* bei Le Goff (1977), 73–4. Die Burg auf dem Berg Zion in *Reis*, v. 1656–1791, (dt.:) 38–42; goldgesprenkelte Glasböden s. Offenb. 21:21; wunderbare Segnungen bei König Wunder in Penninc, v. 3451–592; vgl. *Torec*, v. 2374–85; vgl. a. Ausstellungskatalog *Rond*, 139–41. Mechanische Musik bei Van Delf, II, 37; zum (Pseudo-)Grab Blanchefleurs s. Van Buuren (1992), 123. Zum Modellbuch des Villard de Honnecourt s. Camille (1991), 244–8; Scheller, Nr. 14, 176–87; der Lustgarten in Van Assenede, v. 3386–3405; vgl. Winkelman und Gerritsen (1988), 198–9. Die sinnestäuschenden Zauberer in China bei Mandeville (1908), kol. 202, (dt.:) 173; in kol. 235–8 spricht er über den Betrug des Alten Mannes vom Berge, (dt.) 191–4; der Wundergarten des Haroun-al-Rashid bei Delumeau, 1678; zur Überlieferung dieser Kenntnisse nach Westen über Sizilien s. Camille (1991), 244–8. Der Paradiesgarten des Albertus Magnus beschrieben in Van Oostrom, 184–5; Hesdin bei Brunet und Okken, 171–8; zu Caxtons Reaktion vgl. Hittmair, 54. Binche bei Gachard, II, 388–9 und 386; Alvarez, 109–10; *Binche* 1549, 27–30; Boockmann, 171–2, 289–90, 310–3: Auch Wilhelm von Oranien war dort anwesend. Bürgerpalais von Duché: Favier, 291; vgl. Vandenbroeck (1990), 37.

6 Erträumte Ewigkeiten

Zu Alexanders Besuch im Paradies s. Boas, 158–9; vgl. *Van den IX besten* in Von Kausler, III, 145, v. 117–20. Zu Seths Reise zum Tor des Paradieses s. *Boec* (1959) und Jacobus, 173–183. Das Versprechen herrlichster Belohnungen nach großem Leid auf Erden u. a. bei De Vooys (1906), 109. Zu Zerbolts Anleitung s. Zerbolt, 108–13; vgl. Goossens, 229. Zum fast göttlichen Status der Menschen im Paradies s. De Vooys (1906), 107. Das Paradies für Kinder als Schlaraffenland bei Wolf, 743, und Richter, 225–226. Zur Einmischung des Teufels s. Schmitt, 31; Übertretung des Ersten Gebots und Venusberg bei De Vooys (1902), 362, 369–70; vgl. das Lied »Van heer Danielken« in *Liedekens-Boeck*,

Nr. 160; das Exempel von Stefan von Bourbon bei Schmitt, 142–3; das aus *Der Sielen troest* in *Troest*, fol. 124 recto; zum *Biënboec* s. Van der Vet, 212–4, wo noch andere Beispiele genannt werden; vgl. De Vooys (1926), 174; die verzauberte Burg in *Margarieta*, 7–9; vgl. *Malegijs*, 158.

V Die Phantasie auf Reisen

1 Traumwelt-Geographie

Zu Visionen als Reiseliteratur s. Gardiner, XXII-XXIV; die Reise ins Jenseits bei Dinzelbacher, 71; mittelalterliche Weltkarten mit Darstellungen des Paradieses bei Verrycken (1990), 51–136. Lukians Text in Lukian, 283–337. Mandeville besprochen in Deluz (1988); sie versucht eine neue Sichtweise auf sein Werk zu geben, auf die meine Argumentation sich hier stützt; die mnl. Übersetzung in Mandeville (1908), die deutsche in Mandeville (dt.); vgl. Ganser und *Rond*, 17–41; zur kontrastiven Gegenüberstellung mit fremden Völkern vgl. a. Delumeau, 112; Brahmanen bei Mandeville (1908), kol. 250–2, (dt.:) 207–10; vgl. Boas, 146–9, Bejczy (1990) und *Historie*, 89–101. Zum Reich des Priesters Johannes s. Bejczy (1994) und Mandeville (1908), kol. 146–7, (dt.:) 186–91; Rubrucks Zweifel an diesem Reich in *Rond*, 126. Basisinformationen zum Reisebericht Van Ghisteles bei Deschamps, Nr. 101: vor den Buchausgaben ab 1557 existierte bereits eine starke Verbreitung in Handschriften, die den Bericht populär machten; die Geschichte über den Priester Johannes in Zeebout (1572), 42, 314–5; zu verwirrenden Landesbezeichnungen s. Verrycken (1990), 90; vgl. Kolumbus (1991), 144, 156, 159, 173, und *Bedevaart* (1884), 133; zu negativen Assoziationen mit »schwarz« s. Pleij (1994); das Reich des Priesers Johannes als genaues Gegenteil der westlichen Welt: Mandeville (1908), kol. 157 und 261; vgl. *Rond*, 12. Die Zweifel an Marco Polo in Wood.

2 Wirkliche Paradiese

Zur Betretbarkeit des Paradieses s. Deluz (1982), 150–2; vgl. Verrycken (1992), 74; das Paradies als Wartezimmer bei West, 526. Heses Zeugnis bei Verrycken (1990), 97; Angaben zu seiner Reise in Jansen-Sieben (1989), 233, 442, 443. Zu den Paradiesströmen s. Delumeau, 59–65, und Mandeville (dt.:), 199–201; genannte Bibelstelle: Genesis 2:11. Van Delf, II, 38–41, spricht von heilenden Kräutern; zu lebensverlängernden Mitteln s. Kap. IV, Absch. 2; Boendale

(1844/48), I, cap. 21, v. 77–80. Zu Kolumbus' Auftrag, Paradiesbesessenheit und Optimismus bezüglich der Eingeborenen s. Raedts (1992), 35; Cook, 32; West, 521–2; vgl. Sweet; s. a. seine Tagebuchaufzeichnungen (1991), 97, 104, 126, 128, 141, 160, 176. Zu Eldorado s. Verrycken (1990), 106; Besessenheit von Gold auf fast jeder Seite in Kolumbus (1991); Pigafettas Empörung in Magellan, 50 (Zitat), 53, 70, vgl. a. 72–3 und 109: eine bessere Ausgabe ist übrigens Pigafetta. Informationen zum Reich des Priesters Johannes bei Bejczy (1994); vgl. Delumeau, 99–109. Zu Montezumas Schätzen s. Jantz, 93. Das vor Edelsteinen strahlende Europa in *Spelen*, fol. Zz 3 verso. Darstellungen der Neuen Welt in *Termini* eines paradiesischen goldenen Zeitalters besprochen in Delumeau, 145–6; vgl. Cioranescu, 103–4. Zu Alexander dem Großen s. Verrycken (1990), 150, und *Historie*. Zu Polo s. Campbell, 110, und mehr im Allgemeinen 174–5, 193–7, 213. Die Ausgabe seines Textes bei Gerard Leeu in Gouda erschien circa 1483/84: s. *Verjaring*, Nr. 129. Kolumbus' Furcht vor einem Cocagne in Kolumbus (1961), 242, 466. Zu den Vereinigten Staaten als Schlaraffenland s. Delumeau, 149–52; vgl. Boas, 172. Vespucci und Pigafetta bei Delumeau, 146–51.

3 Wunder des Ostens und des Westens

Zu Wundern des Orients allgemein s. Le Goff (1977). Higden zitiert in Campbell, 65. Maerlant (1857/63), I/1, cap. 18, behandelt Indien. Zu wunderlichen Menschenrassen s. Verrycken (1990), 112–20, Mandeville (dt.), 123–7, 137–41, 146–58, 160–2, 198–9, 201–5, und *Historie*, 81–2, 87, 115–6. Beispiele für Abteilungen »Exotika« in mnl. Enzyklopädien: Maerlant (1878), I, v. 117–440; Maerlant (1857/63), I/1, cap. 17–39; *Sidrac* (1936), 73–6. Zu Atlantis, Inseln der Seligen und Hesperiden s. Cioranescu, 109–11; Verrycken (1990), 106; Boas, 168–9; Bartholomeus (1485), XV, cap. 62; Maerlant (1857/63), I/1, cap. 31. Zu keltischen Paradiesen und Irland s. Cioranescu, 101–2; Leerssen; Bartholomeus (1485), XV, cap. 80; Insel, auf der man nicht sterben kann: Boas, 169–70. Zum Bild Spaniens im Mittelalter s. Bartholomeus (1485), XV, cap. 79. Vergleich mit Spanien in L 14 / B 12; das Sprichwort zu Spanien in Van Aken, v. 2432–3; in Amsterdammer Hs. von zeitgenössischem Benutzer angestrichen: Van der Poel, 112 und 387, Anm. 37; Bijns (1880), Nr. XXXV, 76; Sartorius, fol. [Oo 5] recto; vgl. Stoett, Nr. 1444. Die Zitate aus dem Tafelspiel (»Tischbelustigung«) bei Hummelen, I N 8, fol. 149 verso. Umgekehrte Trinkgewohnheiten von Mann und Frau in Indien bei Mandeville (1908), kol. 148. (dt.:) 133–7; zu sich ändernden Geschlechterrollen im westlichen Mittelalter s. Pleij (1988a), 278–87, sowie die dort genannte Literatur. Zum edlen Wilden im Allgemeinen s. Bejczy (1994), 97, 123; vgl. Verrycken (1990), 90–6, 100–5. Zu den Camerini s. Boas, 138–9; zu Brahmanen: Boas, 146–9; Bejczy (1990); Verrycken (1990),

117; Mandeville (1908), kol. 251–2, (dt.:) 207–10; *Historie*, 89–101; Maerlant (1857/63), I/4, cap. 57–62. Die religiösen Eiferer und indischen Flagellanten bei Mandeville (1908), kol. 151, (dt.:) 133–7; Transsylvanus' Brief zitiert in Magellan, 108, 110. Mostaerts Gemälde besprochen in Snyder und Cuttler (1989). Gog und Magog in Ezechiel 38:2–39:16, und Offenb. 20:7–10; vgl. Verrycken (1990), 100–3; Bejczy (1994), 125–6. Zu Randständigkeit und Zivilisation allgemein s. Bejczy (1994); die Pläne Papst Alexander VI. und anderer zur Zivilisierung fremder Völker bei Greenblatt, 66–72. Zu überlegenen Gesellschaften der Indianer s. Cioranescu, 104–6; Jean de Lérys Meinung bei Gilmore, 521. Die Zitate zum Reich des Priesters Johannes (Pape Jansland) in einer zeitgenössischen niederländischen Druckausgabe: *Wonderlicheden*, fol. [A5] recto – [B3] verso. Zu Vespucci in niederländischer Übersetzung s. *Werelt*; vgl. Franssen, 62–3, und Jantz, 96–7. Zitate hieraus in *Werelt*, fol. A4 recto und B1 recto; Zitat aus Vasco da Gamas Bericht in *Calcoen*, 19, vgl. 16; vgl. a. die niederländische Übersetzung von Balthasar Sprengers Reisebericht: *Reyse*, fol. [A3] verso; obwohl das Buch den Anschein erweckt, ist dieser Text *keine* Fortsetzung von Vespuccis *Nieuwer werelt*; Kolumbus' Optimismus bezüglich der »nackten Wilden« (1991), 126, vgl. 96, 159, 167, 176; der Spott über die Indianer in Pigafetta, 46. Die Häuser aus Gewürzen und mit Tierhäuten überdeckten Straßen in Cocagne-Text B 85–8; vgl. L 678; eine solche Straße im mittelalterlichen Bethlehem: *Coninghen*, 95; überdeckte Straßen als Besonderheit für Europäer: De Flou, 411, mit dem Pilgerführer aus der Londoner Hs., nennt eine mit Steinen überwölbte Straße; Zeebout (1572), 260, meldet gegen den Regen überdeckte Straßen in Tripoli. Asozialität und Randständigkeit in Schlaraffenland: G [*Dichten*] 2 und 86–101 (dt.: 13–4 und 97–109); vgl. Bejczy (1994), 164.

4 Spielerische Bezüge

Zu Lügenliteratur s. Coigneau; Rooth, 127–33; Pleij (1988a), 118–20; vgl. a. Vasvari und *Verfasserlexikon* V, unter »Lügenreden«, kol. 1039–44. Zu den altfranzösischen Cocagne-Texten s. Väänänen. Zum »Cocagne« des griechischen Altertums s. Poeschel, 391–4, Bonner und Müller, 29–31. Die gebratenen Schweine bei Petronius, 64. Die *Wahre Geschichte* in Lukian, 283–337. Zum deutschen Text über die Wachteln s. *Wahtelmaere*; vgl. Müller, 46, und *Verfasserlexikon* IV, kol. 729–30; *Vom packofen* in Bolte (1892), bes. v. 69–79; vgl. Müller, 46. Zu Rabelais s. Müller, 61–2; vgl. Parallelen mit L 18, B 16 und 48, sowie F 27–30. In *Disciple* gesamter Text mit Informationen: s. insb. Kap. 18–30; auf p. XXXVI auch zu den *Nouvelles admirables* von 1495. Boccaccios Reiseparodie in der zehnten Geschichte des sechsten Tages: (1969), II, 106–7. Text über die Bruderschaft der Nichtsnutze: *Confrarie*; zur Bedeutung des Titels erhielt ich wertvolle Hinweise von Dr. Jelle Koopmans; s. weiter zu dieser Textart: Pleij (1983), 96–108, 177–86; das *Land of Cockaygne* in Robbins, 121–7, 317–9, und Richter, 135–140. Zu Parallelen mit den Vorstellungen vom himmlischen Paradies s. Kap. IV, Absch. 3. Zu den *Drie Eenlingen* siehe *Eenlingen*, fol. [B6] verso–[B7] verso. Zwei Versionen von Janszoons Tafelspiel beschrieben in Hummelen (1968), 1 R 5 und I OI 6; Edition in Van Vloten, I, 194–205; zur Bekanntheit des Sprichworts s. Marijnisseb, 91 mit Zitat aus Marcus van Vaernewijcks Kronik, in dem dasselbe Sprichwort auf satirische Weise benutzt wird. Zu Italien als Eldorado der Lügenliteratur s. Coigneau, 55, 70–1. Angaben zu *De Sotslach* in *Sotslach* und Hummelen (1968), 2.09; Zitate z. 116, 129, 32, 363–6. Zu politischen Utopien seit Plato s. Cioranescu; zu Morus' *Utopia* von 1516 s. die Faksimile-Ausgabe (1968); niederländische Übersetzung: Morus (1562). Zum *Kaetspel* s. Roetert-Frederikse, 69–71, LIII-LIV; zu den beiden deutschen Texten s. Von Ertzdorff, 49–50; bibliographische Informationen bei Gotzkowsky, 521–3, 565–9.

VI Ketzerische Exzesse

1 Das Tausendjährige Reich

Das göttliche Gebot des Nichtstuns in L/B 8–10; Gottes Liebe zu jenem Land in B 47, das Dorthingelangen in seinem Namen in L 99;»ein« Jordaan in L 89; der Heilige Geist in L 17/B 15. Zu Gent 1539 s. Hummelen (1993), über die gespannte Situation im literarischen Leben jener Zeit allgemein: Decavele, I, 193–230. Ein Standardwerk über den Millenarismus ist Cohn; kurze Übersicht bei Jansen und Richter, 53–58. Das Tausendjährige Reich und das Neue Jerusalem in Offenb. 20–22; Emmerson (1992) behandelt die zahlreichen mittelalterlichen Kommentare; zum himmlischen Paradies s. Kap. IV, Absch. 3. Zitat aus Offenb. 21:3, nach *Vertaling*. Zu Prophetien des Alten Testaments s. Cohn, 19–20. Zur buchstäblichen Auffassung des Textes der Offenbarung s. Raedts (1991), 92; Augustinus' Sichtweise als kirchliche Lehre: Cohn, 29. Zu Joachims Standpunkten s. Cohn, 108–10, 129; kurze Übersicht in De Vries, 264–8; mehr allgemein bei Reeves. Das *Land of Cockaygne* in Robbins, 121–7, 317–9, und Richter, 135–140. Kommentar zu Maerlants Text in (1954), II, 359–60, 386–9; Zitat I, v. 1–2, 13–9; Bibelstelle: 2 Timotheus 3:13; vgl. Van Buuren (1991), 244–6. Augustinus' Standpunkte bei Frederiksen, 29, und Lerner (1992), 52. Zu Aufstand und Ungeduld der Armen s. Cohn, 13–4; Übersicht zu mittelalterlichen Armutsbewegungen bei De Vries, bes. 241–80; Commodianus bei Cohn,

28, der pp. 45–57, 59–60 und 65–95 den Nährboden für die aggressive Aufsässigkeit der Armen und das Erzwingen des Heilsstaats in Jerusalem bespricht.

2 Ketzereien des Freien Geistes

Zur Bewegung des Freien Geistes allgemein s. Lerner (1972); Cohn, 148–97; De Vries, 297–344. Zu Promiskuität aus Prinzip: Cohn, 150–1; zu Adam und Eva und Sex im Paradies: Augustinus (1972), XIV, cap. 24 und 26; Bibelzitat: 1 Johannes 3:9; zum Folgen der Natur im *Roman de la Rose* s. Le Goff (1989), 160–1, und mehr im Allgemeinen Duby (1990), 79–112, bes. 92 und 110. Zu extremen Selbstkasteiungen s. Kap. III, Absch. 4. Willem Cornelis wird behandelt in Lerner (1972), 113–7, 147; Cohn, 158; Lampo, 196–9; vgl. McDonnell (1969), 488–90; Zitat s. Van der Vet, 211. Zu Tanchelijn s. Lampo, 192–3; vgl. De Vries, 229–31. Zu M. Porete s. Lerner (1972), 1–2, und Passenier; vgl. Janssens, 16–7, und Schweitzer. Zu Meister Eckhart s. Lerner (1972), 185, 211, 215–9, 235; Eckhart (oder besser: der Pseudo-Eckhart) in den Niederlanden zitiert nach De Vooys (1905 a), bes. (Zitat) 61; Verurteilung der Averroisten bei Lerner (1972), 24. Einfluss der Fahndungslisten auf die »Erkennung« einer vermeintlichen ketzerischen Bewegung bei Lerner (1972), 20, 25, 58, 82; vgl. Passenier, 110, der sogar von einer »Klatschkampagne« innerhalb der Kirche spricht. Zu Beginen, Begarden und Lollarden s. Lerner (1972), 36–41, 82; Grundmann, 47–59; Janssens, 12–23; Van Mierlo (1930); Kurze; zu Beginen als Vagabundinnen s. Hildegaersberch, Nrn. IX und LXXVII, v. 21; Verdächtigung großen sexuellen Appetits: Enklaar, 101–56; Pleij (1983 a), 211–2, und (1988 a), 92–3, 158–60, 241–2, 284–5. Bibelzitat: 2 Korinther 3:17; vgl. Lerner (1972), 82, der p. 87 über die Inquisition in Straßburg spricht.

3 Genießen wie Adam

Zu gemeinschaftlichem Besitz s. Cohn, 182–3. Zu Adamiten s. Lerner (1972), 25–32; s. a. Übersicht bei Fraenger, 17–29, der behauptet, dass Boschs *Tuin der Lusten* (Garten der Lüste) die Lehre der Adamiten bildlich darstelle; vgl. Isidor, VIII, cap. 5, Absch. 14; Van Paassen, 11, weist auf die selbstgenerierende Kraft des angenommenen Ketzermodells hin, das von selbst u. a. Adamiten hervorbringt; Inspiration hierfür in 2 Timotheus 3:1–10. Zum Brüsseler Prozess von 1411 s. Lerner (1972), 157–63, 190–5; De Waha; vgl. Pleij (1988 a), 92–3, 158–60, 241–2, 284–5. Zu Heiligem Geist und Brüsseler Ketzern von 1411 s. eben genannte Literatur. Bot, 213, über den Hang zur Ketzerei vor allem bei Frauen; zu Maerlants Problemen bei seiner Bibelübersetzung s. De Bruin. Zum

Fundamentalismus der Franziskaner s. Cohn, 110, 158, und Richter, 58–61. Der
Umschlag von Sehnsucht in aktive Wiederherstellung eines goldenen Zeitalters bei Cohn, 198. Zur angeblichen Geilheit der Beginen s. am Ende von Absch. 2 genannte Literatur sowie *Dichten*, 77. Bernhard von Clairvaux' Angriff
in Duby (1989), 139. Zu Johann von Brünn und der Aufgabe der Frauen den
Freigeistern gegenüber s. Lerner (1972), 109, 137. Passagen zu Sexualität in Cocagne: L 16 / B 14, B 103–7, 111–4. Zu Meister Eckhart s. Lerner (1972), 211,
vgl. 219 und 1–2; zu Eckhart zugeschriebenen Texten im Mnl. s. a. De Vooys
(1905 a).

4 Cocagne in Brabant?

Zu den Brabanter Ketzern s. Literatur in Absch. 2 sowie Willems (1904); hinzugefügte Passage: *Summe* (1900), 344–6, bes. 346; s. a. 568; vgl. Janssens, 19.
Zu Ruusbroecs Angriffen gegen die Ketzerei s. Janssens, 12–23, und Van Mierlo
(1932); insb. gegen M. Porete: Verdeyen; Die Bemerkung Jan van Schoonho-
vens bei Lerner (1972), 190–2; zu Ruusbroecs Charakterisierung der Ketzerei
s. a. (1970), 105–6; vgl. *Verzameling*, 26–31. Zu Geert Grote s. Van Zijl, 170–81.
Das Anna-Bijns-Zitat in Komrij, 889. Zur Selbsterniedrigung unter den Anhängern der Devotio Moderna s. *Verlangen*, 31–2, 59, 82–4, 120–2, 138; s. im
Allgemeinen zu diesem Material Scheepsma; zum Beispiel der Wüstenväter:
Brown, 172–6; vgl. *Vaderboec*, fol. [A7] recto, G4 recto-verso; zu Lidwina s. *Leven* (1989), 11, 14, 26, 28, 30, 32. Das der kirchlichen Lehre entgegengesetzte
Leben der Brüsseler Ketzer bei Lerner (1972), 159.

VII Lernen, um zu überleben

1 Die Didaktik des Kontrasts

Endpassage: B 116–22; Schlussverse: G 145–152; Ende Prosatext: G 222–34
(dt.: 154–170). Zur ironischen Ständesatire s. Pleij (1983 a), 177–86; zur Einrahmung der altfranzösischen Texte in das Charivari-Brauchtum s. Kap. II, Absch. 5; Hans Lützelhüpsch bei Vandenbroeck (1989), 102–3. Zu Karneval allgemein s. Mezger; Pleij (1983 a) und (1992) sowie Richter, 70–76. Zu Humor im
Dienst der Belehrung s. Pleij (1980/81); zur göttlichen Trunkenheit, auch bei
Hadewijch und Ruusbroec, s. Mak (1960); vgl. Axters, 119–21; Pseudo-Zitat aus
Bibel in Hs. Amsterdam UB, I G 31, fol. 55 recto, besprochen von Moll (1854),

I, 313–7; entsprechende Bibelstelle: Jeremia 23:9, nach *Testament* (1978): »Ic bin worden als een dronken man, als een man die vochtich is van wine«; das Hochzeitslied bei Moll (1857); vgl. Pleij (1988 b), 6–7. Zusätzlich zu eben genannter Literatur zu städtischen Umkehrungsfesten s. a. Pleij (1988 a), 174–9, und (1989). Zur Ständelehre s. Duby (1985), bes. 67 über die erste Satire; s. a. *Carmina* (1930/71), Nr. 6, I/1, 7–8. Zur Etablierung einer Bürgermoral s. Pleij (1983 a), 229–36, und (1991 b), 8–51. Die Verkehrte Welt bei Burke, 177–82; Pleij (1988 a), 135–40 und passim (s. Register); Spierenburg, 93–104. Der Schneemann in Hs. 's-Gravenhage, Koninklijke Bibliotheek, K. A. XXXVI, fol. 78 verso; darin auch die anderen Bordürenillustrationen; vgl. zu dieser Handschrift und dem Gedicht über die *arma christi*: Oosterman, II, Reimgebete Nrn. 167 und Hss. Nr. 76. Zu Schneemännern s. weiterhin Pleij (1988 a). Gaignebet gibt zahlreiche Beispiele grotesker Karikaturen zu Sex und Fäkalien; zu Bordürenillustrationen in Handschriften s. Randall und Camille (1992); zu verziertem Chorgestühl s. a. Steppe und Kraus; zu ähnlichen Mustern auf der Kleidung s. Van Beuningen (1993). Kapitellornamente in Toulouse bei Camille (1992), 57; genannte Bibelstelle: Matthäus 17. Die anderen Bordürenillustrationen der Hs. auf fol. 69 recto, 98 recto und 75 verso. Bezüglich der Bedeutung solcher Zeichnungen im Allgemeinen bevorzugt Bedaux (1989) die Charakterisierung als »Markierungsikonographie«; übrigens rief diese »Technik des Kontrasts« wiederholt heftige Kritik von Zeitgenossen hervor, die meinten, dass aus all den schmutzigen Affen, Monstern und kämpfenden Rittern nur der Hang zur Narrheit spräche; vor allem Bernhard von Clairvaux reagierte aufgebracht: s. Randall, 3–5, über Stichwort »obscaena« im Register; vgl. Camille (1992), 10; s. a. Hogenelst (1995), 43.

2 Verkehrte Welten

Zu literarischen und anderen Gegenwelten s. Clark, bes. 106–8; vgl. Bejczy (1994), 140–57; s. zu bildender Kunst auch Falkenburg, 100–1, 121–2, (1990) und (1991/92), bes. 179–80; und zur Literatur: Curtius, 94–8; Bibelzitat über Parteiungen / Ketzereien: 1 Korinther, 11:19; Zitat aus Augustinus (1972), 449 (XI, cap. 18; vgl. XIV, cap. 28, und XV, cap. 1); s. a. Augustinus (1930), 24–5 (XI). Augustinus verweist für Gegensätze wiederholt auf Bibelstellen wie 2 Korinther 6:7–10, und Ecclesiasticus 33:14–5; das kontrastiv aufgebaute Bibelzitat über die festgelegten Stunden: Prediger 3:1–8. Die Bibelstelle zur Ketzerei besprochen auch bei Duby (1993), 60. Zur *concordia discors* s. Clark, 106–7; Zitat aus der *ars poetica* des Galfredus von Vinsauf, v. 120–5; Rhetorik von Natur auf Gegensätzen aufgebaut: Ong, 111. Hadewijch zitiert aus Komrij, 47–9; Augustinus aus *Hantboec* (1962), 122–4. Ähnliche Gegensätze in der Lügenliteratur: *Verfasserlexikon* V, kol. 1039–44 unter ›Lügenreden‹. Zu den Versuchen, die Gegensätze zwischen Gut und Böse definitiv zu charakterisieren s. McGinn, 16; Frederiksen, 26; Emmerson (1992), 311; vgl. Augustinus (1930), 24–31; die Aussage des Thomas von Aquin in Aquin, I, 464–7, wo er die Frage 48 aus der *Summa Theologica* (I. q.48) behandelt. Zu Verkehrter Welt und Zeitklage in der Literatur s. Curtius, 94–8; ebenfalls sehr kennzeichnend für *Strofische gedichten* von Maerlant, (1918). Zu »irdischen« Bildtraditionen s. Falkenburg, 100–1; vgl. Pleij (1990), 17–78. Zu den Holzschnitten aus Vintlers Buch s. Bartsch VI (1983), 231–2. Adalbero von Lâon bei Duby (1985), 67; vgl. *Carmina* (1930/71), Nr. 6, I/1, 7–8. Zitat zur Unsicherheit über richtiges Verhalten aus *Liederen* (1966), Nr. 15, v. 1–3; Van der Luere bei Komrij, 156–8; zu Text aus Handschrift Phillipszoon vgl. *Handschrift* (1995), 139–40; De Roovere (1955), 302–4, 306–10, 317–8, 322–3, 326–8; vgl. a. Lievens; De Pauw, 646; Bijns (1902), 309–11; verschiedene Texte in Komrij, 671–4, 765, 999. Über die Zusammenstellung der Londoner Hs. mit Cocagne-Version L s. Kap. II, Absch. 2; Zitat auf fol. 133 recto. Zur »Gilde van het Blauwe Schuit« (Gilde des Blauen Kahns) s. Pleij (1983 a); dort auf 276–80 auch die Lügenpredigt über Sint-Niemand; s. a. – mit Übersetzung – bei Komrij, 1047–55; weitere solcher Texte in Pleij (1983 a), 177–86, 250–4, (1989) und (1992) sowie Kayser. Zitat aus Lügenpredigt: Komrij, 1048. Zu Mandevilles Standpunkten über Verkehrte Welt fremder Völker s. Greenblatt, 43–4. Zu Chaos und Verdorbenheit am Rande der Welt s. Verrycken (1990), 119. Zu Amazonen s. Bartholomeus (1485), XV, cap. 12; Mandeville (dt.), 121–3; vgl. Gerritsen (1985). Die Verkehrte Welt durch Frauenmacht bei Moxey; vgl. Pleij (1988 a), Kap. VIII. Mandevilles Beschreibung zu umgekehrten Gefühlen zu Leben und Tod bei Greenblatt, 44 und Mandeville (dt.), 201–2. Kolumbus' Aussagen in Kolumbus (1961), 242, 466.

3 Hart arbeiten

Der niederländische Schlaraffenland-Stich mit Text abgebildet in Van der Heiden, Nr. 14. Zu *acedia* und Melancholie s. Pleij (1990), 79–100; die zunehmend positive Bewertung von Arbeit bei Le Goff (1977), 46–65, 66–79, 162–80; vgl. Pleij (1991 b), 30–6. Zitat aus Boendale (1844/48), I, cap. 23, v. 54–9. Genannte Bibelstelle: Genesis 2:15; Zitate: *Spiegel*, I, 110, v. 8650–1; *Lucidarius*, III, 12, v. 973–8. Auch Thomas von Aquin denkt in Termini verschlechterter Arbeitsumstände: Aquin 948–9. Zu korrumpierender Arbeit s. *Sidrac* (1936), 91, 130–1. Eckharts Text bei De Vooys (1910), 218–9; vgl. Pleij (1991 b), 33–4; s. a. Boendale (1844/48), III, cap. 1; *Roman de la rose*: De Lorris, v. 11 356–8, 11 373–6. Zitiertes Sprichwort in *Proverbia* (ca. 1484), fol. [C7] verso. Zu täglichem Triumph des Nahrungserwerbs vgl. a. Bakhtin, 281–3, 302. Text über die zwölf Knappen in Komrij, 112–20, bes. 112–3; das Kamper Sprichwort in Kloeke, 71; Passage aus der Pilgerallegorie in *Boeck* (1486), fol. F2 recto-verso; Abschlusszitat aus der Brüsseler Hs. bei Priebsch (1907), 172.

4 Selbstbeherrschung, Ehrgeiz und Moral

Zu Sich-voll-Stopfen als bestialischem Verhalten s. Walker-Bynum, 2; Betrunkenheit ebenfalls als eine Form der Fresssucht betrachtet: Chaucer (1995), 626; Van Kempen zitiert nach *Boecxken* (1516), fol. [F7] recto; s. a. *Ridderboek*, 100; *Beverley*; vgl. Tubach, Nr. 1816, und Deighton; s. a. *Spiegel*, kol. 25–8; *Summe* (1900), 281–2; Boccaccio (1476), VII, cap. 7; De Weert, v. 1254–1449. Zur Redensart vom Bauch als Tempel oder Gott s. Kap. III, Absch. 5; Römer, 16:18; Philipper 30:19; Van Delf, II, 209, v. 118–21. Zu Maßnahmen der Obrigkeit zur Eindämmung öffentlichen Prassens s. Jansen-Sieben (1993), 164, und Muchembled, 104–5, sowie Montanari (dt.) 100–5. Zu Bedrohlichkeit der Eule s. Vandenbroeck (1985); zum *mât de Cocagne* s. Müller, 25–6. Quellenangaben zu Breughels Fettsäcken in Angaben zu Kap. III, Absch. 7. Zum Petrarca-Meister s. Scheidig, 204, 302; der Trunkenbold mit Schubkarre bei Geisberg, 1473. Zur Figur des Parasiten im lateinischen Schuldrama s. Lazard, 278–96; vgl. a. »Spermalogus« (Parasit) und »Harpax« (Faulenzer) in Macropedius' *Aluta* von 1535. Zu den »Weißbrot-« (Reiche-Leute-)Kindern s. Pleij (1995 b), 177, und dort genannte Literatur. Zitat aus *Twee bedelaers* nach der Ausgabe in Van Vloten, 195; das andere Spiel zitiert nach Mak (1950), 35, v. 5–10; vgl. a. das bisher nicht herausgegebene Tafelspiel *Van twee personages, den eenen genaemt Grooten Honger ende d'ander genaemt Goeden Appetijt*: Hummelen (1968), 1 OI 7. Die gedeckten Tische in Cocagne: L 53–7/B 57–65. Zur Technik des karikierten, negativen Selbstbilds s. Vandenbroeck (1987), 63–116, und Pleij (1988 a), 126–35. Das ›Kerelslied‹ in Komrij, 222–4; vgl. Van Buuren (1987). Zum erwünschten Zeitpunkt der Mahlzeiten s. Jansen-Sieben (1993), 13, und Baudet, 1–4. Standpunkte in der Literatur: Boendale (1844/48), I, cap. 15, v. 59–66; vgl. Jansen-Sieben (1993), 163: angesichts einer französischen Parallele haben diese Zeilen wohl einen sprichwörtlichen Charakter; *Renout*, v. 2492–4; *Boec van het kerstene leven*: Hs. Brussel, Koninklijke Bibliotheek Albert I, II.280, fol. 3 recto-80 recto: diesen Hinweis verdanke ich Dr. Geert Warnar aus Leiden; zu dieser Hs. s. De Baere; vgl. weiterhin De Weert, v. 1360–5; *Boeck* (1930), 167, 227; Zerbolt, 104, 283; Brant (1981), fol. X2 recto; *Wech*, fol. [B7] rectoverso; *Liederen* (1849), 509; *Boecxken* (1516), fol. [F6] verso; *Spiegel*, kol. 33; *Summe* (1900), 283–4; Chaucer (1995), 626. Die anglo-normannische Klostersatire in Aspin, 130–42, v. 56–8. Boethius (1485), fol. 78 verso – 81 recto, behandelt das goldene Zeitalter und Völlerei; zur Herkunft des Kommentars

s. Angenent; Paulus-Zitat, auf das Kommentator sich beruft: Philipper 3:19. Zitat aus Boethius (1485), fol. 79 verso, kol. b. Zu hinzugefügter Moral und zunehmender Spiritualisierung s. Reynaert (1994); vgl. Pleij (1995 b), 173–4. Zur Vorlesekultur s. Pleij (1991/92).

5 Die Notwendigkeit der Fiktion

Genanntes Sprichwort in Kloeke, 9. Zu Hunger und Mangelperioden in Europa s. Kap. III, Absch. 2. Eine solch einfache Verbindung zwischen Hunger und Cocagne stellt beispielsweise Richter her: (1995), 31. Die individuelle Wunscherfüllung in B 62 und 70. Payen, 437–8, weist auf bürgerliche Dimensionen der altfranzösischen Texte hin; Cocagne nicht für die Reichen: F [Väänänen] 184–5. Der Schlachtruf in *Joufrois* (1972), v. 1009.

Literaturverzeichnis

Adenés li Rois, *Les Enfances Ogier*. A. Scheler, Hg. Brüssel 1874.

Het af-vaaren van het vol en zoet geladen Schip Sint Reyn-Uyt, Zeylende met een altyd goede Wind naar de aangename Contreije van Luy-Lekker-Land. Ohne Abb. (ca. 1700) Ex: Den Haag, KB.

Heinric van Aken, *Die rose*. E. Verwijs, Hg. Den Haag 1868.

Jappe Alberts, W., *Geschiedenis van Gelderland van de vroegste tijden tot het einde der middeleeuwen.* Den Haag 1966.

Alpertus van Metz, *Gebeurtenissen van deze tijd.* H. van Rij, Übers. Amsterdam 1980. (Dt.: *Des Alpertus von Metz zwei Bücher über verschiedene Zeitereignisse nebst zwei Bruchstücken über Bischöfe von Metz.* A. Dederich, Hg. Münster 1859.)

Althoff, G., ›Der frieden-, bündnis- und gemeinschaftstiftende Charakter des Mahles im früheren Mittelalter‹, in: *Essen und Trinken im Mittelalter und Neuzeit.* I. Bitsch, Hg. Sigmaringen 1990. p. 13–25.

Alvarez, V., *Relation du Beau Voyage que fit aux Pays-Bas, en 1548, le prince Philippe d'Espagne.* M.-T. Dovillée, Hg. Brüssel 1964.

Angenent, M. P., ›Het Gentse Boethiuscommentaar en Renier van Sint-Truiden‹, in: *Tijdschrift voor Nederlandse taal- en letterkunde 107* (1991), 274–310.

Aquin [Aquino], T. *Basic writings.* A. C. Pegis, Hg. 2 Bde. New York 1945.

Ariès, Ph., Hg., *Geschiedenis van het persoonlijk leven.* Deel I. Amsterdam 1987. (Dt.: *Geschichte des privaten Lebens.* H. Fliessbach, Übers. 5 Bde. Fischer, Frankfurt a. M. 1993.)

Aspin, I. S. T., *Anglo-Norman political songs.* Oxford 1953.

Diederic van Assenede, *Floris ende Blanchefloer.* P. Leendertz jr., Hg. Leiden 1912.

Aubrun, M., ›Caractères et portée religieuse et sociale des »Visiones« en Occident du VIe au XIe siècle‹, in: *Cahiers de la Civilisation Médiévale 23* (1980), 109–30.

Augustinus, [Augustine] *Concerning the city of God against the pagans.* H. Bettenson, Übers. Harmondsworth 1972. (Dt.: *Der Gottesstaat.* Lat. u. dt., C. J. Perl, Übers. 2 Bde. Paderborn 1979.)

ders., *Enchiridion.* C. Bloemen, Übers. Roermond 1930. (Dt.: *Das Handbüchlein.* P. Simon, Übers. u. Erl. Paderborn 1984.)

Autenboer, E. van, *Volksfeest en rederijkers te Mechelen (1400–1600).* Gent 1962.

Axters, St. G., *Inleiding tot een geschiedenis van de mystiek in de Nederlanden.* Gent 1967.

Aymeri de Narbonne. Publ. L. Demaison. 3 Bde. Paris 1884–7.

Baere, G. de, ›Een opvallende tekstgetuige van Ruusbroecs *Kersten ghelove*: het handschrift Brussel, Koninklijke Bibliotheek Albert I, II.280‹, in: *Miscellanea Neerlandica.* Opstellen voor J. Deschamps. 3 Bde. Leuven 1987; I, 199–205.

Bachtin [Bakhtin], M., *Rabelais and his world.* H. Iswolsky, Übers. Bloomington 1984. (Dt.: *Rabelais und seine Welt. Volkskultur als Gegenkultur.* R. Lachmann, Hrsg. / G. Leupold, Übers. Frankfurt a. M. 1995.)

[Ballaer, E. V. J. van], ›Het Turnhoutsch Heybloemken op het feest der *Violieren* te Antwerpen 1561‹, in: *Kempisch Museum* 1 (1890), 37–46.

Bartholomeus Anglicus, *Van den proprieteyten der dinghen.* Haarlem, J. Bellaert, 1485. Ex: Amsterdam, UB.

The illustrated Bartsch. W. L. Strauss, Hg. New York 1978 ff.

Batselier, A., *Kroniek van het toneel en van het letterkundig leven te Geraardsbergen (1416–1808).* Geraardsbergen 1976.

Baudet, F. E. J. M., *De maaltijd en de keuken in de middeleeuwen.* Leiden 1904.

Bedaux, J. B., ›Functie en betekenis van randdecoratie in middeleeuwse handschriften‹, in: *Kunstlicht* 14 (1994), 28–33.

Bedevaart naar Jerusalem in 1525. C. J. Gonnet, Hg. Haarlem 1884.

Behre, K.-E., ›Die Ernährung im Mittelalter‹, in: Herrmann, p. 74–87.

Bejczy, I., ›De *bon sauvage* in de middeleeuwen. Alexander en de Brahmanen. Het voorbeeld van Maerlant‹, in: *De nieuwe taalgids* 83 (1990), 434–45.

ders., *Pape Jansland en Utopia. De verbeelding van de beschaving van middeleeuwen en renaissance.* Nijmegen 1994.

Benz, E., *Das Recht auf Faulheit oder Die friedliche Beendigung des Klassenkampfes.* Stuttgart 1974.

Bergner, H., ›Das große Festmahl in der mittelenglischen *Prima Pastorum* des Wakefield-Zyklus‹, in: *Essen und Trinken im Mittelalter.* I. Bitsch, Hg. Sigmaringen 1990. pp. 45–57.

Een historische beschryving van duure tyden en hongersnoden. Amsterdam, A. van Huissteen, 1741. Ex: Den Haag, KB.

Beuningen, H. J. E. van u. a., *Heilig en profaan.* 1000 laat-middeleeuwse insignes uit de collectie H. J. E. van Beuningen. Cothen 1993.

Dit es die historie ende leven van den heilyghen heremijt sint Jan van Beverley. G. J. Boekenoogen, Hg. Leiden 1903.

Binche 1549. De blijde intrede van prins Filips, toekomstig koning van Spanje. Brüssel 1985.

Bischoff, B., ›Caritas-Lieder‹, in: ders., *Mittelalterliche Studien.* 3 Bde. Stuttgart 1966–81: II, 56–77.

Die eerste bliscap van Maria en Die sevenste bliscap van onser vrouwen. W. H. Beuken, Hg. Culemborg 1973.

Blockmans, W. P., u. a., ›Tussen crisis en welvaart: sociale veranderingen, 1300–1500‹, in: *Algemene Geschiedenis der Nederlanden.* Teil IV: »Middeleeuwen«. Haarlem 1980. pp. 42–86.

Blok, D. P., ›Naamsveranderingen en modeverschijnselen in de middeleeuwse plaatsnaamgeving in Utrecht en Holland benoorden de Lek‹, in: *Mededelingen van de Vereniging voor Naamkunde te Leuven* 33 (1957), 17–26.

Blühm, E. / Engelsing, R., *Die Zeitung. Urteile und Dokumente.* Bremen 1967.

Boas, G., *Essays on primitivism and related ideas in the middle ages.* New York 1978.

Boccaccio, G. [Boccace], *De la ruyne des nobles hommes et femmes.* Bruges, Colard Mansion, 1476. Ex: Wien, ONB.

ders., *Decamerone.* A. Schwartz, Übers. 2 Bde. Amsterdam 1969. (Dt.: *Der Decamerone.* G. Diezel, Übers. 2 Bde. Zürich 1992–1995.)

Dat boec van den houte. L. Hermodsson, Hg. Uppsala 1959.

›Het boec van der wraken‹, in: Jan Boendale u. a., *Nederlandsche gedichten uit de veertiende eeuw.* F.-A. Snellaert, Hg. Brüssel 1869. pp. 287–491.

Boec van de destructien van Jherusalem (1482). Faksimile. W. L. Braekman, Hg. Sint-Niclaas 1984.

Dit is dat boeck van den pelgherym. Haarlem, J. Bellaert, 1486. Ex: Den Haag, KB.

Een nieu sunderling boeck, spreekende van 't gheheel regiment des grooten Turcx. Antwerpen, M. Nuyts, 1542. Ex: Leiden, UB.

Dat boeck van der voirsienicheit Godes. Hg. A. Burssens. Brüssel 1930.

Een devoet boecxken van den inwendighen navolghen des levens ende des cruces ons heren Ihesu Cristi. Antwerpen, H. Eckert van Homberch, 1516. Ex: Xanten, Stiftstbibl.

Een devoot ende profitelyck boecxken. Geestelijk liedboek met melodieën van 1539. D. F. Scheurleer, Hg. Den Haag 1889.

Boek van de wraak Gods. W. van Anrooij, Übers. Amsterdam 1994.

[Boendale, J.], *De Brabantsche yeesten, of rymkronyk van Braband.* J. F. Willems, Hg. Brüssel 1839.

Boendale, J., *Der leken spieghel*. M. de Vries, Hg. 3 Bde. Leiden 1844–48. *De middelnederlandse boerden*. C. Kruyskamp, Hg. Den Haag 1957.

[Boethius], *De consolatione philosophie, ten trooste, leeringhe ende confoorte*. Gent, A. de Keysere, 1485. Ex: Amsterdam, UB. (Dt.: *Trost der Philosophie*. Lat. / Dt., E. Gegenschatz, Hg. u. Übers. Düsseldorf 1990.)

Bolte, J. ›Lügenpredigt: Vom packofen‹, in: *Zeitschrift für deutsches Altertum* 36 (1892), 150–4.

ders., ›Bilderbogen des 16. und 17. Jahrhunderts‹, in: *Zeitschrift des Vereins für Volkskunde* 20 (1910), 182–202.

ders. u. a., ›Das Märchen vom Schlauraffenland‹, in: id., *Anmerkungen zu den Kinder- und Hausmärchen der Brüder Grimm*. Bd. III. Leipzig 1918. pp. 244–58.

Bonner, C., ›Dionysiac magic and the Greek Land of Cockaigne‹, in: *Transactions and proceedings of the American Philological Association* 41 (1910), 175–85.

Boockmann, H., ›Das Leben in städtischen Häusern um 1500‹, in: Boogert, B. van den u. a., *Maria van Hongarije (1505–1558)*. Koningin tussen keizers en kunstenaars. Zwolle 1993.

Boonen, W., *Geschiedenis van Leuven, geschreven in de jaren 1593 en 1594*. E. van Even, Hg. Leuven 1880.

Bot, P., *Tussen verering en verachting. De rol van de vrouw in de middeleeuwse samenleving, 500–1500*. Kampen 1990.

Braekman, W. L., *Spel en kwel in vroeger tijd. Verkenningen van charivari, exorcisme, toverij, sport en spel in Vlaanderen*. Gent 1992.

[Brant, S.], *Dit is der zotten ende der narren scip*. Paris, Guido Coopman, 1500. Ex: Paris, BN.

Brant, S., *Der sotten schip*. Antwerpen 1548. L. Geeraedts, Hg. Middelburg 1981. (Dt.: *Narrenschiff*. F. Zarncke, Hg. Leipzig 1854. Reprint: Hildesheim 1961.)

Brown, P., *Lichaam en maatschappij. Man, vrouw en seksuele onthouding in het vroege christendom*, 50 na C.–450 na C. Amsterdam 1990.

Bruin, C. C. de, ›De prologen van de Eerste Historiebijbel geplaatst in het raam van hun tijd‹, in: *The bible and medieval culture*. W. Lourdaux, Hg. Leuven 1979. pp. 190–219.

Brugman, J., *Onuitgeven sermoenen*. P. Grootens, Hg. Tielt 1948.

Brunet, M., ›Le parc d'attractions des ducs de Bourgogne à Hesdin‹, in: *Gazette des Beaux-Arts* 78 (1971), 331–42.

Bumke, J., *Höfische Kultur: Literatur und Gesellschaft im hohen Mittelalter*. 2 Bde. München 1986.

Bunte, W., *Die Zerstörung Jerusalems in der mittelniederländischen Literatur (1100–1600)*. Frankfurt a. M. 1992.

Burbure, L. de, *De Antwerpsche ommegangen in de XIVe en XVe eeuw.* Antwerpen 1878.

Burke, P., *Volkscultuur in Europa, 1500–1800.* Amsterdam 1990.

›Buskenblaser‹, in: *De abele spelen.* L. van Kammen, Hg. Amsterdam 1968. pp. 148–59.

Buuren, A. M. J. van, ›»Ay hoor van desen abuze«. Enkele dorpers uit de Middelnederlandse literatuur‹, in: *Gewone mensen in de middeleeuwen.* R. E. V. Stuip, Hg. Utrecht 1987. pp. 137–59.

ders., ›Kerk en wereld in de middeleeuwse literatuur: een Utrechts tweeluik‹, in: *Utrecht tussen kerk en staat.* R. E. V. Stuip, Hg. Hilversum 1991. pp. 243–62.

ders., ›De tuin in het kader van de middeleeuwse natuurbeleving‹, in: Stuip, pp. 115–30.

Bijns, A., *Nieuwe refreinen.* Hg. W. J. A. Jonckbloet u. a. Groningen 1880.

dies., ›Onuitgegeven gedichten‹, in: *Leuvensche bijdragen* 4 (1902), 199–368.

Calcoen. *Récit flamand du second voyage de Vasco de Gama vers l'Inde, en 1502–1503.* J. Denucé, Hg. Antwerpen 1931.

Caluwé-Dor, J. de, ›Cocagne II, ou l'étymologie et l'étude de la tradition se rejoingent‹, in: *Actes du colloque du Centre d'Etudes médiévales de l'Université de Picardie,* D. Buschinger, Hg. Amiens 1977. pp. 95–104.

ders., ›L'anti-paradis au *Pays de Cocagne.* Cocagne I. Etude et traduction du poème moyen-anglais‹, in: *Mélanges de philologie et de littérature romanes offerts à J. Wathelet-Wittem.* Liège 1978. pp. 103–23.

ders., ›L'élément irlandais dans la version moyen-anglaise de *The Land of Cockaygne*‹, in: *Mélanges de langue et littérature francaises du moyen age et de la renaissance offerts à C. Foulon.* I. Rennes 1980. pp. 89–98.

Camille, M., *The Gothic idol. Ideology and image-making in medieval art.* Cambridge 1991.

ders., *Images on the edge. The margins of medieval art.* London 1992.

Campbell, M. B., *The witness and the other world. Exotic European travel writing.* Ithaca 1988.

Camporesi, P., *Bread of dreams. Food and fantasy in early modern Europe.* D. Gentilcore, Übers. Cambridge 1989. (Dt.: *Das Brot der Träume. Hunger und Halluzinationen im vorindustriellen Europa.* K. F. Hauber, Übers. Frankfurt a. M. 1990.)

ders., *Het onvergankelijke vlees. Heil en heling in middeleeuwen en vroegmoderne tijd.* Nijmegen 1994.

Cappel, E. van, ›De hongersnood in de middeleeuwen tot de XIIIe eeuw‹, in: *Annales de la Société d'Emulation de Bruges* 56 (1906), 16–40, 143–64.

Carasso-Kok, M., *Repertorium van verhalende-historische bronnen uit de middeleeuwen.* Den Haag 1981.

Carmina Burana. A. Hilka, Hg. Heidelberg 1930–71.

Carmina Burana. Kleine bloemlezing uit de middeleeuwse vagantenpoëzie. W. van Elden, Übers. Den Haag 1959.

Carruthers, M. J., *The book of memory. A study of memory in medieval culture.* Cambridge 1994.

Chaucer, G., *De Canterbury-verhalen.* Altena, E. van, Übers. Baarn 1995. (Dt.: *Canterbury-Erzählungen.* Martin Lehnert, Übers. Frankfurt a. M. 1987.)

Chesnaye, N. de la, *La condemnation de banquet.* J. Koopmans, Übers. Genf 1991.

Cioranescu, A., ›Utopie: Cocagne et âge d'or‹, in: *Diogène* 75 (1971), 86–123.

Clark, S., ›Inversion, misrule and the meaning of witchcraft‹, in: *Past and present* Nr. 87 (Mai 1980), 98–127.

Clément-Hémery, A., *Histoire des fêtes civiles et religieuses, des usages anciens et modernes.* 2 Bde. Paris 1834–46.

Cockayne, R. A. C., ›New thoughts on an old pedigree; a reconsideration of the Cockaynes of Ashbourne in the early fifteenth century‹, in: *Derbyshire Archaeological Journal* 110 (1990), 105–33.

Cohn, N., *The pursuit of the millennium. Revolutionary millennarians and mystical anarchists of the middle ages.* London 1984. (Dt.: *Das neue irdische Paradies. Revolutionärer Millenarismus und mystischer Anarchismus im mittelalterlichen Europa.* Reinbek 1988.)

Coigneau, D., ›Het leugenrefrein bij de rederijkers‹, in: *Studia Germanica Gandensia* 20 (1979), 31–74.

La grande confrarie des soulx d'ouvrer. Lyon [1520–40]. Ex: Paris, BN.

Van den heilighen drien coninghen. T. J. A. Scheepstra, Hg. Groningen 1914.

Cook, H. J., ›Ancient wisdom, the golden age, and Atlantis: the New World in sixteenth century cosmography‹, in: *Terrae Incognitae* 9 (1977), Nr. 2, 25–43.

Curschmann, F., *Hungersnöte im Mittelalter: ein Beitrag zur deutschen Wirtschaftsgeschichte des 8. bis 13. Jahrhunderts.* Leipzig 1900.

Curtius, E. R., *European literature and the Latin middle ages.* Übers. W. R. Trask. New York 1963. (Dt.: *Europäische Literatur und lateinisches Mittelalter.* Tübingen 1993.)

Cuvelier, J., ›Eene onbekende rijmkroniek van het begin der XIVe eeuw‹, in: *Verslagen en mededelingen van de Koninklijke Vlaamse Akademie voor taal- en letterkunde* 1928, 1039–53.

Decavele, J., *De dageraad van de Reformatie in Vlaanderen (1520–1565).* 2 Bde. Brüssel 1975.

Deighton, A. R., ›The sins of Saint John of Beverley. The case of the Dutch »volksboek« *Jan van Beverley*‹, in: *Leuvense Bijdragen* 82 (1993), 227–46.

Delf, D. van, *Tafel van den Kersten Ghelove*. L. M.Fr. Daniëls, Hg. 4 Bde. Antwerpen 1937–39.

Delumeau, J., *Une histoire du paradis. Le jardin des délices.* Paris 1992.

Deluz, C., ›Le paradis terrestre, image de l'Orient lointain dans quelques documents géographiques médiévaux‹, in: *Senefiance* 11 (1982), 143–61.

ders., *Le Livre de Jehan de Mandeville, une ›géographie‹ au XIVe siècle.* Louvain-La-Neuve 1988.

Deschamps, J., *Middelnederlandse handschriften uit Europese en Amerikaanse bibliotheken. Catalogus.* Leiden 1972.

Dene, E. de, ›Testament rhetoricael‹; Hg. W. Waterschoot en D. Coigneau, in: *Jaarboek ›De Fonteine‹* 26 (1975), II; 28 (1976/77), II; 30 (1978/79), II.

Veelderhande geneuchlijcke dichten, tafelspelen ende refereynen. Maatschappij der Nederlandsche Letterkunde, Hg. Leiden 1899.

Dillon, M., *Celtic realms.* London 1967. (Dt.: *Die Kelten. Von der Vorgeschichte bis zum Normanneneinfall.* G. u. K.-E. Felten, Übers. München 1983.)

Dinzelbacher, P., ›The way to the other world in medieval literature and art‹, in: *Folklore* 97 (1986), 70–87.

Le disciple de Pantagruel (Les navigations de Panurge). G. Demerson u. a., Hg. Paris 1982.

Duby, G., ›La vulgarisation des modèles culturels dans la société féodale‹, in: id., *Hommes et structures du moyen âge.* Paris 1973. pp. 343–52.

ders., *De drie orden. Het zelfbeeld van de feodale maatschappij, 1025–1225.* B. Raymakers, Übers. Amsterdam 1985. (Dt.: *Die drei Ordnungen. Das Weltbild des Feudalismus.* G. Osterwald, Übers. Frankfurt a. M. 1986.)

ders., *Bernard van Clairvaux en de Cisterciënzerkunst.* Amsterdam 1989. (Dt.: *Der Heilige Bernhard und die Kunst der Zisterzienser.* M. Heurtaux, Übers. Fischer, Frankfurt a. M. 1993.)

ders., *De middeleeuwse liefde en andere essays.* R. de Roo-Raymakers, Übers. Amsterdam 1990.

ders., *Het jaar duizend.* I. Groothedde, Übers. Amsterdam 1993.

Duggan, J. J. (Hg.), *Oral literature.* Edinburgh 1975.

Dupuys, R., *Le triumphante et solemnelle entrée faicte en sa ville de Bruges.* Paris, G. de Gourmont, 1515. Ex: Londen, BL.

Duverger, E., ›Tapisseries de Jan van Tiegem représentant l'histoire des premiers parents‹, in: *Bulletin van de Koninklijke Musea voor Kunst en Geschiedenis* 45 (1973), 19–63.

Duyse, Fl. van, *Het oude Nederlandsche lied.* 3 Bde. Den Haag 1903–07.

Drie Eenlingen. B. H. Schinkel, Delft 1597. Ex.: KB Den Haag.

Den spieghel der salicheit van Elckerlijc. R. Vos, Hg. Groningen 1967.

Eliade, M., ›The yearning for paradise‹, in: *Daedalus* 88 (1959), 255–67.

Emmerson, R. K. (Hg.), *The Apocalypse in the Middle Ages.* Ithaca 1992.

ders., ›Introduction: the Apocalypse in medieval culture‹, in: op. cit. pp. 293–332.

Endepols, H. J. E., ›Bijdrage tot de eschatologische voorstellingen in de midde-leeuwen‹, in: *Tijdschrift voor Nederlandse taal- en letterkunde* 28 (1909), 49–111.

Enklaar, D.Th., *Varende luyden. Studiën over de middeleeuwse groepen van onmaatschappelijken in de Nederlanden.* Assen 1956.

Erasmus, D., *Moriae encomium, dat is de lof der zotheid.* Amsterdam 1959.

Erenstein, R. L. (Hg.), *Een theatergeschiedenis der Nederlanden.* Amsterdam 1996.

Ertzdorff, X. von, *Romane und Novellen des 15. und 16. Jahrhunderts in Deutschland.* Darmstadt 1989.

Even, E. van, *l'Omgang de Louvain.* Leuven 1863.

Faas, P. C. P., *Rond de tafel der Romeinen.* Diemen 1994.

Falkenburg, R. L., *Joachim Patinir: het landschap als beeld van de levenspel-grimage.* Nijmegen 1985.

Favier, J., *In naam van God en des gewins. De wording van de zakenman.* Amsterdam 1990. (Dt.: *Gold und Gewürze. Der Aufstieg des Kaufmanns im Mittelalter.* R. Schmid, Übers. Hamburg 1992.)

Flou, K. de u. a., *Beschrijving van Middelnederlandsche en andere hand-schriften die in Engeland bewaard worden.* 3 Bde. Gent 1895–97.

Fox, R. L., *Pagans and christians.* London 1986.

Fraenger, W., *Hieronymus Bosch.* Dresden 1975.

Frank, R. H., ›An interpretation of the Land of Cockaigne (1567) by Pieter Breugel the Elder‹, in: *The Sixteenth Century Journal* 22 (1991), 299–329.

Frank, R. W. ›The »hungry gap«, crop failure and famine: the fourteenth-cen-tury agricultural crisis and *Piers Plowman*‹, in: *The Yearbook of Langland Studies* 4 (1990), 87–104.

Franssen, P. J. A., *Tussen tekst en publiek. Jan van Doesborch, drukker-uitge-ver en literator te Antwerpen en Utrecht in de eerste helft van de zesti-ende eeuw.* Amsterdam 1990.

Frantzen, J. J. A. A. u. a., *Drei Kölner Schwankbücher aus dem XVten Jahr-hundert.* Utrecht 1920.

Frederiksen, P., ›Tyconius and Augustine on the Apocalypse‹, in: Emmerson (1992), pp. 20–37.

Fry, D. K., ›Caedmon as a formulaic poet‹, in: Duggan, 41–61.

Gachard, L. P. u. a., *Collection des voyages des souverains des Pays-Bas.* Brüssel 1874.

Gaignebet, C., *Art profane et religion populaire au moyen âge.* Paris 1985.

Galbert of Bruges [van Brugge], *The murder of Charles the Good, Count of Flanders.* J. B. Ross, Übers. New York 1967.

Galfredus de Vino Salvo [Vinsauf], ›Poetria Nova‹, in: E. Gallo, *The Poetria Nova and its sources in early rhetorical doctrine.* Den Haag 1971.

Ganser, W. G., *Die niederländische Version der Reisebeschreibung Johannes von Mandeville.* Amsterdam 1985.

Gardiner, E., *Medieval visions of heaven and hell. A sourcebook.* New York 1993.

Gassen, H. van, ›De ommegang van het Heilig Kruis te Ninove (14 e-16 e eeuw)‹, in: *Het Land van Aalst* 1 (1949), 97–102, 135–8.

Geisberg, M. L., *The German single-leafed woodcut, 1500–1550.* 4 Bde. München 1974.

Leest hierin wat genoechlicx claer, Wat in Hollant is geschiet vorwaer. Delft, [A.Hendrickx?] [ca.1508]. Ex: Gent, UB.

Gerritsen, W. P., ›De omgekeerde wereld van de Amazonen‹, in: *Middeleeuwers over vrouwen.* R. E. V. Stuip, Hg. Teil I. Utrecht 1985. pp. 157–76, 204–7.

ders., ›Vertalingen van Oudfranse litteraire werken in het Middelnederlands‹, in: *Franse literatuur van de middeleeuwen.* R. E. V. Stuip, Hg. Muiderberg 1988. pp. 184–207.

ders., ›Jan en Jenneken en de mondelinge overlevering van balladen‹, in: F. Willaert u. a., *Een zoet akkoord. Middeleeuwse lyriek in de Lage Landen.* Amsterdam 1992 (a). pp. 287–302, 417–20.

ders., ›De dichter en de leugenaars. De oudste poetica in het Nederlands‹, in: *De nieuwe taalgids* 85 (1992) (b), 2–13.

Gerson, J., *Opera omnia.* 5 Bde. Hagae Comitis 1728.

Gilmore, M. P., ›The New World in French and English historians of the sixteenth century‹, in: *First images of America.* F. Chiappelli, Hg. 2 Bde. Berkeley 1976: II, 519–27.

Glacken, C. J., *Traces on the Rhodian shore. Nature and culture in western thought from ancient times to the end of the eighteenth century.* Berkeley 1967.

Goossens, L. A. M., *De meditatie in de eerste tijd van de Moderne Devotie.* Haarlem 1952.

Gotzkowsky, B., *Volksbücher, Prosaromane, Renaissance-Novellen, Versdichtungen und Schwankbücher. Bibliographie der deutschen Drucke.* Teil I. Baden-Baden 1991.

Green, D. H., *Medieval listening and reading. The primary reception of German literature, 800–1300.* Cambridge 1994.

Greenblatt, S., *Marvelous possessions. The wonder of the New World.* Oxford 1992. (Dt.: *Wunderbare Besitztümer. Die Erfindung des Fremden: Reisende und Entdecker.* R. Cackett, Übers. Berlin 1994.)

Gregor v. Tours [Gregory of Tours], *The history of the Franks.* L. Thorpe, Übers. London 1974.

Grevenstuk, J. G.Th., ›Het edele lant van Cockaengen‹, in: *Jaarboekje van het Oudheidkundig Genootschap* ›Nifterlake‹ 1919, 7–11.

Grundmann, H., *Ketzergeschichte des Mittelalters.* Göttingen 1978.

Guenée, B. u. a., *Les entrées royales francaises de 1328 à 1515.* Paris 1968.

Het Geraardsbergse handschrift. Hs. Brussel, Koninklijke Bibliotheek Albert I, 837–845. M.-J. Govers u. a., Übers. Hilversum 1994.

Het handschrift-Jan Phillipsz. Hs. Berlijn, Staatsbibliothek Preuszischer Kulturbesitz, Germ.Qu.557. H. Brinkman, Hg. Hilversum 1995.

Handwörterbuch des deutschen Aberglaubens. H. Bächtold-Stäubli, Hg. 10 Bde. Berlin 1927–42.

Sinte Augustijns Hantboec. J. J. Lub, Hg. 2 Bde. Assen 1962.

Harrebomee, P. J., *Spreekwoordenboek der Nederlandsche taal.* Amsterdam 1980.

Hazelzet, K., *Heetloofden, misbaksels en halve garen. De bakker van Eeklo en de burgermoraal.* Zwolle 1988.

Heiden, R. van der, *Pieter Bruegel der Aeltere. Das Schlaraffenland und der Studienkopf einer Bäuerin in der alten Pinakothek.* München 1985.

Van helden, elfen en dichters. De oudste verhalen uit Ierland. M. Draak u. a., Hg. Amsterdam 1979.

Herodot, [Herodotus] *The historys.* A. de Selincourt, Übers. Harmondsworth 1955. (Dt.: *Historien.* Gr./Dt. 2 Bde. Zürich 1988.)

Herrmann, B., Hg., *Mensch und Umwelt in Mittelalter.* Frankfurt a.M 1990. pp. 194–206.

Hesiod, *Theogony – Works and days.* D. Wender, Übers. Harmondsworth 1986. (Dt.: *Hesiod: Sämtliche Werke.* E. G. Schmidt, Hg. Th. v. Scheffer, Übers. Mainz 1994.)

Hildegaersberch, W. van, *Gedichten.* W. Bisschop, Hg. Den Haag 1870.

Historie von Alexander dem Grossen. W. Kirsch, Hg. u. Übers. Leipzig 1984.

Hittmair, R., *Aus Caxtons Vorreden und Nachworten.* Leipzig 1934.

Hogenelst, D., ›1418: Verbod in het reglement van het Deventer gasthuis om binnenshuis op te treden met sproken en boerden – Sprooksprekers: venters in vermaak en vermaan‹, in: *Nederlandse literatuur, een geschiedenis.* M. A. Schenkeveld-Van der Dussen, Hg. Groningen 1993. pp. 97–102.

ders. u. a., *Handgeschreven wereld. Nederlandse literatuur en cultuur in de middeleeuwen.* Amsterdam 1995.

Hollaar, J. M. u. a., ›Toneelleven in Deventer in de vijftiende en zestiende eeuw‹, in: *De nieuwe taalgids* 73 (1980), 412–25.

Hummelen, W. M. H., *Repertorium van het rederijkersdrama*, 1500-ca. 1620. Assen 1968.

ders., ›12–23 juni 1539: Negentien rederijkerskamers nemen deel aan een wedstrijd te Gent – Rederijkersdrama en reformatie‹, in: Nederlandse literatuur, een geschiedenis. M. A. Schenkeveld-Van der Dussen, Hg. Groningen 1993. pp. 142–6.

Isidor von Sevilla, [Isidorus] *Etymologiarum*. W. M. Lindsay, Hg. Oxford 1911.

Jacobus de Voragine, *Legenda Aurea. Heiligenlegenden*. J. Laager, Hg. u. Übers. Zürich 1994.

Jansen, H. P. H., ›Chiliasme in de middeleeuwen‹, in: *Spiegel Historiael* 8 (1973), 210–9, 253.

Jansen-Sieben, R., ›Van korte borsten en wassen hoofden (Hs. Brussel KB, II.144, 108 v–111 v)‹, in: *Rapiarijs. Een afscheidsbundel voor H. van Dijk*. S. Buitink u. a., Hg. Utrecht 1987. pp. 55–7.

ders., *Repertorium van de Middelnederlandse Artes-literatuur*. Utrecht 1989.

ders., ›Europa aan tafel in de Zuidelijke Nederlanden (15 de eeuw – ca. 1650): een inleidend overzicht‹, in: *Europa aan tafel: een verkenning van onze eet- en tafelcultuur*. Antwerpen 1993. pp. 146–89.

Janssens, J. D., ›Jan van Ruusbroec in Brussel (1304–1343); of: Nog maar eens Ruusbroec en Bloemaerdinne‹, in: *De Brabantse mysticus Jan van Ruusbroec*, 1293–1381. Brüssel 1984. pp. 3–33.

Jantz, H., ›Images of America in the German renaissance‹, in: *First images of America*. F. Chiappelli, Hg. 2 Bde. Berkeley 1976: I, 91–106.

Deux jeux de Carnaval de la fin du moyen âge. J.-C. Aubailly, Hg. Genf 1977.

Jockel, N., *Pieter Bruegel: Das Schlaraffenland*. Hamburg 1995.

Jonckbloet, W. J. A., *Geschiedenis der middennederlandsche dichtkunst*. 3 Bde. Amsterdam 1851–55.

Joufrois de Poitiers. Roman d'aventures du XIIIe siècle. P. B. Fay u. a., Hg. Genf 1972.

Kalff, G., *Het lied in de middeleeuwen*. Leiden 1884.

ders., ›Handschriften der universiteitsbibliotheek te Amsterdam‹, in: *Tijdschrift voor Nederlandse taal- en letterkunde* 9 (1890), 161–89.

Kausler, E. von, *Altniederländische Gedichte vom Schlusse des XIII. bis Anfang des XV. Jahrhunderts*. 2 Bde. Tübingen 1844–66.

Kayser, D., ›Het laatmiddeleeuwse spotsermoen‹, in: *Spektator* 13 (1983/84), 105–27.

Keyser, P. de, ›De nieuwe reis naar Luilekkerland‹, in: ders., Hg. *Ars Folklorica Belgica. Noord- en Zuid-Nederlandse volkskunst.* Antwerpen 1956. pp. 7–41.

Kirschbaum, E., *Lexikon der christlichen Ikonographie.* 8 Bde. Freiburg 1968–76.

Kloeke, G. G., *Kamper spreekwoorden. Naar de uitgave van Warnersen anno 1550.* Assen 1959.

Kolumbus, C. [Colomb, C.], *Œuvres.* A. Cioranescu, Hg. Paris 1961.

ders. [Columbus, C.], *Het scheepsdagboek.* R. H. Fuson, Hg. Utrecht 1991. (Dt.: *Schiffstagebuch.* R. Erb, Übers. Leipzig 1992. / *Bordbuch.* Frankfurt a. M. 1992.)

Komrij, G., Hg. *De Nederlandse poëzie van de twaalfde tot en met de zestiende eeuw in duizend en enige bladzijden.* Amsterdam 1994.

Kooy, K. R. van, ›Tuinen in het islamitische cultuurgebied‹, in: Stuip, pp. 51–70.

Kramer, H. (Heinrich Institoris) / Sprenger, *The Malleus Maleficarum.* M. Summers, Übers. New York 1971. (Dt.: *Der Hexenhammer: Malleus maleficarum.* J. W. R. Schmidt, Übers. München 1997.)

Kraus, D. u. a., *Le monde caché des miséricordes. Suivi du répertoire de 400 stalles d'église en France.* Paris 1986.

Kronyk van Vlaenderen, van 580 tot 1467. [C. P. Serrure u. a., Hg.] 2 Bde. Gent 1839–40.

Kurze, D., ›Die festländischen Lollarden; zur Geschichte der religiösen Bewegungen im ausgehenden Mittelalter‹, in: *Archiv für Kulturgeschichte* 47 (1965), 48–76.

Kuttner, E., *Het hongerjaar 1566.* Amsterdam 1949.

Laarhoven, J. van, *De beeldtaal van de christelijke kunst. Geschiedenis van de iconografie.* Nijmegen 1992.

Lafortune-Martel, A., *Fête noble en Bourgogne au XVe siècle: ›Le banquet de Faisan‹ (1454); aspects politiques, sociaux et culturels.* Montreal 1984.

Lampo, J., ›De Antwerpse ketters. Een bijdrage tot de studie van de middeleeuwse ketterijen in de Nederlanden‹, in: *Handelingen van de Koninklijke Zuidnederlandse Maatschappij voor taal- en letterkunde* 34 (1980), 189–201.

Lantschoot, J., *De Ommegang van Dendermonde.* Dendermonde 1930.

Laurioux, B., ›Modes culinaires et mutations du gout à la fin du moyen-age‹, in: *Artes mechanicae in middeleeuws Europa.* R. Jansen-Sieben, Hg. Brüssel 1989. pp. 199–222

Lazard, M., *La comédie humaniste au XVIe siècle et ses personnages.* Vendôme 1978.

Lebeer, L., *Beredeneerde catalogus van de prenten naar Pieter Bruegel de Oude.* Brüssel 1969.

Leendertz jr., P., ›Het Zutfensch-Groningsche handschrift‹, in: *Tijdschrift voor Nederlandse taal- en letterkunde* 14 (1895), 265–83; 15 (1896), 81–99, 270–6; 16 (1897), 25–43, 129–42.

ders., *Middelnederlandse dramatische poëzie.* Leiden 1907.

Leerssen, J., ›Wildness, wilderness, and Ireland: medieval and early-modern patterns in the demarcation of civility‹, in: *Journal of the History of Ideas* 56 (1995), 25–39.

Le Goff, J., *Pour un autre moyen age. Temps, travail et culture en Occident: 18 essais.* Paris 1977. (Dt.: *Für ein anderes Mittelalter. Zeit, Arbeit und Kultur im Europa des 5.–15. Jahrhunderts.* J. Kümmel / A. Hildebrandt-Essig, Übers. Hamburg 1987.)

ders., *La naissance du purgatoire.* Paris 1981. (Dt.: *Die Geburt des Fegefeuers. Vom Wandel des Weltbilds im Mittelalter.* München 1990.)

ders., *De cultuur van middeleeuws Europa.* Amsterdam 1987.

ders., *De intellectuelen in de middeleeuwen.* Amsterdam 1989. (Dt.: *Die Intellektuellen im Mittelalter.* C. Kayser, Übers. München 1990.)

Lerner, R. E., *The heresy of the Free Spirit in the later middle ages.* Berkeley 1972.

ders., ›The medieval return to the Thousand-Year sabbath‹, in: Emmerson (1992), pp. 51–71.

Leupen, P., *Gods stad op aarde. Eenheid van kerk en staat in het eerste millennium na Christus. Een kerkelijke ideologie.* Amsterdam 1996.

Hier beghint 't leven van laudaten der weerdiger vrouwen. Antwerpen, Jan van Ghelen, [ca. 1550]. Ex: Privatsammlung.

Het leven van Liedewij, de maagd van Schiedam. L. Jongen u. a., Übers. Schiedam 1989.

Van den levene Ons Heren. W. H. Beuken, Hg. 2 Bde. Zwolle 1968.

O. S. H. Lie, ›What is truth? The verse-prose debate in medieval Dutch literature‹, in: *Queeste* 1 (1994), 34–65.

Een schoon liedekens-boeck. W. G. Hellinga, Hg. Den Haag 1968.

Oudvlaemsche liederen en andere gedichten der XIVe en XVe eeuwen. [C. Carton, Hg.] Gent 1849.

Liederen en gedichten uit het Gruuthuse-handschrift. K. Heeroma, Hg. Teil I. Leiden 1966.

Lievens, R., ›Tegen de tamboers‹, in: *Serta devota in memoriam G. Lourdaux.* Leuven 1992. pp. 337–81.

Linden, H. van der, *De Cope; bijdrage tot de rechtsgeschiedenis van de openlegging der Hollands-Utrechtse laagvlakte.* Assen 1955.

Linke, H., ›Zwischen Jammertal und Schlaraffenland. Verteufelung und Verunwirklichung des saeculum im geistlichen Drama des Mittelalters‹, in: *Zeitschrift für deutsches Altertum und deutsche Literatur* 100 (1971), 350–70.

Linskens, R., *Wat 'n leven!* Teil II: *Straten en huizen, eten en drinken in de middeleeuwen.* Antwerpen 1976.

Lorris, G. de / Meun[g], J. de., *Le Roman de la Rose.* D. Poirion, Hg. Paris 1974. (Dt.: *Der Rosenroman.* Zweispr., K. A. Ott, Übers. 3 Bde. München 1976–1979.)

Lozinski, G., *La Bataille de Caresme et Charnage.* Paris 1953.

Lucas, H. S., ›The great European famine of 1315, 1316 and 1317‹, in: *Speculum* 5 (1930), 343–77.

Lukian, *Der Lügenfreund. Satrische Gespräche und Geschichten.* C. M. Wieland, Übers. Berlin 1998.

›Die Dietsche Lucidarius‹, in: Ph. Blommaert, *Oudvlaemsche gedichten der XIIe, XIIIe en XIVe eeuwen.* 3 Bde. Gent 1838–51: III, 1–74.

Macropedius, G., *Aluta (1535).* J. Bloemendal, Hg. Voorthuizen 1995.

Maerlant, J. van *Spiegel historiael.* M. de Vries u. a., Hg. 3 Bde. Leiden 1857–63.

ders., *Der naturen bloeme.* E. Verwijs, Hg. 2 Bde. Groningen 1878.

ders., *Strophische gedichten.* J. Verdam u. a., Hg. Leiden 1918.

ders., *Sinte Franciscus leven.* P. Maximilianus, Hg. 2 Bde. Zwolle 1954.

Magellan, [Magalhaes] F. de, *De eerste tocht rond de wereld.* Baarn 1986. (Dt.: *Aus dem Logbuch seiner Weltumseglung.* München 1991.)

Mak, J. J., *Vier excellente cluchten.* Antwerpen 1950.

ders., *Rhetoricaal glossarium.* Assen 1959.

ders., ›Heilige en onheilige dronkenschap in de middeleeuwen‹, in: *Volkskunde* 61 (1960), 49–70.

Die schoone hystorie van Malegijs. E. T. Kuiper, Hg. Leiden 1903.

De reis van Jan van Mandeville. N. A. Cramer, Hg. Leiden 1908.

Mandeville, J., *The travels. With three narratives in illustration of it.* New York 1964. (dt.: *Von seltsamen Ländern und wunderlichen Völkern. Ein Reisebuch von 1356.* Mhdt. Übers.: Velser, G. Grümer, Hg. u. Übers. a. d. Mhdt. Leipzig 1986.)

Manten, A. A., ›Gastarbeiders in Breukelen en omgeving in de 10de tot 12de eeuw‹, in: *Tijdschrift van de Historische Kring Breukelen* 86 (1987), 11–20, (Reaktion) 107–9.

Volksboek van Margarieta van Lymborch (1516). F. J. Schellart, Hg. Antwerpen 1952.

Maria op de markt. Middeleeuws toneel in Brussel. W. Kuiper u. a., Übers. Amsterdam 1995.

Marijnissen, R.-H. u. a., *Brueghel*. Brüssel 1971.

E. W. McDonnell, *The Beguines and Beghards in medieval culture*. New Brunswick 1969.

McGinn, B., ›Introduction: John's Apocalypse and the Apocalyptic mentality‹, in: Emmerson (1992), pp. 3–19.

Meder, Th., *Sprookspreker in Holland. Leven en werk van Willem van Hildegaersberch (circa 1400)*. Amsterdam 1991.

ders., ›Omstreeks 1266: In *Der naturen bloeme* worden sprooksprekers en acteurs vergeleken met een Vlaamse gaai – de vroegste bronnen van het wereldlijke theater‹, in: Erenstein, pp. 16–23.

Meditations on the Life of Christ. I. Ragusa u. a., Übers. Princeton 1977.

Metlitzki, D., ›The Muslim Paradise as the Land of Cokaygne‹, in: id., *The matter of Araby in medieval England*. New Haven 1977. pp. 210–9, 295–6.

Meyer, M. de, ›Een berijmde vertaling van Hans Sachs *Schlauraffenlandt*‹, in: *Volkskunde* 61 (1960), 145–55.

ders., *De volks- en kinderprent in de Nederlanden van de 15 e tot de 20 e eeuw*. Antwerpen 1962.

ders., *Volksprenten in de Nederlanden, 1400–1900*. Amsterdam 1970.

Mezger, W., *Narrenidee und Fastnachtsbrauch. Studien zum Fortleben des Mittelalters in der europäischen Festkultur*. Konstanz 1991.

Mierlo, J. van, ›Het Begardisme‹, in: *Verslagen en mededelingen van de Koninklijke Vlaamse Akademie voor taal- en letterkunde 1930*, 277–305.

ders., ›Ruusbroecs bestrijding van de ketterij‹, in: *Ons geestelijk erf* 6 (1932), 304–46.

MNW: E. Verwijs en J. Verdam, *Middelnederlandsch woordenboek*. 10 Bde. Den Haag 1885–1952.

Moerman, H. J., *Nederlandse plaatsnamen*. Leiden 1956.

Molinet, J., *Les faictz et dictz*. Ed. N. Dupire. 3 Bde. Paris 1936–39.

Moll, W., *Johannes Brugman en het godsdienstig leven onder vaderen in de vijftiende eeuw*. 2 Bde. Amsterdam 1854.

ders., ›Een bruilofstlied van de zestiende eeuw‹, in: *Kerkhistorisch archief* 1 (1857), 339–40.

Montanari, M., *Honger en overvloed*. K. van Liemt, Übers. Amsterdam 1994. (Dt.: *Der Hunger und der Überfluss*. M. Rawert, Übers. München 1999.)

Morus [More], Th., *Utopia* [1516]. Faksimile. Leeds 1966.

ders., *De Utopie*. Antwerpen, H. de Laet, 1562. Ex: Antwerpen, Plantijnmuseum. (Dt.: *Ein wahrhaft kostbares und ebenso bekömmliches wie kurzweiliges Buch über die beste Staatsverfassung und die neue Insel Utopia*. G. Ritter, Übers. München 1989.)

ders., *Utopia*. P. Turner, Übers. Harmondsworth 1968.

Mout, M. E. H. N., ›Turken in het nieuws. Beeldvorming en publieke opinie in de zestiende-eeuwse Nederlanden‹ in: *Tijdschrift voor geschiedenis* 97 (1984), 362–81.

Moxey, K., ›The battle of the sexes and the world upside down‹, in: id., *Peasants, warriors and wives. Popular imagery in the Reformation.* Chicago 1989. pp. 101–26, 155–60.

Muchembled, R., *De uitvinding van de moderne mens. Collectief gedrag, zeden, gewoonten en gevoelswereld van de middeleeuwen tot de Franse revolutie.* R. Siblesz u. a., Übers. Amsterdam 1991.

Müller, M., (Hg.) *Das Schlaraffenland. Der Traum von Faulheit und Müßiggang. Eine Text-Bild-Dokumentation.* Wien 1984.

Münz, L., *Bruegel, the drawings.* London 1961.

Mulder-Bakker, A. B., ›Met recht van spreken. Johanna van Valois, gravin van Holland, Zeeland en Henegouwen‹, in: *Jaarboek voor vrouwengeschiedenis* 16 (1996), 37–56.

Muller, J. W., ›Brokstukken van middeleeuwsche meerstemmige liederen‹, in: *Tijdschrift voor Nederlandse taal- en letterkunde* 25 (1960), 1–60.

Muller Fzn., S. u. a., *Oorkondenboek van het Sticht Utrecht tot 1301.* 5 Bde. Utrecht 1920–59.

De natuurkunde van het geheelal. Een 13 de-eeuws Middelnederlands lerdicht. R. Jansen-Sieben, Hg., Brüssel 1968.

Noelle, H., *Die Kelten.* Bergisch Gladbach 1974.

Okken, L., *Das goldene Haus und die goldene Laube. Wie die Poesie ihren Herren das Paradies einrichtete.* Amsterdam 1987.

Ong, W. J., *Orality and Literacy; the technologizing of the word.* London 1988. (Dt.: *Oralität und Literarität. Die Technisierung des Wortes.* Opladen 1987.)

Oosterman, J. B., *De gratie van het gebed. Overlevering en functie van Middelnederlandse berijmde gebeden.* 2 Bde. Amsterdam 1995.

Oostrom, F. van, *Maerlants wereld.* Amsterdam 1996.

Orbán, A. P., ›Het spreekwoordelijke beeld van de *rusticus,* de boer, in de middeleeuwen‹, in: *Gewone mensen in de middeleeuwen.* R. E. V. Stuip u. a., Hg. Utrecht 1987. pp. 69–87.

Ortutay, G., ›Principles of oral transmission in folkculture‹, in: *Acta Ethnographica* 8 (1959), 175–221.

Oskamp, H. P. A., *The voyage of Máel Dúin. A study in early Irish voyage literature.* Groningen 1970.

Paassen, D. van u. a., ›Inleiding en bronnenkritiek‹, in: *Op zoek naar vrouwen in ketterij en sekte. Een bronnenonderzoek.* D. van Paassen u. a., Hg. Kampen 1993. pp. 7–24.

Pagden, A., ›The forbidden food: Francisco de Vitoria and José de Acosta on cannibalism‹, in: *Terrae incognitae* 13 (1981), 17–29.

Palmer, N. F., Hg. *Visio Tnugdali. The German and Dutch Translations and their circulation in the later middle ages.* München 1982. (Dt.: *Tondulus der Ritter. Die von J. und C. Hist gedruckte Fassung.* München 1980.)

Passenier, A., ›Heilige Kerk-de-Kleine in de spiegel van Marguerite de Porete‹, in: *Op zoek naar vrouwen in ketterij en sekte. Een bronnenonderzoek.* D. van Paassen u. a., Hg. Kampen 1993. pp. 95–115.

Pauw, N. de, *Middelnederlandsche gedichten en fragmenten.* 2 Bde. Gent 1893–97.

Payen, J.-C., ›Fabliaux et Cocagne. Abondance et fête charnelle dans les contes plaisants du XIIe et XIIIe siècles‹, in: *Epopée animale, fable, fabliau.* G. Bianciotto u. a., Hg. Paris 1984. pp. 435–48.

Pearsall, D., *Landscapes and seasons of the medieval world.* London 1973.

De pelgrimstocht van ridder Gruenemberg naar het Heilige Land in 1486. A. C. J. de Vrankrijker, Übers. Amsterdam 1948.

Penninc u. a., *De jeeste van Walewein en het schaakbord.* G. A. van Es, Hg. 2 Bde. Zwolle 1957.

Peters, U., *Literatur in der Stadt. Studien zu den sozialen Voraussetzungen und kulturellen Organisationsformen städtischer Literatur im 13. und 14. Jahrhundert.* Tübingen 1983.

Petronius, *The Satyricon.* J. P. Sullivan, Übers. London 1988. (Dt.: *Satyricon. Ein römischer Schelmenroman.* H. Schnur, Übers. Stuttgart 1990.)

Pigafetta, *Relation du premier voyage autour du monde par Magellan, 1519–1522.* J. Denucé, Hg. Antwerpen 1923. (Dt.: *Die erste Reise um die Erde. Primo viaggio al globo terracqueo. Ein Augenzeugenbericht von der Weltumseglung Magellans 1519–1522.* R. Gruen, Hg. u. Übers. Stuttgart 1983.)

Pleij, H., ›Volksfeest en toneel in de middeleeuwen. II. Entertainers en akteurs‹, in: *De revisor* 4 (1977), Nr. 1, 34–41.

ders., ›Over de betekenis van Middelnederlandse teksten‹, in: *Spektator* 10 (1980/81), 299–339.

ders., *Het Gilde van de Blauwe Schuit. Literatuur, volksfeest en burgermoraal in de late middeleeuwen.* Amsterdam 1983 (a).

ders., ›Het gebruik van spotteksten bij volksfeesten‹, in: *Spiegel Historiael* 18 (1983) (b), 562–8.

ders., *De sneeuwpoppen van 1511. Literatuur en stadscultuur tussen middeleeuwen en moderne tijd.* Amsterdam 1988 (a).

ders., *Het literaire leven in de middeleeuwen*. Leiden 1988 (b).

ders., ›Van keikoppen en droge jonkers. Spotgezelschappen, wijkverenigingen en het jongerengericht in de literatuur en het culturele leven van de late middeleeuwen‹, in: *Volkskundig Bulletin* 15 (1989), 297–315.

ders., *Nederlandse literatuur van de late middeleeuwen*. Utrecht 1990.

ders., ›Van het luie, lekkere leven. Over de doelloze bestudering van de Middelnederlandse letterkunde‹, in: F. P. van Oostrom u. a., *Misselike tonghe. De Middelnederlandse letterkunde in interdisciplinair verband*. Amsterdam 1991 (a). pp. 25–44.

ders. u. a., *Op belofte van profijt. Stadsliteratuur en burgermoraal in de Nederlandse letterkunde van de middeleeuwen*. Amsterdam 1991 (b). pp. 8–51, 347–53.

ders., ›Onvoltooide literatuur. Over dramatisch lezen, spiritueel herkauwen en de emotionele verwerking van gedrukte teksten in het algemeen‹, in: *Jaarboek ›De Fonteine‹* 41–42 (1991/92), 167–75.

ders., ›Van vastelavond tot carnaval‹, in: *Vastenavond – Carnaval. Feesten van de omgekeerde wereld*. M. Mooij, Hg. Zwolle 1992. pp. 10–44, 177–9.

ders., ›Antwerpen verhaald‹, in: *Antwerpen, verhaal van een metropool, 16 de- 17 de eeuw*. J. van der Stock, Hg. Gent 1993. pp. 78–85.

ders., *Kleuren van de middeleeuwen*. Bloemendaal 1994.

ders., ›De onvoltooide middeleeuwen. Over de drukpers en het andere gezicht van de Middelnederlandse literatuur‹, in: *Grote lijnen. Syntheses over Middelnederlandse letterkunde*. Amsterdam 1995 (a). pp. 137–55, 217–20.

ders., ›Lekenethiek en burgermoraal‹, in: *Queeste* 2 (1995) (b), 170–80.

Poel, D. E. van der, ›Moderne en middeleeuwse lezers van de *Roman van de Roos*‹, in: J. Reynaert (1994), pp. 101–15.

Poeschel, J., ›Das Märchen vom Schlaraffenlande‹, in: *Beiträge zur Geschichte des deutschen Sprache und Literatur* 5 (1878), 389–427.

Polo, M., *Il Milione. Die Wunder der Welt*. Elise Guignard, Übers. Zürich 1997.

Potter, F. de, *Schets eener geschiedenis van de gemeentefeesten in Vlaanderen*. Gent 1870.

Priebsch, R., ›Noch einmal *Van dat edele lant van Cockaengen*‹, in: *Tijdschrift voor Nederlandse taal- en letterkunde* 13 (1894), 185–91.

ders., ›Aus deutschen Handschriften der Königlichen Bibliothek zu Brüssel‹, in: *Zeitschrift für deutsche Philologie* 38 (1906), 301–33, 436–67; 39 (1907), 156–79.

Die historie van Peeter van Provencen. Antwerpen, W. Vorsterman, ca. 1517. Faksimile. W. L. Braekman. Sint Niklaas 1982.

Proverbes en rime. Text and illustrations of the fifteenth century from a French manuscript in the Walters Art Gallery Baltimore. G. Frank u. a. Hg. Baltimore 1937.

Proverbia seriosa theutonico-latina. [Gouda, G. Leeu, ca. 1484]. Ex: Dublin, Trinity College.

›Der Prozesz gegen Rumpold.‹ C. Dauven-van Knippenberg u. a., in: *Europees toneel van middeleeuwen naar renaissance.* M. Gosman, Hg. Groningen 1991. pp. 303–54.

Raedts, P. G. J. M., ›Jeruzalem in tijd en eeuwigheid. Een essay over de verbeelding van het heilige‹, in: *Utrecht.* R. E. V. Stuip u. a., Hg. Hilversum 1991. pp. 89–102

ders., ›Het aardse paradijs: de tuin als beeld van het geluk‹, in: Stuip, pp. 35–50.

Ramakers, B. A. M., ›Horen en zien, lezen en beleven. Over toogspelen in opvoering en druk‹, in: *Jaarboek ›De Fonteine‹* 41–42 (1991/92), 129–65.

ders., *Spelen en figuren. Toneelkunst en processiecultuur in Oudenaarde tussen middeleeuwen en moderne tijd.* Amsterdam 1996 (a).

ders., ›5 mei 1448: begin van de traditie van de jaarlijkse opvoering van een van de zeven *Bliscappen* in Brussel – Toneel en processies in de late middeleeuwen‹, in: Erenstein, pp. 42–9. (1996 b)

Randall, L. M. C., *Images in the margins of Gothic manuscripts.* Berkeley 1966.

Rapp, A., *Der Jungbrunnen in Literatur und bildender Kunst des Mittelalters.* o. Ortsang. 1975.

Raupp, H.-J., *Bauernsatiren. Entstehung und Entwicklung des bäuerlichen Genres in der deutschen und niederländischen Kunst ca.* 1470–1570. Erftstadt 1986.

Reeves, M., *The influence of prophecy in the later middle ages: a study in Joachimism.* Oxford 1969.

De reis van Sint Brandaan. Een reisverhaal uit de twaalfde eeuw. W. Wilmink, Übers. / W. P. Gerritsen u. a., Hg. Amsterdam 1994. (Dt.: *St. Brandans wundersame Seefahrt.* G. E. Sollbach, Hg., Übertr. a. d. Mhdt. [Version P] und Nachw. Frankfurt a. M. 1987.)

Renout van Montalbaen. D. van Maelsaeke, Hg. Antwerpen 1966.

Resoort, R. J. u. a., ›Nieuwe bronnen en gegevens voor de litera tuurgeschiedenis van de zestiende eeuw uit Parijse bibliotheken‹, in: *Spektator* 5 (1975/76), 637–59.

Rey-Flaud, H., *Le charivari. Les rituels fondamentaux de la sexualité.* Paris 1985.

Reynaert, J. u. a., *Wat is wijsheid? Lekenethiek in de Middelnederlandse letterkunde.* Amsterdam 1994.

ders., ›Leken, ethiek en moralistisch-didactische literatuur. Ter inleiding‹, in: op. cit., pp. 9–36, 353–62.

Die reyse van Lissebone om te varen na dat eylandt Naguaria in groot Indien. Antwerpen, J. van Doesborch, 1508. Ex: Providence, J. C. Brown Libr.

Richter, D., *Schlaraffenland. Geschichte einer populären Phantasie.* Fischer, Frankfurt a. M. 1995.

Richter, M., *The oral tradition in the early middle ages.* Turnhout 1994.

Ridderboek. G. Warnar, Übers. Amsterdam 1991.

Het Middelnederlandse leerdicht Rinclus. P. Leendertz, Hg. Amsterdam 1893.

Robbins, R. H., *Historical poems of the XIVth and XVth centuries.* New York 1959.

Robert, P., *Dictionnaire alphabétique et analytique de la langue française.* A. Roy, Hg. Paris 1985.

Roetert-Frederikse, J. A., *Dat kaetspel ghemoralizeert.* Leiden 1915.

Rommel, H., ›De *dagboek* van Rombout de Doppere‹, in: *Biekorf* 4 (1893), 17–22, 33–8, 65–71, 97–104.

En toch was ze rond... Middeleeuws mens- en wereldbeeld. Tentoonstellingscatalogus. Brüssel 1990.

Rooth, A. B., *Fran lögensaga till paradis.* Stockholm 1983.

Roovere, A. de, ›De blyde jncompste van Vrauw Margriete van Yorck; Hg. W. G. Brill‹, in: *Kronijk van het Historisch Genootschap* ser.V, 22 (1866), 17–71.

ders., *De gedichten.* J. J. Mak, Hg. Zwolle 1955.

Russell, J. C., ›Population in Europe, 500–1500‹, in: *The Fontana economic history of Europe. The middle ages.* C. M. Cipolla, Hg. London 1972. pp. 25–70. (Dt.: *Europäische Wirtschaftsgeschichte in fünf Bänden.* Borchard, V., Hg. Stuttgart u. a. 1979.)

Ruusbroec, J. van, *Werken.* Hg. Ruusbroec-Genootschap te Antwerpen. 4 Bde. Tielt 1944–48.

Ruusbroec de wonderbare. Bloemlezing; Hg. W. H. Beuken. Culemborg 1970.

Sachs, H., *Sämtliche Fabeln und Schwänke.* E. Goetze, Hg. Halle 1893.

Salisbury, J. E., *The beast within. Animals in the middle ages.* New York 1994.

Sartorius, J., *Adagiorum chiliades tres.* Antwerpen, J. van der Loe, 1561. Ex: Amsterdam, UB.

't Scep vol wonders. Brüssel, Th. van der Noot, 1514. Ex: Den Haag, KB.

Schama, S., *Landscape and memory.* London 1995.

Scheepsma, W., ›Zusterboeken. Bijzondere bronnen voor de Moderne Devotie‹, in: *Jaarboek voor Vrouwengeschiedenis* 16 (1996), 153–70.

Scheidig, W., *Die Holzschnitte des Petrarca-Meisters zu Petrarca's Werk* ›Von der Artzney bayder Glück‹ [Augsburg 1532]. Berlin 1955.

Scheller, R. W., *Exemplum. Model-Book drawings and the practice of artistic transmission in the middle ages (ca. 900-ca. 1470).* Amsterdam 1995.

Van schelmen en schavuiten. Laatmiddeleeuwse vagebondteksten. Übers. H. Pleij. Amsterdam 1985.

Scheltema, J. H., *Nederlandsche liederen uit vroegeren tijd.* Leiden 1885.

Schlüter, L. L. E., *Niet alleen. Een kunsthistorisch-ethische plaatsbepaling van tuin en woning in het ›Convivium religiosum‹ van Erasmus.* Amsterdam 1995.

Schmitt, J.-C., *Bijgeloof in de middeleeuwen.* Nijmegen 1995. (Dt.: *Heidenspaß und Höllenangst. Aberglaube im Mittelalter.* M. Grässlin, Übers. Frankfurt a. M. 1993.)

Scholz, M. G., *Hören und Lesen. Studien zur primären Rezeption der Literatur im 12. und 13. Jahrhundert.* Wiesbaden 1980.

Schotel, G. D. J., *Geschied-, Letter- en Oudheidkundige uitspanningen.* Dordrecht 1840.

Schweitzer, F.-J., ›Marguerite Poréte‹, in: *De minne is al. Negentien portretten van vrouwelijke mystieken uit de middeleeuwen.* J. Thiele, Hg. Den Haag 1990. pp. 168–78. (Dt.: *Gotteslehrerinnen.* Stuttgart 1989.)

Schorbach, K., *Studien über das deutsche Volksbuch Lucidarius und seine Bearbeitungen in fremden Sprachen.* Straßburg 1894.

Het boek van Sidrac in de Nederlanden. J. F. J. van Tol, Hg. Amsterdam 1936.

Silver, L., ›Forest primeval: Albrecht Altdorfer and the German wilderness landscape‹, in: *Simiolus* 13 (1983), 5–43.

Smit, J. G., *Vorst en onderdaan. Studies over Holland en Zeeland in de late middeleeuwen.* Leuven 1995.

Snyder, J., ›Jan Mostaert's West Indies landscape‹, in: *First images of America.* F. Chiappelli, Hg. 2 Bde. Berkeley 1976: I, 495–502.

De Sotslach. Klucht uit ca. 1550. F. Lyna u. a., Hg. Brüssel 1932.

Spelen van sinne. Antwerpen, W. Silvius, 1562. Ex: Amsterdam, UB.

Die spiegel der sonden. J. Verdam, Hg. 2 Bde. Leiden 1900.

Spierenburg, P., *De verbroken betovering. Mentaliteitsgeschiedenis van preïndustrieel Europa.* Hilversum 1988.

Spijker, I., *Aymijns kinderen hoog te paard. Een studie over Renout van Montalbaen en de Franse ›Renaut‹-traditie.* Hilversum 1990.

H. Staden aus Homberg [van Homborch], *Warachtige historie ende beschrijvinge eens lants in America ghelegen.* Antwerpen, Chr. Plantijn, 1558. Ex: Gent, UB. (Dt.: *Zwei Reisen nach Brasilien.* Marburg a. d. Lahn 1995.)

Stephanus de Bordone, *Anecdotes historiques.* A. Lecoy de la Marche, Hg. Paris 1877.

Steppe, J. K., *Wereld van vroomheid en satire. Laat-gotische koorbanken in Vlaanderen.* Kasterlee 1973.

Sterfboeck. Zwolle, P. van Os, 1491. Ex: Den Haag, KB.

Stoett, F. A., *Nederlandse spreekwoorden, spreekwijzen, uitdrukkingen en gezegden.* Zutphen 1943.

Strauss, W. L., *The German single-leaf woodcut, 1550–1600.* 3 Bde. New York 1975.

Stuip, R. E. V., u. a., Hg. *Tuinen in de middeleeuwen.* Hilversum 1992.

Sturluson, S., *Over de Noordse goden. Verhalen uit Edda en Heimskringla.* P. Vermeyden, Übers. Amsterdam 1983. (Dt.: *Die Edda. Götterlieder, Heldenlieder und Spruchweisheiten der Germanen.* Stange, M., Hg. München 1995.)

Stijevoort, J. van, *Refereinenbundel anno 1524.* F. Lyna u. a., Hg. 2 Bde. Antwerpen 1930.

The international style. The arts in Europe around 1400. The Walters Art Gallery. Baltimore 1962.

Sumberg, S. L., *The Nuremberg Schembart Carnival.* New York 1941.

Des coninx summe. D. C. Tinbergen, Hg. Leiden 1900.

Suringar, W. H. D., *Erasmus over Nederlandsche spreekwoorden en spreekwoordelijke uitdrukkingen van zijnen tijd.* Utrecht 1873.

Sweet, L. I., ›Christopher Columbus and the millennial vision of the New World‹, in: *The Catholic Historical Review* 72 (1986), 369–82.

Szmodis-Eszláry, E. u. a., *Middeleeuwse Nederlandse kunst uit Hongarije.* Utrecht 1990.

Tacitus, *The annals of imperial Rome.* M. Grant, Übers. Harmondsworth 1976. (Dt.: *Annalen* W. Sontheimer, Übers. u. Hg. 2 Bde. Stuttgart 1990.)

Jan Splinters testament. Rees, D. W. van Santen, 1584. Ex: Leiden, UB.

Testament van Jan Splinter. Rotterdam, D. Mullem, [ca. 1600]. Ex: Den Haag, KB.

Het oude testament. C. C. de Bruin, Hg. 3 Bde. Leiden 1977–78.

Thomas, K., *Het verlangen naar de natuur. De veranderende houding tegenover planten en dieren, 1500–1800.* Amsterdam 1990.

Tigges, W., ›The Land of Cokaygne: sophisticated mirth‹, in: *Companion to early middle English literature.* N. H. G. E. Veldhoen u. a., Hg. Amsterdam 1988. pp. 97–104.

Tilmans, K., *Aurelius en de Divisiekroniek van 1517. Historiografie en humanisme in Holland in de tijd van Erasmus.* Hilversum 1988.

Tobler, A., *Altfranzösisches Wörterbuch.* E. Lommatzsch., Hg. Bd. II. Berlin 1936.

Torec. M. Hogenhout u. a., Hg. Abcoude 1978.

Torfs, L., *Fastes des calamités publiques survenus dans les Pays-Bas.* 2 Bde. Paris 1859–62.

Tristan en Isolde. J. Bédier, Bearb. Utrecht 1964.

De Triumphe ghedaen te Brugghe ten intreye van Caerle. Antwerpen, A. van Bergen, 1515. Ex: Den Haag, KB.

Der Sielen troest. Utrecht, o. Ortsang. 1479. Ex: Den Haag, KB.

Tubach, F. C., *Index exemplorum. A handbook of medieval religious tales.* Helsinki 1969.

Het volksboek van Ulenspieghel. L. Geeraedts, Hg. Kapellen 1986.

Uyttersprot, V., ›In de geest van D'Heere‹, in: *Ingenti spiritu. Hulde-album opgedragen aan W. P. F. de Geest.* M. de Clercq u. a., Hg. Brüssel 1989. pp. 241–9.

Väänänen, V., ›Le fabliau de Cocagne. Le motif du pays d'abondance dans le folklore occidental‹, in: *Neuphilologische Mitteilungen* 48 (1947), 3–36.

Vaderboec. Gouda, G. Leeu, 1480. Ex: Den Haag, KB.

Vandenbroeck, P., ›Bubo significans. Die Eule als Sinnbild von Schlechtigkeit und Torheit‹, in: op. cit. 1985, 19–135.

ders., *Beeld van de andere, vertoog over het zelf. Over wilden en narren, boeren en bedelaars.* Antwerpen 1987.

ders., ›Jheronimus Bosch' zogenaamde *Tuin der Lusten.* I‹, in: *Jaarboek...* Antwerpen 1989, 9–210.

ders., ›Stadscultuur in de Nederlanden, ca. 1400–ca. 1600: ideologische zwaartepunten, evenwichtsmechanismen, dubbelbinding‹, in: *Gemeentekrediet* 44 (1990), 17–41.

Vanhemelryck, F., *Ellendelingen voor galg en rad.* Antwerpen 1984.

ders., *Kruis en wassende maan. Pelgrimstochten naar het Heilige Land.* Leuven 1994.

Vasvari, L. O., ›The geography of escape and topsy-turvy literary genres‹, in: *Discovering New Worlds. Essays on mediaeval exploration and imagination.* S. D. Westrem, Hg. New York 1991. pp. 178–92.

Veen, C. F. van, *Centsprenten. Catchpennyprints. Nederlandse volks- en kinderprenten.* Amsterdam 1976.

Velde, C. van de, ›Het aards paradijs in de beeldende kunsten‹, in: *Het aards paradijs.* Antwerpen 1982. pp. 17–35.

Vellekoop, C., ›Het visioen van boer Gottschalk‹, in: *Visioenen.* R. E. V. Stuip u. a., Hg. Utrecht 1986. pp. 151–68.

ders., ›Muziek en dans in tuinen‹, in: Stuip (1992), pp. 167–77.

Velthem, L. van, *Voortzetting van den Spiegel Historiael (1284–1326).* H. van der Linden u. a., Hg. 3 Bde. Brüssel 1906–38.

Vensters naar vroeger. Eenentwintig schoolvakken in middeleeuws perspectief. Samengesteld door een groep Utrechtse neerlandici. Amsterdam 1985.

Verdam, J., ›Kleine Middelnederlandsche overblijfselen‹, in: *Tijdschrift voor Nederlandse taal- en letterkunde* 11 (1892), 285–305.

Verdeyen, P., ›Oordeel van Ruusbroec over de rechtgelovigheid van Margaretha Porete‹, in: *Ons geestelijk erf* 66 (1992), 88–96.

Verfasserlexikon – Die deutsche Literatur des Mittelalters. K. Langosch u. a., Hg. Bd. IV: Berlin 1953; Bd. V: Berlin 1983.

Verhael met den Almanach van het Luylecker-Landt, daer men den kost crijcht sonder wercken. Antwerpen, J. Mesens, 1692. Ex: Antwerpen, SB.

Verhoeven, G., *Devotie en negotie. Delft als bedevaartplaats in de late middeleeuwen.* Amsterdam 1992.

De vijfhonderdste verjaring van de boekdrukkunst in de Nederlanden. Brüssel 1973.

Hemels verlangen. W. Scheepsma, Übers. Amsterdam 1993.

Vermeulen, Y., ›Tot profijt en genoegen‹. *Motiveringen voor de produktie van Nederlandstalige gedrukte teksten, 1477–1540.* Groningen 1986.

Verrycken, A., *De middeleeuwse wereldverkenning.* Leuven 1990.

ders., ›Het geheime stekje. Middeleeuwse ideeën over het aards paradijs‹, in: *Madoc* 6 (1992), 66–77.

De Zuidnederlandse vertaling van het Nieuwe Testament. Tweede stuk. C. C. de Bruin, Hg. Leiden 1971.

Verzameling van Nederlandsche prozastukken, van 1229–1476. Leiden 1851.

Vet, W. A. van der, *Het Biënboec van Thomas van Cantimpré en zijn exempelen.* Den Haag 1902.

Vloten, J. van, *Het Nederlandsche kluchtspel van de 14 e tot de 18 e eeuw.* Haarlem 1877.

Voort van der Kleij, J. J. van der, *Middelnederlandsch handwoor denboek.* Supplement. Den Haag 1983.

Vooys, C. G. N. de, ›Bijdrage tot de kennis van het middeleeuwse volksgeloof‹, in: *Nederlandsch Archief voor Kerkgeschiedenis* n. s. 1 (1902), 357–85.

ders., ›Meister Eckhart en de Nederlandse mystiek‹, in: op. cit. n. s.3 (1905) (a), 50–92, 176–94, 265–90.

ders., ›De legende *Van sinte Maria Magdalena bekeringhe*‹, in: *Tijdschrift voor Nederlandse taal- en letterkunde* 24 (1905) (b), 16–44.

ders., ›Middeleeuwse schilderingen van het aardse paradijs‹, in: op. cit. 25 (1906), 81–139.

ders., ›De dialoog van Meester Eggaert en de onbekende leek‹, in: *Nederlandsch Archief voor Kerkgeschiedenis* n. s. 7 (1910), 166–226.

ders., *Middelnederlandse legenden en exempelen.* Groningen 1926.

Vreese, W. de, ›De legende van Sint-Haringus‹, in: *Het Boek* 11 (1922), 299–304.

Vries, Th. de, *Ketters. Veertien eeuwen ketterij, volksbeweging en ketterge-
richt.* Amsterdam 1982.

Waddell, H., *The wandering scholars.* London 1968.

Waha, M. de, ›Note sur l'usage des moyens contraceptifs à Bruxelles au début
du XVe siècle‹, in: *Annales de la Société Belge d'Histoire des Hôpitaux* 13
(1975), 5–28.

›Das Wahtelmaere‹, in: H. F. Masmann, *Denkmäler deutscher Sprache und
Literatur.* München 1828. pp. 105–12.

Walker-Bynum, C., *Holy feast and holy fast. The religious significance of
food to medieval women.* Berkeley 1987.

*Het zal koud zijn in 't water als 't vriest. Zestiende-eeuwse parodieën op ge-
drukte jaarvoorspellingen.* H. van Kampen u. a., Hg. Den Haag 1980.

Die wech der sielen salicheit. Oudenaarde, A. de Keyser, 1479. Ex: Cambridge,
UL.

Weert, J. de, *Nieuwe doctrinael of Spieghel van sonden.* J. H. Jacobs, Hg. Den
Haag 1915.

Van der nieuwer werelt oft landtscap. Antwerpen, J. van Doesborch, [ca. 1507].
Ex: Providence, J. C. Brown Libr.

Werveke, H. van, ›Bronnenmateriaal uit de Brugse stadsrekeningen betreffende de hongersnood van 1316‹, in: *Bulletin de la Commission Royale
d'Histoire* 125 (1960), 431–510.

ders., *De middeleeuwse hongersnood.* Brüssel 1967.

West, D. C., ›Christopher Columbus, lost biblical sites, and the last crusade‹,
in: *Catholic Historical Review* 78 (1992), 519–41.

Die Wickiana. Johann Jakob Wicks Nachrichtensammlung aus dem 16. Jahrhundert. Hg. M. Senn. Zürich 1975.

Willems, J. F., ›Aenteekeningen van eenen pelgrim der XVe eeuw‹, in: *Bel-
gisch Museum* 3 (1839), 408–10.

Willems, L., ›De ketter Willem van Hindernissem en diens verhouding tot
Bloemaerdinne‹, in: *Mélanges P. Frédéricq.* Brüssel 1904. pp. 259–66.

Wilpert, G. v., *Sachwörterbuch der Literatur.* 7., verb. u. erw. Aufl. Stuttgart 1989.

Winkelman, J. H., ›Het Ptolemeïsche wereldstelsel op een reliëf in de Middelnederlandse *Floris ende Blancefloer* van Diederic van Assenede‹, in: *De
nieuwe taalgids* 74 (1981), 101–20.

WNT: Woordenboek der Nederlandsche Taal. M. de Vries u. a., Bearb. Den
Haag 1864 ff.

Wolf, H., ›Erzähltraditionen in homiletischen Quellen‹, in: W. Brückner u. a.,
Volkserzählung und Reformation. Berlin 1974. pp. 705–56.

Van die wonderlicheden ende costelicheden van Pape Jans landen. Antwerpen, J. van Doesborch, [ca. 1506]. Ex: Londen, BL.

Wood, F., *Did Marco Polo go to China?* London 1996.
Wright, Th., *A history of caricature and grotesque in literature and art.* London 1865.
Wunderlich, W., ›Das Schlaraffenland in der deutschen Sprache und Literatur. Bibliographischer Ueberblick über den Forschungsstand‹, in: *Fabula* 27 (1986), 54–75.

Yates, F. A., *De geheugenkunst.* Amsterdam 1988. (Dt.: *Gedächtnis und Erinnern. Mnemonik von Aristoteles bis Shakespeare.* Berlin 1990.)
Ysengrimus. J. Mann, Übers. Leiden 1987.

Zeebout, A. *'t Voyage van mynher Joos van Ghistele.* Gent, H. van den Keere, 1557. Ex: Gent, UB.
ders., *'t Voyage van mynher Joos van Ghistele.* Gent, Witwe G. van Salenson, 1572. Ex: Gent, UB.
Zerbolt van Zutphen, G. *Van geestelijke opklimmingen.* J. Mahieu, Hg. Brügge 1941.
Zijl, Th. P. van, *Gerard Grote, ascetic and reformer (1340–1384).* Washington 1963.

Register

Georges Duby

Héloïse Isolde und andere
Frauen im 12. Jahrhundert (1)
Aus dem Französischen von Grete Osterwald
192 Seiten. Geb.
ISBN 3-10-015324-3

Im ersten Band seiner Trilogie porträtiert Duby sieben individuelle Frauengestalten,
darunter vier mehr oder weniger fiktive, d. h. biblische oder literarische, und drei,
die tatsächlich in dieser Zeit gelebt haben: Königin Eleonore von Aquitanien,
die Geliebte Abelards, Héloïse, und die erleuchtete Juette.

Mütter, Witwen, Konkubinen
Frauen im 12. Jahrhundert (2)
Aus dem Französischen von Grete Osterwald
240 Seiten. Geb.
ISBN 3-10-015325-1

Die höfischen Frauen hatten keine Gewalt über ihr Schicksal.
Noch im Kindesalter wurden sie verheiratet, danach hieß ihre Aufgabe allein:
Mutterschaft. Und doch entfalteten sie Macht: Wenn sie, häufig verwitwet,
das Kinderkriegen überlebt hatten, kontrollierten sie die – politisch und finanziell
bedeutsamen – Familienangelegenheiten. Und eine ganz andere Art von Macht
hatten die unverheirateten Hofdamen – sie nutzten die Begierde der Männer
oft für eine Existenz als einflussreiche Konkubine.

Eva und die Prediger
Frauen im 12. Jahrhundert (3)
Aus dem Französischen von Grete Osterwald
224 Seiten. Geb.
ISBN 3-10-015326-X

Der abschließende Band von Georges Dubys brillanter Trilogie nimmt
die Kirche und ihr Verhältnis zu den Frauen ins Visier.
Dies ist große literarische Geschichtsschreibung.

S. Fischer

Mario Biagioli

Galilei, der Höfling
Entdeckungen und Etikette:
Vom Aufstieg der neuen Wissenschaft

512 Seiten. Geb.
ISBN 3-10-009628-2

Eine brillante historische Darstellung und eine
exemplarische Fallstudie zur Wechselwirkung von kulturellen
Rahmenbedingungen und Wissenschaft: die Karriere
Galileo Galileis und der neuen Physik als intrikates Wechselspiel
von Experiment, Rhetorik und Etikette an italienischen
Fürstenhöfen.

»Höchst anregend, dazu vorzüglich übersetzt –
dieses Lob kommt dem Buch ›Galilei, der Höfling‹ zu,
das Mario Biagioli sorgfältig aus den Quellen erarbeitet hat;
es sei dem historisch interessierten Laien
nachdrücklich empfohlen.«
Rheinischer Merkur

S. Fischer

Steven Shapin

Die wissenschaftliche Revolution

Aus dem Amerikanischen von
Michael Bischoff

256 Seiten
ISBN 3-596-14073-0

»Wissenschaftliche Revolution«, das meint die Durchsetzung
neuer Formen von Erkenntnisansprüchen, Theorien und
experimentellen Praktiken an der Schwelle zur Neuzeit: nicht
nur die Herausbildung einer mathematisierten Physik,
die lange Zeit als das Paradigma der neuzeitlichen Wissenschaft
galt, sondern auch das Aufkommen neuartiger Wissenschafts-
programme, Techniken der Beobachtung und der
kontrollierbaren Herstellung von Phänomenen auf den
verschiedensten Wissensgebieten. Steven Shapins Buch ist eine
materialreiche, überaus prägnante Darstellung dieses
keineswegs plötzlichen, revolutionären Umbruchs,
die insbesondere die gesellschaftlichen Kontexte der »neuen
Wissenschaft« beleuchtet und als Einführung in dieses facetten-
reiche Thema nicht ihresgleichen hat. Sie bietet einen
hervorragenden Überblick, der durch einen ausführlichen
»bibliographischen Essay« – ein Leitfaden durch die Literatur –
noch an Wert gewinn

Fischer Taschenbuch Verlag

Edward Ball

Die Plantagen am Cooper River
Eine Südstaaten-Dynastie und ihre Sklaven

Aus dem Amerikanischen von
Hans Günter Holl

624 Seiten. Mit 110 Abb.,
Karten und Stammbäumen. Gebunden
ISBN 3-10-004804-0

Die authentische Saga der Familie Ball, einer Dynastie
von Plantagenbesitzern in South Carolina, die über hundertsiebzig
Jahre hinweg insgesamt annähernd viertausend Sklaven besaß,
ist zugleich die wie unter einem Mikroskop betrachtete
Geschichte des amerikanischen Südens,
der Revolution, des Bürgerkriegs
und der Sklavenbefreiung.

»(...) ein Meisterwerk der Geschichtsschreibung
über die Sklaverei und die Folgen«
Die Welt

S. Fischer